Nelles Verlag

Foto: Dmitryp (Dreamstime)

Thailand

W0392563

Autoren:
Andrea Peiker, Helmut Köllner,
Hardy Stockmann, Acharawadi Muangsanit,
John Hoskin, Wayne Burns,
Priyarat Lovisuth, Robert Halliday

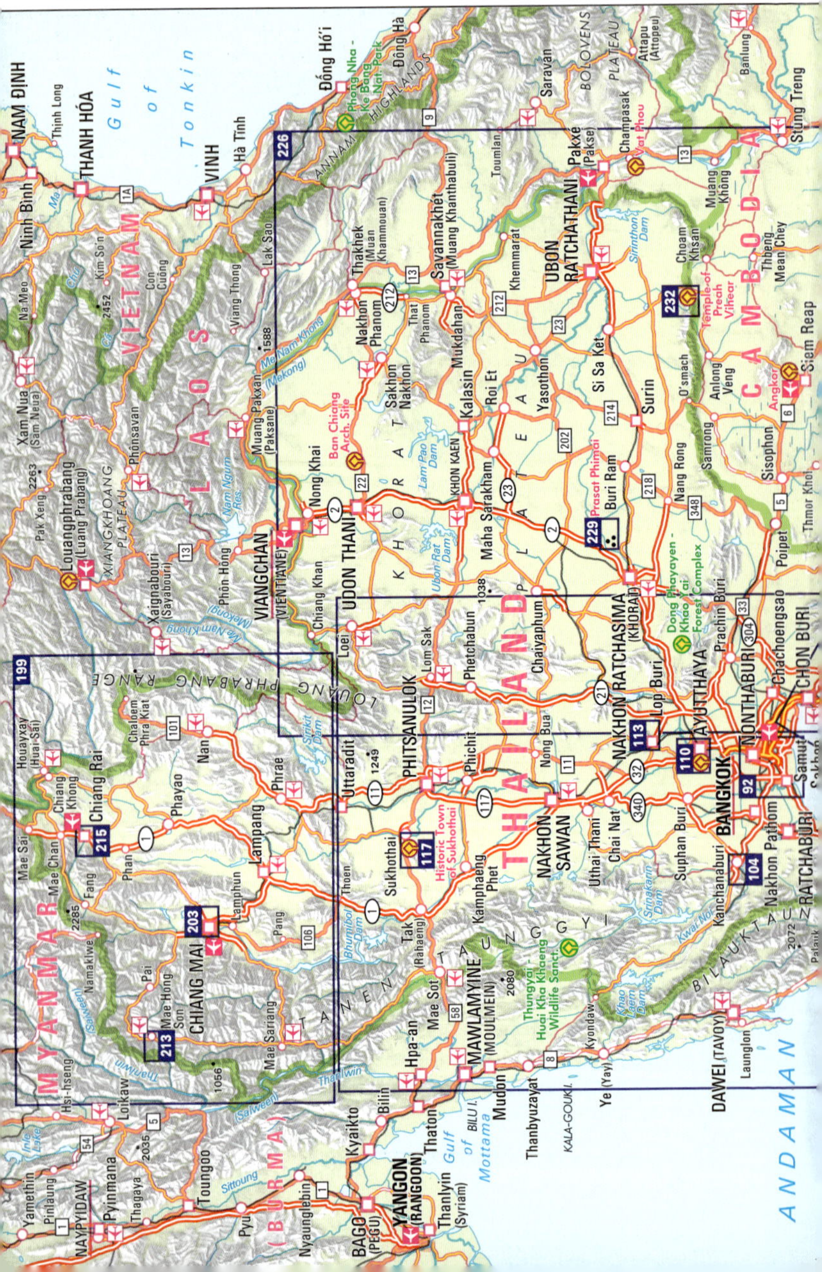
Gulf of Tonkin
NAM ĐỊNH
THANH HÓA
VINH
Hà Tĩnh
Đồng Hới
Đông Hà
Ninh Bình
VIETNAM
LAOS
THAILAND
CAMBODIA
MYANMAR (BURMA)
ANNAM HIGHLANDS
BOLOVENS PLATEAU
XIANGKHOANG PLATEAU
KHORAT PLATEAU
LOUANG PHRABANG RANGE
Louangphrabang (Luang Prabang)
Xam Nua (Sam Neua)
Phônsavan
Xaignabouri (Sayabouri)
VIANGCHAN (VIENTIANE)
Muang Pakxan (Paksane)
Thakhek
Savannakhet
Pakxé (Pakse)
Champasak
Vat Phou
Attapu (Attapeu)
Saravan
Stung Treng
Siem Reap
Angkor
Anlong Veng
Sisophon
Poipet
Temple of Preah Vihear
Nong Khai
UDON THANI
Ban Chiang Arch. Site
Sakhon Nakhon
Nakhon Phanom
That Phanom
Mukdahan
KHON KAEN
Kalasin
Roi Et
Maha Sarakham
Yasothon
UBON RATCHATHANI
Si Sa Ket
Surin
Buri Ram
Prasat Phimai
NAKHON RATCHASIMA (KHORAT)
Dong Phayayen - Khao Yai Forest Complex
Chaiyaphum
Phetchabun
Loei
Lom Sak
PHITSANULOK
Uttaradit
Sukhothai
Historic Town of Sukhothai
Phichit
Kamphaeng Phet
NAKHON SAWAN
Uthai Thani
Chai Nat
Lop Buri
AYUTTHAYA
NONTHABURI
BANGKOK
CHON BURI
Chachoengsao
Prachin Buri
Suphan Buri
Kanchanaburi
Nakhon Pathom
RATCHABURI
CHIANG MAI
Chiang Rai
Chiang Khong
Mae Sai
Mae Chan
Fang
Phayao
Nan
Phrae
Lampang
Lamphun
Mae Hong Son
Pai
Mae Sariang
Tak
Mae Sot
MAWLAMYINE (MOULMEIN)
Hpa-an
Thaton
YANGON (RANGOON)
BAGO (PEGU)
NAYPYIDAW
Toungoo
DAWEI (TAVOY)
Ye
Thungyai - Huai Kha Khaeng Wildlife Sanct.
Gulf of Mottama
ANDAMAN

PHNOM PENH
T. P. HỒ CHÍ MINH (SAIGON)
BIÊN HÒA
SIHANOUKVILLE (KOMPONG SOM)
GULF OF THAILAND
(AO THAI)
SOUTH CHINA SEA
NAKHON SI THAMMARAT
SONGKHLA
HAT YAI
KOTA BHARU
ALOR SETAR
SUNGAI PETANI
MALAYSIA
THAILAND
MYEIK (MERGUI)
MYEIK (MERGUI) ARCHIPELAGO
SEA
Pattaya
Rayong
Chanthaburi
Trat
KO CHANG
KO SAMET
KO KUT
Hua Hin
Cha-am
Prachuap Khiri Khan
Chumphon (Chumporn)
Surat Thani
KO SAMUI
KO PHANGAN
KO TAO
Krabi
Phang-nga
Phuket
KO PHUKET
KO PHI PHI
KO LANTA
Trang
Satun
Pattani
Yala
Narathiwat
Ranong
Kra Buri
Takua Pa
SIMILAN ISLANDS
0 50 100 km
© Nelles Verlag GmbH, München

Liebe Leserin, lieber Leser,

AKTUALITÄT wird in der Nelles-Reihe groß geschrieben. Unsere Korrespondenten dokumentieren laufend die Veränderungen der weltweiten Reiseszene, und unsere Kartografen berichtigen ständig die auf den Text abgestimmten Karten.
Wir freuen uns über jeden Korrekturhinweis! Unsere Adresse: Nelles Verlag, Machtlfinger Str. 26 Rgb., D-81379 München, Tel. +49 (0)89 3571940, Fax +49 (0)89 35719430, E-Mail: Info@Nelles.com, Internet: www.Nelles.com
Haftungsbeschränkung: Trotz sorgfältiger Bearbeitung können fehlerhafte Angaben nicht ausgeschlossen werden, der Verlag lehnt jegliche Produkthaftung ab. Alle Angaben ohne Gewähr. Firmen, Produkte und Objekte sind subjektiv ausgewählt und bewertet.

LEGENDE

Top-Attraktion
★★ *(in Karte)*
★★ *(in Text)*
sehr sehenswert
★ *(in Karte)*
★ *(in Text)*
8 Orientierungsnummer in Text und Karte
8 8 Orientierungsnummer in Text und Stadtplan
8 Orientierungsnummer in Text und Detailplan
Öffentliches bzw. bedeutendes Gebäude
Hotel / Restaurant, Bar
Hospital / Postamt
Markt / Einkaufszentrum
Botschaft / Denkmal

Lop Buri *(Ort)* Muang Tam *(Sehenswürdigkeit)* in Karte gelb Unterlegtes wird im Text erwähnt
internationaler Flughafen / nationaler Flughafen
Khao Khiau 1351 Berggipfel (Höhe in Meter)
UNESCO Welterbe
Nationalpark
Strand / Tauchplatz
Polizei / Leuchtturm
Kirche / Friedhof / Moschee
Buddhistischer Tempel / Hinduistischer Tempel
Synagoge / Pagode
Höhle / Aussichtspunkt
Golfplatz / Antike Stätte
Gästehaus, Resort

Staatsgrenze
Gebührenpflichtige Autobahn
Schnellstraße
Fernverkehrstraße
Hauptstraße
Landstraße (teilweise befestigt)
Nebenstraße, Fahrweg
Eisenbahn
Fußgängerzone
Einbahnstraße
Fähre
18 Entfernung in Kilometer
4 41 Straßennummer
Bus Station / Parkplatz

IMPRESSUM

THAILAND
© Nelles® Verlag GmbH
81379 München
All rights reserved

Druck: Bayerlein, Germany
Einband durch DBGM geschützt

Reproduktionen, auch auszugsweise, sowie die Verbreitung durch Internet, fotomechanische Wiedergabe, Datenverarbeitungssysteme und Tonträger nur mit schriftlicher Genehmigung des Nelles Verlags **- R2517 -**

1 FEATURES

2 LAND UND LEUTE

3 BANGKOK

4 ZENTRALTHAILAND

5 SÜDTHAILAND

6 ÖSTLICHE GOLFKÜSTE

7 LAN NA THAI – DER NORDEN

8 ISAN – DER NORDOSTEN

9 REISE-INFORMATIONEN

Renata Holzbachová

Ein Dämon im Wat Phra Kaeo, Bangkok

Thomas Stankiewicz

Elefantentrekking am Pai-Fluss

HÖHEPUNKTE

★★**Bangkok** (S. 59): Die „Stadt der Engel" ist eine aufregende, vielseitige Metropole mit berühmten Tempeln wie dem ★★**Wat Phra Kaeo**, bedeutenden Museen wie dem ★★**Nationalmuseum**, bunten Märkten, regem Nachtleben und riesigen Shoppingmalls.

★★**Kwai-Brücke** (S. 105): Die Brücke am Kwai steht als Sinnbild für die 415 km lange Eisenbahnstrecke von Thailand nach Burma, die Kriegsgefangene im Zweiten Weltkrieg unter unvorstellbaren Bedingungen erbauten.

★★**Bang Pa In** (S. 107): Die königliche Sommerresidenz datiert zurück ins Jahr 1629, die Zeit der Ayutthaya-Dynastie.

★★**Ayutthaya** (S. 108): Die alte Hauptstadt Siams beeindruckt mit großartigen Tempeln und Palästen – Zeugen der glorreichen Vergangenheit.

★★**Sukhohtai** (S. 115): Die alten Tempel der Ruinenstadt – im 13. Jh. erste Hauptstadt des unabhängigen siamesischen Königreichs – sind in eine schöne Parkanlage eingebettet.

★★**Ko Samui** (S. 136): Traumhafte Strände, hohe Palmen und Hotels für jeden Geschmack, dazu Elefantensafaris – die drittgrößte Insel Thailands hat alle Zutaten für den perfekten Urlaub.

★★**Andamanensee** (S. 146): Der Inbegriff des tropischen Küstenparadieses – Sandstrände und Palmen auf großen und kleinen Inseln, dazu eine faszinierende Unterwasserwelt.

★★**Similan-Inseln** (S. 149): Die Inselgruppe bildet wie die Surin-Inseln einen Meeresnationalpark, der ein wunderbares Tauchrevier darstellt.

★★**Phang-Nga-Bucht** (S. 150): Die Bucht mit ihren hoch aufragenden Karstfelsen, Höhlen und einem Dorf der „Meereszigeuner" wurde durch den James-Bond-Streifen „Der Mann mit dem goldenen Colt" weltberühmt.

★★**Phuket** (S. 151): Herrliche Sandstrände und eine perfekte touristische Infrastruktur machen Thailands größte Insel zum Urlaubermagneten.

★★**Ko Phi Phi** (S. 162): Seit dem Leonardo-di-Caprio-Film „The Beach" ist das Eiland mit seinen weißen Stränden, malerischen Buchten und zerklüfteten Kalkfelsen weltbekannt.

★★**Ko Chang** (S. 186): Ko Chang ist nicht die einzige thailändische Insel mit langen Traumstränden, aber hier findet man zudem ursprünglichen Regenwald und Wasserfälle.

★★**Chiang Mai** (S. 200): Touristen genießen das besondere Flair der „Rose des Nordens" mit ihren Tempeln und Märkten, bevor sie zu Trekkingtouren zu den Bergvölkern aufbrechen.

★★**Phimai** (S. 229): Hauptsehenswürdigkeit der alten Khmer-Stadt ist der große Tempel ★★**Prasat Hin Phimai** mit seinem prachtvollen Turm.

★★**Prasat Phanom Rung** (S. 230): Eindrucksvolles hinduistisches Khmer-Heiligtum aus dem 11./12. Jh.

★★**Khao Phra Viharn** (S. 232): Einer der ältesten Khmer-Tempel, der spektakulär auf einer Felskante thront. Er wird von Thailand beansprucht, gehört aber zu Kambodscha und sollte nur, wenn die außenpolitische Lage entspannt ist, besucht werden.

★**Ko Phangan** (S. 140): Die hübsche Insel ist ein Feierziel für junge Leute; besonders populär: die Vollmondparty.

★**Khao Lak** (S. 148): Die vom Tsunami 2004 schwer getroffene Küste bezaubert heute wieder mit weißen Stränden, Regenwald, Karsthöhlen und sogar einem Safaripark mit Elefanten.

★**Pattaya** (S. 175): Das freizügige Nachtleben des größten thailändischen Badeortes ist in der ganzen Welt berühmt-berüchtigt; von den Strapazen der Nacht erholt man sich tagsüber am schönen Sandstrand.

Rechts: Thailand ist berühmt für seine malerischen buddhistischen Tempel; hier: Wat Chong Kham in Mae Hong Son.

Foto: Thomas Stankiewicz

EINSTIMMUNG

Mit goldgelben und puderzuckerweißen Tropenstränden, türkisblauem Meer, traumhaften Palmeninseln, sattgrünen Reisfeldern, imposanten Tempeln und ehrwürdigen Buddhastatuen reich gesegnet, ist das über 700 Jahre alte Königreich Thailand stolz auf sein Natur- und Kulturerbe. 95 % der Thais sind Buddhisten; der Geist der Religion ist selbst in der quirligen Metropole Bangkok zu spüren. Der Monarch wird trotz immer wieder aufflackernder politischer Unruhen in Ehren gehalten, Majestätsbeleidigung ist verboten. Ein tiefes Gefühl des „Thai-Seins" prägt die Nation; die vergoldeten *Chedis* (Stupas) der Tempel prägen die Silhouette der Städte, königliche Zeremonien und prächtige Feste begleiten das Leben.

Urlauber treffen in Thailand auf eine erfreulich gute Infrastruktur, mit Unterkünften jeder Art – von der noblen Villa mit Pool bis zur romantischen Hütte, an einem südlichen Palmenstrand oder in den Bergen des Nordens.

Abwechslung bietet nicht nur das schillernde Nachtleben; Thailand besitzt auch Natur in allen Facetten: Karstfelsen mit Tropfsteinhöhlen, Nationalparks mit Urwäldern, Affen und rauschenden Wasserfällen bis hin zu herrlich langen Sandstränden. Mal ist es dort ruhig und beschaulich, mal rauschen lachende Urlauber auf Bananenbooten, Kiteboards oder Wasserscootern vorbei. Zum Schnorcheln und Tauchen gibt es reichlich Gelegenheit. Aktivurlauber können zu den Bergvölkern im Norden trekken, klettern, auf Elefanten reiten.

Auch Shoppingfreunde kommen auf ihre Kosten, sei es in Designerboutiquen, auf Nachtmärkten, beim Juwelier oder Maßschneider. Genießer werden von den appetitlich angerichteten exotischen Speisen begeistert sein. Und wer sich nicht auf die scharfe thailändische Küche einstellen mag, kann jederzeit auf westliche Speisen zurückgreifen. Doch nicht zuletzt sind es die freundlichen, hilfsbereiten Thai selbst, die Urlauber aus Europa im Land des Lächelns nachhaltig beeindrucken.

3800 v. Chr. bis etwa 200 n. Chr.

Archäologische Funde in Ban Chiang nordöstlich von Bangkok, bei Kanchanaburi und in der Provinz Krabi belegen eine frühe Besiedlung.

7.-11. Jh.: Mon, Khmer und erste Thai-Fürstentümer

Das Dvaravati-Königreich der Mon erlebt seine Blüte im Tiefland des Chao-Phraya-Flusses. Das Machtzentrum liegt nahe Bangkok im heutigen Nakhon Pathom. Das Srivijaya-Königreich auf Sumatra beherrscht vom 8. bis zum 13. Jh. den äußersten Süden Thailands.

Die Khmer expandieren von Angkor im Osten und beherrschen weite Teile des heutigen Thailands. Im Südwesten Chinas gründen Thai-Stämme das Königreich Nanchao. Die ersten Thai verlassen China im 9. Jh. und gründen in Laos und Nordthailand kleine Fürstentümer (etwa in Chiang Saen).

13. Jh.: Machtverschiebungen

Die Macht der Khmer und Mon nimmt ab, zugleich wächst der Einfluss der vermehrt aus Südchina einwandernden Thai-Völker.

1238-1438: Sukhothai, Lan-Na-Reich und Ayutthaya

Im Zusammenschluss gelingt es einigen Thai-Fürsten, im Westen die Khmer zu vertreiben. In Sukhothai gründen sie die erste Thai-Hauptstadt. Unter dem Königstitel Sri Intradit wird einer der Fürsten Oberhaupt des Thai-Staates und gründet die erste Thai-Dynastie Phra Ruang. Die Vormachtstellung dieses Reiches dauert etwa 140 Jahre. Es schafft das Thai-Alphabet, neue Gesetze und prägt damit die Thai-Kultur bis heute. Im Norden erobert Mengrai 1290 das Mon-Reich Haripunchai und gründet das Lan-Na-Reich, Hauptstadt wird Chiang Mai. Der Norden bleibt bis ins 19. Jh. eigenständig.

Unter Rama Khamhaeng erlebt das Königreich Sukhothai seine Blüte. Im Süden gründet jedoch 1351 König U Thong das Reich Ayutthaya, welches immer mehr an Einfluss gewinnt. 1378 unterwirft Ayutthaya die Herrscher von Sukhothai und macht dieses Reich zu seinem Vasallen. 1438 geht die Phra Ruang Dynastie zu Ende. Ayutthaya übernimmt vollständig die Macht in Sukhothai.

1440-1767: Ayutthaya

Ayutthaya mausert sich zur prachtvollsten Stadt Südostasiens. Im 17. Jh. herrscht das Reich Siam über fast ganz Thailand (ohne den Norden) bis Kambodscha (1431 Eroberung Angkors) und Laos. Außenhandel mit Europa (u.a. Portugal, Frankreich).

1767: Fall Ayutthayas und Neubeginn

Die Burmesen überfallen und zerstören Ayutthaya. Noch im selben Jahr gelingt es General Taksin, von Thonburi aus den Widerstand zu organisieren und die Burmesen zu vertreiben. Taksin integriert auch den Norden in das wiedererstandene Thai-Reich, zu seiner neuen Hauptstadt bestimmt er Thonburi.

Foto: Josef Beck

Mengrai, König des Nordens im 13. Jh.

1782: Die Rama-Dynastie entsteht

General Chakri wird (nachdem General Taksin dem Wahnsinn verfallen ist) König und gründet die Rama-Dynastie. Er verlegt die Hauptstadt ans gegenüberliegende Flussufer nach Bangkok. Große Tempel und Paläste entstehen, wie einst in Ayutthaya. Kontakte zum Ausland jedoch gibt es kaum noch.

1851-1925: Modernisierung der Nation

König Mongkut (Rama IV.) öffnet sich dem Handel mit dem Westen und China. 1886 setzt Chulalonkorn die Modernisierung im Bereich Justiz, Bildung und Administration fort und schafft die Sklaverei ab. Der Nachfolger Vajiravudh führt die Schulpflicht ein. Siam tritt auf Seiten der Alliierten in den 1. Weltkrieg ein.

1925-1938: Machtverlust des Königtums
Nach der Wirtschaftskrise 1932 wird Siam konstitutionelle Monarchie.

1939: Aus Siam wird Thailand
General Pibun Songkhram putscht 1938 und macht

Foto: Luca Invernizzi Tettoni

König Bhumipol Adulyadej (um 1985).

1939 aus Siam Thailand. Der die anderen Ethnien diskriminierende Thai-Nationalismus erstarkt.

1939-1945: Der 2. Weltkrieg
General Pibun paktiert 1942 mit Japan, besetzt Teile Kambodschas und Malaysias, wird 1944 gestürzt. Der neue zivile, reformorientierte Ministerpräsident Pridi verbündet sich mit den Alliierten.

1946: Bhumipol wird König
König Rama IX. besteigt – nach dem Tod seines Bruders durch einen Schuss im Palast – den Thron.

1963-1973: Der Vietnamkrieg
Thailand wird Operationsbasis der US-Truppen, Pattaya zum Erholungsort der GIs. 1971 Parlamentsauflösung und Kriegsrecht.

1973-1992: Wechselnde Regierungen
Studentenunruhen, Militär- und Zivilregierungen lösen sich ab. 1992 erhält Thailand eine Zivilregierung unter Chuan Leekpai.

1997: Wirtschaftskrise
Der Thai-Baht stürzt ins Bodenlose.

2001-2005: Shinawatra und Tsunami
Milliardär Thaksin Shinawatra, Telekomunternehmer und Gründer der Partei Thai Rak Thai (Thais lieben Thais), wird Premierminister. Die Wirtschaft wächst. Der Tsunami am 26.12. trifft die Inseln Phuket und Ko Phi Phi und den Strand Khao Lak. Tausende verlieren ihr Leben. 2005 Notstandrecht im muslimischen Süden, wo es zu Bombenattentaten kommt.

2005-16: Thaksins Fall, Militärputsch
Demonstranten fordern den Rücktritt Thaksins wg. Korruption u. Medienmanipulation. Thaksin gewinnt wieder die Wahl. 2006 putscht das Militär. 2007 gewinnen Thaksins Anhänger (PPP) erneut. Massenproteste, verbunden mit Parlamentsbesetzung und Flughafenblockade in Bangkok, erzwingen 2008 die Auflösung der PPP-Regierung. Neuer Premier wird Ende 2008 der Demokrat Abhisit Vejjajva. Anfang 2010 fordern die Rothemden (Thaksin-Anhänger) die Anerkennung ihrer Wahlmehrheit. Es kommt zu Ausschreitungen mit Todesopfern, das Militär greift ein. Bei den Neuwahlen 2011 siegt Yingluck Shinawatra, die jüngste Schwester Thaksins, indem sie den Reisbauern doppelte Ankaufpreise verspricht, und wird Premierministerin. Überschwemmungen suchen das Land heim. Ende 2013, nach gewalttätigen Protesten der Opposition in Bangkok und der Blockade von Ministerien, löst Regierungschefin Yingluck das Parlament auf und kündigt Neuwahlen an. 2014 wird sie ihres Amts enthoben, das Militär putscht. 2015 wird Yingluck wegen Amstmissbrauchs und Korruption angeklagt und bekommt 5 Jahre Politikverbot. Im Hintergrund agiert die Bangkoker Machtelite, die keine eigene demokratische Mehrheit erreichen kann.
2016 Der kranke König Bhumipol feiert sein 70. Thronjubiläum. De facto herrscht das Militär.

Helmut Köllner

Elefanten-Fußball beim Elephant Round-up in Surin

THAILÄNDISCHE KÜCHE

Auf der Liste der Metropolen, in denen man am besten essen kann, steht Bangkok ganz weit oben. Schon in normalen Mittelklassehotels preisen Schilder das Angebot von thailändischen, französischen, chinesischen oder japanischen Restaurants, die sich praktischerweise direkt im Haus befinden. Bei einem Blick in die Zeitung staunt man über die Fülle von Anzeigen von Speiselokalen mit Gerichten aus der ganzen Welt. Und in jeder Straße und Gasse findet man reihenweise Nudel- und Currystände, sehr einfach, aber sauber und beliebt.

Bangkoks Luxushotels sind sichere Häfen für alle, die nicht unbedingt auf ein typisches kulinarisches Abenteuer im Thai-Stil aus sind: Den Besucher erwarten wahre Wunder der französischen Cuisine von extra aus Frankreich eingeflogenen Chefköchen. Auch erstklassige chinesische und japanische Küche wird in den Hotels angeboten. Diese Restaurants sind jedoch selbst nach westlichen Maßstäben sehr teuer.

Viele der unzähligen Lokale Bangkoks bieten westliche Küche oder Kulinarisches aus fast ganz Asien, aber am interessantesten ist natürlich die hervorragende Thai-Küche selbst. Ein nicht auszurottendes Vorurteil besagt zwar, alle Thai-Speisen seien ungenießbar scharf, aber tatsächlich sind viele landestypische Gerichte gar nicht besonders „hot". Der Terminus „Thai-Küche" umfasst zahllose regionale Varianten, grob eingeteilt in Zentral, Nord, Nordost und Süd. Aber es gibt auch chinesisch und moslemisch beeinflusste Richtungen.

Am schärfsten sind zwei Arten von Currys („Curry" bezeichnet in Asien ein Gericht, nicht nur eine Gewürzmischung), die der südlichen Küche entstammen: *gaeng lueang* (gelbes Curry) und *gaeng tai plaa* (Fischnieren-Curry). Beides sind flüssige Curry-Arten, die ohne Kokosmilch zubereitet werden; das Thai-Wort für Curry, *gaeng*, umfasst ein breites Spektrum von Gerichten, von denen einige fast als Suppe gelten können. Auf traditionelle Weise zubereitet, sind diese Gerichte vielen zu scharf. Mit etwas weniger Schärfe schmecken sie aber auch Europäern: verlangen Sie *mai pet*, „wenig scharf".

Das Essen aus der Zentralregion ist süßlicher und weniger stark gewürzt. Viele Thai-Spezialitäten sind Standardgerichte Zentralthailands, wie *gaeng khiao waan* (dickes grün-graues Curry mit Hühnerfleisch, Rind oder Krabben), die beliebte *tom yam gung* (sauer-scharfe Krabbensuppe, s. S. 21) oder *gai phad bai kraphrao* (gebratenes Hühnerfleisch mit scharfen Chilis, Knoblauch und süßem Basilikum). Die Küche des Nordens schließt eine Reihe burmesisch beeinflusster Gerichte ein, wie *khao soi* (Nudel- und Currysuppe) und *gaeng hangleh* (Schweinecurry).

Die nordöstliche Küche, die im wesentlichen aus Laos stammt, wurde früher als „Bauernküche" abgetan, heute ist sie jedoch sehr populär. Die scharf-sauren Fleisch-, Huhn- oder Fisch-Gerichte, *laab*, sind beliebt, und der Papayasalat *som-tam* ist längst auch im Ausland bekannt.

All diese regionalen Spezialitäten sind in Bangkok im Umkreis weniger Häuserblocks zu finden. Trotz der großen Auswahl an sehr guten, stilvoll ausgestatteten Restaurants in der ganzen Stadt, die klassische Thai-Küche anbieten, werden viele den Tausenden von kleinen offenen Lokalen und Garküchen nicht widerstehen können. Manchmal wird an diesen unscheinbaren Ständen das beste Essen verkauft. Ein Anzeichen für einen besonders guten Essensstand können viele Mercedes und BMW sein, die in einer Straße parken, in die sie nicht zu gehören scheinen (dies kann aber auch auf eine Spielhölle oder et-

Rechts: Einladende Garküche auf dem großen Weekend Market im Chatuchak-Park, Bangkok.

Foto: Paul Spierenburg

was anderes Anrüchiges hinweisen.) Auch Menschenmengen, die die Tische eines kleinen Lokals schon eine halbe Stunde vor der offiziellen Öffnungszeit füllen, sind ein gutes Zeichen. Wenn Sie in einem solchen Restaurant essen wollen, sollten Sie sich an die üblichen Vorsichtsmaßnahmen halten: Suchen Sie sich ein sauber geschrubbtes, hell erleuchtetes Lokal aus, und Sie werden so gut wie nie Probleme mit dem Magen bekommen.

Hüten Sie sich vor allzu exotischen Zutaten, auch wenn es reizvoll erscheinen mag, einmal fermentierte Krabben oder fermentierten Fisch zu probieren. Das Personal der meisten Restaurants wird Sie vor Speisen warnen, die Ihnen Probleme bereiten könnten.

Bei den Getränken muss man darauf achten, dass die Eiswürfel klar sind und Löcher haben. Das bedeutet, dass sie aus speziell gereinigtem Wasser hergestellt sind und nicht aus Leitungswasser. Kalter chinesischer Tee ist immer ein sicheres Getränk, während man beim Wasser darauf achten sollte, dass es aus einer original verschlossenen Flasche kommt.

Wenn Sie sich für ein Thai-Restaurant entschieden haben, sollten Sie Ihr Mahl in der traditionellen Art zusammenstellen und eine Reihe ganz verschiedener Gerichte bestellen, deren verschiedene Aromen sich harmonisch ergänzen. Eine solche Zusammenstellung besteht z. B. aus einem scharfen Currygericht oder einer würzigen Suppe, einem Gericht mit gebratenem Fisch oder Fleisch, einem salatartigen scharf-sauren Gericht vom *yam*-Typ und unbedingt einem *nam phrik* mit rohen Gemüsen und Fisch. *Nam phrik* sind Chilisaucen und -pasten. Sie gehören zu den ältesten Thai-Gerichten und stellen die enormen Fähigkeiten dieser Küche unter Beweis.

Alle Gerichte werden gleichzeitig serviert. Jede Person bekommt dazu einen Teller mit Reis, auf den man einen Löffel von jedem Gericht füllt. So kann man sich seine Mahlzeit nach dem Kontrastprinzip zusammenstellen.

Die Thais essen meist mit Löffel und Gabel. Den Löffel hält man in der rech-

Foto: Josef Beck

ten Hand, die Gabel in der linken. Mit der Gabel wird dann das Essen auf den Löffel geschoben. Stäbchen werden ausschließlich für chinesische Gerichte verwendet, so etwa für die gern gegessenen Nudelgerichte vom *kuay tiao-* (Reisbasis) und *mii-* (Getreidebasis)-Typ.

Auf den thailändischen Speisekarten tauchen einige der folgenden Begriffe immer wieder auf:

Gaeng – heißt wörtlich Curry, aber in der Praxis umfasst der Name ein breites Spektrum von flüssigen und halbflüssigen Gerichten vom indischen Currytyp bis hin zu klaren, milden Suppen mit Glasnudeln und Gemüse.

Yam – ein scharf-saures, salatartiges Gericht, das meist irgendeine Art von klein geschnittenem Fisch oder Fleisch enthält, gemischt mit Chili, Limonensaft, Zwiebeln, frischem Koriander, Fischsauce und diversen anderen Gewürzen.

Die Thai-Küche – eine faszinierende Komposition aus exotischen Zutaten.

Tom yam – eine scharf-saure Suppe mit Krabben, Huhn oder Fisch und Limonensaft, Chilis, Kaffir-Limonenblättern, Zitronenkraut und anderen Gewürzen.

Tom khaa – eine dickere Suppe, bestehend aus Huhn oder – seltener – Meeresfrüchten mit Kokossahne, Limonensaft, Zitronenkraut, Pilzen, Kaffir-Limonenblättern und anderen Gewürzen.

Phad bai kraphrao – ein kräftig gebratenes Gericht, bei dem Fleisch, Huhn oder Meeresfrüchte mit kleingehacktem Knoblauch, scharfem Chili, frischem Basilikum und anderen Gewürzen gebraten werden. Die Version mit Huhn wird oft mit einem Spiegelei serviert.

Phad phed – wörtlich „gebratenes Scharfes": Fleisch, Huhn oder Meeresfrüchte mit Chili und Gewürzen.

Taot krathiem phrik Thai – meist Schweinefleisch oder Krabben, mit Knoblauch und schwarzem Pfeffer gebraten.

Yang (ausgesprochen yahng) – geschmort *phad khrueang gaeng* – in heißem Öl gebraten, mit Currypaste als Würze.

Khanom – Süßigkeiten und Nachtisch; auch Brot wird als *khanom* eingestuft.

Phrik nam plaa – Fischsauce mit kleingehackten scharfen Chilischoten, das Standardgewürz auf jedem Tisch.

Nam phrik – Pfeffersaucen, die aus getrockneten oder frischen Chilischoten und einer ganzen Palette weiterer Zutaten, u.a. Knoblauch und Zwiebeln, gemacht sind. Die Konsistenz kann von dünnflüssig über pastenartig bis hin zu groben, trockenen Konglomeraten variieren, der Geschmack von süß und aromatisch bis brennend scharf. Sie werden alle mit rohen, gedämpften oder blanchierten Gemüsen gegessen, eventuell auch mit gebratenem Fisch.

Tom Yam Gung

Die sauer-scharfe *tom yam gung* ist eine köstliche Krabbensuppe, die sich mittlerweile in der ganzen Welt einen Namen gemacht hat.

Wie bei so vielen Thai-Gerichten ist die Zubereitung von *tom yam gung* mehr eine Frage von kulinarischer Intuition und Geschmack, als dass es darum geht, einem bestimmten Rezept zu folgen. Die meisten Thai-Köche haben ihre jeweils ganz eigene Vorstellung davon, wie die ideale *tom yam gung* schmecken und aussehen sollte.

Es gibt natürlich unabdingbare Zutaten: In einer guten *tom yam gung* müssen reichlich Krabben schwimmen, sie muss ausreichend Limonensaft enthalten, um den säuerlichen Geschmack zu erzielen, und genügend der winzigen, teuflisch scharfen Chilis *(phrik kii nuu)*, um sie richtig scharf zu machen. Der Grad der Schärfe ist eine Variable. Einige lieben *tom yam gung* nur wenig gewürzt, während andere sie so scharf zubereiten, dass ein nichtsahnender westlicher Gast auch noch nach einer halben Stunde an Schweißausbrüchen leidet.

Neben Krabben, Chilis und Limonensaft werden fast immer Kaffir-Limonenblätter und das aromatische Zitronengras beigefügt. Beide werden nicht mitgegessen, sondern dienen nur als Gewürz. Eine gute *tom yam gung* enthält auch frische Pilze, die nur kurz mitgekocht werden, damit sie ihre feste Konsistenz behalten. Schließlich wird reichlich Fischsauce beigemischt, um die Suppe abzuschmecken, und zum Schluss wird frischer Koriander darübergestreut.

Es gibt eine Menge verschiedener Krabben und Garnelen; die Edel-Version enthält die großen Hummerkrabben, in Stücke geschnitten, so dass auf der Oberfläche das rote Krabbenfett schwimmt, *man gung* genannt. Viele einheimische Gourmets schätzen diese nahrhafte Variante, die durch das *man gung* leicht zähflüssig ist.

Eine andere häufige Art der Verfeinerung arbeitet mit diversen Pfeffersaucen und Pasten vom *nam-hrik*-Typ. Die meist für *tom yam gung* verwendete Chili-Paste heißt *nam phrik phao*, eine süße und recht milde Form. Sie wird hergestellt, indem man eine große Menge frischen Knoblauchs röstet, bis er weich und gut angebraten ist, und ihn dann mit ebenfalls gerösteten, großen süß-scharfen Chilis, Krabbenpaste und anderen Zutaten verknetet. Ein Löffel von *nam phrik phao* gibt *tom yam gung* eine appetitliche Farbe und ein leicht süßes Aroma.

Tom yam gung ist nur eine von einer ganzen Palette von Suppen, die *tom yam* heißen. Sie alle sind sauer-scharf, aber statt Krabben werden z. B. Huhn (*gai*) oder verschiedene Fischarten (*pla*) verwendet. Es gibt sogar eine vegetarische Variante, die nur Pilze (*pak* = Gemüse) enthält.

Dies alles kommt in vielen verschiedenen Variationen auf den Teller, dank der individuellen Gestaltungsmöglichkeit der Thai-Küche, die jede Mahlzeit zum kulinarischen Erlebnis werden lässt.

FARBENFROHE FESTE

Die Thais lieben es zu feiern, und sie nehmen auch gern an den Festen anderer teil: So sind das chinesische Neujahrsfest und das christliche Weihnachten zwar keine offiziellen Feiertage, aber dennoch äußerst willkommene festliche Anlässe. Der Thai-Kalender weist zwölf offizielle Feiertage auf; landesweit und regional gibt es jedoch erheblich mehr. Für die meisten Feiertage kann kein genaues Datum angegeben werden, da sie sich nach dem Mondkalender richten und somit jedes Jahr auf einen anderen Tag fallen.

Volksfeste und traditionelle Feste

Das **Blumenfest** findet in Chiang Mai am ersten Wochenende im Februar statt, wenn die Blumen der tropischen und gemäßigten Zonen in voller Blüte stehen. Hauptattraktionen sind eine Parade mit bunten Festwagen, Hunderte von schönen Mädchen und die obligatorischen Schönheitswettbewerbe.

Das **Chinesische Neujahrsfest** ist der wichtigste Feiertag für die chinesische Gemeinde; es fällt auf Ende Januar/Anfang Februar. Auch wenn es kein offizielles Fest ist, lähmen die bis zu vier Tage dauernden Feierlichkeiten das gesamte Wirtschaftsleben des Landes.

Songkran, der Neujahrstag des traditionellen Mondkalenders der Thai, wird im ganzen Land am 13. April, in der heißesten Zeit des Jahres, gefeiert. In Wohnungen und Häusern werden die Buddhas „gebadet" und mit Blumen geschmückt; Kerzen und Räucherstäbchen werden aufgestellt. Man ehrt die Alten; gefangene Vögel und Fische werden freigelassen. Jeder und alles wird mit Wasser bespritzt, um das Negative des letzten Jahres abzuwaschen. Überall herrscht Hochstimmung.

In Chiang Mai sind die Feierlichkeiten zum Songkran-Fest noch überschwänglicher als andernorts und dauern eine ganze Woche. Die Stadt quillt über von in- und ausländischen Touristen, die den farbenfrohen Umzug sehen wollen. Festwagen mit Buddhastatuen, Musikgruppen, Schwerttänzern und der „Miss Songkran" ziehen langsam vorbei. Alle sind bis auf die Haut nass. Abends finden Schönheitswettbewerbe, Konzerte und ein Jahrmarkt statt, zu denen Menschenmengen strömen.

In Pattaya wird in der großen Hitze des Aprils die **Pattaya Week** mit Schönheitswettbewerben, Umzügen, Autorennen, Regatten und sonstigen Sportveranstaltungen begangen.

Raek Nah, die Pflügezeremonie zu Beginn der Reispflanzsaison, findet im Mai in Sanam Luang im Beisein des Königs statt. Nach Brahmanenritual wird die Reisernte vorhergesagt. Die Bevölkerung Yasothons im Nordosten und einiger Landesteile im Norden trägt bunte Trachten; das prächtige Feuerwerk soll Regen bringen.

Vor Beginn der Regenzeit, im Mai/Juni, findet das **Rocket Festival** – begleitet von Tanzveranstaltungen und lärmender Ausgelassenheit – statt.

In Ubon Rachathani, im Nordosten des Landes, fällt **Khao Phansa**, der Beginn der buddhistischen Fastenzeit, meist in den Juli. Er wird mit dem **Kerzenfest** gefeiert; riesige Bienenwachskerzen werden durch die Stadt getragen und anschließend in den Tempeln als Opfer dargebracht. Ähnliche Feste finden in vielen Provinzen am Ende der Regenzeit im Oktober statt.

Das **Vegetarian Festival** auf Phuket wird von vielen der auf der Insel lebenden Chinesen begangen. Es beginnt am ersten Tag des neunten Monats des chinesischen Kalenders (Sept./Okt.). Neun Tage wird weder Fleisch noch Fisch gegessen. Viele der weiß gekleideten Gläubigen vollbringen in dieser Zeit Unfassbares – sie laufen über glühende Kohlen, gehen über Schwertklingen oder stechen Metallstäbe durch Teile ih-

Rechts: Parade der blumengeschmückten Festwagen beim Blumenfest in Chiang Mai.

Foto: Horst Bruch

res Körpers, ohne sich zu verletzen.

Sehr stimmungsvoll ist das **Loy Krathong** (Fest der Lichter) in der Vollmondnacht des 12. Monats des Mondkalenders (meist im November) – eine Dankeszeremonie für das Auffüllen der Wasserwege in der Regenzeit. Liebevoll gestaltete Boote (*krathongs*) mit Räucherstäbchen, Blumen, Münzen und Kerzen werden auf dem Wasser ausgesetzt. Der Ping-Fluss, an dem Chiang Mai liegt, bietet einen besonders großartigen Anblick.

Buddhistische Feste

Magha Puja: wichtige religiöse Zeremonie zur Zeit des Vollmondes im dritten Mondmonat – meistens im Februar. Sie erinnert an das Zusammentreffen von 1250 Buddha-Schülern, die die Lehre ihres Meisters hören wollten.

Visakha Puja: höchster buddhistischer Feiertag im Mai/Juni, ist der Geburt, der Erleuchtung und dem Tod Buddhas geweiht. Es werden keine alkoholischen Getränke verkauft.

Khao Phansa: meist im Juli, leitet die etwa drei Monate dauernde Meditationszeit der Mönche während der bevorstehenden Regenperiode ein.

Königliche Feiertage

Chakri Day: 6. April; zur Erinnerung an die Gründung der Chakri-Dynastie 1782. Das königliche Pantheon auf dem Gelände des Tempels des Smaragdenen Buddha ist nur an diesem Tag für die Öffentlichkeit zugänglich.

Krönungstag: 5. Mai, Thronjubiläum Bhumipols (gekrönt 1950).

Geburtstag der Königin: 12. August. Regierungsgebäude werden geschmückt und nachts bunt beleuchtet.

Chulalongkorn Day: 23. Oktober; wird zu Ehren von König Chulalongkorn (Rama V.; reg. 1868 bis 1910), begangen.

Geburtstag des Königs: 5. Dezember; Nationalfeiertag. Öffentliche Gebäude und Privathäuser sind geschmückt und nachts hell erleuchtet. Zahlreiche religiöse und gesellschaftliche Ereignisse.

Foto: John Everingham

ETHNIEN IN THAILAND

Die Thailänder scheinen ein relativ homogenes Volk zu bilden, zumal 94 % der Bevölkerung – zumindest auf dem Papier – Buddhisten der Theravada-Schule sind. Völkerkundlich betrachtet sind jedoch nur 75 % ethnische Thai. Und nicht einmal der Religion nach ist die Zusammensetzung der 66 Millionen Thailänder besonders einheitlich: Allein schon die muslimische, überwiegend malaiisch-stämmige Minderheit (4 %) ist beachtlich groß, in jeder größeren Stadt findet man wenigstens eine Moschee. Auch Christen (0,6 %), Hindus (1 %), Sikhs und Animisten zählen zu den Minderheiten.

Die größte Nicht-Thai-Volksgruppe stellen mit 14 % die Chinesen dar. Zahlreiche andere Minderheitengruppen leben in verschiedenen Teilen des Königreiches. Inder und Pakistani – ob Hindu, Moslem oder Sikh – sind hauptsächlich in Bangkok und den großen Provinzstädten anzutreffen. Der gesamte Textilhandel befindet sich fast ausschließlich in ihrer Hand.

Oben: Ein chinesischer Kalligraf bei der Arbeit. Rechts: Yao-Frauen bei einem fröhlichen Plauderstündchen.

Das Bergland im Norden ist die Heimat vieler Bergstämme. Zahlreiche ethnische Minderheiten mit Bindung an die Länder jenseits der Grenze leben im Grenzgebiet zu Laos (u. a. Yao) und Burma (Karen). In den Dschungelgebieten der Berge im Süden leben sogar noch „Ureinwohner" mit Negrito-Abstammung. Auf der Insel Pukhet und einigen kleinen Inseln der Andamanensee sind Meereszigeuner mit ihren Häusern in Pfahlbauweise beheimatet.

Die Chinesen

Die 10 Mio. Chinesen stellen eine sehr einflussreiche ethnische Gruppe dar. Sie sind in ganz Thailand zu Hause, insbesondere jedoch in Bangkok und den großen Städten der Provinzen, mit besonders großen chinesischen Gemeinden in Chiang Mai, Phuket, Hat Yai und Chonburi. Chinesen kontrollieren die Wirtschaft; sie betreiben Läden und Restaurants und beherrschen u. a. die produzierende Textilindustrie.

Bereits in der frühen Ayutthaya-Ära (1350-1767) hatten sich Chinesen in Siam niedergelassen. Bemerkenswert ist, dass sie einheimische Frauen heiraten durften, obwohl ein königliches Dekret Mischehen verbot. Erst im späten 18. Jh. begannen sich die chinesischen Siedlungen in Siam aufgrund des Flüchtlingsstromes aus China auszuweiten, den die mandschurische Unterdrückung, politische Unruhen und Naturkatastrophen ausgelöst hatten.

Durch die Entrichtung von Steuern war es den Chinesen gestattet, ihren Lebensunterhalt zu verdienen – hauptsächlich als Geschäftsleute, Matrosen und Handwerker. Sie waren in der Fischerei tätig, betrieben Ackerbau und Viehzucht. Viele arbeiteten als Kulis in Bergwerken. Einige brachten es zu

Foto: John Everingham

großem Wohlstand und wurden Eigentümer von Reis- und Getreidemühlen, Zuckerfabriken, Webereien und Färbereien. In der Rattanakosin-Ära setzten chinesische Unternehmer ihren Aufstieg in der Hierarchie der Wirtschaft im Bankwesen, in Großhandelsbetrieben und in der Kleinindustrie fort; sie schufen die Voraussetzungen für viele Unternehmen, deren Eigentümer heute Multimillionäre sind.

Im Gegensatz zu anderen Ländern Südostasiens hat es Thailand stets verstanden, „seine" Chinesen in die thailändische Gesellschaft zu integrieren – durch Mischehen, durch die Verpflichtung, einen Thai-Namen zu führen und durch die freiwillige Übernahme des Thai-Lebensstils durch die Chinesen, denen es dennoch gelang, viele ihrer Traditionen und Bräuche zu erhalten.

Neben den im ganzen Land anzutreffenden Nachkommen der Chinesen leben etwa 10 000 aus Yünnan eingewanderte Haws – ehemalige Angehörige der 93. Division der Kuomintang-Armee mit ihren Familien – in zahlreichen Dörfern um Chiang Mai, Chiang Rai und Mae Hong Son, im Grenzgebiet im Norden. Sie waren 1949 vor dem Blutbad, das die Truppen Maos in China anrichteten, geflohen. Bis vor nicht allzu langer Zeit verdienten die meisten von ihnen ihren Lebensunterhalt noch überwiegend mit dem Rauschgifthandel. Unter dem zunehmenden Druck der thailändischen Behörden haben sie sich nunmehr jedoch weitgehend der Landwirtschaft und dem Fremdenverkehr zugewandt.

Die Thai-Muslime

Die religiöse Minderheit der Muslime besteht aus mehreren Gruppen – den Bewohnern der Südprovinzen, den Nachkommen der indischen, pakistanischen, indonesischen und malaysischen Einwanderer und den hauptsächlich im Norden anzutreffenden chinesischen Haws. Insgesamt macht sie vier Prozent der Bevölkerung aus.

Die hauptsächlich in den südlichen Provinzen Narathiwat, Yala, Satun und

Pattani lebenden Moslems, die hier einen Bevölkerungsanteil von teils über 90 % stellen, sind – ethnisch gesehen – Malaien. Dieser Umstand hat seit Ende des Zweiten Weltkrieges immer wieder zu religiös motivierten Unruhen und der Forderung nach einem eigenen islamischen Staat geführt.

Bangkoks Politik der „Freundschaft mit dem Süden" hat sich – erfolglos – bemüht, eine Entspannung der Lage herbeizuführen. Es gab blutige Attentate, und bereits unter Premier Taksin wurde das Kriegsrecht ausgerufen. Doch auch die härtere Gangart zeigt bisher keinen Erfolg.

Die Inder

Die Geschichte der indischen Einwanderer reicht weit zurück – bis zur Ayutthaya-Ära, als der Handel zwischen Indien und Siam blühte und indische Händler hier ihre Zelte aufschlugen. Ein weiterer Zustrom fand im 19. Jh. statt. Aufgrund des sich rasch ausweitenden Handels zwischen Siam und der *British East India Company* ließ sich eine große Anzahl von Indern in Bangkok nieder. Eine dritte Einwanderungswelle erlebte Thailand als direkte Folge der Teilung Indiens 1946, als sich viele Hindus und Sikhs im neu geschaffenen islamischen Pakistan plötzlich fehl am Platze fühlten. Auch heute noch strömen Inder nach Bangkok – auf der Flucht vor Arbeitslosigkeit und Armut in ihrer Heimat. Einige kommen als Touristen, viele reisen aber auch illegal ein.

Die Größe der indischen Gemeinde ist schwer einzuschätzen. Thailand hat stets die Assimilation, nicht ein Leben in Ghettos, befürwortet. Ein Teil der indischen Einwanderer, die in den letzten zweihundert Jahren nach Thailand kamen, ist völlig assimiliert. Ihre Nachkommen handeln und sprechen wie Thais (obwohl einige charakteristische Eigenschaften deutlich indisch sind).

Rechts: Lebenslustige Akha-Frau im hohen Norden.

Die große Mehrheit der Indischstämmigen jedoch – ob Hindu, Sikh oder Moslem – hat jeder Form der Assimilation widerstanden; Heiraten außerhalb der eigenen Kaste, Religion und Sprachzugehörigkeit sind selten. Die eigene Tradition wird streng gewahrt.

Die meisten Inder leben in Bangkok, in Pahurat, dem Stadtteil nördlich von Chinatown. Das scherzhaft „Klein-Indien" genannte Gebiet wird von Textilhändlern beherrscht. In kleinen Restaurants werden original indische Gerichte preiswert angeboten; viele Geschäfte sind auf indische Waren spezialisiert. Thailand-Touristen haben es auf jeden Fall mit Indern zu tun, wenn sie sich ein Kleid oder einen Anzug machen lassen, da das Schneiderhandwerk fest in indischer Hand ist, auch wenn die Inder für die Durchführung der Schneiderarbeiten wiederum Chinesen für sich arbeiten lassen.

Die Bergvölker

Ob Sie sich auf einem Bambusfloß den Fluss Kok von Thaton (nahe der burmesischen Grenze) nach Chiang Rai hinunterwagen oder nur über den Nachtmarkt in Chiang Mai wandern, die Angehörigen der zahlreichen Minderheiten werden Ihnen sofort auffallen. Beim Trekking werden Sie durch ihre Dörfer kommen und vielleicht für eine Rast oder sogar über Nacht bleiben. In der Stadt erkennt man die Menschen der Bergvölker an ihrer farbenfrohen Kleidung; sie kaufen hier Haushaltswaren oder verkaufen Silberschmuck und anderes Kunsthandwerk.

Die Hmong (Meo), Lisu, Lahu, Akha, Karen und Yao sind erst während der letzten 200 Jahre aus Tibet, Laos, China und Burma eingewandert und haben ihre eigene Sprache, Kultur und Religion bewahrt. Die Lawa hingegen gelten als eine der ältesten Bevölkerungsgruppen dieser Gegend.

Man nimmt an, dass zu den Bergvölkern über 450 000 Menschen gehören.

Foto: Bernhard Walter Kaempf

Die sechs Hauptvölker werden in weitere Untergruppen wie *Blue Hmong* oder *Black Hmong* eingeteilt, alle mit unterschiedlichen Bräuchen und Trachten.

Die **Karen** kommen ursprünglich aus Burma und wandern immer noch nach Thailand ein. Sie werden in vier Untergruppen eingeteilt und leben meistens in Tälern vom Reis- und Gemüseanbau.

Die **Akha** oder **Igor** bewohnen die Berghänge im Norden. Sie wehren sich gegen Veränderungen und leben hauptsächlich von Reis-, Mais- und Opiumanbau. Ursprünglich aus Tibet, leben sie nun weit über die Berge von Laos, Thailand, Burma und Südchina verstreut und sind sogar nach den Maßstäben der anderen Völker arm.

Die **Hmong** oder **Meo** sind das größte der nördlichen Bergvölker. Auch sie bauen Opium an und siedeln in Thailand, Laos und Südchina, von wo sie ursprünglich gekommen sind. Die verschiedenen Untergruppen oder Clans kann man an den Trachten ihrer Frauen identifizieren.

Die **Lahu** (auch *Mussur*/ Jäger) genannt und ursprünglich wohl aus Tibet stammend, leben im Bergland von Reis, Mais und Opium. Sie teilen sich in vier nach der jeweiligen Hauptfarbe ihrer Trachten benannten Untergruppen auf. Ihre Sprache ist mit der der Akha und Lisu verwandt. Sie sind wie die meisten Bergvölker Animisten, glauben an Geister und verehren ihre Ahnen.

Die farbenfroheste Gruppe sind die **Lisu**, deren Frauen einen großen geschlungenen Kopfschmuck und reich verzierte, blau oder grünlich gefärbte Gewänder tragen. Die Männer sind nur wenig schlichter gekleidet, zumindest zu festlichen Anlässen. Der Opiumanbau bestimmt teilweise heute noch das Leben der Lisu, jedoch nicht mehr in gleichem Ausmaß wie noch vor 30 Jahren.

Die **Yao** sind am fortschrittlichsten. Sie stammen aus China, und ihre Religion ist eine Kombination aus Animismus, Taoismus und Ahnenverehrung. Obwohl ihre Sprache sich deutlich vom Chinesischen unterscheidet, benutzen sie die chinesische Schrift.

TAUCHEN UND SCHNORCHELN

Thailand ist ein beliebtes und sehr empfehlenswertes Ziel für Taucher und alle, die es werden wollen. Der Süden mit seinen Inseln und Meeresnationalparks gehört zu den schönsten Tauchzielen der Welt. Tauchsaison ist eigentlich immer, denn während von Mai bis Oktober der Regen die Andamanensee unruhig werden lässt, ist an der Ostküste mit gutem Wetter zu rechnen. Wenn es dort schlechter wird, etwa ab November bis Januar, dann sind in der Regel die Bedingungen rund um Phuket fantastisch.

Erfahrene Taucher zieht es vor allem nach Phuket an die Andamenensee. Von hier werden neben Tauchtrips in die nahe Umgebung, wo man neben bunten Riff-Fischen auch Leopardenhaie sehen kann, vor allem Tauchsafaris angeboten. Diese Touren dauern mehrere Tage, die Taucher übernachten auf luxuriösen Booten. Es geht zu den für ihre Korallengärten weltbekannten Similan Islands, wo man Haien, Rochen und Mantas begegnet. Das nächste Ziel sind meist die Surin Islands mit zahlreichen Tropenfischen und einer atemberaubenden Landschaft aus Weichkorallen. Manche Touren führen sogar bis zu den noch nahezu unberührten Burma Banks in Myanmar. Hier gibt es neben herrlichen Korallengärten auch große Riff- und Ozeanfische, und Drifttauchen ist möglich.

Unweit von Phuket lockt zudem die Unterwasserwelt von Krabi, wo man ganzjährig Höhlen betauchen und Riff- und Leopardenhaie bewundern kann. Ähnliches gilt auch für Ko Phi Phi.

An den Golf von Siam, nach Ko Tao, Ko Phangan und Ko Samui zieht es vor allem Anfänger, denn hier sind die Bedingungen für erste Taucherlebnisse besonders gut. Die Unterwasserwelt ist nicht ganz so spektakulär wie in der Andamensee, aber auch hier gibt es viele Korallen, tropische Fische (u. a. Rochen, Kofferfische, Clownfische und Barrakudas), Wal- und Riffhaie. Schön sind Ausflüge in den Nationalpark, auch dorthin gibt es vereinzelt Tauchsafaris. Ein besonderes Highlight ist eine Begegnung mit den friedlichen gepanzerten Tieren vor Ko Tao: Schildkröten, die auch der Insel ihren Namen gaben. Vor Pattaya kann man Wracktauchen, und vor Ko Chang gibt es viele Anemonenfische zu sehen.

Rechts: Vorbereitungen zum Tauchen vor Khao Lak.

Ko Tao bietet sich als Station für erste Erfahrungen an: Viele der Tauchresorts haben direkt vor ihrem Strand ein schönes Riff, an dem die ersten Tauchgänge absolviert werden. Wer nicht im Pool lernen will, wie man eine Maske ausbläst, sich unter Wasser austariert oder den kontrollierten Notaufstieg macht, der ist hier genau richtig. Kurse dauern in der Regel fünf Tage, die Teilnehmerzahl sollte fünf Personen nicht übersteigen. Ein Gesundheitszeugnis vom Arzt wird benötigt. Wer spontan einen Kurs bucht, kann sich von einem Arzt in Thailand das Zertifikat ausstellen lassen. Die Untersuchungen sind hier in der Regel jedoch sehr oberflächlich. Wer Bedenken hat, sollte sich lieber vorab in Deutschland untersuchen lassen oder in ein internationales Krankenhaus gehen.

Die meisten Schulen lehren nach dem weltweit standardisierten und anerkannten PADI-System (PADI = Professional Association of Diving Instructors). Jeder Schüler erhält Praxis- und Theorieunterricht und muss diverse Prüfungen bestehen. Dann erhält er ein Zertifikat und darf mit einem Buddy (PADI schreibt vor, dass immer zwei Personen als Team tauchen) überall tauchen gehen, sofern er nicht unter 30 m seine Abenteuer sucht und sich durch einen ortskundigen Führer in der Tauchumgebung führen lässt. Aufbaukurse führen Taucher bis zur Lehrausbildung, daneben gibt es Spezialkurse wie etwa für Fischbestimmung, Unterwasserfotografie, Nitroxtauchen usw.

Foto: Harald Mielke

Es lohnt sich nur für Vieltaucher und jene, die auf die eigene Ausrüstung partout nicht verzichten können, eine solche mitzubringen. Die Ausrüstung, die zur Ausleihe bereitsteht, kostet nur wenige Euro und ist in der Regel in gutem Zustand. Wer sich neues Equipment kaufen will, kommt in Thailand zwar nicht billiger davon, aber er hat in den wohl sortierten Tauchgeschäften meist eine große Auswahl an qualitativ hochwertiger Ware.

Schnorchler kommen in Thailand ebenfalls auf ihre Kosten. Vor allem rund um Ko Tao und auch um Ko Phangan gibt es schöne Riffe zum Schnorcheln. Meist kann man auch als Schnorchler zu den Tauchtagesausflügen mitfahren. Nur wenige Tauchplätze eigenen sich überhaupt nicht für einen Schnorchelausflug. Informationen haben die Tauchschulen vor Ort, die auch gute Masken verleihen. Es ist jedem Schnorchler anzuraten, sich die Waden gut mit Sonnenschutz einzureiben. Ein T-Shirt ist ein guter Rückenschutz gegen die oft unbarmherzige Sonne. Schnorchler sollten sich bei einer Tauchschule über mögliche Gefahren in einem Riff oder einer Bucht informieren, denn auch ihnen können ungeahnte Strömungen leicht zum Verhängnis werden.

Generell gilt für alle, die die Unterwasserwelt bewundern wollen, dass man sich auf keinen Fall auf Korallen stellen oder diese berühren darf. Das komplexe Ökosystem wird selbst bei einer kurzen Berührung nachhaltig geschädigt, es dauert Jahre, bis der Schaden behoben ist. Zudem ist es streng untersagt, Muscheln, Schnecken o. ä. aus dem Wasser als Mitbringsel mitzunehmen, schließlich handelt es sich hierbei um lebende Wesen. Selbst leere Muscheln werden schnell zur neuen Heimstatt für Krebse und andere Meeresbewohner.

Davon abgesehen ist die Einfuhr von zahlreichen Tier- und Pflanzenarten – darunter Schnecken, Muscheln und Korallen – nach Europa laut Washingtoner Artenschutzabkommen streng untersagt und wird gegebenenfalls mit hohen Strafen belegt.

WELLNESS

Sanft rauschen die Wellen, während starke Hände den Rücken hinabfahren. Gezielt suchen die Finger Druckpunkte; fachmännisch wird der Körper geknetet und gedehnt: Eine Thai-Massage am Strand verspricht zwar nicht sofortige Entspannung – zu ungewohnt und zu stark im Druck sind viele Griffe – doch spätestens nach der zweiten Anwendung möchten viele nicht mehr auf eine solche Behandlung verzichten. Was vor Jahren noch meist öffentlich stattfand, wird derzeit immer privater. Die besseren Strandresorts locken mit kleinen Open-Air-Pavillons, die dem Gast den Blick aufs Meer erlauben, ihn vor neugierigen Zuschauern aber schützen.

Lange Zeit waren Massagen am Strand die am meisten genutzten und bekanntesten Wellnessangebote in Thailand. Mittlerweile hat sich jedoch eine Vielzahl hochklassiger Spa- und Wellness-Oasen entwickelt, die von Aromatherapie über sanfte Massage bis hin zur Gesichtspflege ein Rundum-Wohlfühlprogramm bieten. Das Wissen um gesunde Ernährung und auch Elemente aus der westlichen Schulmedizin flossen in die heute angebotenen Wellnessbehandlungen mit ein: Es gibt Saunen und Dampfbäder ebenso wie duftende, sanfte Ölmassagen mit ausgesuchten Ingredienzien. In diesen speziellen Einrichtungen sind die Masseure meist sehr gut ausgebildet und führen die Behandlungen noch fachkundiger durch als die Massagefrauen am Strand.

Die Tradition der Massagen geht in Siam auf das Jahr 500 v. Chr. zurück. Die Kunst wurde sowohl in Schulen als auch in den Familien weitergegeben. Das Wissen um die Heilkunst, der Glaube an die Heilkraft der Natur, schuf, aus China und Indien kommend, die Kunst des *Nuat Phaen Boran*, der klassischen Thai-Massage. Rama III. war begeisterter Anhänger dieser Tradition und ließ die klassischen Griffe der Massage im Wat Pho (Bangkok) in Stein meißeln, um sie für die Ewigkeit zu konservieren. Noch heute genießt dieser Wat einen außergewöhnlichen Ruf. Hier kann man sich nicht nur behandeln lassen, sondern die Kunst der Massage auch erlernen.

Neben Day Spas, in denen man sich stundenweise oder einen ganzen Tag lang verwöhnen lassen kann, gibt es immer mehr Angebote in Hotels und Resorts, die sich ganz dem Wohlbefinden ihrer Gäste verschrieben haben. Die meisten genießen einen ausgezeichneten Ruf. Neben speziellen Ernährungsplänen werden hier Massagen, Entspannungsbäder und -übungen angeboten. Meist kann man auch als eine Behandlung oder einen Kurs buchen, wenn man kein Hotelgast ist. Viele der besseren Anlagen verfügen über Kinderbetreuung, so dass auch Mütter auf ihre Kosten kommen.

Billiger und außerhalb der großen Hotels entwickelt sich derzeit auf vielen Inseln und auch in kleineren Orten, die einst vornehmlich von Rucksackreisenden besucht wurden und daher auf eine lange touristische Tradition von Yoga-Retreats zurückblicken können, die Detox-Entgiftungs-Bewegung. Hier entstehen kleine Wohlfühloasen, die meist weniger Luxus, aber viel Entspannung versprechen. Es gibt kleine Saunen, gesunde Ernährung oder Fastenkuren, Massage, aber vor allem auch viele Bewegungs- und Entspannungsübungen zur Verbesserung des Körperbewusstseins.

Auf Entspannung setzt auch die uralte Tradition von Fasten und Akupunktur, die in Klöstern, aber auch in privaten Gesundheitszentren praktiziert wird. Die Entgiftung und die Stimulation durch Akkupunktur mobilisiert die Selbstheilungskräfte.

Auch Meditationskurse zielen auf den Effekt der Selbstheilung durch innere Ruhe und Balance. Meditati-

Rechts: Massage im Spa des Banyan Tree Hotel in Bangkok.

Foto: Banyan Tree Hotels & Resorts

onszentren im ganzen Land lehren die Kunst der richtigen Atem-, Geh-, Sitz- und Stehtechnik. Wer sich für ein solches Angebot entscheidet, muss sich den Regeln unterwerfen: Es darf weder gelesen noch geschrieben und auch nicht gesprochen werden.

Eine sehr verbreitete Anwendung der Massagekunst ist die Fußreflexzonenmassage. Hier werden nur die Füße massiert, doch wirkt diese Anwendung auf den gesamten Körper. Verschiedene Druckpunkte werden gezielt stimuliert, von diesen Punkten gehen Nervenbahnen zu inneren Organen, Sinnesorganen, Gliedmaßen und Drüsen, die auf diese Weise behandelt und in ihrer Funktion positiv beeinflusst werden.

Einige empfehlenswerte Adressen:

Wat Pho Thai Traditional Medical and Massage School, www.watpho. com. Anwendungen und Lehrangebote in der besten Schule des Landes.

Banyan Tree, www.banyantree.com. Hervorragendes Spa mit überwältigendem Blick auf Bangkok aus dem 51.-54. Stock.

Evason Six Senses & Spa, www.sixsenses.com, betreibt Ferienresorts in Hua Hin, Phuket und Samui. Gehobenes Ambiente in stilvoller Umgebung, sehr gute Küche, Kinderhort, sehr schöner Sauna- und Spabereich.

Baan Wanphum Health Cottage & Herbal Hydrotherapy Spa, www. phuekthealthcottage.com. Der Schwerpunkt dieser gelungenen Anlage auf Phuket liegt in der Anwendung von ayurvedischen Massagen.

Ban Sabai Spa Ko Samui, www. bansabai.com, am Big Buddha Beach. Hier hat man sich auf Fußreflexzonenmassage spezialisiert. Auch am **Flughafen** werden kurz vor dem Abflug Massagen angeboten; danach fliegt es sich entspannter.

Santhiya Resort, www.santhiya. com, Ko Phangan. Eine der ersten Luxusanlagen auf der Travellerinsel mit ausgezeichnetem Wellnessangebot.

International Buddhist Meditation Centre, Wat Mahathat, 26/9 Soi 15, Lat Phrao Rd., Bangkok, Tel. 02 222 6011.

ELEFANTEN

Die grauen Riesen sind das Symbol des siamesischen Königreichs. Der Portugiese Pino schrieb im Jahr 1548, dass die Könige Siams den Namen *Phra Chao Chang Phuk* (König der weißen Elefanten) trügen. Später nannte man das Land auch „Land der weißen Elefanten". Elefanten werden in Thailand noch heute verehrt und gelten als Glücksbringer. Schwangere Frauen etwa kriechen unter dem Bauch eines Elefanten hindurch: Das soll nicht nur Glück bringen, sondern auch zu einer leichten Geburt verhelfen. Doch trotz aller Verehrung ist es um Thailands Elefanten nicht gut bestellt.

Der Bestand wildlebender Elefanten ist bedroht: Derzeit sind sie noch an der Grenze zu Burma, in den Bergen von Petchaburi, im Khao-Yai-Nationalpark und vereinzelt in weiteren Nationalparks zu Hause. Man geht davon aus, dass derzeit noch maximal 1500 wilde Tiere leben – und ihr Bestand schrumpft weiter: Der Lebensraum wird enger. Für ausreichend Nachkommen ist eine große Herde notwendig, die jedoch auch genug Nahrung finden muss.

Arbeitselefanten gibt es noch zahlreich in Thailand; mittlerweile sind sie allerdings mangels Aufträgen arbeitslos und haben in diversen Camps und Shows Unterschlupf gefunden. Mit Vorführungen für Touristen können die ehemaligen Schwerstarbeiter heute den Lebensunterhalt für sich und ihre Mahouts erwirtschaften. In einigen Camps, etwa im Elephant Reserach Centre in Lampang oder im Maesa Elephant Camp nahe Chiang Mai, werden die Dickhäuter nicht nur als Arbeitstiere, sondern auch in feingeistigen Fähigkeiten geschult: Sie malen Bilder – manche dieser Kunstwerke bringen auf Versteigerungen bereits hohe Summen ein.

Rechts: In den Elefanten-Camps auf Ko Chang ist das artgerechte Füttern Bestandteil eines Elefanten-Ausritts.

In einigen Camps werden aus Tierschutzgründen keine Ausritte mehr angeboten. Ein Spaß für die ganze Familie verspricht hier nun die Fütterung der Dickhäuter. Das Vorbereiten des Essens und die anschließende Verköstigung sind nicht nur lehrreich, sondern auch sehr befriedigend für Gast und Tier.

Anderen Elefanten geht es weniger gut: Sie touren mit ihren mittellosen Mahouts durch die Städte und leben von Almosen. Zwar ist das Halten von Elefanten in Städten verboten, doch hindert dies wenige der Mahouts daran, sich dennoch in das Gewühl aus Menschen, Autos und Abgasen zu begeben. Für die sehr sensiblen Rüsseltiere ist dies eine extreme Belastung. Viele der im Süden und in den Städten gehaltenen Elefanten mangelt es nicht nur an Wald und Ruhe, sondern vor allem an der richtigen Ernährung.

Als Tourist wird man in jedem Fall irgendwo im Land Elefanten begegnen. Am ehesten eignet sich dafür der Norden, wo es empfehlenswerte Camps gibt. Warnungen der Mahouts (etwa Abstand halten usw.) sollte man unbedingt folgen, denn geraten die Dickhäuter einmal in Rage, sind sie nur schwer zu bändigen, und ihre Kraft kann verheerenden Schaden anrichten. Nur die Mahouts wissen mit ihnen umzugehen. Neben den Camps im Norden werden auch in anderen Touristenorten, etwa auf den Inseln des Südens, vermehrt Elefantenritte angeboten. Leider werden nicht alle diese Camps gut geführt, und meist ist auch ein Ausritt nicht gerade sein Geld wert. Vor allem wenn Jungtiere sehr früh von der Mutter getrennt und zu Kunststücken animiert werden, sollte man dies nicht noch unterstützen.

Auf weiße Elefanten wird man kaum oder nur sehr selten treffen, denn diese Tiere gelten als besonders heilig und gehen sofort nach ihrer Geburt in das Eigentum des Königs über. König Bhumipol besitzt, auch als Zeichen seiner Macht, einige dieser Albino-Elefanten,

Foto: Thomas Stankiewicz

deren Rüssel und Füße heller sind als die ihrer Artgenossen. Die Tradition geht Jahrhunderte zurück: Die Legende erzählt, dass der Weiße Elefant einst das Reittier des Hindu-Gottes Indra gewesen sei. Ein Bild davon, welches von Rama III. in Auftrag gegeben wurde, sieht man noch heute in den Säulengängen des Großen Palastes in Bangkok. Die Könige von Ayutthaya besaßen damals eine sehr große Anzahl dieser Dickhäuter, was den Neid der burmesischen Herrscher weckte. Auch in der damaligen Landesflagge prangte der Elefant; er war Symbol der absoluten Monarchie. Es heißt, die Burmesen haben Ayutthaya nur deshalb überfallen, weil man ihnen zwei geforderte weiße Elefanten nicht ausliefern wollte.

In den Legenden wird auch der dreiköpfige Elefant Erawan erwähnt. Auch er symbolisiert die Macht des Herrschers. Der aus Indien stammende Ganesha (Gott der Wissenschaft und Künste) wird auch in Thailand verehrt. Einer Legende nach kam Buddha einmal als weißer Elefant zur Welt. Wie in allen buddhistischen Ländern wurde der Elefant zum mythischen und religiösen Symbol. Eine Ausstellung im „Royal Elephant" in Bangkok gibt weitere Einblicke. Noch heute zieren Elefanten die Tempel von Chiang Mai, Ayutthaya und Sukhothai.

Es ist zu hoffen, dass der Elefant länger als die jetzt zu erwartenden 40 Jahre als wilder Artgenosse überlebt. Einige Organisationen haben es sich zur Aufgabe gemacht, das Aussterben zu verhindern. Viele Programme zur Züchtung, Haltung und Auswilderung werden gestartet, und es heißt, die letzten Jahre hätten einen Elefantenbabyboom beschert. Im Sublangka Wildlife Sanctuary wurde der 35 Jahre alte Elefant Pang Kham Mool Yai ausgewildert: Er ist der erste domestizierte Elefant, der nach zweijähriger Schulung in die Freiheit entlassen wurde, weitere 80 Tiere sollen folgen. Inwieweit derartige Projekte Erfolg haben werden, hängt jedoch nicht zuletzt davon ab, wieviel Platz der Mensch den großen Wildtieren zukünftig noch überlassen wird.

Foto: Thomas Stankiewicz

LAND UND LEUTE

LANDESKUNDE

Modernste Flugzeugtechnik, dekoriert mit dem *Thai*-Emblem, steht auf dem Rollfeld des Bangkoker Flughafens. Auf einer Plattform zelebriert ein buddhistischer Mönch in safrangelber Robe, Nase an Nase mit dem neusten Airbus, ein Ritual aus alten Zeiten. Jedes Flugzeug der staatlichen Fluggesellschaft wird mit solch einer Zeremonie eingeweiht, die den besonderen Zauber Thailands versinnbildlicht: Hitech aus dem Westen, vereint mit asiatischer Spiritualität und Achtsamkeit.

Auf der Landkarte erinnern die Umrisse des buddhistischen Königreichs an einen Elefantenkopf: Im Norden, wo die „Ohren" sind, grenzt es an Burma und Laos, im Osten an Kambodscha, im Westen wiederum an Burma, und im Süden schnuppert der „Rüssel" an Malaysia. Mit 514 000 km^2 ist Thailand ungefähr so groß wie Frankreich. Das tropische Klima kennt drei Jahreszeiten: heiß von März bis Mai, regenreich von Juni bis Oktober, und „kühl" von November bis Ende Februar. Aufgrund der Regenzeiten und der guten Böden sind die meisten Gebiete des Landes sehr fruchtbar.

Das Tag und Nacht pulsierende Bangkok, die faszinierende Metropole am Chao-Phraya-Fluss, ist auf Schwemmland gebaut. Hier wohnt die königliche Familie, stehen die bedeutendsten Tempel, haben Regierung und Verwaltung ihren Sitz, laufen alle politischen und kommerziellen Fäden zusammen. Bangkok ist Thailands Haupthafen und Heimat eines Zehntels der Bevölkerung.

Trotz zunehmender Industrialisierung prägen noch immer Nassreisfelder die Landschaft, die Hälfte der über 66 Millionen Thais lebt von der Landwirtschaft. Thailand ist ein bedeutender Nahrungsmittelexporteur. Hauptsächlich baut man Reis an, der neben Tapioka, Ananas und anderen Agrarprodukten ein wichtiges Ausfuhrgut ist.

Links: Folklore-Tanzshow in Bangkok.

Die Vegetation ist üppig, neben den vielen Arten von Bäumen, Büschen und Blumen wachsen hier über 1000 verschiedene Orchideen. Die Tierwelt umfasst Elefanten, Tiger, Leoparden, Affen, Schlangen und zahlreiche Vogel- und Schmetterlingsarten. Wie überall auf der Welt hat auch hier die Zahl der größeren Wildtiere, besonders die der Elefanten und Tiger, drastisch abgenommen. Viele Regenwaldgebiete sind dezimiert, das Ende der 1980er Jahre erlassene Abholzverbot kam zu spät.

Topografisch kann man das Land in vier Regionen unterteilen. Die Menam-Ebene nördlich von Bangkok erscheint wie ein Fleckenteppich grüner Reisfelder, die von Thailands Hauptfluss Menam (Mae Nam) und seinen Nebenflüssen bewässert werden. Hier entfaltete sich die frühe Kultur der Region: Nakhon Pathom, westlich Bangkoks, war eines der ersten Zentren des Buddhismus in Südostasien; am Mae Nam Chao Phraya liegen die Ruinen von Ayutthaya, Bangkoks Vorgängerin; im Norden der Ebene befinden sich die Überreste der ersten Hauptstadt, Sukhothai.

Nördlich von Sukhothai stößt die Menam-Ebene an grünes, bewaldetes Bergland, einen Ausläufer des Himalayas mit dem höchsten Gipfel des Landes, dem 2590 m hohen Doi Inthanon. Flüsse, Höhlen und Wasserfälle stellen dort Naturattraktionen dar. Zudem ist der Norden die Heimat der Bergvölker. Ganz unterschiedliche Ethnien haben abseits asphaltierter Straßen ihre Kultur bewahren können. Traditionell sind sie halbnomadische Hackbauern, die mittels Brandrodung Landwirtschaft betreiben und oft auch Schlafmohn anbauen, denn hier liegt das „Goldene Dreieck". Der Verkauf des Opiums, das die Bergvölker als Allheilmittel benutzen, hat nur die Drogenhändler, nicht die Bauern reich gemacht.

Foto: Luca Invernizzi Tettoni

Die rund 500 000 Angehörigen der Bergvölker im Norden und Westen Thailands teilen sich in sieben Hauptgruppen auf: Karen, Akha, Lahu, Lawa, Lisu, Meo und Yao. Alle besitzen eigenständige Kulturen, Sprachen und (meist animistische) Religionen. Deutlich unterscheiden sie sich durch ihre Kleidung: Jede Ethnie hat ihre traditionelle farbenprächtige Tracht, die oft mit handgefertigtem Silberschmuck verziert ist. Die Dörfer der gastfreundlichen Bergvölker sind zum beliebten Trekkingziel für Touristen geworden.

Der Norden ist – oder vielmehr war – auch das Land des Teakholzes. Durch starke Abholzung, illegales Fällen und Brandrodung ist ein Großteil der Wälder zerstört worden. Arbeitselefanten, durch viele Jahre Unterricht ausgebildet zum Abtransport von Teakholz, sind heute vielfach arbeitslos und finden in Camps, die besucht werden können, ihren wohlverdienten Ruhestand.

Oben: Nassreisanbau in der fruchtbaren Ebene um Chiang Mai.

Die „Hauptstadt des Nordens", Chiang Mai, mit ihren alten Tempeln wurde bereits im 13. Jh. gegründet. Chiang Mai ist ein Zentrum des Kunsthandwerks und bietet Silberwaren, Edelsteine, Holzschnitzereien, Celadon-Keramik, Lackarbeiten und Papierschirme.

Der Nordosten – der „Isan" – ist ein weites, an Laos und Kambodscha grenzendes Plateau, das gegen Ende der Trockenzeit nahezu ausgedörrt erscheint. Diese ärmste Region Thailands ist noch sehr ländlich. Trotz des niedrigen Lebensstandards – oder vielleicht gerade deshalb – haben sich hier Traditionen besser als im übrigen Land erhalten. Die Musik, Volkstänze, Legenden, Dialekte und besonders die Feste sind lebendiger Ausdruck einer zeitlosen Kultur, wie das „Fest der Raketen" in Yasothon, das den Regen herbeiwünschen soll, oder das Fest der Kerzen in Ubon Ratchathani.

Thailands vierte topografische Region, die Golfküste und der Süden, besitzt 1600 km Küstenlinie mit herrlichen Sandstränden, Buchten und Inseln. Im hügeligen Hinterland liegen Regenwälder und Gummiplantagen. Der tiefe Süden ist von der Nähe des moslemischen Malaysia beeinflusst.

Pattaya, an der Ostküste des Golfs, besitzt eine geschützte Bucht mit langem Sandstrand. Das einstige Fischerdorf erfuhr mit erholungssuchenden US-Soldaten aus Vietnam in den 1960ern einen Boom: Hotels schossen aus dem Boden, und heute ist Pattaya ein einziges Touristenzentrum, in dem das „Gunstgewerbe" blüht.

Hua Hin, an der Westseite des Golfs, unterscheidet sich vom sündigen Pattaya. Thailands ältester Badeort aus den 1920er Jahren wurde bekannt, als König Rama VI. hier einen Sommerpalast baute und die Küstenstadt zum Badeort der guten Gesellschaft Bangkoks avancierte. Die Königsfamilie kommt noch oft hierher. In den 1980er Jahren hat der Tourismus Hua Hin wiederentdeckt. Neue Luxushotels, originalgetreu restaurierte Gebäude aus den 1920er Jahren wie auch Wassersportmöglichkeiten garantieren einen entspannten Urlaub.

Die große Insel Phuket, eine Flugstunde von Bangkok entfernt, ist eine Perle unter Thailands Strandparadiesen und mit dem Festland durch einen Straßendamm verbunden. Hier lockt das türkisfarbene Wasser der Andamanensee. In der nahen Bucht von Phang Nga ragen pittoreske Kegelkarstfelsen aus dem Wasser. Nördlich von Phuket finden sich noch unverbaute Strände.

Eine Bootstour bringt Sie zu den Phi-Phi-Zwillingsinseln mit ihrer einmaligen Landschaft und einem zauberhaften Strand, dessen Steilklippen 300 m hoch aufragen. Südlich von Phi Phi liegen noch weitere traumhafte Inseln, die nur dünn besiedelt sind. Sie gehören zur Provinz Krabi, die eine der schönsten Küsten des Landes besitzt, mit Sandsteinklippen und weiten Stränden. Auch die Palmeninseln Ko Samui und Ko Pha Ngan mit ihren Sandstränden sind höchst beliebt.

GESCHICHTE

Das Wort „Thai" bedeutet „frei", und Thailand ist das „Land der Freien", das nie von Kolonialmächten unterjocht war, weshalb sich die traditionelle Thai-Kultur bis heute erhalten hat.

Mit der Gründung des Königreichs Sukhothai im 13. Jh. wurden die Thai erstmals in einer unabhängigen Nation vereint. Die Geschichte des Landes reicht jedoch viel weiter zurück, und verschiedenste Kulturen haben hier ihr Erbe hinterlassen.

Thailand, das von Indien und von China etwa gleich weit entfernt ist, erstreckt sich über den mittleren und westlichen Teil Indochinas, und seine schmale Südspitze grenzt an Malaysia. Über seine Ureinwohner ist wenig bekannt. Funde aus Ban Chiang (Nordost-Thailand) aus den 1970er Jahren lassen vermuten, dass hier schon um 3600 v. Chr. eine gut entwickelte Kultur bestand. Da ähnliche Stätten in China, Indien und Mesopotamien späteren Ursprungs sind, hält man Ban Chiang (das zu besichtigen ist) für die früheste landwirtschaftliche Siedlung der Bronzezeit und eine der „Wiegen der Zivilisation".

Man nimmt an, dass die Urbevölkerung der Region von mehreren Einwanderungswellen verdrängt wurde, bis sich schließlich das Volk der Thai, das aus Südchina einwanderte, hier behaupten konnte.

Indischer Einfluss

Die kulturelle Entwicklung Indochinas wurde in sozialer, religiöser und künstlerischer Hinsicht von Indien geprägt. Vor 2000 Jahren wagten sich seefahrende indische Händler nach Osten vor. Wegen der Monsunwinde mussten die Seefahrer oft in den Häfen der indochinesischen Halbinsel monatelange Pause einlegen, sie waren die Vorboten der Indisierung. Später ernannten sich indische Prinzen zu Herrschern über kleine Staaten und heirateten zur Le-

Foto: Hans-Horst Skupy

gitimierung ihrer Ansprüche örtliche Frauen. Sie luden indische Brahmanen und Gelehrte ein, sich an ihren neuen Höfen niederzulassen und als Administratoren, Ratgeber und Astrologen zu fungieren. Der Buddhismus, aber auch der hinduistische Brahmanismus mit seinem Glauben an einen Gottkönig gewann rasch an Popularität und wurde auch von den Khmerkönigen in Angkor adaptiert und weiterentwickelt.

Der Theravada-Buddhismus ist heute Nationalreligion, der Brahmanismus dagegen lebt in den königlichen Ritualen weiter. Die Indisierung bildete die Basis für die Entstehung unabhängiger Königreiche, von denen drei für die Entstehung des späteren Thailand von besonderer Bedeutung waren.

Das Reich Dvaravati

Das erste dieser Königreiche, Dvaravati, war ein lockerer Stadtstaaten-Verbund von Mon-Völkern, deren Machtzentrum im heutigen Nakhon Pathom (westlich von Bangkok) lag.

Dvaravati, das vom 6.-11. Jh. im Tiefland des Chao-Phraya-Flusses seine Blüte erlebte, bekannte sich zum Theravada-Buddhismus, und es ist anzunehmen, dass die späteren Thai-Völker mit der Religion der Mon-Völker wie auch mit deren Skulptur und Tempel-Architektur in Kontakt kamen. Ein schönes Beispiel dafür sind die *chedis* (Reliquientürme) der ältesten Tempel in Lamphun, der früheren Hauptstadt eines Zweigkönigreichs der Mon namens Haripunchai.

Das Reich Srivijaya

Das zweite, mächtigere, ebenfalls buddhistische Königreich, Srivijaya, das etwa zur gleichen Zeit wie Dvaravati entstand, herrschte vom 7. Jh. bis zum 13. Jh. von Palembang (Sumatra) über Indonesien und die malaiische Halbinsel und prägte die frühe Kultur Süd-Thailands entscheidend, vor allem die Bildhauerei.

Oben: Dieses Wandgemälde zeigt Rama mit seinem Affenheer.

Khmer-Herrschaft

Das dritte und einflussreichste der vor-thailändischen Königreiche war das der Khmer, deren Hauptstadt Angkor das Zentrum eines großen, hindu-buddhistischen Reichs war. Im 11. Jh. herrschten die Khmer nicht nur über das heutige Gebiet von Kambodscha, sondern auch über weite Gebiete des heutigen östlichen und mittleren Thailand. Die Khmer waren Meister der Baukunst; noch heute kann man in Lopburi, Phimai, Phanom Rung und Phra Viharn im Nordosten Thailands die Ruinen großartiger Khmer-Tempel bestaunen.

Das Reich Sukhothai

Im frühen 13. Jh. nahm die Macht der Khmer ab, während die Thai, die sich von Nan Chao im südwestlichen China in Richtung Süden bewegten und dabei zahlreiche kleine, unabhängige Siedlungen gründeten, an Einfluss gewannen. Im Jahr 1238 verbündeten sich die Führer zweier solcher Thai-Gruppen, und es gelang ihnen mit vereinten Kräften, die Khmer aus dem westlichen Teil ihres Reichs zu verdrängen und in Sukhothai (was soviel wie „Dämmerung des Glücks" bedeutet) die erste Thai-Hauptstadt zu gründen.

Einer der Führer, Phor Khum Bang Klang Thao, wurde zum König ausgerufen, erhielt den Titel Sri Intradit und gründete die erste Thai-Dynastie Phra Ruang. Damit waren die Thai-Völker zum ersten Mal in ihrer Geschichte unter einem Herrscher und einer Nationalreligion vereint. Sukhothai, das Zentrum der neuen Thai-Nation, konnte seine Vormachtstellung jedoch nur 140 Jahre behaupten. Das aufstrebende südliche Thai-Königreich Ayutthaya machte im Jahr 1378 Sukhothai zu seinem Vasallen und annektierte es 60 Jahre später ganz.

Die Geschichte Sukhothais vor und während der Khmer-Zeit ist unklar, der architektonische Einfluss der Khmer ist jedoch in den Ruinen einiger Tempel zu spüren – besonders in den frühesten Teilen des Wat Si Sawai und Wat Phra Phai Luang.

Während der ersten beiden Regierungsperioden – der von König Sri Intradit und seinem Sohn, König Ban Muang (starb ca. 1279) – herrschte Frieden im jungen Königreich, das zu der Zeit kaum mehr als die Hauptstadt und die zweite Stadt Si Satchanalai, ca. 70 km nördlich, umfasste. Seine Blütezeit erlebte Sukhothai unter dem fähigen König Ramkhamhaeng (ca. 1279-1299), der das Reich durch territoriale Gewinne und die Einführung des Theravada-Buddhismus festigte.

Diese Religion wurde nicht nur zur wichtigen vereinigenden Kraft der Thai-Völker, darüber hinaus war sie auch die Triebfeder für die großartigen künstlerischen und architektonischen Leistungen Sukhothais. Man spürt förmlich den Atem der Religion in den Buddha-Statuen, den Reliefs und Stuckverzierungen, vor allem aber in den glockenförmigen *chedis*.

Kunst und Architektur erreichten im 14. Jh. ihren Höhepunkt, als der Theravada-Buddhismus unter dem frommen, gelehrten König Lithai (1347-1368) neuen Aufschwung bekam. Bis jetzt hatten Mönche aus Nakhon Si Thammarat in Südthailand sich um die Verbreitung des Glaubens gekümmert; neue Verbindungen mit Sri Lanka brachten frischen Wind in die Religion. In dieser Zeit entstanden die so genannten Lotosknospen-*chedis* mit ihrer typischen knospenförmigen Turmspitze. Glockenförmige ceylonesische *chedis* waren ebenfalls geschätzt und ersetzten die Pyramide und den *prang* (Rundturm) aus der Khmer-Zeit, während man sich bei Stuckverzierungen und Reliefs (gern) vom singhalesischen Stil inspirieren ließ. Auch die Buddha-Skulpturen erreichten ihre erste Blüte.

Nach dem Ende der Phra-Ruang-Dynastie im Jahr 1438 übernahm ein Prinz von Ayutthaya die Macht in Sukhothai, und gegen Ende des 15. Jh. wurde die Stadt ganz verlassen. Nach 140 Jahren Unabhängigkeit verschwand das Königreich Sukhothai zwar, aber sein Geist lebt bis heute fort: in Politik, Religion, Gesellschaft und Kultur hat es bleibende Standards geschaffen.

Auch im Volkstum lebt Sukhothai weiter – etwa im Loy-Krathong-Fest, das im November in einer Vollmondnacht zu Ehren der „Mutter des Wassers" abgehalten wird. Dieses Fest findet zwar überall im Land statt – aber zwischen den Ruinen der ersten Hauptstadt ist es ein besonderes Erlebnis.

Das Reich Ayutthaya

Ayutthaya, das von König U Thong (später als Ramathibodi gekrönt) 1351 gegründet worden war, vergrößerte rasch seine Macht, annektierte Sukhothai und blieb für rund 350 Jahre das Herz der Thai-Nation. Mit seiner Lage an der Mündung dreier Flüsse – Chao Phraya, Lopburi und Pa Sak – war Ayutthaya eine Inselstadt, mit einem ausgeklügelten System von Kanälen. Ayutthaya schlüpfte fast nahtlos in die Rolle der religiösen, kulturellen und kommerziellen Hauptstadt, und es sollte später als Modell für Bangkok dienen. Im 17. Jh. stand Ayutthaya mit angeblich einer Million Einwohnern auf der Höhe seiner Macht und kontrollierte fast ganz Thailand sowie Teile von Laos und Kambodscha. Bald war Ayutthaya eine der größten und prachtvollsten Städte des Orients.

Die Thai, von Natur aus keine begabten Händler – die einfachen Leute waren Bauern, die Oberschicht Verwaltungsbeamte –, erlaubten jedoch anderen, unter königlichem Monopol Handel zu treiben. Da China und Japan für Fremde verbotene Länder waren, entwickelte sich Ayutthaya bald zu einem wichtigen Transitpunkt für den expandierenden Ost-West-Handel. Im Jahr 1511 kamen erstmals die Portugiesen, dann die Holländer (1605), die Briten (1612), die Dänen (1621) und schließlich die Franzosen (1662), die eine schillernde und nicht gerade glückliche Rolle bei Hofe spielten.

17. Jahrhundert – Kontakte zu Frankreich

Unter König Narai (1656-88) rückte Ayutthaya ins Rampenlicht des internationalen Interesses. Er machte Europa den Handel mit Siam schmackhaft, und seine Schiffe, die meist unter ausländischer Besatzung segelten, trieben mit Indien, Persien, China und Japan Handel. Seine Schatzkammern wurden allerdings nicht so voll, wie sie es hätten sein sollen – denn viele der *farang* (Ausländer), die dem König dienten, waren Abenteurer wie der englische Draufgänger Samuel White, einstmals Narais Hafenmeister in Mergui, der in seine eigene Tasche wirtschaftete.

Der Grieche Konstantin Gerakis, dessen Familienname „der Falke" bedeutet und ihm später den Namen Phaulkon eintrug, riss in jungen Jahren von zu Hause aus und heuerte als Seemann auf britischen Schiffen an. Auf einem Schiff der Ostindischen Kompanie gelangte er in den Orient, und nach diversen Abenteuern in Ostasien ließ er sich als Händler in Ayutthaya nieder. Der clevere, machthungrige Mann fiel alsbald König Narai auf. 1680 trat Phaulkon in den Dienst der Regierung; von 1683 bis zu seinem Tod fünf Jahre später war er – als Europäer! – der erste Minister des Königs und sein wichtigster Mittelsmann im diplomatischen Annäherungsversuch zwischen Siam und Frankreich; mit Hilfe der Franzosen wollten die Thai holländische Kolonialgelüste abblocken

Im Jahr 1688 lag König Narai in Lopburi im Sterben; Phaulkons Gegner General Phetracha entfachte eine Palastrevolution, ermordete Narais mögliche Nachfolger und übernahm die Macht. Als Phaulkon zum Palast von Lopburi eilte, wurde er von Rebellen gefangengenommen, die ihn tagelang folterten, ehe sie ihn schließlich enthaupteten.

Die Franzosen wurden wieder aus dem Land hinauskomplimentiert, und als Narai einige Wochen nach Phaulkons Hinrichtung starb, war Phetracha der nächste König. Dieser Dynastiewechsel hatte zur Folge, dass sich Thailand bis zur Mitte des 19. Jahrhunderts westlichen Einflüssen entzog und sich in internen Streitigkeiten verzettelte.

Burmesischer Überfall

Im Jahr 1767 fielen die Burmesen in Siam ein, eroberten und plünderten Ayutthaya nach einer längeren Belagerung, töteten oder versklavten die Einwohner und machten die Stadt dem Erdboden gleich. Trotz ihrer Übermacht waren die Burmesen nicht in der Lage, die eroberten Gebiete zusammenzuhalten. Die Thai sammelten sich unter General Taksin, der in Thonburi – am gegenüberliegenden Flussufer von Bangkok – eine Widerstandsbewegung auf die Beine gestellt hatte. Bevor das Jahr, das die völlige Zerstörung Ayutthayas gebracht hatte, vergangen war, hatte Taksin bereits eine neue Hauptstadt gegründet, sich zum König krönen lassen und begonnen, das Volk der Thai wieder zu vereinigen.

Ein Königreich im Norden / Chiang Rai und Chiang Mai

Das Thai-Königreich Lan Na unterwarf sich nie der Macht Ayutthayas. Die Bergregion Nord-Thailands wird in Nord-Süd-Richtung von etlichen Flusstälern durchzogen und unterscheidet sich damit in topografischer Hinsicht stark von der Zentralebene und der Chao-Phraya-Ebene, dem einstigen Machtzentrum Ayutthayas und Sukhothais. Für das mächtige Ayutthaya war es ein Kinderspiel, Sukhothai im 15. Jh. zu annektieren; Lan Na, von hohen Bergen gegen Angreifer geschützt, konnte der Eingliederung in den offiziellen Thai-Staat lange Zeit entgehen.

Die Ureinwohner des Nordens waren wohl die Lawa, ein ursprünglich im Tal ansässiger Stamm, der ins Bergland vertrieben wurde, wo er noch heute in stark dezimierter Zahl überlebt. Die Lawa wurden von einem Mon-Stamm vertrieben, die sich vom Mon-Königreich Dvaravati abgespalten hatten, angeführt von der legendären Königin Chama Devi. Um 600 n. Chr. gründete sie ihre eigene Hauptstadt Haripunchai, das heutige Lamphun, 25 km südlich von Chiang Mai. Zwei uralte *chedis* im Tempel Wat Chama Devi in Lamphun, die angeblich bei Chama Devis Tod von ihrem Sohn errichtet wurden, erinnern noch an die Königin. Das Kulturniveau der Mon-Völker war zu jener Zeit sehr hoch. Im Gegensatz zu den Menschen des Nordens, die größtenteils Animisten waren, bekannten sie sich zum Theravada-Buddhismus und waren Meister der Kunst und Architektur. Der größte *chedi* im Wat Chama Devi ist ein schönes Beispiel dafür.

Da Haripunchai (Lamphun) lange Zeit das Chiang-Mai-Tal, das fruchtbarste Land der Region, und den Ping-Fluss, die wichtigste damalige Verkehrsverbindung beherrschte, besaß es die Macht über die gesamte Region. Im Lauf der Zeit ließen sich Thai-Völker, die von China südwärts zogen, hier nieder und gründeten kleine Stadtstaaten, von denen der mächtigste, Chiang Saen, im 13. Jh. am Ufer des Mekong-Flusses auf der anderen Gebirgsseite nordwestlich des Chiang-Mai-Tals entstand.

Im Jahr 1259 kam der ehrgeizige König Mengrai in Chiang Saen an die Macht. Die Streitigkeiten der benachbarten Thai-Fürstentümer dienten ihm als willkommener Anlass für den Versuch, die gesamte Region unter seine Herrschaft zu bringen. Mengrai schlug rasch zu: Von Chiang Saen aus besetzte er in Windeseile die Nachbarstaaten und zog dann gen Süden, um im Jahr 1262 vorübergehend in Chiang Rai seine Hauptstadt aufzuschlagen. Dort erinnert noch heute die Statue des Mengrai an seinen großartigen Sieg, und Mengrais Asche befindet sich in einem Schrein des Tempels Wat Ngam Muang in Chiang Rai.

Das zerklüftete Terrain um Chiang Rai eignete sich allerdings kaum für rasche territoriale Expansionen. Erst 1274 schaffte er es, das Gebirge in Richtung Westen zu überqueren. Er ließ sich in Fang, nördlich von Chiang Mai, nieder. Mengrai konnte später Haripunchai und somit das Mon-Königreich erobern und gründete einen neuen Staat, den er Lan Na, „Königreich einer Million Reisfelder", nannte. Schon damals muss dieser Name sehr passend für das fruchtbare Tal von Chiang Mai gewesen sein, in dem heute jährlich fast eine halbe Million Tonnen Reis geerntet wird.

1287 festigte Mengrai seine Position durch einen Freundschaftspakt mit seinen zwei mächtigsten Nachbarn, König Ngam Muang von Phayao (einem Staat östlich von Chiang Mai) und König Ramkhamhaeng von Sukhothai.

Mengrais neue Hauptstadt Chiang Mai sollte dem glorreichen Lan Na würdig sein. Die Bauarbeiten konnten jedoch erst 1296 beginnen, denn Mengrai sah sich einer neuen Bedrohung gegenüber: Die Mongolen, die unter Kublai Khan 1287 Burma (damals das Königreich Pagan) erobert hatten, bewegten sich ostwärts auf Lan Na zu. Es kam jedoch nicht zum Ausbruch von Feindseligkeiten, man konnte sich diplomatisch einigen. Zu Beginn der Bauarbeiten beschäftigte Mengrai 90 000 Arbeiter.

Mengrai war nicht nur ein simpler Eroberer – er förderte auch Kunst und Kultur und holte viele Künstler aus der früheren Mon-Stadt Haripunchai, um seine neue Hauptstadt zu verschönern. Eine der Buddha-Statuen im Schrein des Tempels Wat Chiang Man, den Mengrai einst bewohnte, gehörte einst der Königin Chama Devi und wurde nach der Eroberung Haripunchais nach Chiang Mai gebracht.

Mengrai förderte auch den Theravada-Buddhismus, der zur großen vereini-

Rechts: Wat Haripunchai in Lamphun.

Foto: Bernhard Walter Kaempf

genden Kraft Lan Nas wurde. Die vielen Tempel Chiang Mais, die Skulpturen, Holzschnitzereien und Wandmalereien zeugen von tiefer Religiosität. Mengrai starb 1317. In seinen 60 Herrschaftsjahren hatte er den Großteil des heutigen Nord-Thailand vereinigt.

Mengrais Nachfolger waren schwache Könige, und das Reich Lan Na litt an inneren Streitigkeiten. Erst König Ku Na (1355-85) sollte es gelingen, das politische und kulturelle Leben zu revitalisieren. Ku Na, ein gebildeter Mann, bat den berühmten Mönch Sumana aus Sukhothai, sich mit seinem Orden singhalesischer Buddhisten in Chiang Mai niederzulassen; der für sie errichtete Tempel Wat Suan Dok steht noch heute. Die Bevölkerung des Nordens entwickelte ein starkes Zusammengehörigkeitsgefühl als Thai Yuan (Nord-Thai).

Während Chiang Mai sich vergrößerte, stach das immer mächtiger werdende Lan Na dem feindlichen, am Südrand der Zentralebene gelegenen Ayutthaya ins Auge, das seinerseits im 14. Jh. expandierte. Sein erstes Ziel war jedoch die Annektierung des mit Lan Na verbündeten und von Chiang Mai unterstützten Sukhothai. Sukhothai wurde wie geplant erobert – und Ayutthaya konnte sich dem Königreich Lan Na zuwenden. Da aber das nördliche Bergland militärische Aktionen erschwerte, verlor Chiang Mai zwar immer wieder Schlachten mit Ayutthaya, wurde aber nie endgültig besiegt.

Trotz dieser Kriege erlebte Chiang Mai sein goldenes Zeitalter unter König Tilokaraja (1442-87), einem mutigen Kämpfer, der in Ayutthayas kraftvollem König Trailok einen ebenbürtigen Gegner fand. 1449 eroberte und annektierte König Tilokaraja den Staat Nan im östlichsten Tal des Nordens. Im Schrein des Tempels Wat Suan Tan in Nan steht noch heute der 4 m hohe Bronzebuddha Phra Chao Thong Tip, der daraufhin als Symbol für Lan Nas Triumph entstand: Angeblich ließ Tilokaraja den Bewohnern von Nan nur sieben Tage Zeit zur Beschaffung des Metalls und setzte ihnen eine 100-Tage-Frist, um die Statue zu gießen.

Foto: John Everingham

Zwischen militärischen Kampagnen fand Tilokaraja noch Zeit, sich als großer Unterstützer des Buddhismus und als Schutzherr der Künste zu betätigen. Er ließ eindrucksvolle Tempel und Buddha-Statuen in Chiang Mai errichten, wie den 86 m hohen, heute teilweise zerstörte *chedi* im Wat Chedi Luang. Als 1477 die Achte Weltsynode des Buddhismus im Wat Chet Yot der Stadt tagte, erreichte Chiang Mais Prestige seinen Höhepunkt.

Doch Chiang Mai und Ayutthaya bekriegten sich noch immer, und auch Burma stellte eine Bedrohung dar. Lan Na wurde schließlich 1557 von den Burmesen erobert, und für die nächsten 200 Jahre war es mit der Freiheit vorbei. Allmählich ging es mit Chiang Mai abwärts: Mal amtierten in Lan Na Marionettenkönige, mal wurde das Land direkt von Burma regiert, während manche Fürstentümer sich zu befreien versuchten und Ayutthaya ein potentieller Gegner blieb.

Oben: Seit dem 18. Jahrhundert treten die königlichen Barken bei besonderen Anlässen in Bangkok in Aktion.

Erst im späten 18. Jh. gelang es Taksin, die Burmesen zuerst aus dem Norden und dann aus dem übrigen Land zu vertreiben. Nun sollte die Wiedervereinigung des Nordens beginnen, der aber, trotz seiner Zugehörigkeit zur Thai-Nation, bis ins frühe 20. Jh. eine gewisse Autonomie bewahren konnte.

Entstehung des modernen Staates Thailand – König und Militär

König Taksin „dem Großen", wie er heute genannt wird, gelang es zwar, nach Vertreibung der Burmesen, von seiner Hauptstadt Thonburi aus den Großteil Siams samt dem Norden (1774) wieder zu vereinen. Zudem gab er den – deshalb bis heute einflussreichen – chinesischen Händlern mehr Rechte, aber seine Regierungszeit war nur von kurzer Dauer. 1782, als der König Anzeichen von Wahnsinn zeigte, baten seine Untertanen den Armeekommandeur General Chakri um Hilfe. Als Chakri daraufhin seinem Laos-Feldzug den Rücken kehrte und zurückeilte, war König Taksin schon entmachtet und erschlagen worden. Der General ließ sich als Rama I. zum König krönen und begründete so die Chakri-Dynastie.

1782 war ein bedeutsames Jahr, denn es markierte nicht nur den Beginn einer neuen Dynastie, sondern auch die Gründung einer neuen Hauptstadt: Als eine seiner ersten Amtshandlungen verlegte König Rama I. sein Machtzentrum von Thonburi ans gegenüberliegende Ufer des Chao Phraya nach Bangkok, das damals nur ein Zollposten mit ein paar Hütten chinesischer Händler war. Die neue Hauptstadt sollte Ayutthaya an Pracht keinesfalls nachstehen und den Nationalstolz wiederherstellen.

So verwandelte sich das verschlafene Dorf Bangkok unter Rama I. und seinen Nachfolgern in eine Metropole, die das glorreiche Ayutthaya so weit als möglich nachzuahmen versuchte. Neu angelegte Kanäle machten Bangkok zu einer Inselstadt, während der Große Palast, der Tempel des (aus Laos geraubten) Smaragd-Buddha und andere klassische Bauwerke, die heute zu Bangkoks wichtigsten Sehenswürdigkeiten zählen, den materiellen und spirituellen Reichtum der Stadt widerspiegelten.

Als König Mongkut, Rama IV., im Jahr 1851 die Macht übernahm, fand eine radikale Verschiebung der Prioritäten statt. Der Plan der ersten drei Könige der Chakri-Dynastie, Bangkok in ein zweites Ayutthaya zu verwandeln, wurde ziemlich schnell ad acta gelegt, und auch die weltfremde Haltung Thailands sollte sich bald ändern. Rama IV. begann eine Politik der Öffnung zur Außenwelt, insbesondere zum Westen, und ebnete damit den Weg zur Modernisierung der Nation.

König Mongkut, ein Mann von scharfer Intelligenz und großem Wissen, entsprach keineswegs dem Bild des konservativen Despoten, das in dem bekannten Film *Der König und ich* von ihm gezeichnet wird. Seit dem Abzug der unglückseligen französischen Delegationen in den späten 1680er Jahren hatte Thailand sich von der westlichen Welt zurückgezogen und ausländische Interessenten von vornherein entmutigt. Der Umschwung kam erst im Jahr 1855, als König Mongkut ein für beide Seiten günstiges Handelsabkommen mit Sir John Bowring, dem Abgesandten Königin Victorias, unterschrieb. Kurze Zeit später wurden ähnliche Verträge auch mit anderen europäischen Ländern und mit den USA abgeschlossen.

Mit der Öffnung des Landes für westliche Handelspartner, aber ohne koloniale Unterwerfung konnte sich die Wirtschaft ab der Mitte des 19. Jahrhunderts rasch entwickeln. Die Infrastruktur wurde für die neuen Bedürfnisse erweitert, Kanäle durch Straßen für den motorisierten Verkehr ersetzt und die Staatsmaschinerie nach europäischen Prinzipien umorganisiert. Auch Kunst und Architektur wurden für westliche Einflüsse empfänglich; ein prächtiges Beispiel hierfür ist der neoklassizistische Bau der alten Nationalversammlung.

Mit dem Aufschwung des internationalen Handels stieg der Einfluss der chinesischen Einwanderer, die einen beträchtlichen Teil der Bevölkerung darstellten. Da die Thai keine begnadeten Geschäftsleute waren, konnten die Chinesen im 19. Jh. ihr kommerzielles Talent voll entfalten. Die Thai-Chinesen haben sehr zur Entwicklung des modernen Thailand beigetragen und sich gut assimiliert, so dass der „Thai-Charakter" des Landes kaum verändert wurde.

Auch König Chulalongkorn (1868-1910), Mongkuts Nachfolger, förderte die Modernisierungspolitik und schaffte zudem die Sklaverei ab.

König Vajiravudh (1910-1925), der die konsequente Modernisierung fortsetzte, ordnete die allgemeine Schulpflicht an und führte Thailand auf Seiten der Alliierten in den 1. Weltkrieg.

Die enormen wirtschaftlichen und sozialen Entwicklungen brachten die Infragestellung traditioneller Machtverteilung mit sich. Jahrhundertelang waren die Thai-Könige „Herren über das Leben" gewesen. In den 1920er Jahren entschloss sich Vajiravudhs Nachfolger, König Prajadhipok (1925-1935), zu einer Liberalisierung. Aber der Lauf der Geschichte kam ihm zuvor. Die Weltwirtschaftskrise war 1932 der Anlass für eine unblutige Revolution durch das gebildete Bürgertums, das bei Studienaufenthalten im Ausland mit revolutionärem Gedankengut in Kontakt gekommen war. Man stürzte das absolute Herrschersystem und ersetzte es durch eine konstitutionelle Monarchie. Prajadhipok dankte 1935 ab und zog sich ins englische Exil zurück. Nach seinem Tod sechs Jahre später bestieg sein Neffe, König Ananda, den Thron.

Während des 2. Weltkriegs tolerierte die Thai-Regierung zwar die japanische Besatzung des Landes, der thailändische Botschafter in Washington weigerte sich aber, den USA die Kriegserklärung zu übergeben. Stattdessen rief er eine thailändische Freiheitsbewegung ins Leben.

In den Nachkriegsjahren gelang es Thailand nur mühsam, eine funktionierende Demokratie ins Leben zu rufen. Seit 1932 haben sich 32 Premierminister und unzählige Verfassungen abgewechselt. Das Militär, das kräftig in der Politik des Landes mitmischt, konnte durch 19 teils erfolgreiche, teils fehlgeschlagene Coups das friedliche Regierungskonzept immer wieder durcheinanderbringen.

In diesen unruhigen Zeiten war die konstitutionelle Monarchie der stabilisierende Faktor. Als der erst 20-jährige König Ananda im Jahr 1946 unter nie geklärten Umständen in seinem Bett an einer Schussverletzung starb – war es Mord, Unfall oder Selbstmord? Hingerichtet wurden jedenfalls sein Sekretär und seine beiden Leibdiener –, bestieg sein Bruder, König Bhumipol Adulyadej, als Rama IX. den Thron. Auch er war zur Tatzeit im Palast gewesen.

König Bhumipol, ein gebildeter Mann, hat sich als aufgeklärter Monarch erwiesen, der sich nicht nur um seine eigenes 35-Milliarden-US$-Vermögen, sondern auch um das Wohlergehen seines Volkes kümmert. Von den Menschen verehrt, ist er zum Symbol für Stabilität und Kontinuität geworden. Heute meldet sich der 1927 geborene Monarch jedoch nur noch selten zu Wort, da er sehr krank ist. Thronfolger Vajiralongkorn ist weniger beliebt; ein Video zeigt, wie seine Gattin nackt dem Lieblingshund Fufu dessen Geburtstagstorte serviert.

Die Wirtschaftskrise

Die 1990er Jahre begannen in Thailand mit einer Phase ungeahnten Wachstums und endeten mit der schwersten Wirtschaftskrise seit Jahrzehnten. Das äußere Wahrzeichen jener Entwicklung ist die futuristische Skyline von Bangkok mit ihren hochaufragenden Wolkenkratzern. Sie symbolisiert Jahre des Wirtschaftsbooms, aber auch Spekulantentum, Immobilienkrise und fehlgeleitete Investitionen, die 1997/98 zu Währungszerfall und Wirtschaftskrise führten – davor lag das Wirtschaftswachstum bei 7,7 %, damit stand Thailand noch vor Singapur an der Spitze der „Tigerstaaten".

Dank seiner erfolgreichen Landwirtschaft ist Thailand der fünftgrößte Exporteur von Nahrungsmitteln und liefert über ein Viertel des weltweiten Reisbedarfs. Das Rückgrat des Agrarsektors bilden noch immer die unzähligen kleinen Reisbauern, und der Außenhandel mit Reis ist nach wie vor ein Staatsmonopol.

Das dritte Bein von Thailands Wirtschaft ist der Tourismus; pro Jahr kommen allein aus Europa (mit Russland) über 4,4 Millionen Besucher; insgesamt sind es rund 16 Millionen.

Rechts: Der Tourismus ist ein sehr wichtiger Wirtschaftsfaktor (hier Bay Shore Resort; Ao Hat Rin Beach, Ko Phangan).

Foto: Thomas Stankiewicz

Steigende Exporte, verbunden mit einem guten internationalen Image und einem großen Angebot an billigen Arbeitskräften, machten das Königreich für Investoren attraktiv. Zu Beginn der 1990er Jahre begannen zudem thailändische Firmengruppen, selbst im benachbarten Niedriglohn-Ausland – vor allem in Laos, Kambodscha, Burma (heute Myanmar) und China – zu investieren.

In den Jahren scheinbar unaufhaltbarem Wirtschaftswachstums wurzeln jedoch die Ursachen für das Katastrophenjahr 1997. Den wirtschaftlichen Boom schürten Immobilienfirmen und Finanzgesellschaften, die sich durch günstige US$-Kredite in Milliardenhöhe finanzierten. Ein Großteil des geliehenen Geldes wurde in unproduktive Bereiche wie Immobilien investiert.

Als diese Immobilienblase platzte, half nur ein Hilfspaket des Internationalen Währungsfond von über 17 Milliarden US$, um das Land vor dem Konkurs zu retten. Dennoch verloren Hunderttausende von Thais ihre Arbeit oder ihre in Aktien angelegte Altersversicherung.

Bangkok und Umgebung haben sich zu einer Metropolregion des 21. Jahrhunderts mit über 14 Millionen Einwohnern entwickelt, die immer mehr Menschen aus der Provinz anzieht. Dabei sind manche Dörfer im „Goldenen Dreieck" im Norden noch nicht einmal an das Stromnetz angeschlossen. Das Jahreseinkommen in Bangkok ist mehr als dreimal so hoch wie im nationalen Durchschnitt.

Lange hinkte die Verkehrsplanung den Notwendigkeiten hinterher. Auch heute noch gibt es Staus, obwohl seit 1999 die Hochbahn (Skytrain) und seit 2004 die U-Bahn Bangkok entlasten.

Die rasante Entwicklung des Tourismus war zwar für den Komfort der Urlauber von Vorteil, das oft unsensible Vorgehen der Hotelbauer zog jedoch mancherorts eine Beeinträchtigung der Umwelt an der Küste nach sich.

Im Lauf ihrer Geschichte waren die Thai immer fähig, mit ihrer fast konträren Mischung aus Widerstandskraft und Anpassungsfähigkeit ihre Probleme selbst zu bewältigen. Der Druck der wirtschaftlichen Ereignisse beschleunigte politische Reformen und festigte die Demokratie – 1997 wurde eine neue Verfassung verabschiedet, um Missstände wie die enorme Selbstbereicherung vieler Politiker einzudämmen.

Die Ära Thaksin

2001 wurde ein milliardenschwerer Unternehmer, der chinesischstämmige Telekom-Tycoon Thaksin Shinawatra von der 1998 von ihm selbst gegründeten „Thai Rak Thai"-Partei („Thais lieben Thais"), Premierminister. Der ehemalige Polizei-Oberstleutnant versprach Wirtschaftsaufschwung und Reformen. Thailands Erfolg sollte sich bald wieder einstellen – aufgrund der neu gewonnenen Stabilität, die im politischen Bereich bis dahin nur König Bhumipol symbolisiert hatte.

Der zunehmend autokratische Thaksin nahm den Kampf gegen die Drogenmafia auf, dabei wurden, ohne Prozess, 2800 mutmaßliche Dealer von der Polizei erschossen. Dann sah er sich mit militanten Separatisten in den erst 1902 annektierten muslimischen Grenzprovinzen zu Malaysia konfrontiert: 2004 brachen (von Al Kaida-nahen Islamisten geschürte) Unruhen im muslimischen Süden aus, die durch die harte Haltung von Regierung und Militär weiter angeheizt wurden.

Nach der Tsunami-Katastrophe mit Tausenden von Toten, die am 26. Dezember 2004 die Strände an der Andamanensee heimsuchte – besonders schwer traf es Khao Lak, Phuket und Ko Phi Phi – wurde die Einführung eines Flutwellen-Frühwarnsystems beschlossen. Der Wiederaufbau der Hotels kam schnell in Gang.

2005 erklärte die Regierung das Notstandsrecht in den aufständischen Provinzen Narathiwat, Yala und Pattani, wo der Ruf nach einem unabhängigen Islamstaat immer lauter wurde. Wegen islamistischer Attentate ist vor Reisen in die muslimischen Südprovinzen Narathiwat, Yala, Pattani und Songkhla bis heute abzuraten.

Im September 2006 putschte die königstreue Armee ohne Blutvergießen, entmachtete den unter Korruptionsverdacht stehenden Regierungschef Thaksin und verbot dessen Partei. Unruhen und Demonstrationen gab es im Frühjahr 2007: Thaksin-Anhänger forderten die Heimkehr des entmachteten Premiers aus seinem britischen Exil und die Rückkehr zur Demokratie. Die Militärregierung versprach „freie" Wahlen.

Bei der Parlamentswahl Ende 2007 gewann die „Partei der Volksmacht" (PPP) vor der Demokratischen Partei; verfehlte aber die absolute Mehrheit. Die PPP, die Nachfolgepartei von Thaksins verbotener Thai-Rak-Thai-Partei, stellte mit dem erzkonservativen 72-jährigen Samak Sundaravej 2008 den Ministerpräsidenten. Thaksin, der „Berlusconi Thailands", kehrte aus seinem Londoner Exil zurück, setzte sich aber schnell wieder dorthin ab, als sich seine Verurteilung wegen Korruption abzeichnete. Massenproteste mit Parlamentsbesetzung und Flughafenblockade erzwangen Ende 2008 den Rücktritt der PPP-Regierung. Neuer Premier wurde der Demokrat Abhisit Vejjajva. Im April 2009 verhängte er den Notstand, als Demonstranten das ASEAN-Gipfeltreffen in Pattaya sprengten.

Die Unruhen setzten sich im Frühjahr 2010 fort. In rote Hemden gekleidet kamen Anhänger Thaksins aus dem Norden und Nordosten in die Hauptstadt und besetzten ganze Viertel. Sie forderten die Anerkennung des Wahlsieges der PPP, den Rücktritt der Regierung und Thaksins Rückkehr. Zahlreiche Gebäude, darunter das größte Kaufhaus des Landes, gingen in Flammen auf, es gab 88 Tote. Demonstrationen breiteten sich auch in Nordostthailand aus; erst als das Militär mit hartem Eingreifen drohte, endeten die Proteste.

Rechts: Militärputsch 2014 in Bangkok.

Foto: tassapon (iStockphoto)

Bei den Neuwahlen im Juli 2011 siegte Thaksins jüngste Schwester Yingluck Shinawatra von der Phak Phuea Thai (PPT), der Nachfolgepartei der verbotenen PPP. Zugleich bahnte sich eine verheerende Hochwasserkatastrophe an.

Ende 2013 protestierten Oppositionelle wegen eines auf den exilierten Thaksin zugeschnittenen Amnestiegesetzes gegen die Regierung und das „Thaksin-System"; es kam zu gewalttätigen Auseinandersetzungen mit Sicherheitskräften und regierungstreuen „Rothemden". Daraufhin löste Regierungschefin Yingluck, Thaksins Schwester, das Parlament auf und kündigte Neuwahlen an. 2014 wurde sie vom Verfassungsgericht, auf Betreiben der alten Bangkoker Machtelite, ihres Amtes enthoben; danach gab es einen Militärputsch. Premierminister wurde General Prayuth Chan-ocha. 2015 wurde Yingluck wegen Amstmissbrauchs und Korruption angeklagt und erhielt fünf Jahre Politikverbot; populär ist sie aber noch im Volk. Defacto handelt es sich derzeit um eine Diktatur des Militärs.

KULTUR

Thai-Tempel und Buddhismus

Thailands größte Errungenschaften im Bereich der Skulptur, der Malerei und Architektur sind von der auch im Alltag gelebten Nationalreligion, dem Theravada-Buddhismus, nicht zu trennen. Symbol dieser Verbindung ist die wichtigste sozio-religiöse Institution des Landes, der Thai-Tempel – nebenbei auch eine der größten Touristenattraktionen.

Der Buddhismus, der um 500 v. Chr. in Indien entstand, gründet auf den Lehren des indischen Prinzen Siddharta Gautama, der sich von der Welt zurückzog und den Weg zur Erlösung suchte. Als er schließlich das tiefste Wesen der Wirklichkeit erfasst hatte, wurde er Buddha, „der Erleuchtete", genannt.

Im Lauf der Zeit wurde der asketische, auf Selbsterkenntnis basierende „Ur-Buddhismus" – mehr Philosophie als Religion – bis zum 11. Jh. n. Chr. in seinem Ursprungsland Indien vom volkstümlicheren, an Göttern reicheren Hinduismus verdrängt. Er hatte jedoch längst in anderen Regionen Asiens Fuß gefasst und zwei Hauptrichtungen ausgebildet: Die orthodoxe Form der Lehre, das „Kleine Fahrzeug" Hinayana (in Thailand als Theravada bekannt), schlug zuerst in Sri Lanka Wurzeln; Mahayana, das „Große Fahrzeug", eine modifizierte, auch einfachen Bauern verständliche Glaubensversion mit Heilanden und Göttern, gewann dagegen in China und im Himalaya an Popularität. Von Sri Lanka aus verbreitete sich der Hinayana nach Burma, Thailand, Laos und Kambodscha. Der Mahayana hingegen ist heute noch in Ladakh, Tibet, Nepal, Vietnam, China, Korea und Japan anzutreffen.

Die Essenz aller buddhistischen Lehren liegt in den vier edlen Wahrheiten: *dukkha* (Leiden und seine Unausweichlichkeit), *samudaya* (das Begehren als Ursache des Leidens), *nirodha* (Aufhebung des Leidens durch Wunschlosigkeit) und *magga* (der achtfache Weg zu diesem Ziel): das rechte Verstehen, die rechte Absicht, Rede, Handlung und Lebensführung, das rechte Bemühen, die rechte Geisteshaltung und die richtige Konzentration.

Das Ziel dieser Bemühungen, das *nirvana* – das „Erlöschen" der Gier, die Befreiung von allem Leiden –, kann der Mensch nur erreichen, wenn er im Lauf vieler Wiedergeburten, die vom *karma* (den Folgen eigenen Tuns und Denkens) bestimmt werden, genügend „Verdienste" angesammelt hat. In der Praxis hoffen die meisten Menschen auf eine Wiedergeburt in eine bessere Existenz, da *nirvana*, der „Zustand der Zustandslosigkeit", nur schwer vorstellbar und erreichbar ist.

Der Buddhismus erreichte erstmals bereits im 3. Jh. v. Chr. die Region des heutigen Thailand. Der mächtige indische Kaiser Ashoka soll zwei seiner Missionare ins „Land des Goldes" ausgesandt habe, wobei es sich vermutlich um ein Mon-Königreich handelte. Zu diesem Zeitpunkt befanden sich die Thai erst auf ihrem langen Marsch von China südwärts, und wahrscheinlich kamen sie bereits bei ihrer Vermischung mit den Mon-Völkern in Kontakt mit dem Buddhismus.

Der Theravada-Buddhismus in seiner heutigen Form wurde jedoch erst später durch Mönche aus Sri Lanka nachhaltig im Volk verankert: Als im frühen 13. Jh. der erste souveräne Thai-Staat in Sukhothai gegründet wurde, nahmen buddhistische Mönche aus dem Süden mit Sri Lanka Kontakt auf und begegneten dort der „Lehre der Ältesten", die noch auf Pali-Texten aus dem 3. Jh. v. Chr basiert. Angeblich lud Sukhothais großer König Ramkhamhaeng diese Mönche ein, damit sie gemäß der Sri-Lanka-Schule die Religion lehrten. Der Theravada-Buddhismus, der somit unter königlicher Schirmherrschaft stand, wurde von den Thai bereitwillig angenommen.

Die Quintessenz dieser Religion ist das Erstreben eines mönchischen Lebens und die Ansammlung einer größtmöglichen Menge von „Verdiensten". Der höchste Verdienst ist – für Männer – das Leben als Mönch, und sei es auch nur auf Zeit. Auch heute ist es unter jungen Männern üblich, die Mönchsweihen zu empfangen und einige Zeit in einem Kloster zu verbringen.

Durch das tägliche Verteilen von Speisen an die Mönche kann auch der Rest der Bevölkerung seine Verdienste beträchtlich vermehren. Auf diese und andere Weisen werden im heutigen Thailand ca. 250 000 Mönche in den etwa 27 000 Tempeln des Landes unterstützt.

Das Thai-Wort *wat* lässt sich nur unzureichend mit „Tempel" übersetzen, denn dieser Begriff bedeutet für uns eine in sich geschlossene Struktur, z. B. eine christliche Kirche. Der Tempelkomplex des buddhistischen *wat* umfasst hinge-

Rechts: Buddhistische Novizen auf dem Weg zum Tempel.

Foto: Robert Höbel

gen meist nicht nur die Wohnräume der Mönche, also das Kloster, sondern auch eine Vielzahl weiterer religiöser Einrichtungen.

Das wichtigste Gebäude der Anlage ist das *bot* (oder *Ubosot*), das Allerheiligste und der Ort, an dem die Mönchsweihen stattfinden. Er wird von acht Grenzsteinen markiert, *sima* genannt, die sich außerhalb des Gebäudes an den vier Ecken und den vier Himmelsrichtungen der Seiten befinden.

Im *viharn* des Tempels, einer Halle, die mit dem *bot* identisch ist, aber keine *sima*-Steine besitzt, werden Predigten für Mönche und Laien abgehalten. Sowohl im *viharn* als auch im *bot* befindet sich ein Schrein mit Buddha-Statuen, meist eine große und mehrere kleinere Figuren.

Bot und *viharn* sind beide im gleichen Stil erbaut, d. h., über den rechteckigen Gebäuden erheben sich mehrfach abgestufte, sich verjüngende Dächer, die mit glasierten braunen, grünen oder blauen Dachziegeln bedeckt und an ihren oberen Kanten mit vergoldeten, geschwungenen Ornamenten verziert sind, die *cho fa* oder „Himmelsquaste" genannt werden. Man sagt, dass der hinduistische Göttervogel Garuda für diese graziös geschwungenen, vogelkopfähnlichen Gebilde Pate gestanden hat.

Neben *bot* und *viharn* ist besonders der *chedi* (in Indien *stupa* genannt) charakteristisch für einen Tempelbezirk. Im Inneren dieses hoch aufragenden, weithin sichtbaren Turms werden Reliquien des Buddha, heilige Schriften oder Bilder aufbewahrt. Es gibt zwei Grundformen des *chedi*: ein glockenförmiger Turm auf einer rechteckigen Basis; oder runde, sich pyramidenförmig verjüngende Terrassen, die in einer schmalen Turmspitze oder einem runden Aufsatz enden. Die letztere Form, *prang* genannt, stammt aus der Khmer-Architektur und symbolisiert den mythischen Weltenberg *meru*.

Auch eine Bibliothek und ein *mondop* können Bestandteil eines Tempelbezirks sein. Die Bibliotheken wurden seit jeher auf Stelzen über Wasser gebaut, um die empfindlichen Handschriften vor der Zerstörung durch Ameisen zu schützen. Im *mondop*, einem rechteckigen Gebäude mit sich verjüngendem Dach, wurde eine Reliquie, meist der Fußabdruck des Buddha, aufbewahrt.

Einige größere *wats* besitzen Wandelgänge, an deren Innenwänden Buddha-Statuen aufgereiht sitzen, vielleicht auch Glockentürme, verschiedene Pavillons, ein Krematorium, das man am Kamin erkennt, eine Schule für Mönche und die Kinder der Laien.

Ähnlich den christlichen Kirchen des Mittelalters stellte der Thai-Tempel den Mittelpunkt jedes Dorfes dar; während die Funktionen der Kirche jedoch rein religiöser Natur waren, fiel dem Tempel auch eine bedeutende Rolle im sozialen Bereich zu. Das gesellschaftliche und kulturelle Leben spielte sich – wie noch heute in ländlichen Gegenden – um den *wat* herum ab, der zugleich ein Zentrum für soziale Einrichtungen, Schule, Krankenhaus, Apotheke und Herberge war und vom Dorfklatsch bis zur Stellenvermittlung eine breite Palette von Bedürfnissen befriedigte.

Die jährlichen Wohltätigkeitsfeste vermitteln einen Eindruck von der Rolle der *wats* in der Gemeinschaft, wenn sich der beschauliche Tempelbezirk in einen Rummelplatz mit Schaukeln, Schaubuden und Aufführungen volkstümlicher Opern verwandelt und aus den Lautsprechern sehr weltliche Thai-Musik dröhnt. Im Wat Saket in Bangkok findet die größte dieser Veranstaltungen statt.

Im Thai-Tempel wurde auch heiliges und profanes Wissen (z. B. Naturmedizin) gesammelt und weitergegeben, und die Mönche gaben den Siamesen eine Religion, mit deren Hilfe sie dem Leben einen Sinn verleihen konnten.

Thailands hohes Bildungsniveau, damals wie heute, ist nicht zuletzt auf die vielen Tempelschulen zurückzuführen, in denen die Jugendlichen das Lesen der heiligen Schriften lernten – und immer noch lernen. Aber auch ganz praktische Projekte des Alltagslebens, wie z. B. das Graben eines Dorfbrunnens, werden oft von den Tempel-Äbten initiiert.

Rechts: Buddha-Statuen im Sukhothai-Stil.

Religiöse Bildsprache

Am tiefsten und nachhaltigsten wird der Besucher von der Kunst der Thai-Tempel berührt. Bis zu Beginn der Neuzeit war die Kunst Thailands grundsätzlich religiös-didaktischer Natur und besaß keine bewusst ästhetische Funktion. Aus diesem Grund wurden Skulptur, Malerei und angewandte Künste, wie z. B. vergoldeter Lack, Perlmutteinlagen und Holzschnitzerei fast ausschließlich zur Ausschmückung der Tempel benutzt.

Die Skulptur beschränkte sich auf das Anfertigen von Buddha-Statuen, die jedoch nicht zur Vergötterung des Erleuchteten gedacht waren, sondern zur Meditation über dessen Lehren inspirieren sollten. Obwohl es strenge Regeln für die Darstellung Buddhas gab, unterscheiden sich die Buddha-Statuen verschiedener Kunstepochen in Form und Ausdruck ganz beträchtlich. Die Statuen, die eine von vier Grundhaltungen einnehmen – stehend, sitzend, gehend oder liegend –, zeichnen sich noch zusätzlich durch eine Anzahl von *mudras* (Handhaltungen) aus. Die beiden im Schoß ruhenden Hände bedeuten zum Beispiel Meditation; die zu Boden weisenden Finger der rechten Hand schlagen die Macht des Bösen (*mara*) in den Bann; hat ein stehender Buddha die rechte Hand erhoben, „vertreibt er die Furcht".

Obwohl die vier Grundhaltungen, wie auch die vielen *mudras*, durch die Jahrhunderte konstant geblieben sind, konnten sich in verschiedenen kunstgeschichtlichen Epochen ausgeprägte stilistische Merkmale entwickeln; Einflüsse aus Indien, später auch aus den Mon- und Khmer-Königreichen, wurden integriert, bis die Skulptur-Schulen einen eigenständigen Thai-Stil entwickelt

Foto: Jochen Steinhardt

hatten. Gelassen wirken die Statuen aus der Sukhothai-Periode, reich verziert erscheinen jene aus der Ayutthaya-Zeit.

Die wichtigsten dieser Skulptur-Schulen sind: Dvaravati, 7.-8. Jh.; Lopburi, 13. Jh.; Haripunchai, 13. Jh.; Chiang Saen, 13.-14. Jh.; Sukhothai, 14. Jh.; U-Thong, 13.-15. Jh.; Ayutthaya, 17.-18. Jh.; Rattanakosin, spätes 18. Jh. bis heute.

Die klassische Thai-Malerei fand in den Wandgemälden der Tempel ihre größte Ausdruckskraft. Traditionell wurden alle vier Wände eines *bot* oder *viharn* bemalt; heute existieren nur noch wenige Gemälde aus der Zeit vor 1700, denn die meisten dieser sehr empfindlichen Kunstwerke sind dem feucht-heißen Klima zum Opfer gefallen.

Die Wandgemälde, die die buddhistische Lehre vermitteln sollten, wurden nach strengen Regeln ausgeführt: die Seitenwände des Tempels zeigten Szenen aus Buddhas Leben oder aus seinen früheren Inkarnationen, die durch Kolonnen himmlischer Wesen voneinander abgegrenzt wurden. Die Hinterwand war meist mit einer grafischen Darstellung der buddhistischen Kosmologie, die Vorderwand mit Buddhas Sieg über Mara geschmückt. Dabei wurde nie versucht, die Geschehnisse perspektivisch darzustellen; die Figuren sind meist winzig, der gesamte Bildbereich ist äußerst detailliert und „bewegt". Oft füllten die Künstler den Hintergrund mit faszinierenden Genreszenen aus dem Alltagsleben der Thai aus, in denen der individuelle Stil eines Malers zum Vorschein kam.

Fast alle glatten Oberflächen, manchmal auch Türen und Fensterläden, wurden mit farbenprächtigen Szenen verziert. Unter den dekorativen Künsten sind besonders die Perlmutteinlagen und vergoldeten Lackarbeiten von überaus feiner Qualität. Die schimmernden Buntglas-Mosaiken der Tempel sorgen für einen zauberhaften, kaleidoskopartigen Effekt. Die Thai haben ein großes Faible für üppige Ornamentik.

Nicht nur Buddha, auch steinerne Fabelwesen sind in den Thai-Tempeln präsent, wie *garuda*, der Göttervogel, das Reittier des Hindugottes Vishnu; oder *naga*, Schlangengötter, deren Form gern für die Treppengeländer an Tempeleingängen verwendet wird; man sieht *yakshas*, riesige Beschützer; *kinaris*, halb Frau, halb Vogel; und *apsaras*, himmlische Nymphen.

Tanzkunst und Brahmanismus

Nur eine wichtige klassische Kunstform, das Tanzdrama, hat seinen Ursprung nicht im Buddhismus, sondern im höfischen Brahmanismus. Aber auch der Tanz besitzt einen klaren moralischen Inhalt und bezieht seine Themen fast ausschließlich aus den klassischen Epen. Die charakteristischste Form des Tanzdramas ist der *khon*, bei dem die Darsteller prächtige Kostüme und fein gearbeitete Masken tragen, die die verschiedenen Charaktere unterscheiden. Die Handlung basiert auf dem *Ramakien*, der Thai-Version des indischen Hindu-Epos *Ramayana*, der die Geschichte des Prinzen Rama und vom Sieg des Guten über das Böse erzählt. Der instrumental begleitete *khon* ist eine äußerst stilisierte Tanzform, in der langsame, graziöse Bewegungen von Händen und Körper Handlung und Emotionen ausdrücken.

Durch die Khmer waren die Thai mit dem hinduistisch-brahmanischen Hofzeremoniell in Kontakt gekommen. Der Brahmanismus, einst bei königlichen Ritualen und Zeremonien von größter Wichtigkeit, hat sich im Lauf der Zeit verändert, um neben dem Buddhismus bestehen zu können. Noch heute beaufsichtigt eine kleine Zahl brahmanischer Priester – Opferritual-Experten, die man an ihren weißen Gewändern und ihrem Haarknoten erkennt – wichtige königliche Zeremonien.

Rechts: Der Erawan-Schrein in Bangkok wurde 1956 errichtet, um Unglücksfälle beim Bau des Erawan-Hotels abzuwenden; 2006 und 2015 war er Ziel islamistischer Attacken.

Animismus

Während der Brahmanismus nur am Königshof weiterlebt, ist der Animismus noch tief im Volk verankert. Dies bringt niemanden in Konflikt mit dem Buddhismus, der den Glauben an Phänomene außerhalb seiner Doktrin nicht ausschließt. Der Buddhismus, der dem Menschen die Eigenverantwortung für sein Leben auferlegt, gibt nämlich keine Hinweise zur Bewältigung alltäglicher Probleme; will man also schädliche Kräfte bannen oder Geister wohlgesonnen stimmen, kann man sich den alten Bräuchen zuwenden.

Ein gutes Beispiel dafür sind die Geisterhäuser, die man in fast jedem Privathaus, Geschäftskomplex oder öffentlichen Gebäude vorfindet. Die kleinen oder größeren, liebevoll verzierten Modellhäuser in Form von Tempeln oder Thai-Häusern in traditionellem Stil stehen auf Pfählen, und man bringt ihnen Blumen, Speisen und Weihrauch als Opfer dar. Die Thai glauben, dass jeder Ort ursprünglich von Geistern bewohnt ist. Errichtet der Mensch ein Haus, vertreibt er den dort wohnenden Geist, und so muss man ihn mit einem neuen Heim besänftigen. Nicht nur für die Ortung des geeigneten Standplatzes sind langwierige Zeremonien nötig, auch die Zufriedenheit der Bewohner muss durch Opfer gesichert werden.

Schreine, die zur Abwendung von Missgeschick errichtet werden, können für ihre besonders wirkungsvollen Kräfte berühmt werden. So wurde zum Beispiel der Erawan-Schrein in Bangkok in den 1950er Jahren zu Ehren des Hindu-Gottes Brahma errichtet, um unglückliche Umstände zu beenden, die die gesamte Bauzeit des ersten Erawan-Hotels begleitet hatten. Schon bald darauf gelangte dieser Schrein in den Ruf, bei der Erfüllung verschiedenster Wünsche große Dienste zu leisten. Über die Jahre wuchs seine Berühmtheit noch, und heute wird er täglich von Hunderten von Bittstellern besucht, die ein güns-

Foto: Ladislav Janicek

tiges Geschick – vom Lotteriegewinn bis zu einer leichten Geburt – erflehen. Ein solcher Handel beruht natürlich auf Gegenseitigkeit: Ist ein Wunsch in Erfüllung gegangen, muss der Bittsteller zum Schrein zurückkehren und seine Dankbarkeit mit Opfergaben – liebevoll zubereiteten Speisen, Blumen und Weihrauch oder sogar dem Kauf eines Elefanten – beweisen. Manchmal werden auch traditionelle Tänzer zu einer Vorführung bestellt.

Der Glaube an Übernatürliches drückt sich auch in Amuletten aus, die, meist in Form eines Miniatur-Buddhas, vom Schlangenbiss bis zu Gewehrkugeln vor allen möglichen Gefahren schützen sollen. Um ihre Wirkung zu entfalten, müssen sie allerdings geweiht werden. In Bangkok findet sich der größte Markt für Amulette im Wat Ratchanaddaram. Männer tragen lieber Amulette als Frauen, und es ist nicht ungewöhnlich, jemanden mit einem Dutzend Amuletten an einer Kette um den Hals zu sehen. Außerdem kontaktiert man Astrologen und Wahrsager, bevor man ein großes Projekt beginnt. Glaube an Geister und Quellen des Glücks sind weit verbreitet. Die Thai mit ihrer praktischen Ader gehen davon aus, dass es nicht schaden kann, sich abzusichern, auch wenn man nicht an übersinnliche Welten glaubt. Das Fest der Raketen etwa, das in Nordost-Thailand als Regenritual im Mai gefeiert wird, ist tief im animistischen Glauben verankert.

Thai-Mentalität

Heiterkeit und Vergnügen sind ein integraler Bestandteil des thailändischen Lebens, man lässt es sich gut gehen und nennt diesen Zustand *sanuk*. Die tiefe Religiosität schließt keineswegs aus, dass man das Leben auch genießen sollte. Alle Arten der Unterhaltung, vom Essen bis zum Spazieren gehen, sind von *sanuk* erfüllt. In der Verbindung von Gelassenheit und Gastfreundschaft, von Humor und Stolz auf das „Thai-Sein", Treue zu Traditionen wie dem Respekt vor den Eltern und Alten liegt die Quintessenz des Thai-Charakters.

Stimmungsvoll speisen mit Blick auf die Skyline Bangkoks (Dachterrasse des Banyan-Tree-Hotels)

Banyan Tree Hotels & Resorts

Foto: Josef Beck

BANGKOK

★★BANGKOK

Ein Meer aus Wolkenkratzern, dazwischen prunkvolle Tempel, deren goldene Dächer in der Sonne glänzen – so begrüßt das moderne Bangkok seine Besucher. Handelsreisende vergangener Zeiten mussten den langen, gefährlichen Seeweg nach Südostasien nehmen, oft schon tropenkrank, bevor ihr Schiff den Fluss Chao Phraya, die Lebensader der Stadt erreichte. Am Airport zu landen ist um einiges bequemer, und per Taxi oder Expressbus gelangt man flott über die Stadtautobahn in die 30 km entfernte City. Noch schneller geht es, in nur 17 Minuten, mit der neuen Express-S-Bahn.

Thailands quirlige, genussfreudige, vor Lebenskraft strotzende Metropole ist eine der faszinierendsten Asiens. In der Innenstadt ist zwar mit suboptimaler Luftqualität und Staus zu rechnen; offenbar keine größeren Verkehrsprobleme gibt es jedoch im sündigen Nachtleben – obwohl in den verrufenen, längst zur Sehenswürdigkeit gewordenen Rotlichtbezirken bereits um 2 Uhr morgens Sperrstunde ist.

Bangkok ist eine relativ junge Stadt. Bis Ende des 18. Jh. gab es hier nur einen unbedeutenden kleinen Flusshafen, dessen Name *Bangkok* soviel wie „Dorf der grünen Pflaumen" bedeutete. Heute ist dieses „Dorf" zu einer asiatischen Megastadt mit über sieben Millionen Einwohnern angewachsen. Doch das Wachstum der Metropole war meist schneller als die Stadtplaner, so dass Autobahnen und der Skytrain nun auf Betonpfeilern hoch über den alten Hauptverkehrsstraßen der Stadt verlaufen. Seit auch noch die Metro (U-Bahn) dazugekommen ist, hat sich die für chaotische Staus berüchtigte Verkehrslage in Bangkok leicht entspannt.

Links: Gigantische Ausmaße hat die vergoldete Statue des Liegenden Buddha im Wat Pho.

Die internationale Drehscheibe von Handel und Verkehr ist trotz allen Trubels noch immer geprägt von der Lehre Buddhas, dem Streben nach innerem Frieden und Harmonie: Kunstvoll ornamentierte Tempel zeugen von tief verwurzelter Religiosität. Junge und alte Menschen beten hier, suchen Ruhe oder spenden den Mönchen Nahrung. Die meisten der berühmten *wats* in und um Bangkok wurden ab 1782, in der frühen Rattanakosin-Zeit, von den ersten drei Chakri-Königen erbaut oder renoviert. Ihr Ziel war es, den Glanz Ayutthayas wiederaufleben zu lassen und dem Volk ein Gefühl von Stabilität zu vermitteln. Den späteren Königen lag dagegen mehr an dem Bau moderner Einrichtungen wie Schulen, Krankenhäusern und Regierungsgebäuden.

» Stadtplan S. 60-61, Info S. 93-97

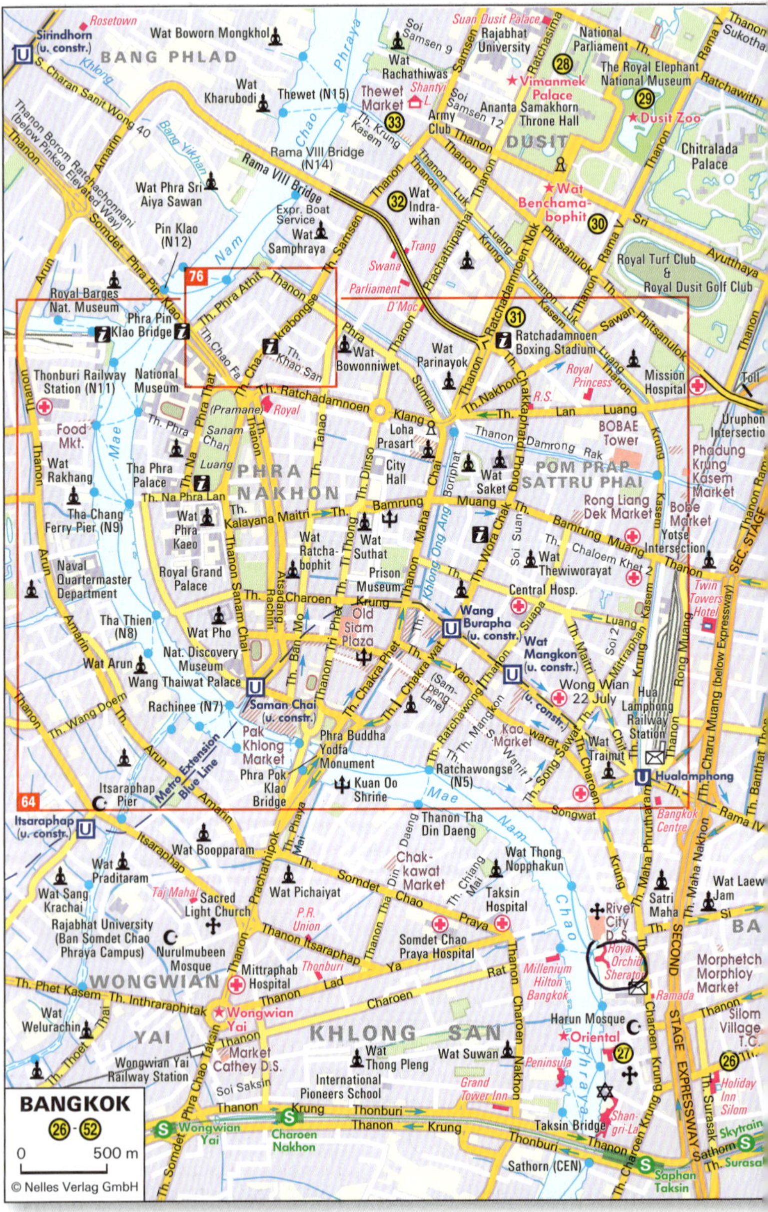
BANGKOK
26 - 52
0
500 m
© Nelles Verlag GmbH
BANG PHLAD
DUSIT
PHRA NAKHON
POM PRAP SATTRU PHAI
WONGWIAN YAI
KHLONG SAN
Rosetown
Sirindhorn (u. constr.)
Wat Boworn Mongkhol
Wat Kharubodi
Thewet (N15)
Thewet Market
Shanty L.
Soi Samsen 9
Wat Rachathiwas
Suan Dusit Palace
Rajabhat University
National Parliament
The Royal Elephant National Museum
Vimanmek Palace
Dusit Zoo
Ananta Samakhorn Throne Hall
Army Club
Chitralada Palace
Rama VIII Bridge (N14)
Wat Phra Sri Aiya Sawan
Expr. Boat Service
Wat Samphraya
Pin Klao (N12)
Wat Indra-wihan
Wat Benchama-bophit
Trang
Swana
Parliament
D'Moc
Royal Turf Club & Royal Dusit Golf Club
Royal Barges Nat. Museum
Phra Pin Klao Bridge
Wat Bowonniwet
Wat Parinayok
Ratchadamnoen Boxing Stadium
Royal Princess
R.S.
Mission Hospital
Toll
Uruphong Intersection
Thonburi Railway Station (N11)
National Museum
(Pramane)
Royal
Loha Prasart
BOBAE Tower
Phadung Krung Kasem Market
Food Mkt.
Wat Rakhang
Tha Phra Palace
City Hall
Wat Saket
Rong Liang Dek Market
Bobe Market
Yotse Intersection
Tha Chang Ferry Pier (N9)
Wat Phra Kaeo
Wat Ratcha-bophit
Wat Suthat
Prison Museum
Wat Thewiworayat
Naval Quartermaster Department
Royal Grand Palace
Central Hosp.
Twin Towers Hotel
Tha Thien (N8)
Wat Pho
Old Siam Plaza
Wang Burapha (u. constr.)
Wat Mangkon (u. constr.)
Nat. Discovery Museum
Wat Arun
Wang Thaiwat Palace
Wong Wian 22 July
Hua Lamphong Railway Station
Saman Chai (u. constr.)
Rachinee (N7)
(Sampeng Lane)
Kao Market
Pak Khlong Market
Phra Buddha Yodfa Monument
Wat Traimit
Phra Pok Klao Bridge
Kuan Oo Shrine
Ratchawongse (N5)
Hualamphong
Itsaraphap Pier
Metro Extension Blue Line
Itsaraphap (u. constr.)
Wat Boopparam
Thanon Tha Din Daeng
Bangkok Centre
Wat Praditaram
Chak-kawat Market
Wat Thong Nopphakun
Wat Sang Krachai
Taj Mahal
Sacred Light Church
Wat Pichaiyat
Taksin Hospital
River City D.S.
Satri Maha
Wat Laew Jam
Rajabhat University (Ban Somdet Chao Phraya Campus)
Nurulmubeen Mosque
P.R. Union
Somdet Chao Praya Hospital
Royal Orchid Sheraton
Morphetch Morphloy Market
Mittraphab Hospital
Thonburi
Millenium Hilton Bangkok
Ramada
Silom Village T.C.
Wat Welurachin
Wongwian Yai
Harun Mosque
Oriental
Market Cathey D.S.
Wat Thong Pleng
Wat Suwan
Peninsula
Holiday Inn Silom
Wongwian Yai Railway Station
International Pioneers School
Grand Tower Inn
Shangri-La
Wongwian Yai
Charoen Nakhon
Taksin Bridge
Skytrain
Sathorn (CEN)
Saphan Taksin
SECOND STAGE EXPRESSWAY
Th. Charu Muang (below Expressway)
Thanon Borom Ratchachonnani (below Pinkao Elevated Way)
S. Charan Sanit Wong 40
Rama VIII Bridge
Chao Phraya
Mae Nam Chao Phraya
Khlong Ong Ang
Th. Ratchadamnoen
Th. Phitsanulok
Thanon Sri Ayutthaya
Th. Rama IV
Th. Phet Kasem
Th. Inthraraphitak
Thanon Charoen Krung
Thanon Yaowarat
Th. Bamrung Muang
Th. Luang
Th. Lan Luang
Thanon Krung Thonburi
Thanon Sathorn
Th. Surasak
Th. Silom
Th. Somdet Phra Chao Taksin
Thanon Itsaraphap
Th. Phra Athit
Th. Khao San
Th. Sanam Chai
Th. Na Phra Lan
Th. Kalayana Maitri
Th. Charoen Krung
Th. Chakraphet
Th. Songwat
Th. Rama V
Th. Sukothai
Th. Ratchawithi
Th. Samsen
Th. Krung Kasem
Th. Lan Luang
76
64

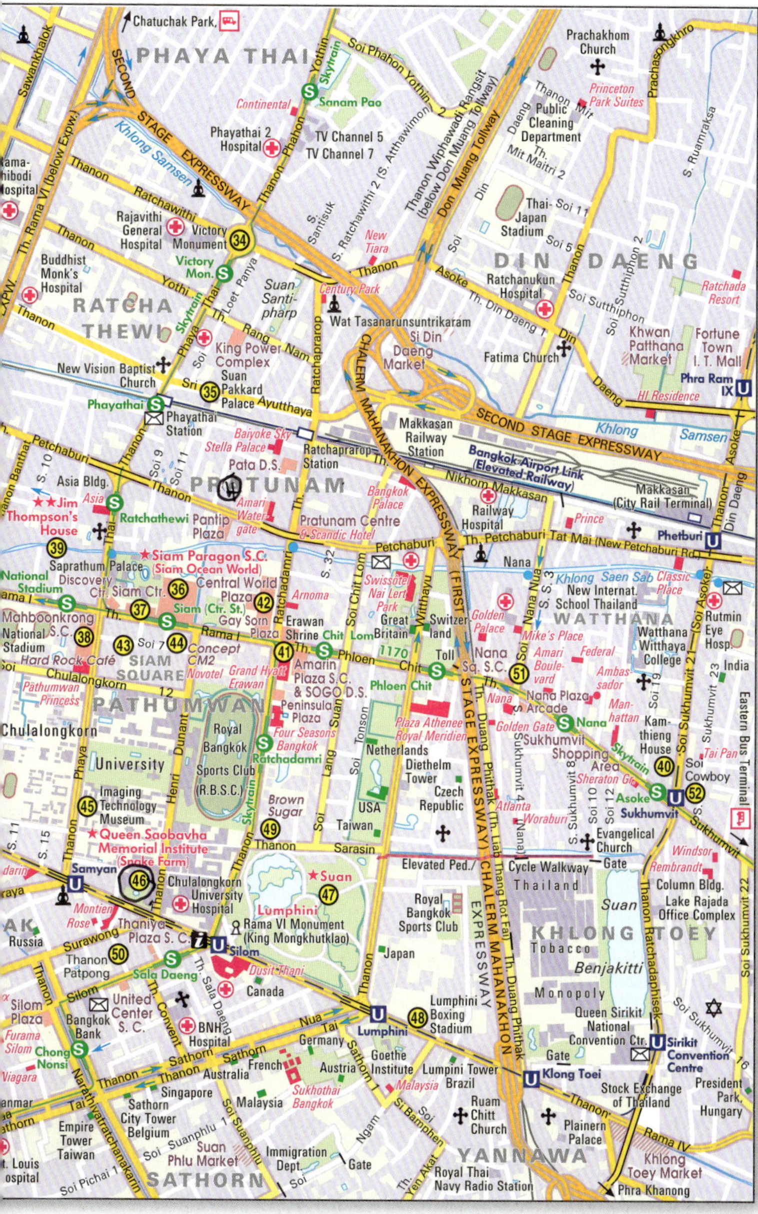
Chatuchak Park
PHAYA THAI
Skytrain
Sanam Pao
Soi Phahon Yothin
Continental
Phayathai 2 Hospital
TV Channel 5
TV Channel 7
Thanon Phahon Yothin
Khlong Samsen
SECOND STAGE EXPRESSWAY
Thanon Ratchawithi
Rajavithi General Hospital
Victory Monument
34
Victory Mon.
Buddhist Monk's Hospital
RATCHA THEWI
Thanon Yothi
Ramathibodi Hospital
Th. Rama VI (below Expw.)
Sawankhalok
S. Santisuk
Th. Ratchawithi 2 (S. Atthawimon)
Thanon Wiphawadi Rangsit (below Don Muang Tollway)
New Tiara
Century Park
Suan Santi-pharp
Wat Tasanarunsuntrikaram
Si Din
Daeng Market
King Power Complex
Suan Pakkard Palace
35
Rang Nam
Sri Ayutthaya
New Vision Baptist Church
Phayathai
Phayathai Station
Ratchaprarop
Ratchaprarop Station
Baiyoke Sky
Stella Palace
Pata D.S.
PRATUNAM
Petchaburi
Asia Bldg.
Jim Thompson's House
Asia
Ratchathewi
Pantip Plaza
Amari Watergate
Pratunam Centre
& Scandic Hotel
Bangkok Palace
39
Siam Paragon S.C.
(Siam Ocean World)
Saprathum Palace
National Stadium
Discovery Ctr.
Siam Ctr.
36
Central World Plaza
42
37
Siam (Ctr. St.)
Mahboonkrong S.C.
38
National Stadium
43
Soi 7
44
Gay Sorn Plaza
Erawan Shrine
Chit Lom
Hard Rock Café
SIAM SQUARE
Concept CM2
Novotel
Grand Hyatt Erawan
41
Amarin Plaza S.C. & SOGO D.S.
Phloen Chit
Chulalongkorn
Pathumwan Princess
PATHUMWAN
Peninsula Plaza
Four Seasons Bangkok
Ratchadamri
Royal Bangkok Sports Club (R.B.S.C.)
Chulalongkorn University
Imaging Technology Museum
45
Queen Saobavha Memorial Institute (Snake Farm)
Brown Sugar
49
Samyan
46
Chulalongkorn University Hospital
Lumphini
Suan Lumphini
47
Rama VI Monument (King Mongkhutklao)
Montien
Rose
Thaniya Plaza S.C.
Silom
Russia
Surawong
Thanon Patpong
50
Sala Daeng
Dusit Thani
Canada
Silom Plaza
United Center S.C.
Bangkok Bank
Furama Silom
Chong Nonsi
BNH Hospital
Th. Convent
Th. Sala Daeng
Nua
Tai
Sathorn
Germany
Australia
French
Lumphini
Goethe Institute
Austria
Sukhothai Bangkok
Malaysia
Singapore
Sathorn City Tower
Belgium
Empire Tower
Taiwan
St. Louis Hospital
Soi Suanphlu
Suan Phlu Market
Immigration Dept.
SATHORN
Soi Pichai
Th. Narathiwatratchanakarin
Ngam
Gate
Th. Yen Akat
Royal Thai Navy Radio Station
YANNAWA
Ruam Chitt Church
Soi Si Bamphen
Lumpini Tower
Brazil
Lumphini Boxing Stadium
48
Japan
Royal Bangkok Sports Club
Elevated Ped./Cycle Walkway
Sarasin
USA
Taiwan
Czech Republic
Netherlands
Diethelm Tower
Plaza Athenee
Royal Meridien
Great Britain
Switzerland
Toll
1170
Swissotel Nai Lert Park
Soi Chit Lom
Soi Tonson
Witthayu
Soi Lang Suan
Th. Ratchadamri
CHALERM MAHANAKHON EXPRESSWAY
FIRST STAGE EXPRESSWAY
Makkasan Railway Station
Bangkok Airport Link (Elevated Railway)
Nikhom Makkasan
Railway Hospital
Makkasan (City Rail Terminal)
Prince
Phetburi
Th. Petchaburi Tat Mai (New Petchaburi Rd.)
Nana
Khlong Saen Sab
Classic Place
New Internat. School Thailand
WATTHANA
Golden Palace
Mike's Place
Nana Sq. S.C.
51
Amari Boulevard
Federal
Ambassador
Nana Plaza
Arcade
Golden Gate
Sukhumvit Shopping Area
Manhattan
Kamthieng House
40
Sheraton Gr.
Asoke
Sukhumvit
Atlanta
Woraburi
Evangelical Church
Thailand
Tobacco Monopoly
KHLONG TOEY
Suan Benjakitti
Queen Sirikit National Convention Ctr.
Sirikit Convention Centre
Gate
Klong Toei
Stock Exchange of Thailand
Plainern Palace
Thanon Rama IV
Khlong Toey Market
Phra Khanong
President Park
Hungary
Soi Sukhumvit 16
Windsor
Rembrandt
Column Bldg.
Lake Rajada Office Complex
Thanon Ratchadaphisek
Soi Sukhumvit 22
Tai Pan
Soi Cowboy
52
Eastern Bus Terminal
India
Rutmin Eye Hosp.
Watthana Witthaya College
Soi Asoke
Soi Sukhumvit 21
Sukhumvit 23
Soi 19
Th. Duang Phithak
Th. Liab Thang Rot Fai
Sukhumvit 4
Sukhumvit 8
Soi 10
Soi 12
Soi Nana Nua
Nana Tai
Khlong Samsen
Asoke
Din Daeng
DIN DAENG
Ratchanukun Hospital
Soi Sutthiphon
Fatima Church
Khwan Patthana Market
Fortune Town I. T. Mall
Phra Ram IX
HI Residence
Ratchada Resort
Thai-Japan Stadium
Soi 11
Soi 5
Mit Maitri 2
Public Cleaning Department
Thanon Mit
Princeton Park Suites
Prachakhom Church
Prachasongkhro
S. Ruamraksa
Soi Sutthiphon 2

Foto: Paul Spierenburg

Die legendäre Asien-Romantik kann man auf den kleinen Märkten in den Seitengassen und bei der Besichtigung alter Teakhäuser wie Jim Thompson's Haus ebenso erleben wie bei einer Bootsfahrt auf dem Chao Phraya. Besonders reizvoll ist ein abendliches Dinner auf einem Boots- oder Rooftop-Restaurant mit herrlichem Blick auf die nächtliche Metropole. Daneben bietet die Hauptstadt exzellente Restaurants (einige mit traditionellem Thai-Tanz als Unterhaltungsprogramm), modernste Einkaufszentren und Modeboutiquen.

Den zahlreichen Touristen aus aller Welt bietet die thailändische Hauptstadt ein einzigartig breites Hotelangebot: Von weltbekannten Hotels der Luxuskategorie über preiswerte und komfortable Mittelklassehotels bis zum einfachen Guest House für Traveller.

Oben: Der Wat Arun am Westufer des Chao Phraya – ein Wahrzeichen Bangkoks. Rechts: Bei einer Klongfahrt erlebt man Bangkok wie einst – vom Wasser aus.

Stadt am Fluss

1782 am Ufer des Chao Praya gegründet, breitete sich die Stadt bald ins Landesinnere aus, als sie sich im 19. Jh. dank internationalen Handels stark vergrößerte. Heute ist Bangkoks ursprüngliches Zentrum wieder angesagt, und mehrere moderne Hotels haben sich am Flussufer niedergelassen – neben dem weltberühmten *Oriental Hotel*, wo schon viele bekannte Schriftsteller Quartier bezogen. Joseph Conrad etwa wohnte hier mit Blick auf den Chao Phraya, ebenso Graham Greene, William Somerset Maugham und auch John Le Carré.

Der Fluss, einst die Hauptverkehrsader der Nation, schlängelt sich in breiten Schleifen durch Bangkok und wird auch heute noch von Frachtkähnen befahren. Eine ★**Bootsfahrt auf dem Chao Praya** ist sehr zu empfehlen, etwa mit den **Chao-Phraya-Expressbooten** *(Ruea Duan)*, den Linienschiffen, die alle 15 Minuten von frühmorgens bis zur Dämmerung abfahren. So kann man auf angenehme und zugleich preiswerte Art das wasserverbundene Leben Bangkoks kennen lernen. Die meisten Touristen steigen an den Piers des Oriental Hotel, des Royal Orchid Sheraton Hotel oder im Palastviertel zu. An diesen Piers kann man auch Boote chartern.

Gastronomische Vielfalt

So faszinierend Bangkok in kultureller und historischer Hinsicht ist – es ist auch unübersehbar eine Stadt des guten Essens. Von den sehr günstigen, meist exzellenten Garküchen, die man insbesondere auch auf den quirligen Nachtmärkten findet, bis hin zu sündteuren Edelrestaurants kann man sich durch eine riesige kulinarische Palette essen. Die vielseitige, würzige Thai-Küche ist eine Offenbarung für jeden Gourmet. Daneben ist in Bangkok heutzutage fast jede asiatische und internationale Küche vertreten.

 » Stadtplan S. 60-61, Info S. 93-97

Shop 'til you drop

Thailands Hauptstadt ist ein Einkaufsparadies mit eleganten Plazas, Geschäftsstraßen und interessanten Märkten, die teils nachts stattfinden. In Bangkok kauft man günstig Seide, Edelsteine und Schmuck, doch Vorsicht bei Schnäppchenkäufen: Es werden viele Fälschungen angeboten, auch bei Edelsteinen! Für Shopper interessant sind maßgeschneiderte Kleidung, Lederwaren und Antiquitäten, und das riesige Angebot an Kunsthandwerk aus Teakholz, Keramik und Bronze. Einkaufstouren lohnen besonders am **Siam Square** und Umgebung oder in der quirligen **Khao San Road**; am Wochenende sollte man den legendären **Chatuchak Weekend Market** nicht versäumen.

Eine Stadt mit vielen Gesichtern

Wer sich Zeit nimmt für die Erkundung der Stadt, entdeckt Stadtviertel mit ganz unterschiedlichem Charakter. Die alte Königsstadt **Rattanakosin** um den Großen Palast unterscheidet sich elementar von der „neuen Königsstadt" im **Dusit-Bezirk**: Deren Marmortempel wie auch der Chitralada-Palast, die heutige königliche Residenz, wurden um 1900 in einem neuartigen Stil gebaut. Das großzügig angelegte Dusit, das vom Hochhaus-Bauboom weitgehend verschont geblieben ist, steht in Kontrast zu den staugeplagten modernen Geschäfts- und Hotelvierteln um die **Silom Road** und **Sukhumvit Road**, die sich wiederum ganz anders präsentieren als das geschäftige **Chinatown** mit seinen engen Gassen. Junge Rucksacktouristen aus aller Welt treffen sich im Viertel **Banglamphoo**; das quirlige Treiben auf der dortigen **Khao San Road** lockt zudem viele junge Thais und „geldigere" Touristen an.

Ein Muss ist der **Königspalast** mit dem **Wat Phra Kaeo**. Eine Fahrt mit dem Boot auf dem **Chao Phraya**, verbunden vielleicht mit dem Besuch des **Wat Arun** und einem Einkaufsbummel durch Chinatown zum **Wat Traimit**, verspricht einen erlebnisreichen Tag.

» Stadtplan S. 60-61, Info S. 93-97

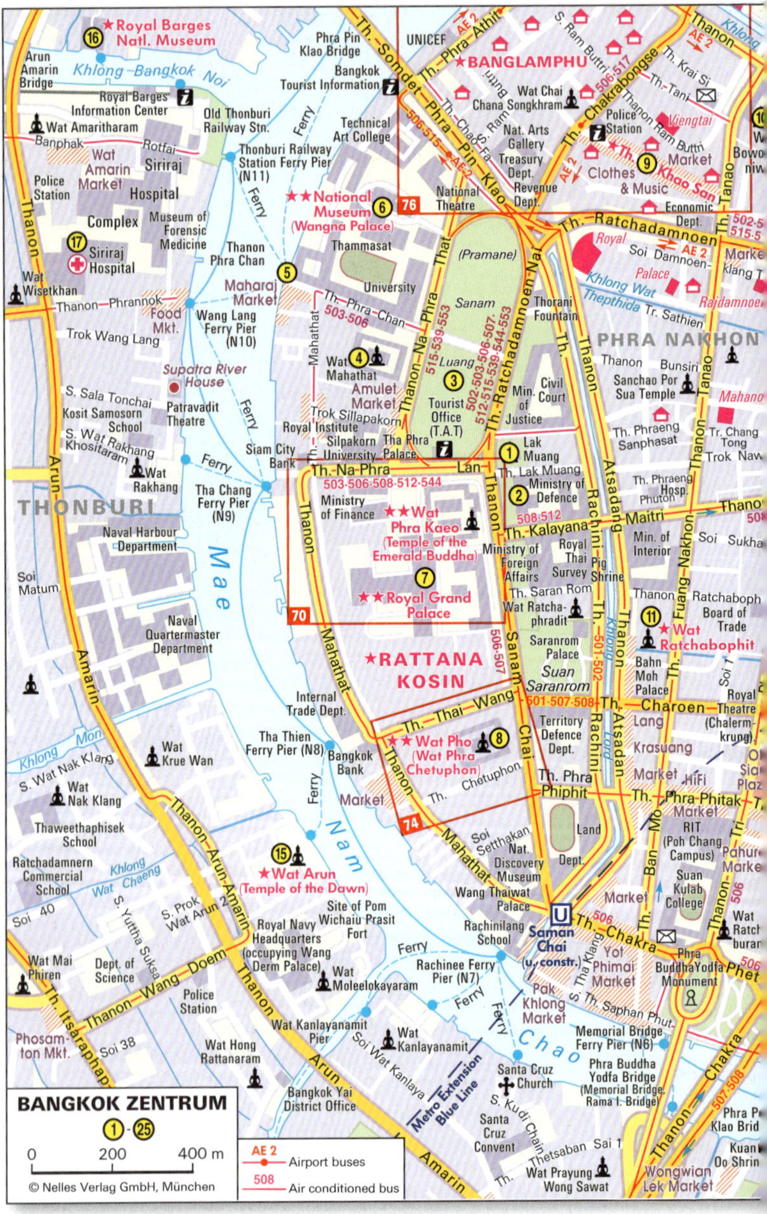
Royal Barges Natl. Museum
Arun Amarin Bridge
Khlong Bangkok Noi
Royal Barges Information Center
Wat Amaritharam
Banphak
Rotfai
Wat Amarin Market
Siriraj Hospital
Police Station
Complex
Museum of Forensic Medicine
Siriraj Hospital
Wat Wisetkhan
Thanon Phrannok
Food Mkt.
Trok Wang Lang
Old Thonburi Railway Stn.
Thonburi Railway Station Ferry Pier (N11)
Thanon Phra Chan
Maharaj Market
Wang Lang Ferry Pier (N10)
Supatra River House
S. Sala Tonchai
Kosit Samosorn School
Patravadit Theatre
S. Wat Rakhang Khositaram
Wat Rakhang
Siam City Bank
Tha Chang Ferry Pier (N9)
THONBURI
Naval Harbour Department
Soi Matum
Naval Quartermaster Department
Mae
Nam
Chao
Khlong Mon
S. Wat Nak Klang
Wat Nak Klang
Wat Krue Wan
Thaweethaphisek School
Ratchadamnern Commercial School
Khlong Wat Chaeng
Soi 40
S. Prok Wat Arun 2
S. Yuttha Suksa
Thanon Arun Amarin
Wat Arun (Temple of the Dawn)
Wat Mai Phiren
Dept. of Science
Thanon Wang Doem
Police Station
Phosamton Mkt.
Th. Itsaraphap
Soi 38
Wat Hong Rattanaram
Royal Navy Headquarters (occupying Wang Derm Palace)
Site of Pom Wichaiu Prasit Fort
Wat Moleelokayaram
Wat Kanlayanamit Pier
Wat Kanlayanamit
Soi Wat Kanlaya
Metro Extension Blue Line
Bangkok Yai District Office
Thanon Arun Amarin
Phra Pin Klao Bridge
Bangkok Tourist Information
Technical Art College
Th. Somdet Phra Pin Klao
National Museum (Wangna Palace)
Thammasat University
Th. Phra Chan
503-506
Th. Mahathat
Wat Mahathat
Amulet Market
Trok Sillapakorn
Royal Institute
Silpakorn University
Tha Phra Palace
Th. Na Phra Lan
503-506-508-512-544
Ministry of Finance
Wat Phra Kaeo (Temple of the Emerald Buddha)
Royal Grand Palace
RATTANA KOSIN
Thanon Mahathat
Internal Trade Dept.
Tha Thien Ferry Pier (N8)
Bangkok Bank
Market
Th. Thai Wang
Wat Pho (Wat Phra Chetuphon)
Th. Chetuphon
Soi Setthakan
Nat. Discovery Museum
Wang Thaiwat Palace
Rachinilang School
Rachinee Ferry Pier (N7)
Ferry
Saman Chai (u. constr.)
Pak Khlong Market
Yot Phimai Market
S. Tha Klang
S. Th. Saphan Phut
Memorial Bridge Ferry Pier (N6)
Phra Buddha Yodfa Bridge (Memorial Bridge, Rama I. Bridge)
Santa Cruz Church
S. Kudi Chain
Santa Cruz Convent
Thetsaban Sai 1
Wat Prayung Wong Sawat
UNICEF
Th. Phra Athit
BANGLAMPHU
S. Ram Buttri
Wat Chai Chana Songkhram
Th. Chao Fa
Nat. Arts Gallery
Treasury Dept.
Revenue Dept.
National Theatre
Th. Chakrabongse
Police Station
Thanon Ram Buttri
Viengtai
Market
Th. Khao San
Clothes & Music
Th. Krai Si
Th. Tani
Economic Dept.
Th. Ratchadamnoen
Royal
Soi Damnoen Klang
Palace
Khlong Wat Thepthida
Tr. Sathien
Rajdamnoen
Th. Phra That
(Pramane)
Sanam Luang
Tourist Office (T.A.T)
Thanon Ratchadamnoen Nai
Thorani Fountain
Min. of Justice
Civil Court
Lak Muang
Th. Lak Muang
Ministry of Defence
PHRA NAKHON
Thanon Bunsiri
Sanchao Por Sua Temple
Mahanop
Th. Phraeng Sanphasat
Tr. Chang Tong
Trok Nawa
Th. Phraeng Phuton
Hosp.
Thanon Maitri
Th. Kalayana
Min. of Interior
Soi Sukha
Ministry of Foreign Affairs
Royal Thai Survey
Pig Shrine
Th. Saran Rom
Wat Ratchaphradit
Saranrom Palace
Suan Saranrom
Thanon Sanam Chai
Th. Rachini
Thanon Atsadang
Khlong Lord
Thanon Fuang Nakhon
Ratchabophit
Board of Trade
Wat Ratchabophit
Bahn Moh Palace
Soi 1
Royal Theatre (Chalermkrung)
Th. Charoen Krung
Krasuang
Market
HiFi
Territory Defence Dept.
Th. Phra Phiphit
Th. Phra Phitak
Land Dept.
Market
RIT (Poh Chang Campus)
Pahurat Market
Th. Ban Mo
Suan Kulab College
Thanon 506
Wat Ratchaburana
Th. Chakra Phet
Phra Buddha Yodfa Monument
Thanon Chakraphet
Phra Pin Klao Bridge
Kuan Oo Shrine
Wongwian Lek Market
BANGKOK ZENTRUM
1 - 25
0 200 400 m
© Nelles Verlag GmbH, München
AE 2 Airport buses
508 Air conditioned bus

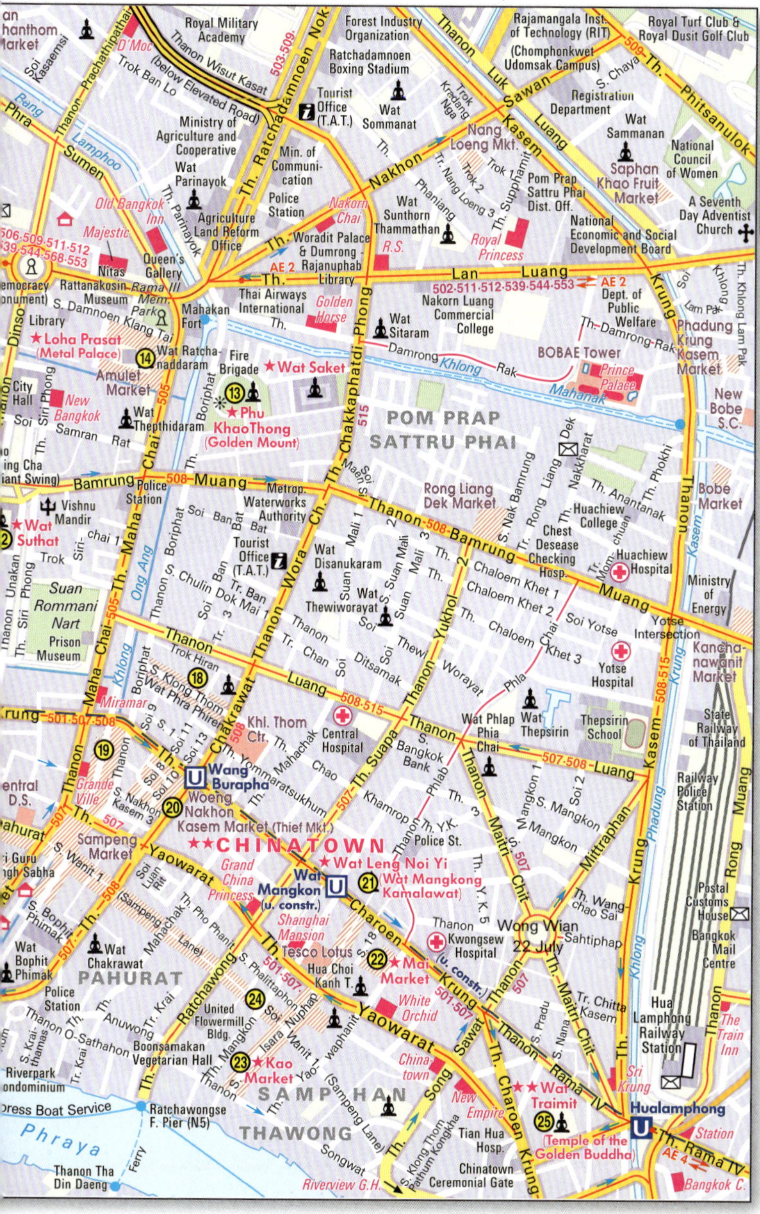
Royal Military Academy
Thanon Wisut Kasat (below Elevated Road)
Trok Ban Lo
Th. Ratchadamnoen Nok
Forest Industry Organization
Ratchadamnoen Boxing Stadium
Tourist Office (T.A.T.)
Wat Sommanat
Thanon Luk Sawan
Rajamangala Inst. of Technology (RIT) (Chomphonkwet Udomsak Campus)
Royal Turf Club & Royal Dusit Golf Club
Registration Department
Th. Phitsanulok
Wat Sammanan
National Council of Women
Saphan Khao Fruit Market
A Seventh Day Adventist Church
National Economic and Social Development Board
Nang Loeng Mkt.
Kasem Luang
Pom Prap Sattru Phai Dist. Off.
Royal Princess
Ministry of Agriculture and Cooperative
Wat Parinayok
Min. of Communication
Police Station
Nakorn Chai
Th. Nakhon
Wat Sunthorn Thammathan
R.S.
Phra Sumen
Old Bangkok Inn
Majestic
Agriculture Land Reform Office
Woradit Palace & Dumrong Rajanuphab Library
Queen's Gallery
Nitas
Democracy Monument
Rattanakosin Museum
Rama III Mem. Park
Mahakan Fort
Thai Airways International
Golden Horse
Th. Lan Luang
AE 2
502·511·512·539·544·553
Nakorn Luang Commercial College
Dept. of Public Welfare
Phadung Krung Kasem Market
Th. Damrong Rak
BOBAE Tower
Prince Palace
Khlong Mahanak
Library
Loha Prasat (Metal Palace)
Wat Ratchanaddaram
Fire Brigade
Wat Saket
Wat Sitaram
Amulet Market
City Hall
New Bangkok
Wat Thepthidaram
Phu KhaoThong (Golden Mount)
POM PRAP SATTRU PHAI
New Bobe S.C.
Bamrung Muang
Police Station
Metrop. Waterworks Authority
Vishnu Mandir
Wat Suthat
Tourist Office (T.A.T.)
Wat Disanukaram
Wat Thewiworayat
Rong Liang Dek Market
Chest Desease Checking Hosp.
Huachiew College
Huachiew Hospital
Bobe Market
Ministry of Energy
Suan Rommani Nart
Prison Museum
Th. Maha Chai
Thanon Luang
Yotse Intersection
Yotse Hospital
Kanchanawanit Market
Miramar
Khl. Thom Ctr.
Central Hospital
Wat Phlap Phla Chai
Wat Thepsirin
Thepsirin School
State Railway of Thailand
Railway Police Station
Central D.S.
Grande Ville
Wang Burapha
Woeng Nakhon Kasem Market (Thief Mkt.)
CHINATOWN
Sampeng Market
Pahurat
Th. Yaowarat
Grand China Princess
Wat Mangkon
Wat Leng Noi Yi
Wat Mangkong Kamalawat
Shanghai Mansion
Tesco Lotus
Hua Choi Kanh T.
Mai Market
Kwongsew Hospital
Wong Wian 22 July
Postal Customs House
Bangkok Mail Centre
Wat Bophit Phimak
Wat Chakrawat
PAHURAT
Police Station
United Flowermill Bldg.
Boonsamakan Vegetarian Hall
Kao Market
White Orchid
Chinatown
Hua Lamphong Railway Station
The Train Inn
Riverpark Condominium
Express Boat Service
Ratchawongse F. Pier (N5)
SAMPHAN THAWONG
New Empire
Wat Traimit (Temple of the Golden Buddha)
Hualamphong
Station
Th. Rama IV
AE 4
Sri Krung
Tian Hua Hosp.
Chinatown Ceremonial Gate
Riverview G.H.
Bangkok C.
Phraya
Thanon Tha Din Daeng
Ferry

Foto: John Everingham

★Rattanakosin

Bangkoks historisches Zentrum heißt **★Rattanakosin**, „Stadt des grünen Juwels". Diese halbmondförmige, im Westen vom Chao Phraya umflossene **Insel**, wo der Große Palast und der Tempel Wat Phra Keo (mit dem „grünen Juwel") stehen, umschließt im Osten der *Klong Robb Krung*, der „Kanal, der die Stadt begrenzt". Der Stadtgründer Rama I. ließ diesen Wassergraben im Gründungsjahr 1782 ausheben und dann zudem mit einer Wehrmauer versehen. Heute heißt der nördliche Kanalabschnitt **Klong Banglamphu**, der südliche **Klong Ong Ang**.

Das aus der Asche des im Jahr 1767 von den Burmesen zerstörten Ayutthayas wiederauferstandene Reich Siam hatte zunächst in Thonburi auf der gegenüberliegenden Flussseite residiert; an der Stelle des alten Palasts hat heute die thailändische Marine Quartier bezogen. Strategische Gründe veranlassten den Wechsel auf das besser zu verteidigende Ostufer des Chao Phraya, wo sich bereits ein reger Handelsplatz chinesischer Kaufleute entwickelt hatte. Diese mussten auf königlichen Wunsch hin etwas weiter südwärts nach Sampeng ziehen, wo sich bis heute die Chinatown von Bangkok befindet. Die noch immer herrschende Chakri-Königsdynastie, das Palastviertel Rattanakosin und die Stadt Bangkok sind somit etwa gleich alt.

Bangkoks voller Sanskrit-Name steht übrigens mit 167 transkribierten Buchstaben im Guinness-Buch der Rekorde:

Krung Thep Mahanakhon Amon Rattanakosin Mahinthara Yuthaya Mahadilok Phop Noppharat Ratchathani Burirom Udomratchaniwet Mahasathan Amon Piman Awatan Sathit Sakkathattiya Witsanukam Prasit.

Die Einheimischen verwenden praktischerweise nur den Anfang dieses Bandwurmnamens: *Krung Thep* – Stadt der Engel.

Oben: Sanam Luang und Großer Palast bei Nacht.

» Stadtplan S. 64-65, Info S. 93-97

Lak-Muang-Schrein

Im Zentrum von Rattanakosin steht der **Lak-Muang-Schrein** ①, die Heimat des Schutzgeistes von Bangkok. Hier ließ Rama I. zu einer von Astrologen bestimmten glückbringenden Stunde im Jahr 1782 den **Grundstein** der Stadt in Form einer vergoldeten **Stadtsäule** legen. Diese besteht aus dem Holz eines besonderen Baumes, dessen innewohnendem Geist eine wunscherfüllende Kraft zugeschrieben wird. Heute noch beten hier die Einheimischen für die Erfüllung ihrer Wünsche und opfern Blumen und Räucherstäbchen. Wenn die Gebete erhört worden sind, so erwarten Tänzer in traditioneller Tracht den Auftrag, dem Schutzgeist zu huldigen – auch himmlische Wesen wollen honoriert sein!

Gegenüber dem Lak Muang liegen das auf profanere Art für den Schutz der Stadt zuständige **Verteidigungsministerium** ②, auf dessen Rasen man eine Sammlung alter **Kanonen** inspizieren kann; der Wat Phra Keo; und der Sanam Luang.

Rund um den Sanam Luang

Inmitten dieses geschichtsträchtigen Stadtteils erstreckt sich der **Pramane-Platz**, die größte Freifläche der Innenstadt. Der Name rührt von der ursprünglichen Hauptfunktion als königliche Kremationsstätte. Seine derzeitige Gestalt erhielt er anlässlich der 100-Jahr-Feier Bangkoks unter König Rama V., der auch die 365 **Tamarindenbäume** ringsum einpflanzen ließ.

Schon seit Rama IV. ist der Platz auch bekannt unter dem Namen **Sanam Luang** ③. Einst beherbergte er den Wochenendmarkt, heute ist er ein öffentlicher Park, in dem Großereignisse von königlichen Geburtstagsfeiern über Massensportveranstaltungen bis hin zu politischen Kundgebungen stattfinden. Bei Rothemdendemos gab es im Mai 2010 sogar Tote. Es werden hier aber auch noch königliche Verbrennungen zelebriert, wie im November 2008 die Einäscherung von Prinzessin Galyani Vadhana.

Wenn der Sanam Luang nicht für andere traditionelle Feierlichkeiten wie die Pflugzeremonie benutzt wird, spielen Einheimische hier *Ta Kraw*, thailändischen Fußball, bei dem der Ball den Boden nicht berühren darf; Familien veranstalten Picknicks, und im Frühjahr lässt man Drachen steigen.

Nach Süden begrenzt die Silhouette des Wat Phra Kaeo (s. S. 69) den Platz. An seiner Westseite reihen sich entlang der Phra Na That Rd. weitere historische königliche Bauten, die vom Königshaus später einer modernen Nutzung zur Verfügung gestellt wurden, wie die **Vajiravudh-Bibliothek**, die ältesten **Universitäten Silapakorn** und **Thammasat** oder das **Nationalmuseum**.

Der zwischen den Universitäten gelegene **Wat Mahathat** ④ ist das Hauptquartier des größten Mönchsordens von Thailand. Das Kloster ist älter als die Königsstadt; am Sanam Luang erinnert die Statue von Prinz Surasinghanath an den Vizekönig von Rama I., der im Zuge der Stadtgründung dieses alte Kloster umbauen ließ. König Mongkut hatte hier viele Jahre als Mönch gewohnt.

Rund um den Wat Mahathat findet auf den Gehsteigen ein **Amulettmarkt** statt. Ein Bummel entlang der **Phra Chan Road** zur **Mahathat Road** ist auch wegen der herrlich schattigen Bäume dort eine angenehme Abwechslung. Am **Phra Chan Pier** ⑤ führt ein Gewirr von Gängen an Garküchen und Kramläden vorbei zu einfachen Restaurants direkt am Fluss.

★★Nationalmuseum

Das ★★**Nationalmuseum** ⑥ war wie die Thammasat-Universität einst Teil des „Vorderen Palastes" Wang Na, in dem der Vizekönig residierte. Bereits 1874 hatte Rama V. die Privatsammlung seines Vorgängers als Grundstock des

Foto: Thomas Stankiewicz

ersten Museum Siams im Großen Palast eingebracht. Diese Sammlung ließ er 1887 im Palast des Vizekönigs ausstellen. Heute zählt das Nationalmuseum zu den ältesten und sehenswertesten Museen Südostasiens.

Die Exponate sind auf verschiedene Häuser verteilt: Gleich neben dem Eingang steht die 1982 eröffnete **Galerie für Thai-Geschichte**, in der ein kurzweiliger Bogen von den Anfängen Siams in Sukhothai bis zum heutigen König Bhumibhol gespannt wird. Dahinter erhebt sich im Westen das **Rote Haus**, ein über 200 Jahre altes Palastgebäude aus Teakholz, das einst im Großen Palast gestanden hatte. Auch dessen stilvolle traditionelle Inneneinrichtung ist sehenswert (Schuhe ausziehen).

Ein mehrstöckiges Gebäude aus den 1960er Jahren steht in der südwestlichen Ecke und beherbergt eine beachtliche Sammlung asiatischer Kunst aus der Zeit vor der Ankunft der Siamesen. Von der Indisierung Asiens zeugt die **Galerie für Asiatische Kunst** (Galerie S1), in der neben sehr alten Buddhafiguren aus Indien auch eine an der thailändischen Küste gefundene römische Öllampe bemerkenswert ist, denn sie belegt den damals regen Seehandel als treibende Kraft für die Verbreitung indischer Kultur und Religion.

Oben: Königsbarke vor dem Wat Phra Kaeo. Rechts: Einen Buddha mit Goldplättchen vergolden bringt Glück – auf dem Tempelgelände des Wat Phra Kaeo.

Darüber zeigt die **Prähistorische Abteilung** jahrtausendealte Ton- und Bronzefundstücke aus Ban Chiang, die noch heute durch ihr zeitlos schönes Design bestechen.

Ferner sollten die Galerien für die **Kunst von Dvaravati** (Mon, 6.-11. Jh.; S7), **Lopburi** (Khmer, 7.-14. Jh.; S 3) und **Srivijaya** (Südthailand, 7.-13. Jh.; S 9) nicht ausgelassen werden, hier sind einige der wertvollsten archäologischen Funde des Museums ausgestellt.

Gegenüber, im nördlichen Parallelbau, sind in den Galerien N1-N4 hauptsächlich siamesische **Skulpturen** von **Sukhothai** (13.-15. Jh.) bis **Rattanakosin** (ab 18. Jh.) untergebracht. Auf

» Stadtplan S. 64-65, Info S. 93-97

Foto: Paul Spierenburg

keinen Fall sollte man die exzellente **Sammlung alter siamesischer Kunst** von Sukhothai bis **Ayutthaya** (14.-18. Jh.) versäumen (N5-N10)!

Östlich davon werden die bis zu 13 Meter hohen und 40 Tonnen schweren goldverzierten königlichen **Wagen** für die Einäscherungsfeierlichkeiten in einer großen Halle präsentiert. In der Mitte des Areals steht der **Buddhaisawan-Tempel** des Vizekönigs, der wegen seiner qualitätvollen **Wandmalereien** und der vergoldeten Statue des berühmten **Buddha Sihing** einen Besuch lohnt.

Dahinter liegen der **Alte Thronsaal** und weitere historische Gebäude, in denen siamesisches Kunsthandwerk, Keramik, alte Waffen, Marionetten, Masken und Musikinstrumente ausgestellt werden.

★★Großer Palast mit Wat Phra Kaeo

Die beiden wichtigsten und meistbesuchten Sehenswürdigkeiten Bangkoks liegen im Süden des Sanam Luang: Der **★★Große Königspalast mit dem Wat Phra Kaeo** ⑦, dem Tempel des Smaragd-Buddhas.

Für den Besuch des weitläufigen Palast- und Tempelkomplexes sollte man einen halben Tag einplanen und seine Garderobe dem Programm anpassen: Am Eingang werden nur „respektvoll" gekleidete Touristen hineingelassen. Das bedeutet: keine Shorts, Miniröcke, Leggings, freizügige Oberteile, Sandalen oder Schlappen, auch die Ärmel dürfen nicht aufgerollt sein!

Falls Sie am Fluss wohnen oder mit dem Skytrain zur Saphan Taksin Station am Menam Chao Phraya fahren, können Sie auch mit den regelmäßig verkehrenden Expressbooten anreisen; die Haltestelle (Pier) für den Besuch des Königspalastes ist **Tha Chang**.

Im Eintrittspreis ist auch der lohnende Besuch des Vimanmek-Palastes in der Ratchawithi Rd. am gleichen Tag enthalten (offen von 9.15-15.15 Uhr, mit Bus Nr. 539 rund 30 Minuten vom Königspalast, siehe S. 83). Der Eingang zum Großen Palast erfolgt über das Wi-

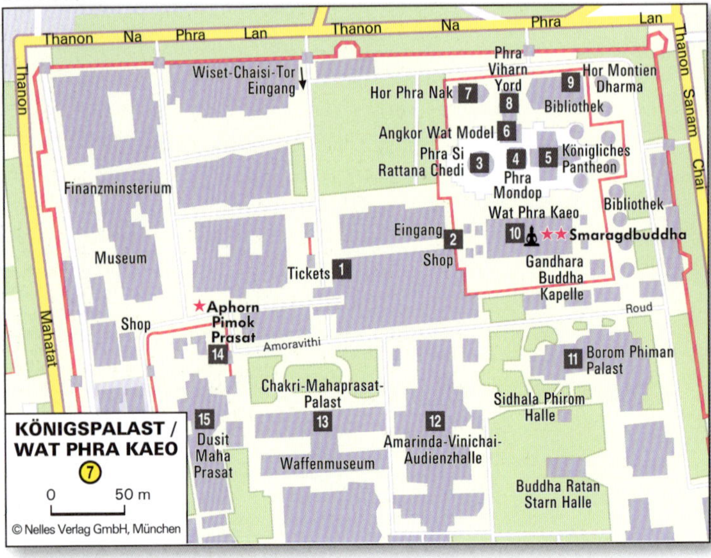

set-Chaisi-Tor an der Thanon Na Pra Lan, im Süden des Sanam-Luang-Platzes.

Am Bau und Erhalt des Palastbezirkes und des Wat Phra Kaeo waren alle Monarchen der Chakri-Dynastie beteiligt. Rama I. ließ den Palastbezirk bereits im Gründungsjahr 1782 mit einer Mauer umgeben. Die Tradition Ayutthayas, innerhalb des Palastbezirks einen königlichen Tempel zu errichten, ließ der Herrscher mit dem Bau des Wat Phra Kaeo („Tempel des Smaragd-Buddha") in der Anlage des Großen Palastes fortführen. Den Tempelkomplex plante Rama I. zwar mit sämtlichen baulichen Elementen eines buddhistischen Klosters, aber ohne Wohnquartiere für die Mönche. Aus dieser Zeit stammen die ältesten Wandmalereien entlang der umlaufenden Galerie des Wat Phra Kaeo, die König Rama IX. zur 200-Jahr-Feier von Rattanakosin 1982 erneuern ließ.

Die Palastbauten waren, in alter asiatischer Tradition, größtenteils aus Teakholz. König Mongkut, auch bekannt als Rama IV., ließ als erster König dieser Dynastie Palastgebäude mit Ziegeln und Putz renovieren. 1862 holte er Anna Leonowens als Englischlehrerin für seine 83 Kinder und 39 Frauen nach Siam. Im Westen kam dieser große König dank des auf Leonowens' Tagebüchern beruhenden Romans, Films und Musicals *Anna und der König von Siam* zu einer Berühmtheit, die in Thailand Empörung auslöste. Viele der darin geschilderten, teils ziemlich grausamen Ereignisse wie etwa eine traditionelle Hinrichtung entstammen nach Meinung der Thais der Fantasie der Engländerin Leonowens, der Romanautorin Margaret Landon oder der Hollywood-Drehbuchschreiber und werden als Beleidigung des Königshauses angesehen – Buch, Musical und Film sind in Thailand verboten.

Das größte Palastgebäude, **Chakri Mahaprasat,** ist unter seinem Nachfolger Rama V. 1882 zur 100-Jahr-Feier des Königshauses fertiggestellt worden. Er reiste übrigens als erster siamesischer Monarch nach Europa.

Rechts: Dämonen und Affen tragen einen vergoldeten Chedi des Wat Phra Kaeo.

» Plan S. 70, Info S. 93-97

Foto: Jürgen Bergmann

– ★★Wat Phra Kaeo –

Nach dem Eintritt durch das **Wiset-Chaisi-Tor** gelangt man in den **äußeren Palasthof**, in dem traditionell Verwaltungsbauten ihren Platz hatten. Eine Grünfläche zur Linken bietet einen ersten Blick auf den nochmals ummauerten Wat Phra Kaeo, hier drängeln sich Touristen für Erinnerungsfotos. Südlich davon liegt der **Ticketschalter** 1, von dem der Weg weiter zum **Eingang** 2 des Wat Phra Kaeo führt.

Die prachtvolle Anlage um den Tempel des Smaragd-Buddha gleicht einem Wunderland aus einer anderen Welt. So werden die Eingänge zum Innenhof des Wat Phra Kaeo von sechs riesigen, der siamesischen Mythologie entstammenden **Yaks** (Riesen) bewacht. Rund um diesen Innenhof verläuft eine **Galerie**, die mit **Wandmalereien** verziert ist. Sie stellen das *Ramakien*, die siamesische Variante der indischen Kunstdichtung Ramayana dar. Die Handlung beginnt an der Nordseite der Galerie, gegenüber dem Phra Vihan Yod.

Der Eingang führt von Westen direkt auf den Tempel des Smaragdbuddhas zu. Links davon stechen auf der **Oberen Terrasse** zunächst drei große Bauwerke ins Auge. Der glockenförmige, goldene **Phra Si Rattana Chedi** 3 birgt eine Reliquie des Buddha. Seine Architektur ist den drei identischen Chedis im Königstempel Wat Si Sampet von Ayutthaya nachempfunden.

Dahinter ist in dem quadratischen, mit Spiegeln und Gold verzierten **Phra Mondop** 4 die königliche Bibliothek für die buddhistischen Texte untergebracht. An den Ecken des Mondop stehen schöne javanesische Buddhafiguren aus Vulkanstein, Geschenke des Gouverneurs von Java an Rama V.

Das dritte Bauwerk besitzt einen kreuzförmigen Grundriss und wird in der Mitte von einem *prang* (Tempelturm) bekrönt: Das **Königliche Pantheon Prasat Pra Thep Bi-Dhorn** 5 enthält Statuen aller Könige der Chakri-Dynastie und zeugt von der auch im Königshaus praktizierten Ahnenverehrung (nur an besonderen Feiertagen

» Plan S. 70, Info S. 93-97

geöffnet). Östlich davon flankieren zwei goldene Chedis im Rattanakosin-Stil den Aufgang zur Terrasse, die dem Gedenken an die Eltern von Rama I. geweiht sind. An ihrer Basis sind Affen und Dämonen eingearbeitet, die das Bauwerk tragen: Die Dämonen tragen Schuhe, die Affen nicht!

Im Norden der Terrasse befindet sich als viertes wichtiges Bauwerk ein **Miniaturmodell des Angkor Wat** 6, ein Geschenk an Rama IV., zu dessen Zeit, im 19. Jh., die Provinz Siem Reap zu Siam gehörte. Erst 1907 mussten die Chakri-Könige diese Provinz mit dem weltberühmten Angkor Wat auf französischen Druck hin an Kambodscha zurückgeben. Rund um diese Bauwerke sind fantasievoll verzierte, vergoldete Statuen von Fabelwesen aufgestellt.

Im Norden der Oberen Terrasse stehen drei weitere Gebäude: **Hor Phra Nak** 7 ist heute das Mausoleum der Königsfamilie, ursprünglich stand hier die Buddhastatue *Phra Nak*, die heute zusammen mit anderen Buddhafiguren im **Phra Viharn Yod** 8 beheimatet ist. Dieser stammt aus der Zeit Rama III. und ist außen mit chinesischem Porzellan verziert. Das **Hor Montien Dharma** 9 beherbergt eine Bibliothek für wertvolle buddhistische Handschriften.

Oben: Szene aus dem Hinduepos Ramayana im Innenhof des Wat Phra Kaeo. Rechts: Das Zentrum der Tempelanlage Wat Phra Kaeo bildet der Tempel des Smaragdbuddhas mit dieser hochverehrten kleinen Buddhafigur aus Jade.

Das Allerheiligste in jedem Kloster ist der *Ubosot*, die Ordinationshalle, welche sich hier im ★★**Tempel des Smaragdbuddhas** 10, südlich der Oberen Terrasse befindet. Da im Tempel keine Kerzen oder Räucherstäbchen erlaubt sind, zünden Gläubige vor dem Tempel ihre Opfergaben an. So genannte *Bai-Sema*-Steine und eine niedrige Mauer begrenzen diesen geweihten Bezirk, in dem traditionell die heiligste Buddhafigur aufbewahrt wird. Vor dem Betreten sind hier die Schuhe auszuziehen. Die nur 65 cm hohe Figur des ★★**Smaragdbuddha** ist nicht, wie der Name suggeriert, aus einem riesigen Smaragd gearbeitet, sondern aus chinesischer Jade (Nephrit). Die Statue thront, mit goldenem Schmuck verziert, hoch über anderen wertvollen Buddhafiguren aus Gold in einem vergoldeten Pavillon, welcher den himmlischen Pushpaka-Wagen der hinduistischen Mythologie darstellen soll. Rama I. brachte die berühmte Statue als Kriegsbeute aus der laotischen Hauptstadt Vientiane nach Bangkok, ursprünglich stammt sie aus Chiang Rai im Norden Thailands. Dreimal jährlich, zum Wechsel der Jahreszeiten, wird die Statue in einer Zeremonie vom König selbst mit prachtvollen, der Jahreszeit angemessenen Gewändern bekleidet. Achtung, der Buddha darf nicht fotografiert werden!

Bemerkenswert sind die wunderschönen ★**Wandmalereien** im Tempel, welche über den Fenstern die Lebensgeschichte des Buddha und zwischen den Fenstern die Vorgeburtsgeschichten des Buddha (*jataka*-Erzählungen)

» Plan S. 70, Info S. 93-97

Foto: Luca Invernizzi Tettoni

darstellen. Beim Verlassen des Heiligtums lohnt es sich, einen Blick auf die mit feinen Perlmutteinlegearbeiten verzierten **Türen** zu werfen.

– Die ★Palastgebäude –

An der Südwestecke des Wat Phra Kaeo führt ein Ausgang zu den Palastgebäuden, in denen nur wenige Räume zugänglich sind. Links, durch ein Tor abgeschirmt, liegt der **Borom-Phiman-Palast** 11. Der Palast wurde einst von Rama V. als Residenz des Kronprinzen ausgebaut. Als 1946 der Bruder und Vorgänger des heutigen Königs auf tragische Weise durch einen Schuss darin ums Leben kam, verlegte Rama IX. die Königsresidenz in den Chitralada-Palast im Stadtteil Dusit, und so dient er nur noch als königliches Gästehaus.

Der **Mahamontien-Palast** besteht aus drei Teilen: der Audienzhalle, dem Krönungssaal und dem Wohnbereich, in dem die ersten drei Chakri-Könige lebten. Nur die **Amarindra-Vinichai-Audienzhalle** 12 ist für Besucher geöffnet, in ihr steht der von einem neunstufigen weißen Ehrenschirm bekrönte **Thron** und dahinter ein bootsförmiger Altar, der den Eingang zu den Privatgemächern verdeckt.

Der **Chakri-Mahaprasat-Palast** 13 stammt aus der Zeit Ramas V. und ist in einem siamesisch-westlichen Mischstil erbaut – Einheimische nennen das Gebäude deshalb auch „*farang* mit *chada*", „Ausländer mit siamesischer Tänzerkrone". Der britische Architekt des Palastes hatte zwar eine passende Kuppel als Dach geplant, König Rama V. und seine Hofarchitekten verlangten jedoch ein Dach mit siamesischem Charakter.

Dahinter schließt sich die Dusit-Palastgruppe an, deren Pavillon ★**Aphorn Pimok Prasat** 14 als perfekte siamesische Architektur gilt und oft kopiert wurde. Die auf kreuzförmigem Grundriss erbaute **Dusit-Halle** 15 dient u.a. zur Aufbahrung verstorbener Mitglieder der königlichen Familie. In ihrer Mitte steht der für seine feinen Perlmutteinlegearbeiten berühmte ★**Thron** mit neunstufigem **Ehrenschirm**.

» Plan S. 70, Info S. 93-97

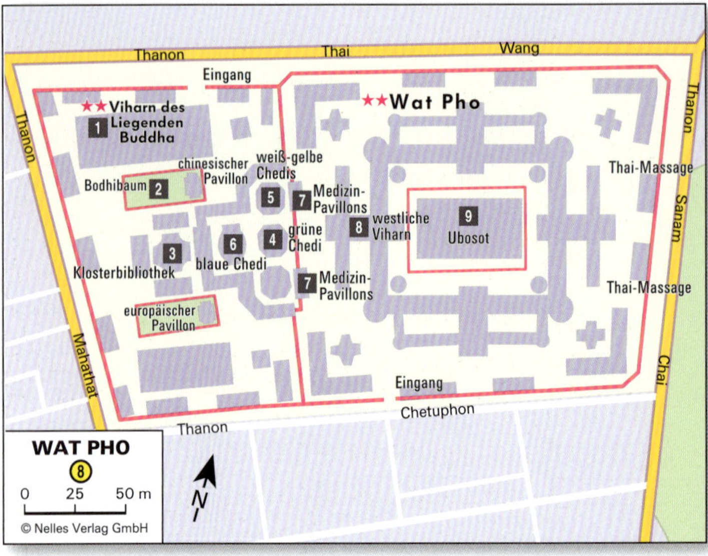

★★Wat Pho

Südlich des Großen Palasts bauten die Chakri-Könige den bereits existierenden Wat Potharam zum königlichen Kloster **★★Wat Pho** ⑧ **(Wat Phra Chetuphon)** aus. Er ist der älteste und größte Wat (Kloster) Bangkoks und besitzt nicht nur den größten **Liegenden Buddha**, sondern auch die größte **Buddhafigurensammlung** der Hauptstadt.

Wat Pho war unter königlicher Patronage die erste Stätte für öffentliche Bildung in Siam und ist heute noch ein Zentrum für die Lehre von traditioneller **Thai-Massage** und deren seriöser Anwendung: Oft warten in den Medizin-Pavillons des Klosters ausgebildete Masseure auf Touristen. Wenn man sich handelseinig ist, kommen die Masseure auf Wunsch auch ins Hotel und machen verkrampfte Muskeln wieder fit.

Wat Pho liegt nahe der Expressboothaltestelle **Tha Tien**. Der Eingang erfolgt von Nordwesten her von der Thai Wang Road, im Süden trennt die Chetuphon Road das Kloster in zwei Bereiche: Im Süden wohnen die Mönche, im Norden stehen die buddhistischen Bauten und Heiligtümer.

Der unter Rama III. erbaute **★★Viharn des Liegenden Buddha** **1** beherbergt eine gigantische vergoldete **★★Statue** (s. Bild S. 58) des Erleuchteten im Moment seines physischen Todes und dem gleichzeitigen Eintritt ins höchste Nirwana. Die Statue ist aus Ziegeln gemauert, mit Stuck überzogen, lackiert und vergoldet. Die **Fußsohlen** der 46 m langen und 15 m hohen Figur sind mit 108 Darstellungen aus Perlmutteinlegearbeiten verziert, welche die siamesische Kosmologie symbolisieren: vom Himmel der 16 Brahmas direkt unter den Zehen bis hin zur unteren Sohle, wo Lotosblumen und Wasser die sieben mythologischen Seen am Fuß des Berges Meru symbolisieren.

Südlich davon verehren die Buddhisten einen eingezäunten **Bodhibaum** **2**. Auf einem Altar davor werden auch

Rechts: Das quirlige Durcheinander der Khao San Road zieht viele junge Rucksacktouristen an.

» Stadtplan S. 64-65, Plan S. 74, Info S. 93-97

Foto: Paul Spierenburg

chinesische Bodhisattvas wie Kuan Yin oder der dicke „lachende Buddha" angebetet. Daneben steht, von Pavillons umgeben, die **Klosterbibliothek** 3.

Im Wat Pho gibt es rund **90 Chedis**, die vier größten stehen auf dem Platz östlich der Bibliothek. Der **Grüne Chedi** 4 ist der älteste und stammt aus der Zeit Ramas I., der in ihm die Überreste einer von den Burmesen in Ayutthaya zerstörten Buddhafigur einmauern ließ. Rama III. erneuerte diesen Chedi und ließ ihn nach dem Vorbild des Wat Si Sampet in Ayutthaya von zwei **Weißgelben Chedis** 5 flankieren.

Der vierte, **Blaue Chedi** 6 stammt aus der Regierungszeit von Rama IV. Alle vier Bauwerke sind im Rattanakosin-Stil erbaut und mit Kacheln und Porzellan verziert. Östlich davon sind in zwei **Medizinpavillons** 7 heute noch die alten Tafeln zu sehen, mit denen hier seit jeher **Thai-Massage** gelehrt wird – hier warten oft Masseure auf Kunden.

Gegenüber liegt der **Westliche Viharn** 8, in dem eine Messingstatue den **Buddha** zeigt, wie er von dem Schlangenkönig **Mucalinda** beschützt wird.

An allerlei Statuen von medizinkundigen Einsiedlern in verschiedenen Yogapositionen und weiteren Chedis vorbei gelangt man zum südlich gelegenen Eingang in einen Innenhof, in dem der **Ubosot** 9 steht. Der Innenhof ist von einem Kreuzgang umgeben, in dem Hunderte von **Buddhafiguren** ausgestellt sind. An der Außenmauer um den Ubosot sind **Marmortafeln** angebracht, deren Reliefs Darstellungen aus dem Ramakien zeigen. Sie sollen teilweise noch aus Ayutthaya stammen. Das Innere des Allerheiligsten ist mit prachtvollen **Wandmalereien** verziert, die **Türen** besitzen bemerkenswerte Perlmutteinlegearbeiten. Die **Sitzende Buddhafigur** auf dem Altar enthält Asche von König Rama I.

★Khao San Road

Im Norden des Sanam Luang beginnt das Stadtviertel **Banglamphu**, in dem sich heute, nahe dem altehrwürdigen Tempel **Wat Chai Chana Songkhram**,

» Plan S. 74, Info S. 93-97

das „Backpackerviertel“ von Bangkok befindet – mit trendigen Kneipen, Restaurants, Hotels und Verkaufsständen.

Pausenlos pulsiert das Leben rund um die 300 m lange ★**Khao San Road** ⑨, die Rucksackreisende magisch anzieht, weshalb auch die Handlung des Thailand-Traveller-Films *The Beach* hier ihren Anfang nimmt. Dicht an dicht reihen sich Gästehäuser, Souvenir- und Kleiderstände, Reisebüros, Cafés, Internetshops, Herrenschneider etc. – braucht jemand ein Minibus-Ticket nach Angkor, kopierte Software oder einen maßgeschneiderten Anzug?

In den letzten Jahren entdeckten auch thailändische Jugendliche diese Straße für sich: Am Wochenende kommen sie zum Feiern oder bieten ihre oft selbstgefertigten Produkte an. Nicht selten machen hier Designstudenten ihre ersten Entwürfe zu Geld und testen den Markt. Entsprechend bunt ist das Bild, das die individualistische Laufkundschaft aus aller Welt bietet; ein Mikrokosmos, den man entspannt von einem der offenen Restaurants studieren kann. Besonders abends und nachts ist die Straße voll, dann ist sie auch gesperrt für den Autoverkehr. Es wird musiziert und getanzt, in den angrenzenden Bars und Kneipen Billard gespielt und bis in die Morgenstunden gefeiert.

Wat Bowonniwet

Im Banglamphu-Bezirk befindet sich der sehenswerte **Wat Bowonniwet** ⑩. Er wurde 1832 als königlicher Tempel erbaut, um die Staue des vergoldeten ★**Phra Buddha Shinnasi** (1357) von Phitsanulok aufzunehmen. Hier hat die von König Rama IV. gegründete buddhistische Mahamakut-Rachawittayalai-Universität ihren Sitz. Äußerlich ist der Tempel von chinesischen Einflüssen geprägt, z. B. sind die Türflügel der Eingangstore mit geschnitzten chinesischen **Torwächtern** geschmückt. Die **Wandgemälde** im **Ubosot** wurden von Kruain-kong, einem der berühmtesten *Rattanakosin*-Künstler geschaffen, der als einer der ersten westliche Maltechniken in die Thai-Malerei integrierte.

» Stadtplan S. 64-65, Info S. 93-97

★Wat Ratchabophit

Nordöstlich vom Wat Pho steht der **★Wat Ratchabophit** ⑪. Dieser reich ausgeschmückte Tempel mit seinem Stilgemisch aus Thai-Ornamentik und „Versailles-Barock" entstand um 1869, an seinem geschnitzten **Tor** erkennt man Soldaten in westlicher Uniform. Die Tür und die Fensterrahmen der **Ordinationshalle** sind außen mit Perlmutteinlagen, innen mit goldbemaltem schwarzem Lack verziert. In der Mitte ragt der vergoldete **Chedi** 43 m hoch auf, dessen Basis mit bunten glasierten Ziegeln bedeckt ist. Interessant ist auch der zugehörige begrünte **Königliche Friedhof**, mit Grabdenkmälern im Khmer- und Thai-Stil neben Kapellen in neugotischer Bauweise.

★Wat Suthat

Noch etwas weiter nordostwärts kommt man zum **★Wat Suthat** ⑫, auch **Tempel der großen Schaukel** genannt. Doch nur die Reste der Schaukel *(Sao Ching Cha)*, zwei riesige rote **Pfosten**, stehen noch vor dem Tempel in der Thanon Bamrung Muang. Seit 1933 hat sie niemand mehr benutzt. Bis dahin diente sie waghalsigen Wettkämpfen anlässlich des (eigentlich hinduistischen) Tri-Yambhava-Festes: Ein Seil wurde zwischen die hohen Balken der Schaukel gespannt und etwa 20 Meter entfernt befestigte man Geldbörsen auf hohen Bambusstämmen. Junge Männer schaukelten nun um ihr Leben, um das Geld zu erhaschen. Rama VII. ließ das Spektakel verbieten, weil dabei immer wieder Menschen ums Leben kamen.

Der Wat Suthat ist zur Zeit der ersten drei Chakri-Könige von 1807 bis 1851 erbaut worden, ein würdiger Ort für die aus Sukhothai stammende Buddhastatue **★Sri Shakyamuni**, die im 14. Jahrhundert gegossen wurde und mit einer Höhe von 6 m als das größte Bronzebildnis ihrer Zeit gilt. Sie wurde einst auf dem Chao Phraya in einer feierlichen Prozession nach Bangkok gebracht.

Die herrlichen **★Wandgemälde**, auf denen Fabelwesen aus der hinduistischen Mythologie zu sehen sind, wurden mit deutscher Unterstützung erst vor wenigen Jahren restauriert. 28 chinesische Pagoden, die die 28 Aspekte Buddhas symbolisieren, umgeben den höchsten **Ubosot** (Ordinationshalle) Thailands.

Wat Suthat liegt in einem interessanten Viertel von Rattanakosin, in dem viele Buddhafiguren, Amulette etc. verkauft werden – wie hier in der Thanon Bamrung Muang – und das dennoch nicht von Touristen überlaufen ist.

★Golden Mount mit ★Wat Saket

Den Aufstieg über 318 Stufen wert ist der 79 m hohe **★Golden Mount** ⑬ (Goldener Berg; Phu Khao Thong). Der **★Wat Saket** an seinem Fuß, der „Tempel am Goldenen Berg", ist einer der ältesten der Stadt und besitzt einen prächtigen, mit Wandmalereien verzierten Ubosot (Ordinationshalle). Bereits Rama I. gründete hier, vor dem Stadtwall, ein Kloster mit Kremationsstätte. Sein Enkel Rama III. ließ dann den Hügel erhöhen, und König Mongkut führte die Bauarbeiten mit dem krönenden Chedi zu Ende.

Über eine lange Treppe gelangt man auf den Hügel. Zahlreiche große **Gongs**, die von Gläubigen geschlagen werden, flankieren den Weg hinauf zum vergoldeten **★Chedi**, der eine Buddha-Reliquie aus dem Geburtsort des Religionsstifters birgt. Von der oberen Plattform hat man einen schönen **★Panoramablick** auf Bangkok. Der Berg ist besonders bei Sonnenuntergang und Sonnenaufgang einen Besuch wert. In der ersten Novemberwoche findet hier ein großes Tempelfest statt.

Von der Lang Luan Road kommend kann man restaurierte Reste der einstigen **Stadtmauer** und der **Mahakan-Festung** (18. Jh.) sehen.

Foto: Jochen Steinhardt

★Loha Prasat

Gegenüber dem Golden Mount ragt der burgähnliche **★Loha Prasat** im **Wat Ratchanaddaram** ⑭ auf. Das „Eiserne Kloster" Loha Prasat gilt als einer der außergewöhnlichsten Tempel Bangkoks. Als Meditationsrefugium wurde der Loha Prasat 1846 für eine Prinzessin, die spätere Gemahlin von König Rama IV., errichtet. Der erste Metalltempel, ein zweistöckiges Gebäude mit goldenem Dach, wurde vor 2500 Jahren in Indien für Buddha und seine Jünger als Ort der Besinnung während der buddhistischen Fastenzeit erbaut. Der zweite Tempel dieser Art, ein mit vergoldeten Bronzeziegeln überdachtes, aber neunstöckiges Gebäude, entstand um 100 v. Chr. in Sri Lanka. Der dreistöckige Loha Prasat ist mit 37 spitzen dunklen **Chedis aus Metall** verziert und wie die legendären südasiatischen „Metallpaläste" aus Kalk- und Backstein erbaut. Viel besucht wird der große **★Amulettmarkt** für Buddha-Statuen und Talismane im Südosten der Klosteranlage.

Oben: Chedi des Wat Saket auf dem Golden Mount. Rechts: Mittagspause im Tempelschatten des Wat Arun.

Thonburi

Auf der anderen Seite des Flusses, gegenüber von Rattanakosin, befindet sich der Stadtteil **Thonburi**. Am einfachsten erreicht man ihn mit dem Taxi über eine der Brücken, noch schneller und zudem billiger ist die Fahrt über den Fluss mit der Fähre oder dem Expressboot.

Thonburi ist heute touristisch vor allem wegen seiner **★Klongs** interessant: Anders als in Bangkok, wo die meisten Klongs zubetoniert wurden, bilden die Kanäle hier noch Verkehrswege, die mit den für Thailand so typischen „Langschwanzbooten" befahren werden können. Entlang der Kanäle liegen unterschiedliche Wohnquartiere, von luxuriösen Teakholzvillen über moderne Apartmenthäuser bis zu ganz einfachen Hütten, vor denen Geisterhäuschen auf

» Stadtplan S. 64-65, Info S. 93-97

Pfählen stehen. Fröhliche Kinder baden im braunen Fluss, und auch der Postbote und die Suppenverkäuferin kommen mit dem Boot. An den Klongs liegen einige Klöster und das Museum der königlichen Barken.

Boote für eine **Rundfahrt** können an vielen der Piers von Bangkok gemietet werden, z. B. am Tha Chang Pier beim Königspalast, am River City (Si Phraya) Pier neben dem Sheraton Hotel oder am Oriental Pier.

Mit einer Fähre vom Wat Pho oder im Rahmen einer Klongtour leicht zu erreichen ist der **★Wat Arun** ⑮ am Westufer des Menam Chao Phraya, auf der Thonburi-Seite. Den „Tempel der Morgenröte", der noch aus der Ayutthaya-Zeit stammt und damals Wat Chaeng hieß, ließ König Rama II. in seiner Regierungszeit prachtvoll restaurieren. Bei Sonnenuntergang vom Ostufer aus betrachtet, bietet sein 86 m hoher **Prang** (Turm), eines der Wahrzeichen der Stadt, einen zauberhaften Anblick.

Unweit davon, nahe der Mündung des Khlong Bangkok Noi in den Menam-Fluss, lohnt das **★Museum der königlichen Barken** ⑯ einen Besuch: Von den acht ausgestellten Prunkbooten, deren Bug meist wundervolle, vergoldete Tier- oder Fabelwesen-Köpfe zieren, ist die 45 m lange **★Zeremonienbarke**, die der thailändische König an Festtagen besteigt, besonders beeindruckend. Eigentlich besitzt das Museum an die wertvolle historische 50 Barken, die aber aus Platzgründen überwiegend im Trockendock am Wasukri Pier konserviert werden.

Siriraj ⑰ Thailands erstes großes, modernes Krankenhaus von 1888 liegt in der Nähe des Bangkok-Noi-Bahnhofs. Es beherbergt außer Patienten auch zehn Museen, von denen das **Gerichtsmedizinische Museum** das bekannteste ist. Dieses jagt vielen Besuchern eine Gänsehaut über den Rücken: Unter anderem ist der konservierte Körper eines vor vielen Jahren hingerichteten chinesischen Massenmörders ausgestellt.

Foto: Rainer E. Kunert

★★Chinatown

In Chinatown, berühmt für den Handel mit Gold, chinesischen Heilmitteln und Gebrauchsgütern, fühlt man sich in eine andere Welt versetzt. Bangkok hat enorm von den Chinesen profitiert, die zuerst im frühen 19. Jh. als Arbeitskräfte einwanderten und später im internationalen Handel als Mittelsmänner und Unternehmer fungierten. Während sie in vielen anderen südostasiatischen Städten sozial ausgegrenzt werden, tragen sie in Bangkok als gut integrierter Bestandteil der Gesellschaft zur kulturellen Vielfalt bei.

Ein Gang durch Chinatown ist nicht gerade ein entspannter Stadtbummel, dafür ist es zu voll und meist auch zu heiß. Dieses farbenfrohe, laute Viertel ist eines von Bangkoks wichtigsten Groß- und Einzelhandelszentren und bietet viele Gelegenheiten zum Stöbern und Kaufen. Nicht nur die schier unendliche Auswahl an Waren, Lebensmitteln und Naschereien, sondern auch die bunte Menschenmenge, die lebhaften Han-

» Stadtplan S. 64-65, Info S. 93-97

delsszenen, die alten Gebäude und die exotische Atmosphäre machen Chinatown einzigartig.

Chinatown, oder zumindest der geschäftigste Teil davon, liegt größtenteils innerhalb der Straßenzüge **Songsawat** im Osten, **Charoen Krung** im Norden, **Chak Phet** im Westen und **Songwat** im Süden. Seine Hauptstraßen sind Charoen Krung, Yaowarat und Sampeng Lane und die Querstraßen Chakkrawat und Ratchawong. Auch wer noch nie hier war, erkennt das Viertel gleich an den chinesischen Schriftzeichen, die überall auf Schildern und Werbeplakaten prangen.

Mit der U-Bahn kann man Chinatown bequem und schnell über den Bahnhof **Hualamphong** erreichen. Vom Fluss aus ist **Tha Ratchawong** (Pier N 5) die Haltestelle, von dort aus geht es zu Fuß weiter auf der Thanon Ratchawong bis zur Sampeng Lane (Soi Wanit) oder Thanon Yaowarat. Aber vergessen Sie nicht: Beim Einkaufen immer feilschen!

Der Bezirk ist nicht identisch mit dem Standort der ursprünglichen chinesischen Siedlung in Bangkok, denn als König Rama I. 1782 die Chakri-Dynastie und ihre Hauptstadt gründete, wurde das Chinesenviertel von seinem ursprünglichen Ort nach Südosten verlegt, um Platz für den Bau des großen Palastes zu schaffen. Die neue Gemeinde nannte sich Sampeng und siedelte sich in dem Ödland und den Sümpfen zwischen Wat Samprueng und Wat Sampeng an. Wegen seiner Nähe zum Fluss und wichtigen Kanälen wurde Sampeng bald ein geschäftiges Handelszentrum für importierte Lebensmittel und sonstige Waren aus China. Die Geschäfte breiteten sich später weiter aus und erreichten während des Baubooms unter der Herrschaft von Rama V. die Straßen Yaowarat, Charoen Krung und Songwat.

Rechts: Straßenszene in Chinatown – Vorbereitungen für ein chinesisches Mittagessen.

Märkte und Einkaufsstraßen in Chinatown

Auf dem **Klong-Thom-Markt** ⑱, einen Block von Krung Kasem entfernt, gibt es eine riesige Auswahl an Elektrogeräten, Uhren und Autozubehör. An den Ständen entlang den Gehsteigen drängen sich die Massen, die Werkzeug prüfen, Ersatzteile suchen oder um Armbanduhren und Taschenrechner feilschen. **Klong Ong Ang** ⑲, zwischen dem oberen Ende von Yaowarat und Charoen Krung, ist ein kleiner Kanal, der von vollgestopften Läden und Ständen gesäumt wird, die Gebrauchtwaren, billige Stereoanlagen, Kameras und DVDs anbieten. Unter Aquarienfreunden ist er auch für seine Zierfische bekannt: farbenprächtige tropische Fische, Zierkarpfen und Kampffische werden hier verkauft, dazu Wasserpflanzen.

Hundert Meter vom Klong Ong Ang entfernt liegt **Woeng Nakhon Kasem** ⑳, der ehemalige Diebesmarkt, auf dem es Messinggongs, Messerschleifgeräte, Trommeln, Eismaschinen, Laternen und jedes nur erdenkliche Musikinstrument gibt. Früher wurden hier echte Antiquitäten verkauft, aber heute sind kaum noch seriöse Händler in den teils über 100 Jahre alten Läden anzutreffen; bei der „antiken" Ware handelt es sich meist um Imitate.

Die **Charoen Krung** war, als sie 1861 angelegt wurde, bis in die 1930er Jahre die längste, größte Straße Bangkoks, das Zentrum des nationalen und internationalen Handels. Anders als die kleinen Händler in der Sampeng Lane waren die hiesigen Ladeninhaber – neben den fest etablierten westlichen Firmen – reiche Tycoons. Noch heute sieht man entlang der Charoen Krung ehemals vornehme Gebäude aus dieser Zeit im neo-klassizistischen oder Art-déco-Stil.

Eine Kuriosität sind die Geschäfte um **★Wat Leng Noi Yi** ㉑, auch **Wat Mangkon Kamalawat** genannt, die Münzen, Goldklumpen, Kleidung, Häuser, Autos, Elektrogeräte, Hausmädchen und

» Stadtplan S. 64-65, Info S. 93-97

Foto: Ladislav Janicek

Chauffeure im Sortiment haben – aber alles aus Papier! Die Figuren werden für religiöse Zeremonien verwendet. Weiter unten auf der Straße befinden sich auf der rechten Seite Läden, die alles verkaufen, was zu einer chinesischen Hochzeit gehört, und auf der anderen Straßenseite stellen Sargschreiner aus. Ein Besuch im Wat Leng Noi Yi ist der richtige Abschluss für den Besuch in Chinatown. Es war der erste chinesische Tempel in Thailand der von Buddhisten erbaut wurde. 1872 wurde er unter dem Namen Wat Leng Noi Yee gegründet. Von Rama V. erhielt er seinen heutige Bezeichnung Wat Mangkon Kamalawat, was Drachen-Lotus-Tempel bedeutet. Lange Jahre war dieser Tempel der größte des Mahayana-Buddhismus in Bangkok. Noch heute ist er der wichtigste chinesische buddhistische Tempel der Stadt. Besonders an chinesischen Feiertagen wird der Tempel in Rauchschwaden der verbrennenden Räucherstäbchen und Opfergaben gehüllt.

Ein Gang über die **Märkte ★Talad Mai ㉒** und **★Talad Kao ㉓** rechts und links von der Yaowarat-Straße ist ein echtes Erlebnis. Talad Kao bietet große Mengen an frischem und getrocknetem Fisch, Krabben und Tintenfischen. Der Weg zu Talad Mai ist mit unzähligen Ständen gesäumt, die exotische Speisen wie Seegurken feilbieten. Weiter unten auf der Hauptstraße verkaufen mehrere Geschäfte die delikate *Gun Chieng* (chinesische Wurst), *Moo Pan* (süßes, knuspriges Schweinefleisch in Scheiben) sowie *Moo Yong* (getrocknetes und kleingeschnittenes Schweinefleisch). Wenig einladend sind die alten Esslokale, die teure und fragwürdige Delikatessen wie Haifischflossensuppe, Abalone-Schnecken, Gänsefüße und Vogelnester anbieten. Mittlerweile bevorzugen auch die Chinesen die billigeren und weit verbreiteten Nudelstände und *Dim-Sum*-Imbisse.

Die **Yaowarat-Straße** ist altbekannt für ihre **Goldgeschäfte**, in denen Gold in allen Formen, Größen und Gewichten verkauft wird. Einige dieser Läden sind über 100 Jahre alt und sehr seriös. Der originale **Tang-Toh-Gang-Goldladen** z.

» Stadtplan S. 64-65, Info S. 93-97

B. befindet sich in einer Hintergasse von Yaowarat. Das klassizistische Gebäude mit den sich langsam drehenden Deckenventilatoren und dem großen Tisch mit der Marmorplatte, an dem sich die Kunden selbst mit grünem Tee bedienen, hat den Charme der guten alten Zeit bewahrt.

In der engen Gasse ★**Soi Wanit 1** ㉔, auch **Sampeng Lane** genannt, findet täglich ein lebhafter Handelsverkehr zwischen Verkäufern und Einkäufern statt. Sampeng Lane beginnt im Westen in **Pahurat**, dem Geschäftsviertel der Inder Bangkoks – dort findet man einige der besten **Indischen Restaurants**, Süßwarengeschäfte und **Stoffläden** –, und verläuft dann geradewegs durch Chinatown. Die Sampeng Lane führt durch ein dichtes Gedränge von Läden, die alles mögliche verkaufen. Der geschäftigste und faszinierendste Teil der Gasse liegt zwischen der **Thanon Mangkon** und der **Ratchawong**.

Oben: Der eindrucksvolle Goldene Buddha im Wat Traimit.

Im westlichen Abschnitt werden T-Shirts und bequeme Alltagskleidung billig angeboten, der Verkauf von Stoffen am Meter oder in ganzen Ballen prägt jedoch das Bild. Wer Süßes liebt, dem wird beim Anblick der Berge von aromatischem *Khanom Thai* und kandierten und glasierten Früchten das Wasser im Mund zusammenlaufen.

★★Wat Traimit

Im Südosten Chinatowns, in der Nähe des Hualamphong-Bahnhofs, steht der ★★**Wat Traimit** ㉕, der „Tempel des Goldbuddha". Wat Traimit war ein ganz gewöhnlicher alter Tempel – bis 1955 bei einem Transport die Gipsschicht einer Buddha-Statue zerbrach und darunter pures Gold zum Vorschein kam. Die 3 m hohe und 5,5 Tonnen schwere Figur war von vielen Tempeln dankend abgelehnt worden, bis sich Wat Traimit schließlich ihrer erbarmte. Man vermutet, dass der extrem wertvolle ★★ **Goldbuddha** aus der Sukhothai-Zeit (13. Jahrhundert) einst mit Gips überzogen wurde, um ihn vor plündernden Burmesen zu schützen.

Bangrak

Südlich an das alte Chinatown grenzt Bangkoks hochmodernes Finanzviertel **Bangrak**, dessen Hauptader die verkehrsreiche **Silom Road** ㉖ darstellt – gesäumt von hoch aufragenden Banken, Konzernzentralen und **Einkaufszentren**. Am Ostende dieser „Wall Street Thailands" tobt abends das Leben: in den Rotlichtgassen von **Patpong** (siehe Seite 71), wo sich zudem ein lebhafter ★**Nachtmarkt** für raubkopierte Artikel aller Art abspielt.

Das Chao-Phraya-Ufer dominiert das höchst renommierte Luxushotel ★**Oriental** ㉗, das trotz Modernisierung seinen diskreten Charme bewahrt hat. Eine hübsche Gartenterrasse am Fluss wie auch die **Author's Lounge** laden zu einer stilvollen Teepause ein.

» Stadtplan S. 64-65 u. S. 60-61, Info S. 93-97

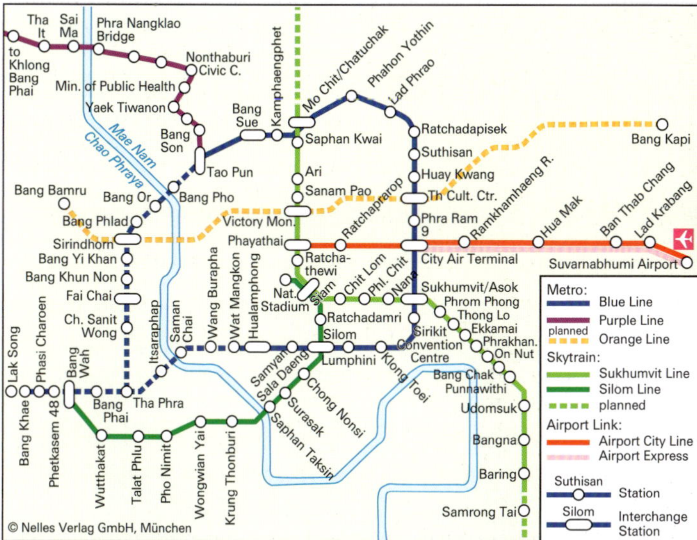

Dusit-Bezirk

Im Vergleich zu den geschäftigen Häfen von Singapur im Süden und Rangoon (dem heutigen Yangon in Myanmar) im Westen war Bangkok um 1900 noch ein verschlafenes Provinznest. Der Herrscher, König Chulalongkorn (Rama V.), zeigte sich jedoch als aufgeklärter Mann; bewegt von den Eindrücken, die er von seinen zahlreichen Reisen nach Europa mitbrachte, machte er sich bald daran, Bangkok mit einer Reihe von Projekten zu modernisieren. Besonders das enge Palastviertel und das chaotische Labyrinth des nahegelegenen Chinatown waren ihm ein Dorn im Auge. Seine Majestät hatte in Europa breite Boulevards mit Gaslaternen, elektrischen Straßenbahnen und sogar Autos gesehen. Und so begann er, unzufrieden über die in Bangkok herrschenden Zustände, Straßen und Kanäle anzulegen. Bangkoks Prinzen, Adelige und die Oberen Zehntausend folgten dem Beispiel des Königs und machten sich an die Verschönerung ihres Wohngebiets, dem großzügig angelegten Dusit-Bezirk. König Chulalongkorn baute hier eine Thronhalle in Marmor und einen großen Palast aus Teakholz, den er ★**Vimanmek-Palast** ㉘, „Palast in den Wolken" nannte, und legte einen königlichen Garten an – heute beherbergt dieser den Dusit-Zoo. Der Stadtteil mit dem Vimanmek-Palast, dem Zoo, dem Marmortempel und der Dusit-Thronhalle präsentiert dem Besucher eine geruhsame Ecke der Metropole mit schattigen Alleen, schönen alten Herrenhäusern und Kanälen.

Der Vimanmek-Palast, ein bezauberndes Ensemble, ist mit seinen 81 Räumen das größte **Teakholzgebäude** der Welt. Hier kann man sich in das Privatleben eines thailändischen Königs um die Jahrhundertwende zurückversetzen lassen, denn hier lebte Rama V. von 1902 bis 1906 mit seiner Gattin, seinen Konkubinen und seinem Hofstaat, bis er in den neuen Chitralada-Palast in der Nähe umzog. Königin Sirikit ließ den prächtigen, aber ziemlich heruntergekommenen Palast restaurieren, so

» Stadtplan S. 60-61, Info S. 93-97

dass ihn Besucher nun wieder in vollem Glanz bewundern können.

Der Besuch des Vimanmek-Palastes ist im Eintrittspreis für den Großen Palast eingeschlossen, ebenso die Besichtigung der ebenfalls auf dem Gelände stehenden **Abhisek Dusit Throne Hall**. Die Halle wurde 1904 für Rama V. aus Teakholz und Ziegeln errichtet. Sie beherbergt heute eine von der Königin gesponserte **Kunsthandwerksausstellung**. Auch das **Königliche Elefanten-Nationalmuseum** kann mit dem Ticket besucht werden. Es liegt westlich des Vimanmek-Geländes im Dusit-Park. Besonders sehenswert ist das lebensechte Modell eines weißen Elefanten. Rama V. ließ seinen weißen Elefanten, denen der Tradition nach besondere Bedeutung zukommt (s. S. 32), das noble Gebäude als Stall erbauen. Heute ist hier eine Elefanten-Ausstellung mit Schnitzereien, Bildern und Figuren untergebracht.

Nahe des Museums, auf der Th. Radchadamnoen Nok, steht die **Ananta-Samakhorn-Thronhalle**, in der lange Zeit das Parlament untergebracht war. Der eindrucksvoller Kuppelbau aus italienischem Marmor, den Rama V. als seine Thronhalle errichten ließ, wird heute für bedeutende Staatszeremonien benutzt. Das **Parlament** ist in ein modernes Gebäude auf dem Gelände umgezogen.

Der ★**Dusit-Zoo** ㉙, gegenüber dem Vimanmek-Palast, erscheint nach dem Lärm der Stadt als eine Oase der Ruhe. Zwar ist er als Tiergarten eher dürftig, aber als schattigen Park schätzen ihn Familien und Liebespaare.

Auf der anderen Seite der Rama V Rd. befindet sich der **Chitralada-Palast**, der Wohnsitz des Königs (nicht zu besichtigen). In vornehmen Stallungen „wohnen" hier auch die elf weißen Elefanten des Königs.

Südlich des Zoos liegt der so genannte Marmortempel ★**Wat Benchamabophit** ㉚. Dieser prächtig verzierte, in weißem Marmor ausgeführte Bau entstand auf dem Grundriss eines alten buddhistischen **„Marmortempels"**. Er wurde von König Chulalongkorn (Rama IV.) im Jahr 1899 errichtet. Der neue, mit gelben Ziegeln gedeckten Tempel aus weißem Carrara-Marmor, sollte sein schlechtes Gewissen über den Abriss zweier alter Tempel für die Vergrößerung des Dusit-Palastes mindern. Der Neubau des Wat Benchamabophit sollte eine Art Wiedergutmachung sein. Dem Halbbruder des Königs, Prinz Nares, der mit dem Entwurf eines Tempels im Thai-Stil beauftragt wurde, gelang es, ein ausgezeichnetes Beispiel für einen zeitgenössischen Sakralbau zu realisieren. Im Inneren des graziösen Ubosot befindet sich eine kunstvolle Nachbildung des **Phra Buddha Jinaraj**, in dessen Basis die Asche von König Rama V. aufbewahrt wird. Neben den ungewöhnlichen Buntglasfenstern kann man hier auch eine Sammlung von teils originalen, teils nachgebildeten **Buddha-Statuen** aus verschiedenen Epochen und Stilrichtungen bewundern. Dieser Tempel dient u.a. auch ausländischen buddhistischen Mönchen verschiedener Sekten, die sich hier zu religiösen Diskursen treffen.

Etwas weiter südlich befindet sich das **Ratchademnoen-Boxstadion** ㉛. Ein Besuch ist nichts für schwache Nerven, doch wer Action und starke Männer liebt, sollte sich einen **Thaiboxkampf** nicht entgehen lassen. Fast mehr Trubel als die kämpfenden Athleten verbreiten die wettenden Besucher, deren Geschäftigkeit Regeln folgt, die nicht leicht zu durchschauen sind.

Weiter Richtung Westen gehend, erreicht man den **Wat Indraviharn** ㉜. Beeindruckend ist vor allem der 32 m hohe ★**Stehende Buddha**, Phra Sri Ariyamettrai, im Tempelhof. Mit dem Bau wurde 1876 begonnen, fertiggestellt wurde er erst 100 Jahre später. Der Tempel selbst gehört zu den ältesten Bangkoks und beherbergt eine Buddha- Reliquie aus Sri Lanka.

Rechts: Ein Mönch zu Füßen des riesigen Stehenden Buddha im Wat Indraviharn.

 » Stadtplan S. 60-61, Info S. 93-97

Foto: Josef Beck

Der **Thewet-Blumenmarkt** ㉝ *(Talaat Tehweht)*, etwas weiter nördlich am Klong Phadung Krung Kasem (nahe dem Chao Phraya), findet wochentags von Sonnenaufgang bis zur Dämmerung statt – ein Eldorado für den Blumenfreund, der hier blühende Stauden, exotische Pflanzenarten, Lotos, duftenden Jasmin und eine verblüffende Vielfalt an **Orchideen** bewundern und kaufen kann.

Siegesdenkmal und ★Suan-Pakkad-Palastmuseum

Im östlich an Dusit angrenzenden Viertel Ratchathewi erhebt sich inmitten einer Straßenkreuzung das fast 50 m hohe **Victory Monument** ㉞, das an die während des 2. Weltkriegs gefallenen Soldaten, Polizisten und Zivilisten erinnert.

Das bezaubernde Areal des **Suan-Pakkad-Palastmuseums** ㉟ liegt nahe der Thanon Phaya Thai an der Thanon Si Ayutthaya. Der Wang Suan Pakkard („Salatfarm-Palast") besteht aus vier alten **Teakhäusern**, die von ihrem ursprünglichen Standort in Chiang Mai im Jahr 1952 zu dieser Stelle transportiert und wieder aufgebaut wurden. Hier wohnte die Prinzessin Chumbhot bis zu ihrem Tod im Jahr 1988. Heute beherbergt der Palast die hervorragende **Kunstsammlung** der Prinzessin, darunter die eindrucksvollen prähistorischen **Töpferwaren aus Ban Chiang** im Nordosten Thailands. Moderne Kunst zeigt die benachbarte **Marsi Gallery**. Im Park tummelt sich eine große Schar von Enten, Schwänen und Pelikanen – der Palast besitzt eine außergewöhnlich stilvolle **★Gartenanlage**, und einen wunderbaren **★Lack-Pavillon** auf Stelzen aus Ayutthaya mit herrlichen **Goldlack-Malereien** – eine Oase der Stille in der Großstadthektik.

Die Prinzessin Chumbhot erwies sich beim Anlegen ihres Palastparks als äußerst geschickte Gartenarchitektin. Viele der hier wachsenden seltenen Pflanzen und Bäume sind wie in einem botanischen Garten mit Namensschildern versehen.

Foto: Thomas Stankiewicz

Siam Square

Diese Gegend Bangkoks ist vor allem für ihre guten Einkaufsmöglichkeiten bekannt. Besucher mit gehobeneren Ansprüchen können zwar auch in den Geschäftsvierteln um die Thanon Sukhumvit und um die Thanon Silom mit ihren luxuriösen Boutiquen, Kaufhäusern, Einkaufsarkaden und Fachgeschäften nach Herzenslust einkaufen; ganz besonders verleitet aber die Gegend um den **Siam Square**, im Herzen Bangkoks an der **Thanon Rama I.**, zum Geldausgeben. Neu erstrahlt hier das **★Siam Paragon** ㊱, ein Warenhaus der Extraklasse. Es gibt nicht nur Designerware und eine Buchhandlung mit einer riesigen Auswahl Bücher (auch in deutscher und anderen europäischen Sprachen), sondern zudem **★Siam Ocean World**, ein riesiges Indoor-Aquarium, das größte Südostasiens, in dem Besucher mit einem Zackenhai tauchen gehen können.

Oben und rechts: Shopping mit Event-Charakter – das Indoor-Aquarium im Siam Paragon und eine Tanz-Performance im Siam Center.

Stärken Sie sich am besten in einer der vielen appetitlichen Snackbars, ehe Sie sich nach einer Tour durch das gepflegte **Siam Center** ㊲ und das riesige **Mahboonkrong Shopping Center** ㊳ ins Gewühl der kleinen Läden und Straßenstände stürzen, die ein überwältigendes Angebot an Kleidung, Schuhen, Büchern, Computern, Lederwaren, Videofilmen und Modeschmuck anbieten.

Doch auch Kulturelles findet sich in diesem Bezirk. Erinnerungen an die Zeit, in der die Kanäle *(klongs)* die wichtigsten Transportwege waren und die Menschen Zeit fanden, auf der offenen Veranda eines Teakhauses genüsslich kühle Getränke zu schlürfen, werden wach, wenn man einige der alten Häuser mit Stützpfählen, schrägen Wänden und luftigen Innenräumen besucht. Besonders beeindruckend ist das **★★Jim Thompson's Haus** ㊴ auf der Soi Kasem San 2, einer Nebenstraße der Thanon Rama I., nicht weit vom Mahboonkrong

» Stadtplan S. 60-61, Info S. 93-97

Foto: Ladislav Janicek

Shopping Center entfernt. Jim Thompson, einst für den amerikanischen Geheimdienst tätig, später Manager des Oriental Hotels und Seidenhändler, kaufte in Ayutthaya mehrere alte, im Thai-Stil erbaute **Teakhäuser**, die er zu seinem Garten am Khlong San Sep, im Herzen Bangkoks, transportieren ließ und dort neu aufbaute. Diese Teakhäuser, die in beeindruckender Weise an das Leben der Thai vor dem Betonzeitalter erinnern, beherbergen Jim Thompsons hervorragende **Kunst- und Antiquitätensammlung.** Ungeklärt ist bis heute das Verschwinden des Hausherrn: Im Jahr 1967 brach Thompson, der „König der Thai-Seide", eines Morgens im Hochland von Malaysia zu einem Spaziergang auf und wurde seitdem nie mehr gesehen. Die Biografie von William Warren über Jim Thompson beschreibt, wie der geheimnisvolle Amerikaner den Seidenhandel in großem Stil aufzog, Thai-Seide in New York berühmt machte, Kunstschätze sammelte, seine Teakhäuser erbaute und schließlich auf mysteriöse Weise entschwand. Mit der Eintrittsgebühr wird u. a. eine Blindenschule unterstützt. Das angeschlossene ★**Seidengeschäft** offeriert edle Souvenirs – nicht billig, aber hochwertig.

4 km östlich, nahe der Hauptgeschäftsstraße **Thanon Sukhumvit**, steht das **Kamthieng House** ㊵ der Siam Society, ein historisches **Teakhaus** aus Nord-Thailand, in dem man eine kleine **Volkskundesammlung** mit bäuerlichen Geräten sowie eine traditionelle ländliche Küche besichtigen kann. Die Siam Society, die u. a. auch das *Journal of the Siam Society* herausgibt, widmet sich seit langem der Erforschung und Erhaltung des thailändischen Kulturguts. Interessierte Besucher können sich in der Bibliothek der Siam Society in dicke Nachschlagewerke vertiefen.

Ein vielbesuchter glitzernder Schrein steht mitten im Einkaufsgebiet an einer Ecke des Hotels Grand Hyatt Erawan: der **Erawan-Schrein** ㊶ (s. Bild S. 55). Die Gläubigen opfern Gott Brahma (auch „vierköpfiger Buddha" genannt) Blumengirlanden und bitten so um Glück. Es heißt, dass es beim Bau des

Foto: Jochen Steinhardt

Vorgängerhotels einst zu Todesfällen kam – bis man den Schrein aufstellte. **Central World** ㊷, das Einkaufszentrum schräg gegenüber, ist mit 500 000 m² das größte Bangkoks.

Abends animieren Kinos und Clubs in dieser Gegend dazu, das Nachtleben zu genießen. Am **Siam Square** befinden sich z. B. **Hard Rock Café** ㊸ und das **Concept CM2** ㊹, wo man Drinks zu hochkarätiger Live-Musik serviert.

★Lumpini-Park

Vom Siam Square kommend erreicht man auf dem Weg zum Lumpini Park das neue **Imaging Technology Museum** ㊺, nahe dem Haupteingang der Chulalongkorn-Universität an der Thanon Phaya Thai. Es wurde zusammen mit Firmen aus Japan und den USA geschaffen. Hier ist die fototechnische Abteilung der Universität untergebracht,

Oben: In der Schlangenfarm des Pasteur-Instituts wird einer Kobra ihr Gift „abgemolken". Rechts: Moderne Architektur rund um den Lumpini-Park.

daneben zeigt das Museum eine Ausstellung alter Kameras, einige aus dem Besitz der Könige von Siam, und eine Sammlung von Fotos, von denen die frühesten aus dem 19. Jh. stammen.

Ein paar Schritte weiter, an der Th. Rama IV. / Th. Henri Dunant, liegt das **★Queen Saovabha Memorial Institut** ㊻ mit der ältesten **Schlangenfarm** der Welt. Hier werden Giftschlangen zur Serumgewinnung gezüchtet. Besucher können täglich bei der **Giftentnahme** zusehen. Jeden Tag um 10.30 Uhr und Wochentags zudem um 14.30 Uhr werden Giftschlangen wie die Kraitviper, die siamesische Kobra, Königskobra, Sandviper und malaiische Viper gefüttert und „entgiftet". Das Gift injiziert man in geringer Dosis Pferden, in deren Körper sich daraufhin Antikörper bilden, die als Serum gegen Schlangenbisse verwendet werden.

Der schattige **★Lumpini-Park** ㊼ ist besonders am Morgen ein erholsamer Ort zum Spazierengehen. Zwischen Joggern machen Chinesen jeden Alters hier ihre Tai-Chi-Übungen, und Frauengruppen trimmen sich mit Aerobic. Frühmorgens servieren Spezialisten hier älteren Chinesen zur Stärkung die begehrte Schlangengalle: Der Kunde sucht aus einem der Käfige eine Python, Kobra oder die hochgiftige Kraitviper aus, die dann getötet und ausgenommen wird. Galle und Drüsen werden in einem Glas mit Whisky vermischt und dann mit einem einzigen Schluck die Kehle hinuntergespült. Dieses „Verjüngungsmittel" schätzen besonders ältere Männer als Aphrodisiakum. Nach Sonnenuntergang sollte man den Park aus Sicherheitsgründen meiden.

In der **Thanon Sarasin**, die sich am Nordrand des Parks entlangzieht, kann man sich mit köstlichen Appetithappen verwöhnen lassen, denn hier bieten **Garküchen** ihre Delikatessen bis spät in die Nacht an. Zudem gibt es zahlreiche **Pubs** und **Bars**, in denen oft neben frisch gezapftem Bier auch Live-Musik geboten wird.

» Stadtplan S. 60-61, Info S. 93-97

Foto: Volkmar E. Janicke

Südöstlich des Lumpini-Parks finden im nahen **Lumpini-Boxstadion** (48) meist dienstags, freitags und samstags, in den frühen Abendstunden und manchmal bis tief in die Nacht, spannende Thaiboxkämpfe *(muay thai)* statt. Hier darf übrigens auch ganz offiziell gewettet werden.

Nachtleben

Abends öffnen rund um den Lumpini Park viele Diskos und Clubs: in der Silom Soi Four das **Tapas** und der **Om Trance Club**; nördlich des Lumpini-Parks auf der Soi Lang Suan u.a. **Metal Zone** oder **Round Midnight**; in der Thanon Sarasin das **Brown Sugar** (49).

Wer einen Streifzug durch die **Rotlicht-Bezirke** unternehmen will, sollte sich an bekannte Gassen wie **Patpong** (50), **Soi Nana** (51) und **Soi Cowboy** (52) halten. Viele Mädchen, die in den Bars arbeiten, sind Töchter armer Bauern aus dem Nordosten, haben kaum Schulbildung und hoffen auf ein besseres Leben in Bangkok. Bis heute vertrauen junge Frauen – auch aus Nachbarländern – den Versprechungen gewiefter Bordellbesitzer, sie in der Großstadt als Kellnerin oder Dienstmädchen unterzubringen. In Laos etwa verkaufen manche Eltern ihre Töchter an Mittelsmänner thailändischer Zuhälter. Der Staat will die Prostitution einschränken, seither schließen die Bars um 2 Uhr nachts. Auch sollen verschärfte Gesetze Sexualkontakte mit Personen unter 18 Jahren verhindern: Schon der Verdacht reicht für eine Verhaftung aus; die Strafverfolgung kann je nach Nationalität bis ins Heimatland eines ausländischen Täters reichen.

Die beiden ca. 200 m langen Straßen **Patpong I** und **II** mit ihren Seitenstraßen werden bereits von Pauschalreisegruppen abends „besichtigt". Dank dieser Besucher hat sich ein attraktiver **★Nachtmarkt** entwickelt, das Klischee von ausschließlich billigem Alkohol und billigem Sex trifft auf die Patpong Road nicht mehr zu. Wer sich in eine der Sexshows wagt, wird oft bei Verlassen des Etablissements von muskulösen Türste-

Foto: Thomas Stankiewicz

hern kräftig zur Kasse gebeten – den Preis also vorher abklären.

Die meisten der über 200 Nachtlokale dieses Gebietes sind Go-Go-Bars, in denen leichtbekleidete Mädchen aufreizend tanzen, um die Aufmerksamkeit der anwesenden Herren auf sich zu ziehen. Wer meint, nach ein paar bezahlten „Ladies-Drinks“ und Komplimenten seitens der Animiermädchen die große Liebe zu finden, sollte wissen: es geht hier nur ums Geld. Und manche der hübschesten Mädchen sind in Wirklichkeit *kratoeys* – Transvestiten oder Transsexuelle, von denen es in Thailand erstaunlich viele zu geben scheint.

In einer Parallelstraße der Patpong – auch als **Patpong III** bekannt – liegen etliche Gay Bars mit teils erstklassigen **Travestie-Shows**, zu denen auch Heterosexuelle willkommen sind.

Das **Nana Entertainment Plaza** (NEP) in der Soi 4 / Ecke Thanon Sukhumvit) ist eine sehr spezielle Art von „Vergnügungszentrum“ – mit mehr als 30 Bars, unzähligen Animierdamen und einschlägigen Showeinlagen.

Oben: In einer Go-Go-Bar in Bangkok. Rechts: Thai-Musiker erfreuen die Besucher des Rosengartens Suan Sam Phran mit ihren Klängen.

Die **Soi Cowboy** beherbergt eine Reihe von Bars und Pubs zwischen der Soi Sukhumvit 21 und 23 und erinnert noch ein wenig an die Patpong Road vergangener Zeiten.

Am Stadtrand

Der größte Markt ist der riesige **★★Weekend Market** am **Chatuchak Park** ㊸ im Norden Bangkoks, der samstags und sonntags von 8 Uhr morgens bis Sonnenuntergang stattfindet (Skytrain-Station Mo Chit), unter der Woche sind nicht alle Stände offen. Wenn man es wagt, sich bei tropischer Hitze durch die Menschenmassen zu schieben, findet man hier alles, was das Herz begehrt: Antiquitäten, Souvenirs und Kunsthandwerk, Kleidung vom traditionellen Thai-Kostüm bis zu Fabrikresten und Second-Hand-Ware. Viele appetitliche Garküchen halten Verkäufer wie

Einkäufer bei Laune. Ein weiter Bezirk des Marktes ist für die Verkäufer von Pflanzen und Tieren reserviert.

Der **Atok-Markt**, gegenüber dem Wochenendmarkt, erstreckt sich über die gesamte Länge der Kampaeng Phet Road. Hier kann man an jedem Tag der Woche Topfpflanzen, Gartenutensilien und riesige Keramik- oder Terrakottatöpfe erstehen. Einige der Esslokale um den Markt bieten gute Küche an.

Im **Rama IX. Park** (54) am östlichen Stadtrand von Bangkok können Blumenliebhaber in einer Fülle einheimischer und ausländischer Pflanzen schwelgen, darunter auch seltene Zuchtorchideen. Die einladende Grünanlage ist Bangkoks jüngster Park; er wurde zum 60. Geburtstag des Königs im Jahr 1987 eröffnet. In einem der **Pavillons** wachsen ausschließlich schattenliebende Pflanzen wie z. B. Farne und Bromelien, während in einem von der US-Regierung und amerikanischen Firmen gespendeten, überkuppelten **Gewächshaus** eine Kakteensammlung gedeiht, die auch einige aus den Wüsten Arizonas und New Mexikos eingeflogene Exemplare besitzt. Hinter dem hohen **Zentralpavillon** des Parks, in dem Erinnerungsstücke und Fotos des Königs ausgestellt sind, erstreckt sich ein großer künstlicher **See** mit heimischen Wasserpflanzen. Chinesische und japanische Gärten wurden von den Regierungen in Peking und Tokio gestiftet. Der Park ist täglich geöffnet, an Wochenenden allerdings stark besucht.

Tagesausflüge

★★**Ayutthaya** und ★★**Bang Pa In**: Der Sommerpalast in Bang Pa In (siehe Seite 107) und Siams alte Hauptstadt Ayutthaya (siehe Seite 108) lassen sich auf angenehme Weise im Rahmen eines Tagesausflugs besuchen. Verschiedene Unternehmen bieten diese Tour an. Mit dem Boot fährt man frühmorgens los und stärkt sich mittags am Bordbuffet bevor man den Sommerpalast be-

Foto: Harald Mielke

sucht. Nach Ankunft in Ayutthaya steigt man in einen Bus um, der Besucher zu den wichtigsten Sehenswürdigkeiten bringt, bevor es dann spätnachmittags nach Bangkok zurückgeht. Als Alternative bietet sich eine morgendliche Busfahrt nach Ayutthaya an. Man kann in Ruhe die alte Stadt besichtigen und nachmittags mit einem klimatisierten Boot zurückfahren.

Krokodilfarm (55): Die größte Krokodilfarm der Welt (in Samut Prakarn, 25 km südöstlich) hat ein Ex-Krokodiljäger gegründet. Sie dient heute als Modell für andere Länder, die versuchen, ihre bedrohten Krokodilarten zu erhalten. Thailand selbst besitzt vier heimische Krokodilarten, die man aber kaum noch in freier Natur antrifft. Auf der Krokodilfarm kann man nicht nur das **größte Krokodil der Welt** bewundern, das sogar den Sprung ins Guinness-Buch der Rekorde geschafft hat; täglich gibt es verschiedene **Tierdressuren**, unter anderem z. B. Ringkämpfe zwischen Mensch und Krokodil. Auf der Krokodilfarm wie auch in der dazuge-

hörigen **Schlangenfarm** werden die meisten Tiere für den Verkauf gezüchtet. Die Hauptfütterung der Krokodile findet am späten Nachmittag statt. Im angegliederten **Dinosaurier-Museum** werden 13 verschiedene Arten ausgestellt, teilweise in Originalgröße. In einer **Multimedia-Show** erwacht die Urzeit zum Leben.

Die beliebte Miniaturstadt ★**Ancient City** ⑯ *(muang boran)* in Samut Prakan ist ein gigantisches Freiluftmuseum, mit den bedeutendsten architektonischen Sehenswürdigkeiten Thailands, 1:1 oder im Kleinformat detailliert und originalgetreu nachgebaut.

Im **Thai Human Imagery Museum** ㊼, einem Figurenkabinett mit lebensgroßen Figuren aus Glasfiber, kann man sich u. a. ein Bild vom Aussehen der früheren Könige Siams machen (30 km westlich Richtung Nakhon Pathom, am Pinklao-Nakhon Chaisri Highway).

Westlich von Bangkok liegt auch der berühmte ★**Rosengarten Suan Sam Phran** ㊽ den man mit dem Auto auf dem Hwy 4 in 1 Std. (rund 30 km) oder mit dem Bus vom Thonburi Terminal erreicht. Dieser „Garten" ist ein wunderschöner Erholungsort mit Blumenbeeten, Hotel, Golfplatz, Kongresszentrum und Bungalows im Thai-Stil. Zudem kann man sich am Pool, beim Bowling oder Wassersport auf dem Tachin-Fluss erholen oder klassischen Thai-Musik-Gruppen lauschen. Für Einblicke in die Thai-Kultur gibt es Kurse für Kochen, Blumenstecken Schnitzen von Essdeko-

» Stadtplan S. 92, Info S. 93-97

ration, Kampfsport, Schirmbemalung, Weben und Töpfern, auch für Kinder. Man kann sich von Mönchen trauen lassen (www.rose-garden.com) oder klassische Thai-Massage genießen.

Elefantenshow: Im **Samphan Elephant Ground & Zoo** (59) (Petkasem Road Km 30, westlich von Bangkok) fanden 1985 arbeitslos gewordene Arbeitselefanten aus Surin eine neue Heimat. Heute zeigen ihre Nachfahren in diesem Freizeitpark Elefantenshows mit spektakulären Licht- und Showeffekten; es wird beispielsweise eine antike Schlacht nachgespielt. Besucher können im tropischen Garten auf dem Rücken eines Elefanten reiten.

Wer Ruhe sucht, sollte einen Ausflug zur Insel **Ko Kret** (60) unternehmen. Ist man, per Expressboot oder Taxi, erstmal aus der Stadt hinaus, geht die Fahrt vorbei an Reisfeldern zu der kleinen, etwa 4 km² großen Insel mit ihrem beschaulichen Dorf, mitten im Chao Phraya (am Nordrand von Bangkok, gleich hinter Nonthaburi). Auf Ko Kret gibt es keine Autos, nur Motorräder und Fahrräder, und unter der Woche noch kaum Touristen. Besichtigt werden können **Pagoden** und **Töpferwerkstätten** der Mon. Ein **Spazierweg** führt um die ganze Insel, vorbei an traditionellen Holzhäusern, Garküchen, Kokospalmen und Bananenstauden.

★**Schwimmender Markt**: Der Floating Market von **Damnoen Saduak** (s. S. 121), 95 km westlich von Bangkok, beginnt sehr früh. Obwohl sich das malerische Marktgeschehen auf dem Wasser fast nur noch für Touristen abspielt, ist es fotogen. Per Bus kommt man vom Southern Bus Terminal nach Damnoen Saduak; weiter zum Markt mit Songthaew oder Boot. Touren schließen oft den Rose Garden mit ein.

★**Railway Market**: Verblüffend ist der sobald der Zug kommt höchst bewegliche Markt für Fisch und Gemüse auf (!) dem Bahngleis nahe dem Bahnhof **Mae Klong** in **Samut Songkram** (75 km westl. v. Bangkok, s. S.121).

BANGKOK

Tourism Authority of Thailand (TAT), Head Office 1600 New Petchaburi Rd., Tel. 02 250 5500, www.tourismthailand.org, 8.30-16.30 Uhr; 4 Ratchadamnoen Nok, Bangkok 10100 (nahe Stadtteil Banglamphoo, Tel. 02 283 9773, 8.30-16.30 Uhr. TAT-Schalter am Suvarnabhumi Airport, Tel. 02 134 0040/1 (24 Std).

Bangkok Tourist Bureau, Informationen über Bangkok und Stadtführungen auch per Rad oder Boot, Mo-Fr 8-19, Sa/So 9-17 Uhr; Phra Arthit Rd. (Banglamphoo), Tel. 02 225 7612, www.bangkoktourist.com.

Touristenpolizei: Tel. 02 281 5051 oder 02 225 7758.

Notruf: 1699.

FLUGHAFEN: **Suvarnabhumi Airport**, der internationale Flughafen Bangkoks, liegt 30 km östlich des Stadtzentrums und ist über zwei Stadtautobahnen zu erreichen. Im **Transportation Centre** (zu erreichen mit dem Gratis-Shuttlebus) starten die öffentlichen **Linienbusse** in die Stadt (Nr. 551: Victory Monument) sowie nach Pattaya. Ein Schalter im Transportation Centre vermittelt **Taxis** mit Taxameter, diese sind die günstigste Art, individuell direkt zum gebuchten Hotel zu kommen. Ein zusätzlicher Taxistand findet sich am Level 2 / Ankunftsbereich, dort ist auch der Schalter für den (vornehmeren) **Limousinenservice**. Außerdem fahren von dort **Flughafenbusse** (Airport Express) zu den großen Hotels nach Pattaya. Die S-Bahn **Airport Express Line** verbindet in 17 Minuten, halbstündlich von 6-24 Uhr, den Airport mit der Station Phaya Thai in der Innenstadt; alternativ immer um viertel vor/nach zum Makkasan City Air Terminal (U-Bahn-Anschluss) bzw. www.bangkokairporttrain.com. Die **Airport City Line** fährt alle 15 Minuten, jedoch mit Zwischenhalten, in die Innenstadt bis zur Station Phaya Thai (30 Min., Umsteigemöglichkeit in den Skytrain).

Der „alte" Flughafen **Don Muang** (24 km nördlich) wird für Inlandsflüge genutzt.

TAXI: Die Taxis in Bangkok sind mit Taxameter ausgestattet; darauf bestehen, dass es eingeschaltet wird! Wenn eine mautpflichtige Stadtautobahn benutzt wird, muss man zusätzlich die Maut (20-90 Baht) bezahlen. Taxis ab Flughafen plus 50 Baht. Es empfiehlt sich, eine thailändisch geschriebene Visitenkarte des Hotels dabeizuhaben! Taxiruf: Tel. 02 880 0888 (Anfahrt 20 Baht).

TUK TUK: Die motorisierten Dreiräder sind Thailands berühmtestes Verkehrsmittel. Da sie offen sind, sollte man sie wegen der hohen Abgasbelastung nur für kurze Strecken nutzen. Der Preis wird vorher ausgehandelt. Seien Sie vor geschäftstüchtigen Fahrern gewarnt, die Sie wegen lockender Provision zu Souvenirshops bringen!

BUS: Das Busnetz ist exzellent ausgebaut und günstig, eignet sich jedoch wegen der dürftigen englischsprachigen Beschriftung und der verwirrend großen Anzahl von Linien eher für Ortskundige. Die nicht klimatisierten roten oder weißblauen Busse kosten unabhängig von der Entfernung 5 Baht, die kleinen grünen 3,5 Baht. Der Fahrpreis der weißen oder blauen klimatisierten Busse richtet sich nach der Entfernung, das gilt auch für die orangen Busse. Rote klimatisierte Mini-Busse (20 Baht) verkürzen die Zeit im Stau durch Fernsehunterhaltung. Stadtpläne mit Buslinien, „The latest Tourguide to Bangkok and Thailand" (50 Baht), gibt es in den Reisebüros und am Bahnhof.

BOOT: Die Sehenswürdigkeiten entlang des Chao Praya sind am besten mit Expressbooten zu erreichen. Sie verkehren zwischen 5.30 und 19 Uhr alle 10 bis 30 Minuten. Boote mit roter oder gelber Flagge halten nicht an allen Stationen. Eine Vielzahl kleinerer Fähren verbindet die beiden Ufer des Flusses. Darüber hinaus gibt es auch Linienboote auf einigen schmalen Seitenkanälen (Klongs).

HOCHBAHN: Der moderne **Sky Train** eröffnet schöne Ausblicke auf die Stadt. Die Sukhumvit Line führt von Mo Chit (Nähe Chatuchak-Wochenendmarkt bzw. Northern Bus Terminal) nach On Nut (Nähe Sukhumvit Soi 77) und die Silom Line vom National Stadium (Nähe Siam Square) zur Taksin-Brücke (Sathorn Road). Die Tickets kosten je nach Entfernung zwischen 10 und 40 Baht. Pläne und Informationen über Angebote für Vielfahrer gibt es an den Schaltern der jeweiligen Stationen (s. auch www.bts.co.th).

U-BAHN: Die U-Bahn-Linie (Metro) führt vom Hua-Lamphong-Hauptbahnhof nach Norden über Ratchadaphisek bis nach Bang Sue. In beide Richtungen fahren Bahnen zwischen 5 und 24 Uhr im Zwei- bis Sechs-Minutentakt.
Umsteigemöglichkeiten in den Skytrain bestehen in der Silom Rd. (Ausgang 2), Sukhumvit und Mo Chit (Ausgang 4).

THAILÄNDISCH: **Lemon Grass**, traditionelles Restaurant mit guter Küche, 11-14. 18-23 Uhr; Sukhumvit Soi 24, Tel. 02 258 8637.
Silom Village, neben Souvenir- und Kunsthandwerkständen kann man in diversen Lokalen speisen, gute Meeresfrüchte, 10.30-23 Uhr; Silom Rd., gegenüber von der Pan Rd., www.silomvillage.co.th.
Cabbages & Condoms, Restaurant der „Population Developement Association", gutes Thaiessen – Kondome als Tischdekoration, 11-22 Uhr; Sukhumvit Soi 12, Tel. 02 229 4610, www.cabbagesandcondoms.com.
Supatra River House, dinieren mit Blick auf den Königspalast, 11.30-14.30 u. 17.30-23 Uhr; 266 Soi Wat Rakhang, Arun Amarin Rd., Tel. 02 411 0305, www.supatrariverhouse.net.
Dine in the Dark, hier wird der Gast im Dunklen von Blinden bewirtet, gute Küche (Thai oder europäisch), 18.30-23 Uhr, 250 Sukhumvit Rd., Tel. 02 649 8358, www.didexperience.com.

INDISCH: **Rang Mahal**, tolle Aussicht, exzellente Küche, dezente indische Live-Musik; im obersten Stock des Rembrandt Hotel, 18-0 Uhr, So Brunch 11-14.30 Uhr, Sukhumvit Soi 18, Tel. 02 261 7100.
Moghul Room, gute nordindische und indisch-chinesische Küche, auch Vegetarisches, 10-23 Uhr; 1/16 Sukhumvit Soi 11, Tel. 02 253 4465.
Tandoor, durch eine Glasscheibe kann man seine Bestellung in den Tandoor-Lehmofen wandern sehen, sehr gute nordindische Küche, Dinner 18.30-23.30 Uhr; im 6. Stock des Holiday Inn, 981 Silom Rd., Tel. 02 238 4300.

FRANZÖSISCH: **La Colombe d'Or**, exzellente französische Küche, das stilvolle Restaurant bietet einen tropischen Garten und ein Indoor-Restaurant in einem typischen Thaihaus, 18.30-22 Uhr, So geschlossen; 59 Sukhumvit Soi 8, Tel. 02 253 5556.

DEUTSCH: **Bei Otto**, das populärste deutsches Lokal in Bangkok, sonntags Frühstücksbuffet und Frühschoppen, 11-0 Uhr; 1 Sukhumvit Soi 20, Tel. 02 262 0892, www.beiotto.com.

ITALIENISCH: **Restaurant Spasso**, leckere Holzofenpizza u. Antipasti zum Lunch, sonntags italienischer Brunch; 12-14.30, 18.30-22 Uhr, danach Live-Musik bis 2 Ihr nachts; Grand Hyatt Erawan Hotel, 494 Ratchadamri Rd., Tel. 02 254 1234.

Rossini's, gestaltet wie eine italienische Villa, Restaurant mit italien. Seafood-Gerichten und Eigenkreationen des Chefkochs, die Zutaten werden zum Teil aus Italien eingeflogen, sonntags Live-Jazz; im Sheraton Hotel, 250 Sukhumvit Rd., Soi 12, Tel. 02 649 8364, www.rossinisbangkok.com.

L'Opera, erstes rein italienisches Restaurant in Bangkok und seit der Eröffnung 1984 gut besucht wegen seiner ausgezeichneten Küche und der großen Weinauswahl; 53/1 Sukkhumvit Rd. Soi 39, Tel. 02 258 5606, www.lopera-bangkok.com.

CHINESISCH: **Thongkee**, Kwangtung-Küche, 11-14 Uhr leckere Dim Sum, geöffnet 10-22 Uhr; 308-312 Sukhumvit Rd. Soi 14, Tel. 02 229 4419.

Xin Tia Di, leckere Dim Sum und andere chinesische Köstlichkeiten, 11.30-22.30 Uhr; im Crowne Plaza, 22. Stock, 952 Rama IV Road, Tel. 02 632 9000.

SEAFOOD: **Seafood Market**, hier sucht man sich seinen Fisch und das Gemüse selbst aus, dann gehen die Zutaten weiter zu den Köchen, die das Gericht individuell zubereiten (ohne Glutamat); Sukhumvit Soi 24, Tel. 02 261 2071, www.seafood.co.th.

Yok Yor Marina, beliebtes Restaurant mit großer Auswahl an Seafood, 11-24 Uhr; es bietet auch Dinnerfahrten auf dem Fluss an: um 20 Uhr starten die Boote, auf denen man etwa zwei Stunden auf dem Chao Phraya entlangschippert und dabei ein feines Menü verspeist; Shuttlebootservice vom gegenüberliegenden River City; 885 Somdet Chao Phraya Rd., Soi 17, Tel. 02 863 0565, www.yokyor.co.th.

Seafood Palace, grellbunte Leuchtreklame lockt die Kundschaft in dieses Seafoodlokal mit unverkennbar chinesischem Einfluss, es gibt gutes Seafood gebraten, gekocht oder gegrillt, eine Live-Show mit Thai-Tanz unterhält die Gäste; 348 Asoke Square, Sukhumvit Rd., Tel. 02 653 1145.

VIETNAMESISCH: **Dao Vien Restaurant**, gute Küche aus Danang und Hue. Leckere Salate und frische Frühlingsrollen, gepflegte Atmosphäre; 118 North Sathorn Rd., Tel. 02 266 4961.

Thien Duong Vietnamese Restaurant, gute Fischgerichte und eine große Auswahl auch europäischer Weine, empfehlenswerte Pho (Nudelsuppe), 11.30-14.30 u. 18-22 Uhr, Fr und So Setdinner; im Dusit Thani Hotel, 946 Rama IV Rd., Tel. 02 200 9000.

Le Dalat Indochine, die Fotos auf der Speisekarte liefern einen Vorgeschmack auf die köstlichen Gerichte, tolles Ambiente im tropischen Garten und schönen Holzhaus; 57 Sukkhumvit Soi 23, Tel. 02 664 0670.

FUSION: **Rock Restaurant and Bar**, neben guter Thaiküche auch Fusionküche im kleinen ansprechenden Restaurant, 17.30-0 Uhr; 7/1 Soi Chumnanaaksorn Paholyothin 9 Road, Tel. 082 688 8200.

Holy Pizza @ Café Bangrak, Pizza einmal anders: Neben klassischen Varianten gibt es hier auch Pizza mit Curry oder mit Laab Chicken; 11-23 Uhr, So geschl., Tel. 02 632 0256, 4-6 Soi Saladaeng, www.cafebangrak.com.

Bharani, kleines gemütliches Restaurant, interessante Variationen der Thai- u. europäischen Küche, 10-22 Uhr; 96/14 Sukhumvit Rd. Soi 23 (Ecke Asoke Rd.), Tel. 02 664 4454.

THEATER: **Aksra Theatre,** am Victory Monument wird hier klassisches und modernes Puppenspiel gezeigt; 8/1 King Power Downtown Complex, 3. Stock, Rangnam Rd., Tel. 02 205 8888.

Nationaltheater, Fr-Sa Aufführungen klassischer Tanzdramen; neben dem Nationalmuseum, Na Phratat Rd., Sanam Luang, Tel. 02 224 1342.

Calypso, eine der besten Transvestiten-Shows, täglich um 20.15 und 21.45 Uhr; 72-76 Charoenkrung Rd., Tel. 02 688 1415, www.calypsocabaret.com.

JAZZ: **Bamboo Bar**, seit 1953 legendäre Jazzbar im gehobenen Ambiente (Kleidervorschriften beachten), 17-1 Uhr, am Wochenende bis 2 Uhr, Live-Jazz jeden Tag ab 21 Uhr bis Mitternacht, am Wochenende länger; Mandarin Oriental Hotel, 48 Oriental Avenue, Tel. 02 659 9000.

Saxophone Pub, eine Institution; ab 17.30 Live-Musik, u.a. Jazz, Rock und Blues; 3/8 Victory Monument, Phaya Thai Rd., Tel. 02 246 5472, www.saxophonepub.com.

ROCKMUSIK: **Hard Rock Cafe**, die weltberühmte Kneipenkette bürgt für gute Unterhaltung; 424/3-6 Siam Sq. Soi 11, Tel. 02 658 4090, www.hardrock.com/cafes/bangkok.

MUSIKPUBS: **Tapas Room Nightclub**, Szenecafé mit Dancefloor; Salsa, Jazzy House bis Disco, in der zweiten Etage wird House gespielt, 15-3 Uhr, ab 22 Uhr geht es erst richtig los, 300 Baht Eintritt; 114/17 Silom Soi 4, Tel. 02 632 7982. **The Londoner Brew Pub**, für Anhänger britischer Trinkkultur; Phatthanakan Road, Tel. 02 261 0238, www.the-londoner.com (Veranstaltungshinweise).

Royal City Avenue (**RCA**), an der Rama IX.: Vergnügungsmeile von Bangkoks Jugend. Die Diskostraße ist der einzige Ort, der offiziell von der Regierung als Nachtszene gebilligt ist. Viel Hip Hop und Rythm & Blues. Überall glitzert und funkelt es, bis ca. 2 Uhr nachts. Meist ist am Einlass der Pass vorzuzeigen.

Brick Bar, ab 20 Uhr wird in dieser angesagten Bar Reggae und Ska gespielt, 19-21.30 Uhr; 256 Khao San Rd., Tel. 02 629 4556, www.brickbarkhaosan.com.

CLUBS: Die **Q Bar Bangkok** ist seit Jahren eine Institution. Hierher zieht es vor allem jene, die stylisches Lebensgefühl suchen. 21-3 Uhr. Am Wochenende Eintritt 600 Baht inkl. 2 Getränke, Tel. 082 308 3246, 34 Sukhumvit Soi 11. Ebenfalls in der Soi 11 befindet sich der **Levels Club & Lounge**. Auch hier ist von 21 bis 3 Uhr Betrieb. Große Tanzfläche, teils fantastische Ausblicke und ein super Soundsystem. Tel. 08 2308 3246, www.www.levelsclub.com (Infos zu Aktionen und Events).

Für lange Nächte sind auch Hotel-Clubs eine gute Wahl: **Concept CM2**, Live-Shows und DJ's sorgen hier für Stimmung. Pop, Hip Hop und Rock. Sehr unterschiedliche Preise an Wochentagen und Wochenende und Uhrzeiten. 19-2 Uhr. Novotel Bangkok, Siam Square Soi 6, Tel. 02 209 8888. **Spasso** (Grand Hyatt Erawan), Live Musik 22-2 Uhr. Rock, Pop und Jazziges. Tel. 02 254 6250.

National Museum, Mi-So 9-16 Uhr, Eintritt 200 Baht; Sanam Luang, Tel. 02 224 1333.

Nationalgalerie (National Gallery of Art), Mi-So 9-16 Uhr, 200 Baht; 4 Chao Fa Road, Tel. 02 281 2224.

Thai Imagery Museum, Ausgestellt werden Fiberglasmodelle wichtiger Persönlichkeiten, Mo-Fr 9-17.30 Uhr, Sa-So und Ferien 8.30-18 Uhr; 43/2 Moo 1, Pinklao, Nakhon Chaisri Rd, Thonburi, Tel. 03 433 2607. **Imaging Technology Museum**, Mo-Fr 9-15 Uhr, 100 Baht; Chulalongkorn U. Phaya Thai Road.

Nationalmuseum der königlichen Barken, täglich 9-17 Uhr, Eintritt 100 Baht; Thonburi.

Vimanmek-Palast, eines der Höhepunkte im Dusit-Komplex ist dieses weltgrößte Teakhaus, Di-So 9-16 Uhr, letzter Einlass 15.15 Uhr, Eintritt 100 Baht, www.vinanmek.com.

Wang Suan Pakkard, Kunstausstellung traditioneller Werke in einer ruhigen Anlage, täglich 9-16 Uhr, Eintritt 100 Baht; 352 Si Ayutthaya Rd., Tel. 02 245 4934, www.suanpakkad.com.

Jim Thompsons Haus, täglich 9-18 Uhr, letzte Führung um 17.30 Uhr, Eintritt 100 Baht; Soi Kasem San 2, Rama I Rd., Tel. 02 216 7368, www.jimthompsonhouse.com.

Kamthieng House (Siam Society), Di-Sa 9-17 Uhr, Eintritt 100 Baht; 131 Soi Asoke (Sukhumvit 21), Tel. 02 661 6470, www.siam-society.org.

Buddhistische Tempel, tägl. 8-17 Uhr.

Wat Phra Kaeo, täglich 8.30-11.30 und 13-15 Uhr.

Wat Sakhet (Golden Mount), täglich 7.30-17.30 Uhr, 10 Baht.

Schlangenfarm, tägl. 8.30-16.30, Sa und So 9.30- 13 Uhr, Eintritt 200 Baht, Tel. 02 252 0161, www.saovabha.com/en.

Krokodilfarm, tägl. 7-18 Uhr.

Samphran Elephant Ground & Zoo, täglich 9.30-18 Uhr; Petkasem Rd, Tel. 02 295 2938.

Königliches Elefanten-Nationalmuseum, Eintrittspreis ist im Ticket für den Königspalast inbegriffen (das Ticket ist einen Monat gültig), täglich 9.30-16 Uhr; auf dem Gelände des Vimanmek-Palastes, Tel. 02 2823336.

***SHOPPING-CENTER*: Central World Plaza**, nach Großbrand renoviert; gigantisch, modern und luxuriös, mit Vergnügungspark und Eislaufbahn, 10-21 Uhr; (Skytrain Chit Lom); Ratchdamri Rd./Ecke Rama I, www.centralworld.co.th/en.

Gaysorn Plaza, viele Boutiquen intern. Designer, 10-20 Uhr; 999 Ploenchit Rd., www.gaysorn.com.

Central Department Store, 10-22 Uhr, hat mehrere Niederlassungen in Bangkok, u. a. unter dem Namen Chidlom in der Ploechit Rd. und im Silom Complex; www.central.co.th. **Emporium**, sehr elegant, viele schicke Boutiquen, 9-21 Uhr; Sukhumvit Soi 24, www.emporiumthailand.com.

MBK (Mahboonkrong) / Tokyu Department Store, riesengroß, viele kleine Läden, günstige Preise, zahllose Food-Stände, 10-22 Uhr; Ecke Phaya Thai / Rama I Rd., www.mbk-center.co.th.

Siam Square (Geschäftsviertel) mit **Siam Discovery Center** (Mall), Schmuck, Junge Mode, Hardrock Café, Kino, 10-22 Uhr; Rama I Rd., www.siamdiscoverycenter.co.th.

Siam Paragon, großes, nobles Einkaufscenter mit Luxusboutiquen und allem, was das Herz begehren könnte, es gibt u.a. Markenkleidung, feinste Leckereien, ein Kino und ein Aquarium, 10-22 Uhr; Rama I Rd, www.siamparagon.co.th.

BUCHHANDLUNGEN mit englischsprachiger Literatur: **Asia Books**, 221 Sukhumvit, bietet auch ein sehr gutes Landkarten-Sortiment; Filialen im Peninsula Plaza, Ratchadamri Rd, und im Landmark Hotel, 138 Sukhumvit, www.asiabooks.com.

Kinokuniya Book Stores, Filialen: Emporium, 3. Stock, Sukhumvit Soi 24; Central World Plaza, 6. Stock, 4, Ratchadamri Rd.; und im Siam Paragon, www.kinokuniya.com. Alle Filialen des **Central Department Store** haben große Bücherabteilungen.

Bangkok International Hospital, 2 Soi Soonvijai 7, New Petchaburi Rd., Notfall-Tel. 02 310 3456, www.bangkokhospital.com.

Bumrungrad International Hospital, 33 Soi 3, Sukhumvit Rd., Tel. 02 667 1000, www. bumrungrad.com. Notfall: 02 667 2999.

Hauptpostamt, 8-16.30 Uhr, Sa / So 8-13 Uhr; Charoen Krung (New Road). Für Ferngespräche innerhalb von Thailand kann man die grünen Kartentelefonzellen benutzen. Auslandsgespräche sind sehr viel günstiger mit **Internetphone** und **Skype**.

Wer sein eigenes **Handy** mitbringt, kann sich für wenige Baht eine Prepaidkarte kaufen und in vielen 24-Stunden-Supermärkten aufladen. Gespräche nach Europa sind am besten mit der Vorwahl 001, am günstigsten mit 007 oder 009. Eine Minute nach Deutschland kostet meist unter 10 Baht. Die deutsche Handynummer und SIM-Karte in Thailand zu nutzen ist sehr teuer.

E-Mail / Internet: Vereinzelt gibt es noch Internet-Cafés in touristischen Zentren wie Khao San Road oder Sukhumvit (Stunde ab 20 Baht). Die meisten Hotels bieten WLAN, in Bangkok nicht immer kostenfrei.

Ratchadamnoen-Boxstadion, die Kämpfe finden So, Mo u. Mi 18 Uhr, Do 17 und 21 Uhr statt; Eintritt: Plätze am Ring kosten 1500 B, auf der erste Etage 800 B und noch weiter oben 500 B; Ratchadamnoen Nok Rd, Tel. 02 291 4205.

Lumphini-Boxstadion, Kämpfe Di u. Fr 18.30, Sa 17 u. 20.30 Uhr, Eintritt wie im Ratchadamnoen-Stadion; Rama IV Road. Tel. 02 251 4303, www.muaythailumpini.com.

Der Wat Sa Si, errichtet auf einer Insel im Lotosteich von Sukhothai

Josef Beck (Silvestris Online)

Foto: TommyIX (iStockphoto)

ZENTRALTHAILAND
Die Reisschale der Nation

KANCHANABURI / RIVER KWAI
BANG PA IN
AYUTTHAYA
LOPBURI
SUKHOTHAI
DAMNOEN SADUAK
CHA-AM / HUA HIN

DIE ZENTRALEBENE

Wenn Sie auf einer Thailandkarte mit dem Zirkel einen Kreis um Bangkok ziehen, dessen Radius südlich bis nach Prachuab Khiri Khan und nördlich bis Nakhon Sawan reicht, umreißen Sie das Herz Thailands. Dies ist nicht nur die Reisschale des Königreiches, sondern auch das Gebiet mit dem größten Wirtschaftswachstums-Potential. Außerdem gibt es hier bedeutende historische Stätten und Landschaften, die man auf Tagesausflügen von Bangkok aus besichtigen kann.

Weit verstreut über dieses Gebiet liegen Tausende kleiner Dörfer. Trotz der Nähe zu Bangkok richtet sich das Leben hier immer noch nach Anbau- und Erntezeiten für den Reis. Die Region ist – anders als die ärmeren Landesteile im Norden und Nordosten – mit reichlich Wasser aus dem Chao Phraya und seinen Zuflüssen gesegnet. Seit Jahrhunderten lebt man hier von den tropisch-üppigen Gaben der Natur. Da die regelmäßigen Überschwemmungen des Chao Phraya die Ebene fruchtbar gemacht haben, erblühten hier die thailändischen Hochkulturen, viele Tempel und Ruinen zeugen davon.

Links: Reisanbaua in der Menam-Ebene.

Nakhon Pathom

Rund 65 km westlich von Bangkok liegt **Nakhon Pathom ❶**, die wohl älteste Stadt Thailands. Sie geht bis auf das Jahr 150 v. Chr. zurück; der in Indien zu jener Zeit bereits zur Staatsreligion erhobene Buddhismus soll sich damals – erstmals auf thailändischem Boden – hier etabliert haben.

Wenn man sich der Stadt nähert, fällt als erstes der alles überragende ★**Phra Pathom Chedi**, der höchste der Welt, ins Auge – 127 m hoch und gänzlich mit goldfarben glasierten Kacheln aus China bedeckt. Dieser gigantische Stupa gilt als erstes buddhistisches Heiligtum der Region. Begonnen im 4. Jh. n. Chr., erhielt er erst 1870 seine heutige Form. Jeden November nach Loi Krathong wird ein großes zehntägiges ★**Fest** mit Tanz, Kino und Markt gefeiert, das Besucher aus dem ganzen Land anzieht.

Kanchanaburi / ★River Kwai

Bekannt geworden durch den Film *Die Brücke am Kwai*, mauserte sich **Kanchanaburi ❷** zu einer Hauptattraktion Thailands, obwohl es eigentlich nur das etwas verschlafene Zentrum eines Acker- und Bergbaugebietes 130 km westlich von Bangkok ist. Besucher aus der ganzen Welt kommen hierher, um denen, die hier einst schufteten und

» Karte S. 102-103, Info S. 126-127

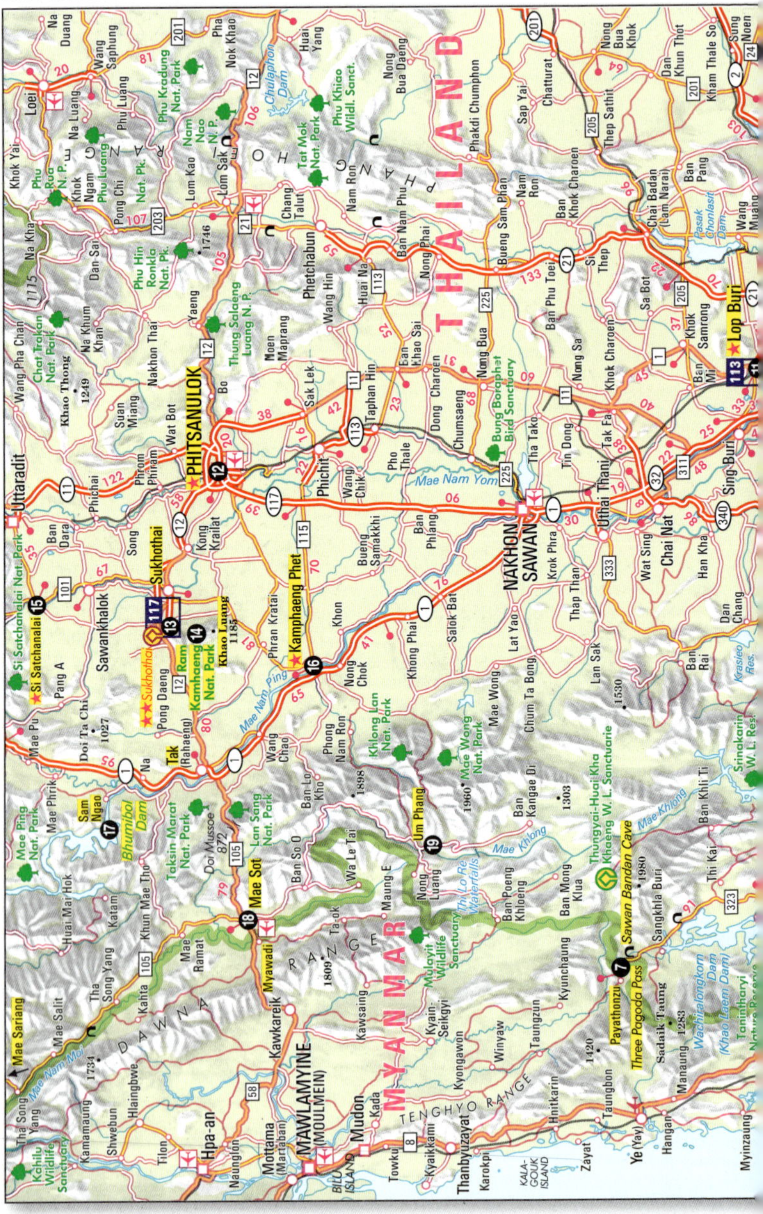

THAILAND
MYANMAR
PHITSANULOK
NAKHON SAWAN
MAWLAMYINE (MOULMEIN)
Uttaradit
Sukhothai
Si Satchanalai
Kamphaeng Phet
Tak (Rahaeng)
Mae Sot
Phichit
Phetchabun
Loei
Lop Buri
Sing Buri
Chai Nat
Uthai Thani
Lom Sak
Sawankhalok
Hpa-an
Mottama (Martaban)
Mudon
Thanbyuzayat
Ye (Yay)
Kawkareik
Myawadi
Mae Sariang
Three Pagoda Pass
Sawan Bandan Cave
Um Phang
Mae Nam Ping
Mae Nam Yom
Mae Nam Moi
Mae Khlong
Bhumibol Dam
Dawna Range
Phang Range
Tenghyo Range
Bung Boraphet Bird Sanctuary
Thungyai-Huai Kha Khaeng W. L. Sanctuarie
Ram Kamhaeng Nat. Park
Khlong Lan Nat. Park
Mae Wong Nat. Park
Lan Sang Nat. Park
Taksin Marat Nat. Park
Mae Ping Nat. Park
Thung Salaeng Luang N. P.
Phu Hin Rongkla Nat. Pk.
Tat Mok Nat. Park
Phu Khiao Wildl. Sanct.
Phu Kradung Nat. Park
Nam Nao N. P.
Chulaphon Dam
Pasak Chonlasit Dam
Srinakarin W. L. Res.

ZENTRALTHAILAND
0
50
100 km
© Nelles Verlag GmbH, München
BANGKOK (KRUNG THEP)
NONTHABURI
AYUTTHAYA
Saraburi
Suphan Buri
Nakhon Pathom
Kanchanaburi
RATCHABURI
Samut Songkhram
Samut Sakhon
Samut Prakan
CHON BURI
Chachoengsao
Prachin Buri
Si Racha
Pattaya
Sattahip
Rayong
Phetchaburi (Phet Buri)
Cha-am
Hua Hin
Pran Buri
Prachuab Khiri Khan
Kui Buri (Ban Kui Nua)
Ban Pong
Damnoen Saduak
Amphawa
Bang Pa In
Khao Luang Cave
Kaeng Krachan National Park
Khao Sam Roi Yot National Park
Tham Phraya Nakhon Cave
Kui Buri Nat. Park
Erawan Nat. Park
Sai Yok Nat. Park
Hellfire Pass
Memorial Museum
Muang Sing Hist. Park
Nam Tok
Mongkrathae W. L. Res.
Dong Phayayen-Kao Yai Forest Complex
Wang Takrai N. P.
Khao Laem Ya-Mu Ko Samet Nat. Park
KO SAMET
Bight of Bangkok (Ao Krung Thep)
GULF OF THAILAND (AO THAI)
ANDAMAN SEA
Investigator Passage
Hattras Passage
BURMA
DAWEI (TAVOY)
MYEIK (MERGUI)
MERGUI ISLANDS
KADAN ISLAND
TANINTHAYI (TENASSERIM)
Thaninthari (Tenasserim)
BILAUKTAUNG RANGE
Ferry

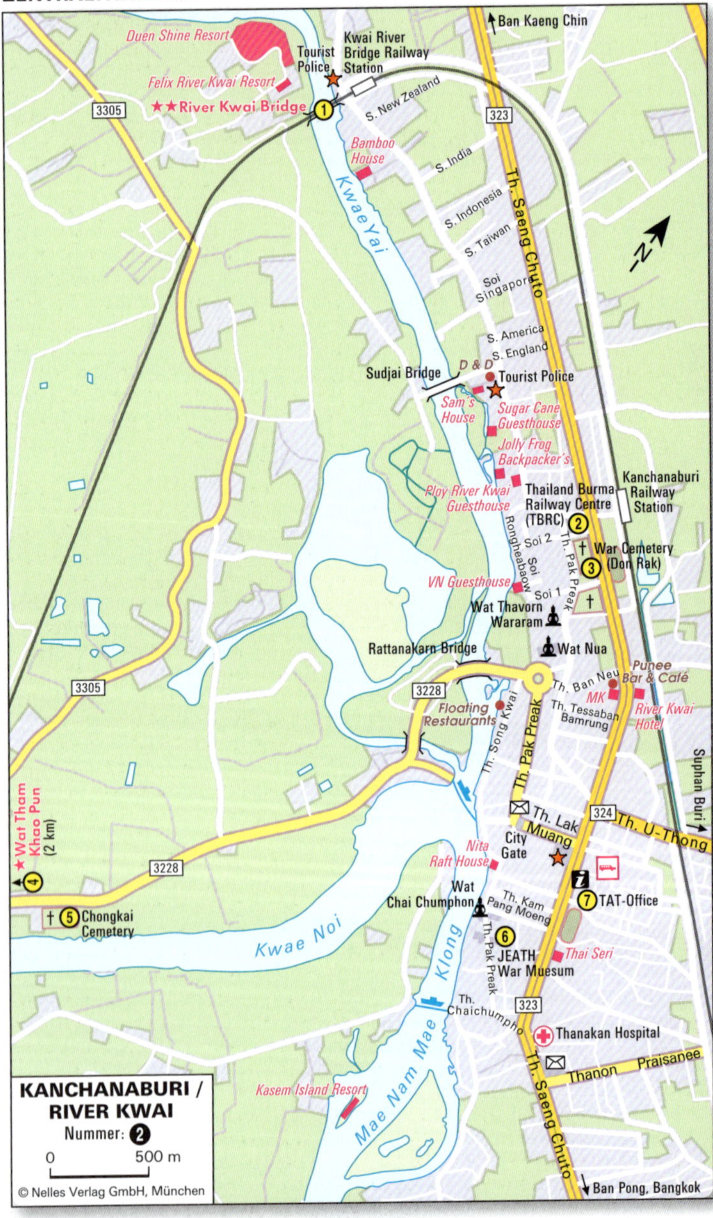

© Nelles Verlag GmbH, München

dabei ihr Leben ließen, ihre Reverenz zu erweisen; zahlreiche Bücher und Filme schildern die mörderischen Bedingungen, unter denen im 2. Weltkrieg britische Soldaten als Kriegsgefangene der Japaner 415 km Gleise samt Brücken entlang des Kwai von Thailand nach Burma bauen mussten. Im Hollywood-Film von 1957 pfeifen sie dazu fröhlich den River-Kwai-Marsch, doch die Wirklichkeit dürfte anders ausgesehen haben.

Die hölzerne Brücke über den Kwai und die stählerne daneben wurden am 13. Februar 1945 von der US-Luftwaffe zerstört, die Stahlbrücke und der Schienenweg bis Nam Tok aber bald wieder aufgebaut. Die Gleise weiter bis zum Drei-Pagoden-Pass sollen künftig wieder instand gesetzt werden.

Besucher können eine spannende **Zugfahrt** das Tal hinauf (von Bangkok oder erst ab Kanchanaburi) über die ★★**Kwai-Brücke** ① bis Nam Tok unternehmen: mit dem Bummelzug über knarrende Gerüste, verankert in den von Kriegsgefangenen in den Fels gehauenen Nischen.

Kanchanaburi, 1833 gegründet, liegt am Zusammenfluss des **Kwae Yai** mit dem **Kwae Noi**; den River Kwae Yai (Kwai) überspannt die berühmte Brücke am nördlichen Stadtrand. Sie ist Schauplatz der beliebten *Light-and-Sound*-Shows, die nach Einbruch der Dunkelheit während der „Brücke am Kwai"-Woche Ende November / Anfang Dezember gezeigt werden. Das Schauspiel zeigt Kriegsszenen, z. B. Bombenangriffe, während der Zug die Brücke überquert. Anlässlich dieses Festes fährt auch der legendäre *Eastern & Orient Express* nach Kanchanaburi.

Die Betreiber des **Thailand Burma Railway Centre** ② haben es sich zur Aufgabe gemacht, Hintergrundinformationen zu den Soldatenfriedhöfen zu liefern und die Erzählungen von Überlebenden zu sammeln. Zudem widmet sich die Ausstellung, die von ehemaligen Kriegsteilnehmern und Gefangenen gestaltet wurde, dem Kriegsverlauf, der Bedeutung der Eisenbahnlinie, den Lebensbedingungen der Kriegsgefangenen und der Zeit nach dem Krieg. 7000 der 16 000 Gefangenen, die beim Eisenbahnbau ums Leben kamen, liegen auf dem **War Cemetery** ③ (Don Rak) in der Nähe begraben.

Zu empfehlen ist der Besuch des ★**Wat Tham Khao Pun** ④ am Ufer des Kwae Noi (Fährüberfahrten), 4 km südwestlich von Kanchanaburi. Oft halten hier auch die Ausflugsboote. Vom Standort des riesigen **Buddha** hat man einen herrlichen Blick auf das Flusstal. Auch der Besuch der angegliederten **Höhle**, in der zahlreiche buddhistische, brahmanische und chinesische Skulpturen versammelt sind, lohnt. Eine Spende wird erbeten.

Kurz vor dem Tempel, am Westufer des Mae Nam Khwae Noi, liegt der **Chongkai-Soldatenfriedhof** ⑤, wo 1426 Commonwealth- und 313 holländische Kriegsgefangene ruhen.

Der Tempel **Wat Chai Chumphon** am Fluss birgt eine weitere Kriegsgedenkstätte, das **JEATH-Kriegsmuseum** ⑥ (**J**apan, **E**ngland, **A**merika, **T**hailand, **H**olland). Fotos über das Leben in den Lagern sind in einer rekonstruierten Gefangenenhütte ausgestellt. Versäumen Sie nicht, die internationalen Einträge im Besucherbuch zu lesen: „Vergebt, aber vergesst nicht"; „Sie folterten – aber wir warfen die Bombe".

Das **TAT-Office** ⑦ in der Saeng Chuto Road bietet Touren und Broschüren zu den wichtigsten Sehenswürdigkeiten. Wer sein Besichtigungstempo selbst bestimmen will, kann Fahrräder oder Motorräder vor Ort mieten.

Kanchanaburi ist in etwa drei Stunden von Bangkok zu erreichen (130 km). Zumindest eine Fahrtstrecke sollte man mit der Bahn absolvieren. Züge fahren von Bangkok Noi (Thonburi) ab, Busse ab Southern Bus Terminal. Viele Veranstalter in Bangkok bieten ein- oder mehrtägige Ausflüge nach Kanchanaburi an.

» Stadtplan S. 104, Info S. 126-127

Foto: Paul Spierenburg

Am Kwae Noi entlang

Am Kwae Noi, 43 km westlich von Kanchanaburi, liegt der **Historische Park Muang Sing ❸**. Der einst befestigte Ort diente den Khmer zur Sicherung der Westgrenze ihres großen, von dem mächtigen Jayavarman VII. (1181-1220) von Angkor aus regierten Khmer-Reichs. Die Attraktion des weitläufigen Parks sind die restaurierten **Khmer-Tempelruinen** des buddhistischen **Prasat Muang Singh** aus der Zeit um 1200. Im großen **Prang** steht eine **Avalokiteshvara-Statue**. In einem kleinen **Museum** sind weitere Funde ausgestellt, oft als Kopie; die Originale verwahrt das Nationalmuseum in Bangkok.

Am Flussufer wurden prähistorische **Gräber** freigelegt.

Wer mit der **„Death Railway"** von Kanchanaburi zur Endstation **Nam Tok ❹** fährt, kann in Muang Sing pausieren: von der Bahnstation **Ban Tha Kilen** sind es 1,5 km zu Fuß bis zum Historischen Park.

Empfehlenswert ist ein Ausflug von Nam Tok nordwestwärts zum **Hellfire Pass**: Wo einst die Kriegsgefangenen unter schwierigsten Bedingungen die Gleise an Felswänden und über Schluchten verlegten, wartet heute das sehr informative **★Hellfire Pass Memorial Museum ❺** auf Besucher.

Weiter nördlich an der Straße Nr. 323 erstreckt sich der **Sai-Yok-Nationalpark** mit dem **Sai-Yok-Wasserfall ❻**, der auch auf einer **Bootsfahrt** von Nam Tok zu erreichen ist. Die Fälle sind während und direkt nach der Regenzeit am beeindruckendsten. In der Nähe befinden sich mehrere **★Höhlen** mit schönen Tropfsteinformationen. Sie sind Heimat der winzigen **Hummelfledermäuse**. Diese erst 1973 entdeckte Spezies gilt mit einer Größe von 2,5 bis 3 cm und einem Gewicht von nur 1,5 bis 2 g als kleinstes bekanntes Säugetier der Welt. Der Nationalpark ist 958 km² groß und reicht bis an die burmesische

Oben: Die Brücke über den Kwai bei Kanchanaburi erinnert an das harte Los der Kriegsgefangenen. Rechts: Sommerpalast Bang Pa In.

» Karte S. 102-103, Info S. 126-127

Foto: mmeee (iStockphoto)

Grenze. Die Wälder hier gehören zu den letzten Rückzugsgebieten von wilden Elefanten und Tigern.

Die Landstraße 323 folgt nun dem Lauf des (zwischendurch aufgestauten) **Kwae Noi** bis zur burmesischen Grenze beim **Drei-Pagoden-Pass** ❼, wo einst die Bahnlinie nach Burma hineinführte. Fragen Sie zuvor beim TAT-Büro nach der aktuellen Grenzsituation: Früher waren dort zeitweise burmesische Rebellen aktiv; heute sind, wenn es das politische Klima erlaubt, Tagesausflüge zum burmesischen Grenzort **Payathonzu** möglich, dessen **Markt** aber nicht sonderlich attraktiv ist. 6 km vor der Grenze lohnt ein Besuch der Tropfsteinhöhle **Sawan Badan**.

Von Kachanaburi fahren Busse auf der Straße Nr. 3199 zum etwa 65 km von Kanchanaburi entfernten Ort **Erawan**. Er liegt am Eingang des **★Erawan-Nationalparks** ❽, am Oberlauf des **Kwai Yai**. Hauptattraktion sind die siebenstufigen, 2 km langen **Erawan-Wasserfälle**. Der Park kann entlang der Wasserfälle durchwandert werden (einige Aufstiege). Viele thailändische Familien kommen zum Baden und Picknicken hierher. Der siebte Wasserfall am Ende des Tals erinnert in seiner Gestalt an den dreiköpfigen Elefanten Erawan – daher auch der Parkname.

★★Bang Pa In

Nördlich von Bangkok locken drei sehenswerte historische Stätten, die man gut kombinieren kann: Bang Pa In, Ayutthaya und Lopburi.

Zuerst gelangt man nach **★★Bang Pa In** ❾, 60 km von Bangkok auf einer Insel im Chao Phraya gelegen und deshalb nicht nur über die Schnellstraße, sondern auch stilvoll mit dem Schiff zu erreichen. Hier steht in einem anmutigen **Park** der königliche **Sommerpalast**. Bang Pa In lässt sich bis zurück ins Jahr 1629, die Zeit der Ayutthaya-Dynastie, datieren. Den ursprünglichen Palast gründete König Prasat Thong, der aus dieser Gegend stammte; er diente den Ayutthaya-Königen als Sommerresidenz, da er vom Fluss leicht zu errei-

» Karte S. 102-103, Info S. 126-127

Foto: Paul Spierenburg

chen war. Nach der Zerstörung Ayutthayas 1767 stand der Palast leer, bis König Mongkut (Rama IV.) Mitte des 19. Jh. mit der Restaurierung begann. Die Arbeiten wurden von seinem Sohn König Chulalongkorn fortgesetzt. Den beiden ist der größte Teil der heutigen Anlage zu verdanken, die einen Stilmix aus Thai-, chinesischen und europäischen Einflüssen aufweist.

Um einen **See** gruppieren sich fünf Palastgebäude. Im See steht der oft fotografierte Wasserpavillon ★★**Aisawan Thi Phaya**, ein geschmackvolles Bauwerk von 1897 im typischen Thai-Stil mit einer **Bronzestatue** von König Chulalongkorn.

In der venezianisch angehauchten **Thronhalle Warophat Phiman** werden noch immer königliche Zeremonien abgehalten. Besonders hier wird streng auf die Kleiderordnung geachtet (ggf. kann man sich am Eingang einen langen Sarong, Hose, Hemd und Bluse ausleihen). Ein schöner Blick über die Anlage bietet sich vom Aussichtsturm ★**Ho Withun Thatsana**. Er steht auf einer kleinen Insel und wurde 1881 von König Chulalongkorn in Auftrag gegeben. Eine **Seilbahn** führt hinüber zu der Insel mit dem neugotischen Kloster **Wat Nivet Dhamapravat**.

Die meisten Reisenden besichtigen Bang Pa In auf einer Tour nach Ayutthaya, das nur 20 km nördlich liegt.

Oben: Blick vom Chao Phraya auf die einstige Königsstadt Ayutthaya; im Vordergrund: zu Ausflugsbooten umgebaute Reisbarken. Rechts: Viel fotografiert – der von Baumwurzeln eingewachsene Buddhakopf im Wat Mahathat.

★★Ayutthaya

Als Bangkok, 70 km südlich, noch ein „Dorf der grünen Pflaumen" war, präsentierte sich ★★**Ayutthaya** ⑩, von König Ramathibodi I. nach der mythischen nordindischen Ramayana-Stadt *Ayodhya* benannt, bereits als glanzvolle königliche Hauptstadt von Siam. Europäische Reisende, die es in seiner Blütezeit (14.-18. Jh.) sahen, verglichen es wegen seines von prachtvollen Häusern

» Karte S. 102-103, Info S. 126-127

Foto: Ladislav Janicek

und Palästen gesäumten Kanalsystems mit Venedig; als Residenzstadt eines florierenden Reiches war es im 15. Jh. größer als Paris oder London und hatte um 1685 eine Million Einwohner; nacheinander regierten hier 33 siamesische Könige.

Den Standort auf einer 4 km breiten Insel am Zusammenfluss von Chao Phraya, Pasak und Lopburi wählte Ramathibodi I. 1351, da er leicht zu verteidigen war. 1352 brach der König von hier zur siegreichen Eroberung des mächtigen Khmerreichs nach Angkor auf. Die vier Jahrhunderte nach Ayutthayas Gründung waren Zeiten ständigen wirtschaftlichen Aufschwungs, die dank des Handels mit Indien und China zur Anhäufung großer Reichtümer führten; selbst Kaufleute aus Portugal, Holland, Frankreich und England versuchten, hier vom Orienthandel zu profitieren. Sogar eine französische Kirche gab es. Jeder Thronfolger baute eigene Paläste oder Tempel. Als die ersten europäischen Besucher den Chao Phraya flussaufwärts gesegelt kamen, um den Königen von Siam ihre Aufwartung zu machen, hatte Ayutthaya einen immensen Wohlstand erreicht, der nicht nur Besucher erstaunte, sondern auch rivalisierende Nachbarn mit Neid erfüllte.

1767 belagerten die Burmesen Ayutthaya und riegelten es von der Außenwelt ab, bis der Hunger die Einwohner zur Unterwerfung trieb. Dann plünderten die Burmesen gnadenlos die Reichtümer der Stadt, zerstörten Paläste und Tempel, raubten Kunstschätze von unschätzbarem Wert. Auch Bibliotheken mit antiken Schriftrollen und historischen Aufzeichnungen verschwanden, so dass die nach dieser Katastrophe neu hervortretende Chakri-Dynastie für ihre neue Residenzstadt einen Standort weiter südlich wählte, der sicherer schien. Noch verwertbare Teile alter Tempel und Paläste ließen die Chakri-Könige nach Bangkok bringen, ansonsten blieb Ayutthaya sich selbst überlassen und war dem Verfall preisgegeben.

Heute braucht man bei der Besichtigung des weitläufigen Ruinengeländes (für die man z. B. Räder leihen oder

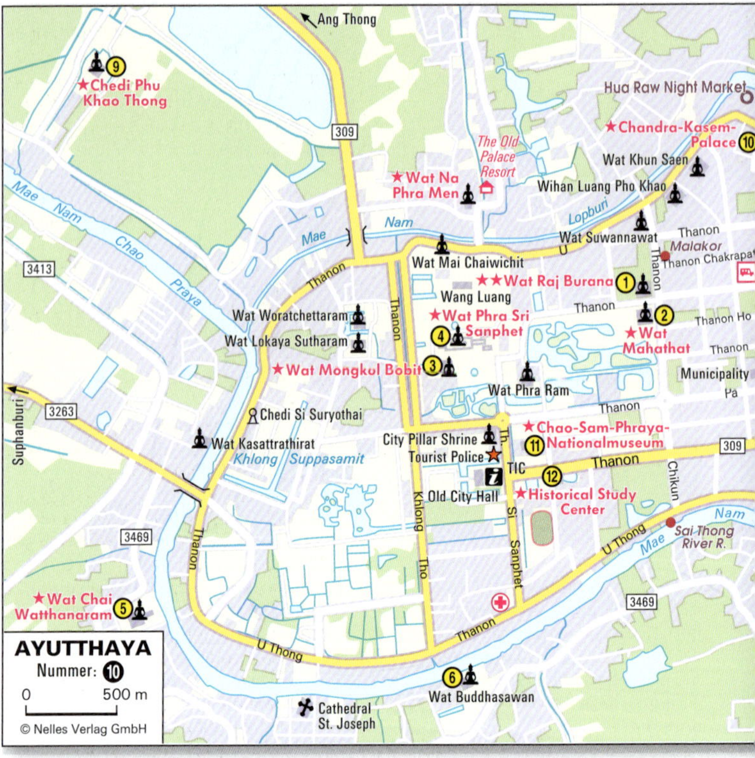

Elefanten besteigen kann) stellenweise einiges an Fantasie, um sich angesichts der Grundmauern und Säulenreste die verschwundenen Prachtgebäude vorzustellen. Man sollte möglichst nicht in der Mittagshitze hierherkommen.

Ayutthaya liegt am Knotenpunkt aller wichtigen Routen gen Norden, 70 km nördlich von Bangkok am Chao Phraya. Es ist in 1,5 Stunden von Bangkok auf der Straße oder per Bahn erreichbar – ein beliebtes Ziel von Gruppenreisen und Anlaufpunkt für Luxus-Minikreuzfahrten in umgebauten Frachtkähnen sowie für organisierte Bootstouren auf dem Chao Phraya von Bangkok (diese meist in Verbindung mit Bang-Pain-Besuch und Rückfahrt per Bus). Busse nach Ayutthaya starten in Bangkoks nördlichem und nordöstlichem Busterminal; Züge verkehren etwa alle halbe Stunde ab Bangkok-Hualampong oder ab Bangkok-Bang Sue.

Einer der besterhaltenen Tempel im ★★**Historischen Park** der zerstörten hindu-buddhistischen Königsstadt ist ★★**Wat Raj Burana** ① in der Mitte der Insel; König Boromraja II., der siebte Ayutthaya-König, ließ ihn 1424 erbauen. Es heißt in den Chroniken der Ayutthaya-Könige, dass Boromraja II. den Tempel am Kremationsplatz seines Vaters und seiner Brüder errichten ließ. An der Stelle, wo seine beiden rivalisierenden Brüder sich in einem vom Elefantenrücken aus geführten Duell getötet hatten, ließ

» Stadtplan S. 110-111, Info S. 126-127

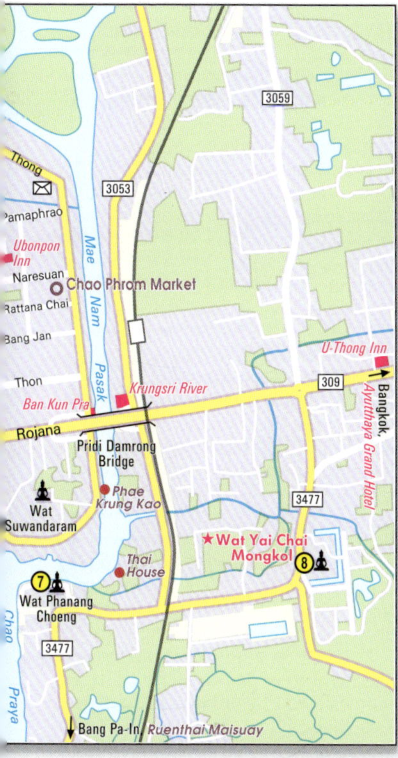

er zwei **Chedis** erbauen, in denen er die Asche seiner Brüder bestattete. Grabräuber waren 1957 in den Keller des großen, mit Stuck-Garudas verzierten **Prang** eingedrungen und hatten dort zahlreiche Schätze gestohlen; daraufhin wurden 1958 Restaurationsarbeiten nötig, bei denen man immer noch viele juwelenbesetzte Ornamente und goldene Kunstgegenstände wie einen knieenden Elefant entdeckte, die jetzt im Nationalmuseum von Ayutthaya zu sehen sind. In der **Krypta** des Prang sind auch noch alte **Wandmalereien** erhalten.

Die Anfänge des ★**Wat Mahathat** ②, gleich gegenüber dem Wat Raj Burana, stammen aus der Zeit von Boromraja I. (1374). 1956 brachten Ausgrabungen am Hauptprang viele Buddha-Statuen und goldene Objekte zum Vorschein, die im Nationalmuseum von Ayutthaya verwahrt sind. Von den Bauten des Wat Mahathat, das einst der Sitz des obersten Patriarchen von Ayutthaya war, sind neben einigen Tempeltürmen nur noch Grundmauern erhalten, vielen Buddhafiguren fehlen die Köpfe – wahrscheinlich sind sie im Lauf der Zeit abgefallen. Ein solcher ★★**Buddhakopf** im Wat Mahathat ist heute eine der Hauptsehenswürdigkeiten von Ayutthaya: Er ist auf ungewöhnliche Weise von den Wurzeln eines Baumes umwachsen und so vom Boden abgehoben worden.

★**Wat Mongkol Bopit** ③ beherbergt eine sehenswerte kolossale vergoldete ★**Buddhafigur** aus Bronze von 1538. Die beeindruckende große Klosterhalle entstand erst Mitte des 20. Jahrhunderts im historischen Ayutthaya-Stil, größtenteils finanziert durch eine Spende des burmesischen Premierministers U Nu – Wiedergutmachung für den Schaden, den seine Vorfahren hier angerichtet hatten.

★**Wat Phra Sri Sanphet** ④ war der wichtigste Königstempel innerhalb des Palastbezirks mit vorwiegend repräsentativer Funktion, ohne Wohnbereich für Mönche (wie der Smaragd-Buddha-Tempel in Bangkok). König Ramathibodi gab im Jahr 1500 einen 16 m hohen stehenden Buddha in Auftrag. Er wurde in Bronze gegossen und mit 170 kg Gold überzogen. Nach dem Einfall der Burmesen schmolzen diese das Gold ein und setzten dabei den Tempel in Brand. Die Überreste der beschädigten Bronze ließ Rama I. in Bangkok im Wat Pho in einem Chedi einmauern. Der Wat besitzt die vielfotografierten, elegant in einer Reihe stehenden ★**Drei Chedis** im singhalesischen Stil.

Im Norden des Wat Phra Si Sanphet befand sich der Königspalast von Ayutthaya. Gegenüber den Palastruinen, auf der anderen Flussseite, erhebt sich ★**Wat Na Phra Men** (auch Wat Na Phra

Meru). Der außerhalb des Wassergrabens liegende Tempel war einst Basislager der angreifenden Burmesen. Diesem Umstand verdankt er seinen Erhalt und eine kleine sitzende marmorne **Buddhafigur** vor dem Eingang im typischen Mandalay-Stil. Der aus dem 13. Jh. stammende Tempel wurde erst in den 1990er Jahren renoviert. In der **Kapelle** nebenan steht die wunderschöne, sehr alte Statue eines auf dem Thron sitzenden **★★Buddha**, die einstmals im Wat Mahathat zu finden war. Die sechs Meter hohe Steinskulptur im Mon-Stil kam ursprünglich aus Nakhon Pathom, König Rama III. ließ sie hierher schaffen.

★Wat Chai Watthanaram ⑤ kann auch im Rahmen einer **Bootsfahrt** rund um Ayutthaya besichtigt werden. Die große Anlage besteht aus einem zentralen **Prang**, umgeben von vier kleineren Tempeltürmen und neun Chedis. Im Osten des Hauptprangs befinden sich Überreste einer Ordinationshalle und einige restaurierte **Buddhafiguren**.

Oben: Kühlung eines erhitzten Reitelefanten in Ayutthaya.

Ebenfalls vom Wasser zugänglich ist der **Wat Buddhasawan** ⑥ im Süden mit seinem restaurierten **Prang**, den ein rekonstruierter Kreuzgang mit langen Reihen sitzender Buddhas umgibt.

Wat Phanang Choeng ⑦ besitzt einen kolossalen **Sitzenden Buddha**, dem die Erfüllung von Wünschen nachgesagt wird, so dass der Tempel bis heute sehr populär ist. Wat Phanang Choeng befindet sich außerhalb der Stadtmauer und ist auch vom Fluss aus zugänglich. Viele Boote aus Bang Pa In landen hier an.

★Wat Yai Chai Mongkol ⑧, etwas außerhalb gelegen, beeindruckt durch seinen etwa 80 m hohen monumentalen **Chedi**: Der Tempel wurde 1357 von Rama Thibodi erbaut und gilt als ältestes Heiligtum Ayutthayas. Er besitzt Reste eines Kreuzgangs, in dem heute 135 restaurierte **Buddhafiguren** zu sehen sind. Daneben wird ein **Liegender Buddha** aus Ziegel und Stuck verehrt. Nahe dem Tempel wohnen auch einige Bhikkunis (Nonnen).

Noch weiter außerhalb gelegen und ebenso hoch ist der wenig besuchte, im burmesischen Stil erbaute **★Chedi Phu Kao Thong** ⑨, der angeblich die Stelle markiert, an der König Naresuan während eines Kampfs auf Elefanten den Kronprinz von Pegu besiegte.

Zusätzlich zu seinen Tempeln besitzt Ayutthaya gleich drei attraktive Museen. Im **Chandra-Kasem-Palast** ⑩ in der nordöstlichen Ecke der Stadt, nahe dem Fluss und dem U-Thong-Hotel, befindet sich das **★Chandra-Kasem-Nationalmuseum**. Zu sehen sind Buddhabildnisse, Keramiken und Holzschnitzereien aus dem Besitz König Mongkuts. Auch der Palast selbst ist sehenswert. Er wurde vom 17. Ayutthaya-König für seinen Sohn erbaut, den späteren König Naresuan. Der Gebäudekomplex war seit seiner Zerstörung durch die Burmesen eine Ruine, bis dann König Mongkut Mitte des 19. Jahrhunderts den Wiederaufbau als Residenz befahl.

» Stadtplan S. 110-111, Info S. 126-127

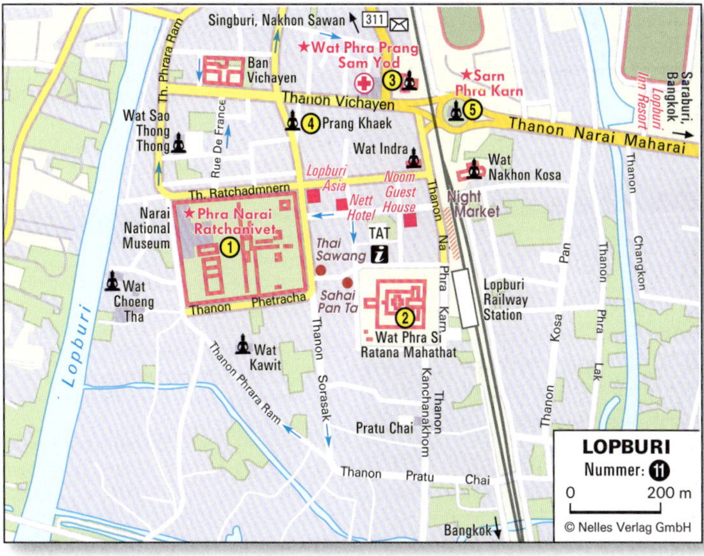

Das ★**Chao-Sam-Phraya-Nationalmuseum** ⑪ befindet sich in der Rojana-Straße gegenüber dem Rathaus. Es besitzt u. a. eine Sammlung von Bronze-Buddhas und Buddha-Reliquien und beherbergt Funde aus den Tempeln: u. a. die **Goldschätze** aus dem Wat Raj Burana (Statuen, Schmuck und ein königliches Schwert).

Im modernen Gebäude des ★**Historical Study Center** ⑫ wird anschaulich die einstige Bedeutung von Ayutthaya im internationalen Seehandel geschildert. Besucher bekommen einen interessanten Einblick in die Lebenswelt jener Zeit.

★Lopburi

Rund 70 km nördlich von Ayutthaya, auf einer Insel am Lopburi-Fluss, liegt die Altstadt von ★**Lopburi** ⓫, wo man Fundstücke aus dem Neolithikum und der Bronzezeit ausgegraben hat. Bereits im 6. bis 10. Jh. – im **Davaravati-Reich** der Mon – diente Lopburi zeitweise als Königsresidenz. Während des 11. und 12. Jahrhunderts, als ein großer Teil des heutigen Zentralthailand durch die Khmer regiert wurde, war Lopburi eine bedeutende regionale Hauptstadt mit einem Khmer-Gouverneur, so dass heute noch Khmer-Kunst aus Thailand auch als *Lopburi-Kunst* bezeichnet wird.

Als Siam dann um 1350 unabhängig wurde, mit Ayutthaya als Hauptstadt, entwickelte sich Lopburi zur zweitwichtigsten Stadt des ganzen Königreichs.

Seine größte Blüte erlebte Lopburi als prunkvolle, gut befestigte Zweitresidenz von König Narai von 1657 bis 1688. Die Stadt, damals Louwo (Lavo) genannt, besuchten auch französische Missionare. Chevalier de Chaumont, ein Gesandter von Ludwig XIV., überreichte König Narai hier 1685 einen Brief des Sonnenkönigs; zur gleichen Zeit diente Narai ein Grieche, Konstantin Phaulkon (Chao Phya Vichayen), als Außenhandelsminister. Dieser wurde jedoch im Jahr 1688 bei einer Palastrevolte hingerichtet.

Lohnend ist ein Besuch des Palastes von König Narai, ★**Narai Ratchani-**

Foto: Jochen Steinhardt

wet ①. Zwölf Jahre (1665-1677) wurde an ihm gebaut, er erhielt mächtige Mauern mit Zinnen und Toren sowie mehrere Höfe. Im Haupthof dokumentiert eine Ausstellung im Residenzgebäude Narais, dem restaurierten **Chantara-Phisan-Pavillon**, dessen Regierungszeit. Nebenan, im **Phiman-Mongkut-Pavillon**, zeigt das **Nationalmuseum**, wertvolle Exponate der Dvaravati- und der Lopburi-Kunst, die die bedeutende Rolle der Stadt schon zur Khmer-Zeit, vor der Gründung des ersten siamesischen Königreiches, widerspiegeln.

In der nahen Tempelanlage **Wat Phra Si Ratana Mahathat** ② ist der ursprüngliche Khmer-Tempelplan mit einem riesigen **Tempelturm** aus Laterit im Zentrum noch gut zu erkennen. Stuckverzierungen schmücken den Turm, der von zahlreichen späteren buddhistischen Bauwerken wie Chedis,

Oben: Hochverehrt – der Chinnarat-Buddha in Phitsanulok. Rechts: Ein Besuch von Sukhothai ist besonders schön im November zum Loy-Krathong-Fest.

einer Ordinationshalle und einem Viharn umgeben ist.

Der beeindruckendste Tempel Lopburis ist ★**Wat Phra Prang Sam Yod** ③, der „Tempel der Drei Turmspitzen", errichtet als Hinduschrein aus Laterit in einem provinziellen Khmer-Stil. König Narai ließ später noch einen Viharn anbauen und den Tempel dann in der Folgezeit als buddhistisches Heiligtum nutzen.

Auch der **Prang Khaek** ④ gegenüber des Stadtmarktes war einst ein Khmer-Heiligtum, er ist ganz aus Backstein erbaut und war einst mit Stuck verziert.

Nahe des Bahndamms befindet sich der ★**Sarn-Phra-Karn-Schrein** ⑤, ein weiteres Bauwerk aus der Zeit der Khmer-Herrschaft. Verehrt wird hier ein Steintorso von Vishnu, auf dessen Haupt ein Buddhakopf aufgesetzt wurde. Seit Jahrzehnten ist dieser Ort mit seinen heiligen Banyan-Bäumen die Heimat von hunderten von **Affen**. Ihnen verdankt Lopburi seinen heutigen Beinamen *Stadt der Affen*. Vorsicht ist geboten, denn die Affen sind nicht immer friedfertig! Am letzten Sonntag im November findet ein besonderes Spektakel statt: Am Phra-Karn-Schrein wird für die Makaken ein üppiges chinesisches Buffet aufgebaut, an dem sie sich eifrig und vor Freude kreischend bedienen.

Busse nach Lopburi fahren vom nördlichen Busbahnhof in Bangkok ab. Auch mit dem Zug kann man Lopburi in zwei bis drei Stunden von Bangkok erreichen.

NÖRDLICHES ZENTRALTHAILAND

★Phitsanulok

Im Norden der Menam-Ebene liegt ein Gebiet mit vielen historisch interessanten Sehenswürdigkeiten. Geografisch wird dieser Teil Thailands mit den Städten Kamphaeng Phet, Phitsanulok, Sukhothai, Si Satchanalai und Tak zwar oft zur Nordregion gezählt; kulturell ge-

» Stadtplan S. 113, Info S. 126-127

Foto: Josef Beck

sehen gehört er aber noch nicht zu dem – der Geschichte und dem Dialekt nach eigenständigen – Norden.

Die Provinzhauptstadt ★**Phitsanulok** ⓬, 390 km von Bangkok, ist ein wichtiges Handelszentrum und Verkehrsknoten. Durch die bereits zur Sukhothai-Zeit bedeutende Stadt, die dann von 1448-1488 Machtzentrum des Reiches Ayutthaya war, fließt der Fluss **Nan**. An seinem Ufer steht der wichtigste Tempel Phitsanuloks, ★★**Wat Phra Si Ratana Mahathat**, mit einer großen, im Sukhothai-Stil gegossenen Bronzestatue, dem **Chinnarat-Buddha** von 1350. Dieser wird in ganz Thailand hoch verehrt. Der vergoldete Prang weist Khmer-Einfluss auf.

Gegenüber der interessanten Bronzegießerei **Buddha Image Factory** in der Wisutkasat-Road zeigt das **Volkskundemuseum Pim-Buranaket** lokales Kunsthandwerk.

Zum Essengehen bietet sich der belebte ★**Nachtmarkt** am Nan-Fluss an; dort gibt es auch **Restaurantboote**.

5 km vor der Stadt liegen die Ruinen des **Wat Chulamani**. Der Tempel auf einem Khmer-Stufensockel und vermutlich auch die verzierten Portale, stammen aus der Sukhothai-Periode, einiges wurde aber im 15. Jh., als Phitsanulok Hauptstadt war, erneuert.

★★Sukhothai

★★**Sukhothai** ⓭ („Dämmerung des Glücks"), heute eine Ruinenstadt 12 km westlich des modernen Ortes Sukhothai, stieg im 13. Jh. zur ersten Hauptstadt des unabhängigen siamesischen Königreiches auf, das aus kleineren siamesischen Fürstentümern in den Tälern der Flüsse Ping, Yom und Nan hervorgegangen war. Dieses junge Reich befreite sich ab 1238 von der jahrhundertelangen Oberhoheit der Khmer und sorgte für den ersten kulturellen Höhepunkt in der Geschichte Thailands.

Die Könige von Sukhothai waren keine Hindus wie die Khmerkönige, sondern, wie die Monkönige von Dvaravati und Suvarnabhumi, Anhänger des Theravada-Buddhismus. In der Kunst zeigte sich das junge Reich, das von 1238 bis 1350 florierte, besonders unter dem mächtigen König Ramkhamhaeng (1275-98), selbstbewusst und präsentierte einen Kunststil, der sich deutlich von dem der Khmer unterschied. Zugleich flossen aber auch die Vorbilder der älteren Mon- und Khmer-Kunst in Architektur und Kunst ein.

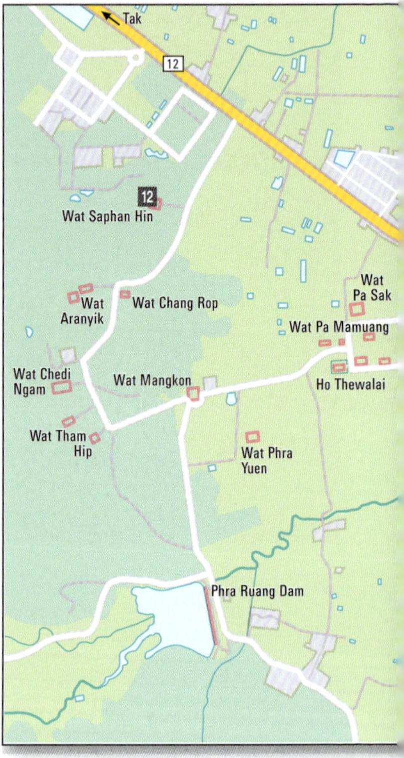

Die Tempel von Sukhothai

Die Tempel der Ruinenstadt Sukhothai sowie die der historischen Zwillingsstädte Si Satchanalai und Kamphaeng Phet gehören seit 1991 zum UNESCO-Welterbe. Die meisten Sehenswürdigkeiten liegen in einem schönen **Historischen Park** mit Lotosteichen und können bequem – auch mit dem Fahrrad (Radverleih) oder der regelmäßig verkehrenden Touristenbahn – besichtigt werden. Das ★★**Ramkhamhaeng National Museum** 1 liegt am Eingang zur zentralen Zone des Historischen Parks und ermöglicht mit seinen großartigen **Buddhastatuen** und **Reliefs** eine gute Einstimmung auf die rund 200 Tempelruinen des weitläufigen Gebietes von Alt-Sukhothai.

Besonders stimmungsvoll wird hier im November das Lichterfest **Loy Krathong** begangen: Nachts schwimmen dann auf den Lotosteichen die von einer Kerze beleuchteten kleinen Schiffchen („Krathongs"). Eine Sound & Light Show ist der Höhepunkt des Lichterfests: Zum Finale steigen Hunderte von einer Kerze beleuchtete Papierballons gen Himmel.

Der von einem Wassergraben und einer 200 x 206 m langen Ummauerung umgebene ★★**Wat Mahathat** 2 war einst die größte Tempelanlage der Stadt. Sie lag neben dem alten Palast, und ihr noch erhaltener **Chedi** diente als Aufbewahrungsort einer „großen Reliquie" des Buddha. Dieser mit einer Lotosknospe bekrönte Chedi zeugt von der innovativen Architektur des jungen Reiches, ebenso wie die **Reliefdarstellung** von „schreitenden" Mönchen an der **Basis** des Chedis. In Mondops eng ummauerte, stehende Buddhafiguren spiegeln eine Eigenheit der noch älteren Mon-Architektur wider. Die in Inschriften erwähnte „Goldene Buddhafigur", die König Li Thai im Jahr 1362 hier aufstellen ließ, war aus vergoldeter Bronze. Rama I. ließ das Kunstwerk nach Bangkok bringen, wo es heute noch im Wat Suthat verehrt wird.

Der rund 350 m südlich platzierte ★**Wat Si Sawai** 3 ähnelt mit seinen drei von der Khmer-Architektur inspirierten **Prangs** dem Prang Sam Yod in Lopburi. Fundstücke von Hindugöttern legen die Vermutung nahe, dass sich hier zuvor ein Hinduheiligtum befand.

» Plan S. 116-117, Info S. 126-127

Der inmitten eines Wasserreservoirs stehende **Wat Tra Phang Ngoen** 4 besitzt einen **Chedi** im typischen Sukhothai-Stil mit der charakteristischen Lotosknospe, der von vier Nischen mit schreitenden und stehenden **Buddhafiguren** umgeben ist.

Singhalesischer Einfluss prägt den glockenförmigen **Chedi** des **★★Wat Sa Si** 5, malerisch auf einer Insel mitten in einem Lotosteich: Dahinter lag, auf einer kleineren Insel, die Ordinationshalle des alten Klosters. Ein bronzener, für Sukhothai typischer **Schreitender Buddha** ist vor dem Chedi aufgestellt.

Nördlich davon zeigen die Laterit-Ruinen des kleinen **Ta-Pha-Daeng-Tempels** 6 (13. Jh.) noch den älteren Khmer-Stil; bei Ausgrabungen fand man an Angkor erinnernde Hindugötterbilder, die heute im Ramkhamhaeng-Nationalmuseum ausgestellt sind.

Außerhalb gelegene Tempel

Im Süden der alten Stadtmauer steht **★Wat Chetuphon** 7, der wegen seines an Holzarchitektur erinnernden Steinzauns und seiner vier riesigen **Buddhafiguren** sehenswert ist, die in liegender, stehender, schreitender und sitzender Haltung dargestellt sind.

Östlich der alten Stadtmauer liegt der **★Wat Tra Phang Tong Lang** 8, dessen Mondop eine verfallene Buddhafigur aus Ziegelstuck beherbergt. Die schön

» Plan S. 116-117, Info S. 126-127

Foto: Josef Beck

Oben: Gebet vor dem riesigen sitzenden Buddha im Wat Si Chum von Sukhothai. Rechts: Im Historischen Park von Si Satchanalai, vor dem Wat Phra Si Rattana Mahathat.

verzierten großen Nischen des Tempels waren einst mit großartigen Stuckverzierungen ausgeschmückt: Das südliche **Flachrelief** des vom Tavatimsa-Himmel über eine Treppe herabschreitenden Buddhas gilt als ein Meisterwerk des Sukhothai-Stils.

Der ★**Wat Chang Lom** 9 zeigt Einflüsse aus Sri Lanka, denn er besteht aus einem glockenförmigen Chedi, an dessen Basis 32 **Elefantenstatuen** angebracht sind. Das Kloster ist die Stiftung eines Adligen aus der Zeit von König Li Thai (14. Jh.).

Im Norden steht der von einem Wassergraben umgebene ★**Wat Phra Pai Luang** 10, einer der ältesten Tempel Sukhothais aus dem 13. Jh. Sein großer, teils noch mit Stuck verzierter **Prang** im Lopburi-Stil war einst von zwei weiteren Tempeltürmen flankiert, von denen heute nur noch die Basis erhalten ist.

Westlich daneben erhebt sich der 15 m hohe ★★**Wat Si Chum** 11, dessen Inneres ein über 11 m hoher restaurierter **Sitzender Buddha** aus Ziegelstuck fast vollständig ausfüllt.

Im Westen der Stadt befand sich laut Inschriften ein Wald, in den sich die Mönche einst zur Meditation zurückzogen. Hier steht auf einem rund 200 m hohen Hügel der **Wat Saphan Hin** 12, Ruinen eines Viharn mit einem stehenden Buddha sind dort noch zu sehen.

Ramkhamhaeng-Nationalpark

Etwa 20 km südlich von Sukhothai liegt der 340 km^2 große **Ramkhamhaeng-Nationalpark** ⓮, benannt nach Sukhothais mächtigstem König. Die Berge und Wälder des Nationalparks sicherten einst die Wasserversorgung der Residenzstadt in der Trockenzeit. Sein höchster Berg, der **Khao Luang**, erhebt sich 1185 m über Meereshöhe, hat imposante Wasserfälle wie den **Sai Rung**, Höhlen und eine vielfältige Flora und Fauna. In drei Stunden kann man auf den Gipfel wandern. Im Park gibt es Bungalows und Zelte zum Übernachten. Anfahrt: auf der Hauptstraße 101 von Neu-Sukhothai 19 km südwärts, dann auf der Nebenstraße 1319 weitere 16 km nach Westen bis zum **Parkhauptquartier**.

★Si Satchanalai

★**Si Satchanalai** ⓯, rund 55 km nördlich von Sukhothai am Yom-Fluss, war schon lange vor der Gründung Sukhothais eine bedeutende Stadt, genannt *Chalieng*. Die Herrscher von Sukhothai machten sie unter dem Namen Si Satchanalai zur zweiten Hauptstadt ihres Reichs, in der auch der Vizekönig residierte.

Auch hier ist ein **Historischer Park** angelegt worden, in dem der von lebensgroßen **Elefantenstatuen** umgebene restaurierte ★**Wat Chang Lom** besonders sehenswert ist. Auch

Foto: Paul Spierenburg

die mit einem schönen **Stuckbuddha** auf der Nagaschlange verzierten Ruinen der Tempelanlage ★**Chedi Chet Thaeo** sind bemerkenswert; der an Archäologie interessierte Prinz Damrong Rajanubhab vermutete wegen der „Sieben Reihen Chedis", dass sich hier der Kremationsplatz der Herrscher befunden habe. **Wat Nang Phaya** besitzt ebenfalls **Elefantenstatuen**, rund um den **Chedi** im ceylonesischen Stil. Der **Viharn** ist aus Laterit erbaut und weist schöne Stuckverzierungen auf.

Weitere Tempel stehen außerhalb der alten Stadtmauer, unbedingt sehenswert ist der an einer Flussschleife gelegene ★★**Wat Phra Si Rattana Mahathat**: Er besticht durch einen **Prang** im Lopburi-Stil und die sehr gut erhaltene Stuckziegelfigur eines **Schreitenden Buddha**. Am Eingang zu dem alten Tempelbezirk ist ein kleiner **Torturm** mit vier Gesichtern verziert.

Dahinter befindet sich ein **Chedi** im Mon-Stil aus Lateritstein. Seine Unterteilung auf acht Seiten entspricht der Verehrung von den acht für die Menschen bedeutsamen Planeten. Gleich neben dem Wat Mahathat führt eine **Hängebrücke** über den Yom-Fluss.

Si Satchanalai war auch ein Zentrum der Keramikherstellung. Im nahen Dorf **Ban Ko Noi** sind über 200 **Brennöfen** ausgegraben worden, einige davon kann man besichtigen.

★Kamphaeng Phet

Die dritte Stadt im Bund der zum Weltkulturerbe zählenden historischen Städte des Sukhothai-Reiches ist das vergleichsweise wenig besuchte ★**Kamphaeng Phet** ⓰. Die Hauptsehenswürdigkeiten innerhalb der alten **Stadtmauer** sind der ★**Wat Phra Keo** und der östlich davon gelegene ★**Wat Phra That**, die mehrere Chedis besitzen. Bemerkenswert sind die Nischen, mit denen einst der Hauptchedi des Wat Phra Keo verziert war. In ihnen waren an der Basis 32 Löwenfiguren und darüber 16 Buddhafiguren angebracht.

Die schöneren Ruinen liegen jedoch außerhalb, denn Abgeschiedenheit war

Foto: Jochen Steinhardt

der Meditation förderlich. Die großteils aus Laterit erbauten Ruinen des **Wat Phra Non** beherbergen hinter dem Viharn auch einen **Liegenden Buddha**, der dem Kloster seinen modernen Namen „Schlafender Buddha" gab.

Vier kolossale ★**Buddhafiguren** in verschiedenen Haltungen schmücken den **Wat Si Iriyabot**. Der **Wat Chang Rop** (15. Jh.) ist nach Vorbildern aus Sri Lanka mit einem glockenförmigen **Chedi** und **Elefantenfiguren** rund um die Basis erbaut. Dieses in alten Texten *Aranyik* („Waldviertel") genannte Gebiet ist auch heute noch von Bäumen überwachsen und beherbergt insgesamt 40 historische Monumente. Der Boden besteht aus Laterit, der häufig als Tempelbaumaterial Verwendung fand.

Weitere Ruinen liegen im Osten der Stadtmauer und am Westufer des Ping.

Im **Kamphaeng-Phet-Museum** sieht man Fundstücke aus der Zeit der Mon sowie einen großartigen Bronze-Shiva von 1510. Das angeschlossene **Provinzmuseum** illustriert die Lebenswelt der heutigen Provinzbewohner.

Oben: Ruhender Buddha in Kamphaeng Phet. Rechts: Auf dem Schwimmenden Markt von Damnoen Saduak.

Provinz Tak

Die Provinzen entlang der burmesischen Grenze haben noch den Charakter wilden Grenzlandes, in dem es gelegentlich zu Scharmützeln kommt, hauptsächlich weil die burmesische Regierung ethnische Minoritäten wie die Karen oder die Schmuggelei zu unterdrücken versucht; manchmal schwappen die Auseinandersetzungen nach Thailand. Dennoch ist das Tanen-Bergland an der burmesischen Grenze ein Rafting- und Trekkingrevier.

Die Provinz Tak, 425 km nördlich von Bangkok, umfasst einen großen Teil dieser Grenzgegend. 50 km hinter der Provinzhauptstadt **Tak** beginnt bei **Sam Ngao** der **Bhumipol-Stausee** ⑰, mit einer Länge von 200 km Thailands größtes Wasserreservoir, mit dem höchsten Damm und dem stärksten Wasserkraftwerk. Er bietet Angelmöglichkeiten, Bootsverleih und naturnahe Hotels und bildet das Herzstück des **Mae-Ping-Nationalparks**.

Mae Sot ⑱, 85 km von Tak und 500 km von Bangkok, ist eine Distriktstadt mit beträchtlichem Grenz- und Schwarzhandel. Der nahe Fluss **Moey**, überspannt von der „Freundschaftsbrücke", ist die natürliche Grenze zwischen Thailand und Burma; auf dem ★**Edelsteinmarkt** werden zwar echte, aber auch viele gefälschte Steine aus Burma und ganz Asien angeboten. Auf dem **Grenzmarkt** am Fluss und auf dem großen **Markt** hinter dem Siam Hotel kann man burmesische Kleider kaufen und indisches oder burmesisches Essen kosten. Sehenswert für jene, die nicht nach Burma reisen, ist ★**Wat Chumphon Khiri**. Dieser Tempel wurde im Stil des burmesischen Nationalheiligtums, der Shwedagon-Pagode von Yangon, erbaut.

» Karte S. 102-103, Info S. 126-127

Foto: Ladislav Janicek

Wanderungen in die Bergdörfer lassen sich in Mae Sot organisieren; sie geben Einblick in das Leben der Hmong oder Meo, Musoe und Karen, außerdem sind Tagesausflüge zum (nicht besonders interessanten) burmesischen Nachbarort **Myawadi** möglich.

Die Asphaltstraße Nr. 105 verläuft, entlang der Grenze, von Mae Sot nordwärts nach **Mae Sariang**, wo u. a. Wanderungen und Bootstrips zu Karen-Dörfern angeboten werden (s. S. 194).

In Richtung Süden führt die landschaftlich schöne **Route 1090** nahe der Grenze nach **Um Phang** ⓳, Ausgangspunkt für Trekking und Elefantenritte in den Regenwald, für Touren zu Bergdörfern der Karen und für Raftingtrips zum eindrucksvollen **Wasserfall Thi Lo Su**.

AM GOLF VON THAILAND

★Damnoen Saduak

Das ansonsten eher unscheinbare Dorf **Damnoen Saduak** ⓴, etwa 80 km südwestlich von Bangkok, wird von Urlaubern wegen seinem **★Schwimmenden Markt** (Talat Klong Ton Kem) viel besucht. Einst ein bedeutender Handelsplatz für die Einheimischen, ist er heute vor allem bei Touristen beliebt. Bereits ab 7 Uhr morgens schippern auf dem Fluss des Dorfes zahlreiche Besucher zwischen den Marktfrauen, die Obst und Gemüse feilbieten. Andere beobachten das Treiben von den kleinen **Brücken** aus, die extra für die Schaulustigen errichtet wurden. Schlangen werden um Hälse gelegt und Fotos gemacht. Besonders beliebtes Kaufobjekt sind Hüte, die in Souvenir-Boutiquen an Land verkauft werden. Der Markt endet gegen 13 Uhr.

Ursprünglicher mutet, etwa 10 km weiter südlich, der **Schwimmende Markt** von **Amphawa** an, am jüngst renovierten Dorftempel **Wat Amphawan Chetiyaram**; ein weiterer authentischer Floating Market findet am Wochenende im nahen **Tha Kha** statt.

Spektakulär ist der wenn der Zug kommt erstaunlich bewegliche **★Railway Market** für Lebensmittel auf (!)

Foto: Paul Spierenburg

den Schienen nahe dem Bahnhof **Mae Klong** in **Samut Songkram**, 20 km südlich von Damnoen Saduak (Einfahrt 8.30; 11.10; 14.30 und 17.40 Uhr).

Phetchaburi

130 km südwestlich von Bangkok, an der Hauptverkehrsader Richtung Süden, erstreckt sich die hübsche ruhige Kleinstadt **Phetchaburi** ㉑ (Phetburi) am gleichnamigen Fluss. Sie besitzt eine lange Geschichte und gut erhaltene Klöster aus der Ayutthaya-Zeit wie den großen **Wat Mahatat** am Markt mit bemerkenswerten Buddhastatuen; den kunstvoll ausgemalten **Wat Yai Suvannaram**; **Wat Kamphaeng Laeng** mit Laterit-Prangs aus der Khmer-Zeit; oder den **Wat Ko Kaeo** mit schönen buddhistischen Wandmalereien.

Hauptsehenswürdigkeit ist der auf einem per **Standseilbahn** erreichbaren Aussichtshügel stehende renovierte **★Khao Wang** (Phra Nakhon Khiri), ein Palast König Mongkuts von 1860 (heute Museum) mit historischem **Observatorium**. Die verschiedenen Palastgebäude und Tempel sind durch Gehwege und schön angelegte Parks miteinander verbunden, wo sich neugierige Affen in den Bäumen tummeln.

Die **★Khao-Luang-Höhle**, 3 km nördlich der Stadt, ist ebenfalls von Affen bevölkert und sehr sehenswert.

Oben: VIP-Gäste werden mit dem Oldtimer des Sofitel Central am historischen Bahnhof von Hua Hin abgeholt. Rechts: Am Abend verwandelt sich der Pier in Hua Hin in ein großes Seafood-Lokal.

★Kaeng-Krachan-Nationalpark

60 km südwestlich von Petchaburi (vom Highway 4 bei Tha Yang abzweigen) dehnt sich, nahe der burmesischen Grenze, Thailands größtes Tierreservat aus: der **★Kaeng-Krachan-Nationalpark** ㉒, wo im immergrünen Regenwald noch Elefanten, Malaienbären, Tiger, Gibbons, Languren, Krokodile, Nashornvögel und Schlangenadler leben. Im Nationalpark befinden sich zwei **Wasserfälle** und ein großer **Stau-**

» Karte S. 102-103, Info S. 126-127

Foto: Thomas Stankiewicz

see. Man kann dort auf markierten Trails wandern oder Ausflugsboote, komfortable Hausboote und auch kleine Bungalows mieten; Informationen dazu erhält man im **Parkhauptquartier** am Staudamm.

Cha-am

Die Kleinstadt **Cha-am** ㉓, 40 km südlich von Petchaburi, ist ein besonders an Wochenenden viel besuchtes Badeziel der Bangkoker. Östlich der Stadt sowie 8 km südlich erstrecken sich am Golf von Siam Casuarina-gesäumte **Sandstrände**. Für den internationalen Pauschalbadetourismus haben im Süden gute Hotels direkt am Strand eröffnet. Einige, wie das Regent Cha-am, bieten Komfort der gehobenen Kategorie; das Dusit Cha-am besitzt sogar einen eigenen Polo-Club.

Hua Hin

25 km südlich von Cha-am (200 km von Bangkok) lockt **Hua Hin** ㉔, der älteste von Thailands Badeorten. Um 1910 an der Bahnlinie gegründet, mauserte er sich bald zur beliebten Sommerfrische der Wohlhabenden.

Ein königlicher Sommerpalast entstand 1927, 4 km nördlich am Strand, von Rama VII. **Klai Kangwon**, „Sorgenfern", genannt (zu besichtigen). Ein exzellenter 18-Loch-Golfplatz, der **Royal Hua Hin Golf Course,** zog die Elite aus Bangkok an, die bald Bungalows entlang des Strandes errichteten. Die Staatliche Thailändische Eisenbahn eröffnete in den 1920er Jahren ein Strandhotel. Eine Zeitlang wurde Hua Hin dann später von den schnell wachsenden Badeorten auf der Ostseite des Golfs in den Schatten gestellt, denn in den 1970er Jahren wurden Orte wie Pattaya, die damals leichter mit dem Auto zu erreichen waren, bei den jungen Bangkokern beliebter.

Während der letzten Jahrzehnte hat der Fortschritt auch Hua Hin erfasst: Moderne, komfortable Strandhotels für Touristen sowie große Wohnanlagen für Bangkoks Oberschicht schossen aus

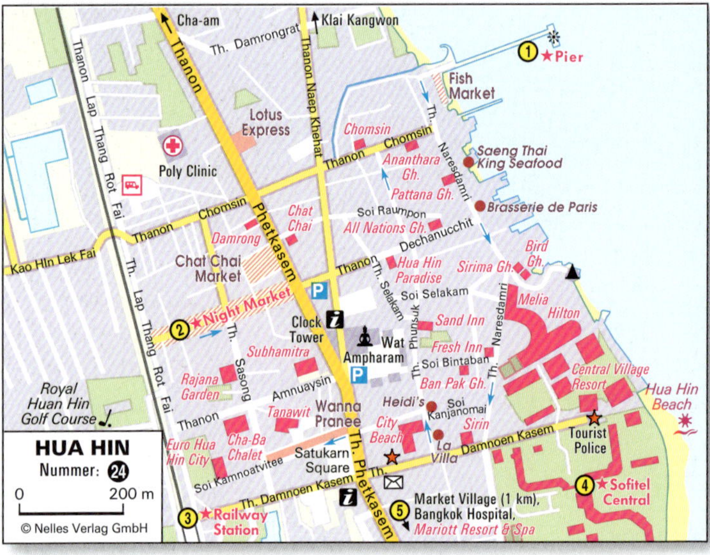

dem Boden, und ein kleiner Flugplatz entstand.

Von November bis April ist Hua Hin ein beliebtes Ziel skandinavischer Urlauber. Den Rest des Jahres zieht es vor allem Asiaten hierher, die gern golfen, reiten oder auf dicht gestellten Liegestühlen am Strand Seafood verspeisen. Einmal im Jahr stattet die Königsfamilie Hua Hin einen Besuch ab und verbringt ein paar Tage am Meer.

Hua Hin bietet einen gepflegten, kilometerlangen weißen **Sandstrand** (allerdings nicht Thailands bester, Quallen kommen vor), einen ★**Pier** ① mit Fischerbooten, Fischmarkt und ★**Seafood-Lokalen**, zahllose Hotels, Guesthouses, internationale Restaurants, Bars und einen bunten ★**Nachtmarkt** ② (nahe dem Tagesmarkt **Chatchai)** mit günstigen Garküchen.

Wer mit dem Zug nach Hua Hin reist, kommt auf dem wunderschönen historischen ★**Bahnhof** ③ aus den 1920er Jahren an. Etwa zweimal im Monat stoppt hier auch der legendäre Eastern Oriental Express auf seinem Weg von Bangkok nach Singapur. Das ehrwürdige *Railway Hotel* wurde renoviert, heißt heute ★**Sofitel Central** ④ und ist eines der schönsten klassischen alten Hotels Asiens, mit viel kolonialem Flair.

1000 m südlich lockt das Shopping Center **Market Village** ⑤ mit Designerboutiquen und stressfreiem, klimatisiertem Einkaufen.

Rechts: Die Tham-Phraya-Nakhon-Höhle mit ihrem Königspavillon lohnt einen Ausflug in den Nationalpark Khao Sam Roi Yot.

★Khao-Sam-Roi-Yot-Nationalpark

Von Hua Hin südwärts erstreckt sich die Provinz Prachuab Khiri Khan, das Tor zum Süden, an der schmalsten Stelle Thailands. Zwischen Hua Hin und der Provinzhauptstadt Prachuab Khiri Khan liegt **Pranburi** ㉕. Hier gibt es noch ruhige Strände, wenngleich bereits erste Hotels auf Gäste warten.

37 km südlich lohnt der ★**Nationalpark Khao Sam Roi Yot** ㉖ („Dreihundert-Gipfel-Nationalpark") einen Abste-

 » Stadtplan S. 124, Karte S. 102-103, Info S. 126-127

Foto: Paul Spierenburg

cher. Am besten ist er mit eigenem Gefährt zu erreichen; in Hua Hin kann man für einen Tag Motorräder oder Autos mieten (63 km Anfahrt, Mückenschutz nötig!). Eindrucksvoll ragen bizarre Kalksteinformationen aus dem dichten Grün des Parks. Hier wurden viele Szenen des Kambodscha-Films *The Killing Fields* (1984) gedreht.

Vom 605 m hohen **Khao Krachom** überblickt man die Küste der Provinz Prachuab. Der Park weist eine vielfältige Tierwelt auf, darunter Irawaddy-Delfine, Makaken, Languren, Loris (nachtaktive schwanzlose Lemuren) und Hunderte Vogelarten. Es gibt einige interessante Höhlen und einladende weiße Strände. Die Haupthöhle **Tham Phraya Nakhon** ist nahe am Strand und ausgeschildert. Sie erreichen sie nach einem steilen Aufstieg. Oben warten oft Kinder mit Lampen, um den Weg in die riesige **Tropfsteinhöhle** zu leuchten.

Nach der anstrengenden Kraxelei lädt die schöne **Strandbucht** von **Hat Laem Sala** (Visitor's Centre, Restaurant, Bungalows) zu einem Bad ein.

Prachuab Khiri Khan

Prachuab Khiri Khan ㉗, umgeben von Hügeln und Plantagen, ist ein hübsches Fischerstädtchen. Es liegt in einer Bucht mit einem langen, geschwungenen **Strand**, durch einen Felsvorsprung an jeder Seite geschützt vor den Windböen vom Golf.

Am langen **Pier** des Ortes wimmelt es von Fischerbooten, die ihren Fang anlanden, und am Abend füllt sich der lebendige **Markt** mit Fischern, die gegrillten Fisch essen und dazu einheimischen Whiskey trinken.

Nördlich des Piers erhebt sich der Berg **Khao Chong Krachok** mit einem kleinen, gepflegten **Tempel**. Von oben hat man einen ★**Panoramablick** über Stadt und Bucht bis nach Burma und kann die wilde **Affenhorde** beobachten, die hier haust.

An der weiten Hafenbucht sowie 3 km südlich, nahe dem hübschen Strand ★**Ao Manao**, locken Fischrestaurants mit dem köstlichen **Seafood**, für das Prachuab Khiri Khan bekannt ist.

» Karte S. 102-103, Info S. 126-127

KANCHANABURI

TAT, Auskunft über Unterkünfte in den Tälern, Rafting, Motorradvermietung, tgl. 8.30-16.30 Uhr; 14 Saeng Chuto Road, Tel. 034 511 200. **Touristenpolizei** 034 512 795.

Apple Guesthouse & Restaurant, auf dem Weg vom Bahnhof zum Fluss gibt es in diesem Restaurant leckere Thai- und westliche Gerichte (auch Vegetarisch), Kochkurse; Chaokhunnen Rd., Tel. 034 512 017, www.applesguesthouse.com.

D&D Coffee House, leckerer Espresso und Cappuccino zum guten Frühstück, abends Bar mit Snacks; Mae Nam Kwae Rd.

Bootsrestaurants entlang des Flusses bieten Süßwasserfische an. Die Gäste sind manchmal sehr zufrieden, manch anderem schmeckt es nicht.

JEATH-Kriegsmuseum, täglich 8.30-16.30 Uhr, Eintritt 50 Baht.

Thailand Burma Railway Centre, täglich 9-17 Uhr, Tel. 034 512 721, www.tbrconline.com, Eintritt 140 Baht.

Muang Sing, täglich 8-16.30 Uhr, Eintritt 100 Baht.

River Kwai Bridge Festival, jährlich eine Woche Ende November / Anfang Dezember, Tickets für die Lightshow 300 Baht, www.thaiticketmaster.com.

BANG PA IN

Sommerpalast, täglich von 8-16.30 Uhr, letzter Einlass 15.45 Uhr, Eintritt 100 Baht, Tel. 035 261 548. Bitte die strikte Kleiderordnung beachten. Wer in Schlappen oder kurzen Hosen und Trägetops kommt, muss sich umziehen.

AYUTTHAYA

Tourist Information Center (TIC), 8.30-16.30 Uhr, gegenüber dem National Museum, Tel. 035 246 076.

Tourist Police, auf dem Königspalastgelände sowie neben dem TIC, Tel. 1155.

Thai House Restaurant (Ruenthai Maisuay Restaurant), serviert exzellente Thaigerichte, 10-22 Uhr; 8/2, Mu 3, Klong Suanplu, Tel. 035 245 977/8.

Sai Thong River Restaurant, gutes Thai und Isarn-Restaurant am Fluss, 10.30-22.30 Uhr; 45 Moo 1, U-Thong Rd., Tel. 035 241 449.

Großer **Nachtmarkt** am Fluss. **Straßenmarkt** abends am Rama Park, beide mit sehr vielen Essensständen.

Chandra-Kasem-Palast, Mi-So 8.30-16 Uhr, Eintritt 100 Baht; U Thong Road. **Chao Sam Phya National Museum**, Mi-So 8.30-16 Uhr, 150 Baht; Rotchana Road.

Historical Study Center, Di-Sa 8.30-16.30 Uhr, Eintritt 100 Baht, Rojana Road.

Ayutthaya – World Heritage Site Celebration, Anfang bis Mitte Dezember findet dieses Fest mit Ton- und Lichtshows statt, dabei wird die Geschichte der Stadt in Szene gesetzt.

Loi Krathong: Das Lichterfest im November wird im **Rama Park** besonders prächtig begangen.

LOPBURI

TAT Lopburi, täglich 8.30-16.30 Uhr; 4 km außerhalb am Kreisverkehr, Tel. 036 770 096.

PHITSANULOK

TAT, das Büro hält viele Informationen bereit, das Personal spricht sehr gut Englisch, täglich 8.30-16.30 Uhr; 209/7-8 Boromtra Lokkanat Road, Tel. 055 252 742.

Phae Fah Thai, Hausboot-Restaurant auf dem Fluss, legt um 19 Uhr ab; Tel. 055 242 743. **Riverside Pub**, gute Adresse für abendlichen Drink, mittags kann man in der angrenzenden Kantine günstig und gut essen; nördlich des Zentrums am Flussufer (Buddha Bucha Rd/ Phayasud Rd).

Am ersten Wochenende im Oktober kommen Boote aus ganz Thailand zu einem Rennen hierher; die Wettkämpfe finden vor dem Wat Yai statt.

SUKHOTHAI

TAT, hilfsbereites englischsprechendes Personal; Neu-Sukhothai, gegenüber der Tankstelle, 200 Jarodvithi Thong Rd., Tel. 055 616 228.

Dream Cafe, bietet gute China-Thai-Küche und sehr stilvolles Ambiente inmitten antiker Kostbarkeiten, 7-23 Uhr; beim Hotel Northern Palace, 86/1 Singhawat Road, Tel. 055 612 081.

Old Sukhothai Historical Park, tägl. 6.30-18.30 Uhr, Sa bis 21 Uhr im zentralen Bereich, Nord- und Westbereich schließen bereits gegen 17 Uhr, Eintritt ab 100 Baht, in dem weitläufigen Gelände bewegt man sich am besten per Fahrrad oder Moped (Verleih am Eingang).
Ramkhanghaeng Nat. Museum, täglich 9-16 Uhr, der Eintritt beträgt 150 Baht; in Alt-Sukhothai.

Loy Kratong (Mitte November): Während des Festes lässt man kleine Flöße mit Blumen und Kerzen auf den Teichen von Sukhothai treiben; viel besucht, Hotelreservierung unbedingt nötig.
Songkran (12. April) ist das thailändische Neujahr. Es wird wild gefeiert, indem man sich gegenseitig mit Wasser bespritzt.

SRI SA CHANALAI

Historical Park, täglich 8-17 Uhr, Eintritt 100 Baht. Ein 30 Tage gültiges Ticket für alle Ruinen einschließlich Sukhothai kostet 200 Baht.

KAMPHAENG PHET

Historical Park, tägl. 8-16 Uhr, Eintritt 100 Baht.
National Museum, Mi-So 9-16 Uhr, Eintritt frei.

MAE SOT

Je nach politischer Wetterlage sind Tagesausflüge nach **Burma** mit einem gebührenpflichtigen Tagesvisum (500 Baht) möglich.

PHETCHABURI

Rabieng Rimnam, sehr gutes Essen im Restaurant am Fluss; 1 Shesrain Rd., Tel. 032 425 707.
Groß ist der der **Nachtmarkt** von Phetchaburi am Busbahnhof.

HUA HIN

Tourismusbüro, Mo-Fr 8.30-20, Sa/So 9-17 Uhr; neben der Polizei in der Damnoen Kasem Road, Ecke Petchkasem Road, Tel. 032 511 047; und am Uhrturm. **Tourist Police**, Tel. 032 515 995.

Restaurants: Es gibt u. a. deutsche (**Heidi's Gartenrestaurant**), italienische (**La Villa**) und französische (**Brasserie de Paris**) in dem Viertel rund um die Naretdamri Rd./Phunsuk Rd./ Damnoen Kasem Rd. Dort haben sich auch viele Seafood-Restaurants niedergelassen.
Saeng Thai King Seafood auf einem Pier nahe dem Pier der Fischer (Tha Thiap Reua Pramong) – Hummer, Schrimps und Red Snapper im ältesten, bekanntesten Seafood-Restaurant Hua Hins; am besten einen Tisch am Meerende nehmen. Ein Lokal in origineller Lage, zwar ganz ohne Schick, aber: frischester Fisch!
Am billigsten speist man an den Essensständen auf dem großen **Nachtmarkt** in der Dechanit Road.

Mitte Juli findet ein beliebtes 3-tägiges kostenloses **Jazzfestival** statt.

Sommerresidenz des Königs, täglich 9-16 Uhr, 150 Baht, Kinder frei, Seilbahn 40 Baht; 2 km nördlich des Hafens.

Bangkok Hospital Hua Hin, 888 Petchkasem Rd., Tel. 032 616 800, Notruf 1719, www.bangkokhospital.com/huahin.

GOLF: Hua Hin ist ein Geheimtipp für Freunde des Golfsports. In der näheren Umgebung der Stadt gibt es acht Plätze, beispielsweise den **Royal Hua Hin Golf Course**, gegenüber der Bahnstation, der zurzeit als der anspruchsvollste Golfplatz Thailands gilt.
Palm Hills Golf Resort and Country Club, 10 km nördlich Richtung Cha-Am, wartet mit vielen Wasserhindernissen auf.

PRACHUAB KHIRI KHAN

TAT, 8.30-12 u. 13-16.30 Uhr; Sarachip Road, zwischen Kong Kiat Road und Bamrung Road, Tel. 032 611 491.

Sai Thong, sehr gutes Seafood; gegenüber vom TAT.

Ladislav Janicek

Am Patong Beach (Phuket)

Foto: Thomas Stankiewicz

SÜDTHAILAND

SÜDTHAILAND

Türkisblaues Wasser, malerische Wellen, leuchtend heller Sand; sanft rauscht das Meer, Palmen rascheln im Wind – die Strände Südthailands gehören zu den schönsten der Welt. Der Süden lockt jedoch nicht nur Beachfans, denn auch tropischer Regenwald ist hier noch zu finden: Wasserfälle mit Naturpools laden in den Nationalparks zum Baden ein, Flüsse verlocken zum Wildwasserfahren, Tropfsteinhöhlen können erkundet und Karstfelsen erklettert werden. Und auch im Süden bieten Elefanten ihre Dienste als Reittiere an.

Bizarre Kalksteinformationen verzaubern den Reisenden, der die Phang-Nga-Bucht besucht, auch die Unterwasserwelt ist berauschend. Südthailands Strände und Inseln bieten mal Einsamkeit, mal Trubel und Partys.

Hierher kann man zu jeder Jahreszeit reisen. Von November bis Februar ist es besonders an der Andamanensee im Westen schön – in Khao Lak, auf den Inseln Krabi, Phuket, Ko Phi Phi, Ko Lanta, in der Phang-Nga-Bucht und bei Krabi. Und wenn hier von Mai bis September der Südwestmonsun Regen bringt, kann man im Osten auf gutes Wetter zählen; in den Sommermonaten sind daher vor allem Ko Samui, Ko Phangan und Ko Tao beliebte Reiseziele.

Links: Rai Leh Beach bei Krabi.

Der Norden ist bekannt für seine Bergvölker, aber auch im Süden leben besondere ethnische Minoritäten: So gehören die Ngo Sakai mit dunkler Haut und krausem Haar zu den letzten Negrito-Ureinwohnern der malaiischen Halbinsel. Aber nur sehr wenige Sakai-Familien wohnen noch in den Provinzen Pattani und Yala als Jäger und Sammler tief im Regenwald. Manchmal kommen sie in die Marktorte, um ihre Dschungelprodukte zu verkaufen.

Die Chao Leh oder „Meereszigeuner" leben seit Jahrhunderten auf ihre Weise. Sie sind ein eigenwilliges Fischervolk, das sich Regierungsbemühungen widersetzt, sie zu integrieren. Ihre Dörfer aus Pfahlbauten über dem Wasser findet man überwiegend in Phang Nga, auf Phuket und den Inseln vor Satun.

Die „Thai-Muslime" dominieren v. a. im ehemaligen malaiischen Sultanat Pattani, das die Briten 1909 Thailand zuschlugen; es deckt sich mit den heutigen drei südlichsten Provinzen Pattani, Narathiwat und Yala, in denen über 90 % der Bevölkerung Muslime sind. 2004 sind blutige Unruhen mit separatistisch-islamistischem Hintergrund ausgebrochen; die Regierung hat das **Kriegsrecht** ausgerufen, von einer Reise in den tiefen Süden nahe der Grenze zu Malaysia ist wegen Attentatsgefahr

» Karte S. 132-133, Info S. 167-171

GULF
OF
THAILAND
(AO THAI)
MYANMAR
(BURMA)
ISTHMUS
OF KRA
Ferry to Myeik
Investigator Channel
Ban Krud
Ban Krud Beach
Bang Saphan
Ao Bang Saphan
KO THALU
Bang Saphan Noi
Ban Tham Thong
KO WIANG
Ban Thung Maha
Eastern Oriental Express
Pa Ron
Tamru
Phala
Pathiu
Pak Khlong Saphli
Hat Thung Wua Laen
Chumphon (Chumporn)
Ban Hat Sai Ri
Mu Ko Chumpon Marine N. P.
Ao Thung Makham Noi
Ao Sawi
Ban Bo Kha
Ferry
KO TAO
Coral Reefs
Chong Tao
Sail Rock
KO PHANGAN
Chalok Lam
Thong Sala
KO SAMUI
Chaweng Beach
Ban Hua Thanon
Nathon
KO TAN
Chong Samui
Boat
Ang Thong Marine N. P.
KO ANG TONG
KO PHALUAI
Laem Thuat
Khanom
Sichon
Nam Tok Sit Kit Nat. Pk.
Kanchanadit
Ban Phot
Rai Prung
Ao Ban Don
Surat Thani
Phunphin
Bang O
Na Pong
Wiphawadi
Chaiya
Wat Suan Mokkh
Laem Si
Tha Krachai
Nong Met
Lamae
Pak Nam Lang Suan
Lang Suan
Nong Pla
Sawi
Tha-Sae
Hin Dang
Kra Buri
Klong Prao N. P.
Khao Fachi
Punyaban Falls
Hot Springs
Phato
Hat Supin
Khao Khriap Cave
Kaeng Krung Nat. Park
Thung Na Kha Nat. Park
Khlong Saeng W. S.
Khlong Yan
Khiri Rat Nikhom
Rachabrapha Dam
Chieo Lan Dam (Rachabrapha Dam)
Sri Phang Nga Nat. Park
Khao Sok Nat. Pk.
Khura Buri
Huai Pho
Kapoe
Ranong
Kawthaung
Maliwun
Phra Kayang Cave
Nangin
Khao Nam Noi 755
Kara-thuri
Boukpyin
Nanka Hprao
Khao Htongdon 668
ALE-MAN I.
KAU-YE I.
SIR ROBERT CAMPBELL I.
SIR J. MALCOLM I.
OWEN I.
HIGH I.
Lambi Island W. Res.
LAMBI I. (SULLIVAN I.)
BUDA I.
ZADETKALE I. (ST. LUKE'S I.)
HASTINGS I.
ZADETKYI I. (ST. MATTHEW'S I.)
PULO I.
KO CHANG
Som Paen Beach
KO PHA YAM
Laem Son Nat. Park
Suk Samran
SURIN ISLANDS
KO RA
KO PHRA THONG
KO KHO

SÜDLICHES THAILAND
Nummern: 1-31 / 45-50
0 25 50 km
© Nelles Verlag GmbH, München
THAILAND
ANDAMAN SEA
MALAYSIA
NAKHON SI THAMMARAT
SONGKHLA
HAT YAI
Pattani
Yala
Narathiwat
Phatthalung
Trang
Satun
Krabi
Phuket
Kangar
Thale Luang
Khao Luang
Thung Song
Phang-nga
SIMILAN ISLANDS
KO PHUKET
KO LANTA YAI
KO TARUTAO
PULAU LANGKAWI

Foto: Paul Spierenburg

abzuraten. So gab es 2012 einen Bombenanschlag auf ein Hotel in Hat Yai.

Die Eigenart des Südens drückt sich u.a. in der Küche, dem Handwerk und den Festen aus. Das südliche Thai-Essen zeigt u. a. chinesische Einflüsse, ist aber sehr scharf. Die milderen gelben Currys der Muslime verweisen auf Malaysia.

Im Kunsthandwerk stechen besonders Perlmutt-Einlegearbeiten aus Phuket und Ranong hervor. Yan Lipao-Korb- und Rattanwaren, Niello-, Lack- und Silberarbeiten sind Spezialitäten von Nakhon Si Thammarat. Der Süden liefert Perlen für Bangkoks florierende Schmuckindustrie. Vor allem in Phuket, Phang Nga und Ranong kann man schöne Perlen kaufen.

Alle größeren Städte im Süden besitzen eigene Flughäfen; die Airports von Krabi, Phukhet und Ko Samui sind zudem international ausgelegt, die beiden letzteren mit Runways, die schon auf zeitgemäße Ferienflieger-Dimensionen verlängert sind.

Die wichtigste Straße nach Süden ist die gut ausgebaute Nationalstraße 4 (Petchkasem-Straße), die in Bangkok beginnt und die gesamten 1000 km bis nach Sadao an der malaysischen Grenze abdeckt. Wer mit der Eisenbahn nach Ko Samui oder Ko Phangan reisen will, hat die Möglichkeit, dies ganz entspannt zu tun: Mit dem Nachtzug geht es abends in Bangkok los, frühmorgens ist Surat Thani erreicht. Von hier geht es weiter mit der Fähre nach Ko Samui, Ko Phangan oder Ko Tao.

Oben: Auf einer Dschunkenfahrt unterwegs zwischen den bizarren Karstfelsen der Phang Nga-Bucht. Rechts: Billig, schnell und zuverlässig – Affen als Helfer bei der Kokosnussernte.

SÜDLICHE GOLFKÜSTE

Chumphon

Die Provinz, in der zuerst eine Veränderung deutlich wird, wenn man gen Süden fährt, ist Chumphon, das „Tor zum Süden“. Hier wird das Klima tropischer, man sieht Gummibaumpflanzungen, die daran erinnern, dass Gummi

» Karte S. 132-133, Info S. 167-171

eine der Hauptstützen der Wirtschaft des Südens ist. Hohe Fächerpalmen ragen aus der Landschaft, und rechts und links der Straße erstrecken sich üppige Obstgärten.

Die Stadt **Chumphon** ❶ liegt vom Meer 10 km landeinwärts. Von ihrem Hafenort **Pak Nam Chumphon** starten nicht nur Fähren zur Taucherinsel **Ko Tao** (die weiter bis nach Ko Phangan und Ko Samui fahren), sondern auch Ausflugsboote zum **Meeresnationalpark Mu Ko Chumphon**, der rund 40 geschützte Inseln – viele von Korallen gesäumt – umfasst. Schnorchel- und Tauchgründe bieten z. B. **Ko Mattra**, **Ko Lawa** und **Ko Lua**, gute Strände das Inselchen **Ko Thong Lang**. Bungalows zum Übernachten findet man nur an der Festlandsküste: am Strand **Hat Sai Ri** ❷ und am ruhigeren und hübscheren **Ao Thung Makham Noi** ❸ (25 km südlich), außerdem am schönen weißen Strand **Hat Thung Wua Laen** (10 km nordöstlich von Chumphon).

Foto: Luca Invernizzi Tettoni

Provinz Surat Thani

Von Chumphon aus folgt man der Route 41 in Richtung Süden. Nach 76 km gelangt man nach **Lang Suan** ❹, einen Ort, der seinen Wohlstand den ausgedehnten Obstplantagen verdankt, die die umliegenden Hügel bedecken. Mangostin-, Durian-, Rambutan- und Kokospflanzungen umgeben die hübsche Ortschaft mit ihren leuchtenden Häusern. Lang Suan ist wegen seines **Wasserfestivals** berühmt, das Ende Oktober abgehalten wird. Der Höhepunkt ist ein Kanuwettkampf mit Booten, die so groß sind, dass sie bis zu 30 Paddler fassen.

Surat Thani ist die größte Provinz des Südens. Sie liegt 195 km von Chumphon und 645 km von Bangkok entfernt. Auf der Route 41 gen Süden ist der erste Ort von touristischem Interesse **Chaiya** ❺, dessen Geschichte auf das 8. und 9. Jh. zurückgeht, als der Großteil des Südens noch zum Srivijaya-Reich gehörte. Dieses Reich hatte Stadtstaaten aus dem Bereich des heutigen Thailands, Burmas und Malaysias geeint; seine Hauptstadt lag auf Sumatra. Chaiya bestand schon vor dieser Reichsgründung und wurde dann ein wichtiger Hafenort von Srivijaya. Viele der Kunstschätze, die heute im Nationalmuseum in Bangkok zu bewundern sind, wurden in und um Chaiya gefunden und verschaffen der Srivijaya-Periode einen hohen Stellenwert in Thailands Kunstgeschichte.

Am Ortsrand ist Chaiyas größte Sehenswürdigkeit zu besichtigen, der 1200 Jahre alte ★**Wat Brom That Chaiya** mit einem in den 1990er Jahren restaurierten Stupa. Die Bauweise dieses Tempels, ähnlich der des nicht weit entfernten **Wat Kaeo**, weist antike indonesische Einflüsse auf. Wie auch **Wat Rattamaran** und **Wat Long** ist Wat Kaeo eine verfallene Tempelanlage. Alle Tempel sind durchaus einen Besuch wert.

Nahe bei Chaiya liegt das bekannte Waldkloster und Meditationszentrum ★**Wat Suan Mokkh** (www.suanmokkh.org). Es wurde von einem der einflussreichsten Mönche Thailands, dem 1993 verstorbenen Buddhadasa Bhikkhu, gegründet. Wer ernsthaftes Interesse an Meditation hat: Vom 1. bis 11. eines jeden Monats wird ein (anstrengender) Einführungskurs angeboten.

Die Provinzhauptstadt **Surat Thani** ❻, meist kurz Surat oder *Ban Don* genannt, ist der **Fährhafen** für die beliebte, 75 km entfernte Insel Ko Samui und die etwas weiter entfernte Schwesterinsel Ko Phangan. Eine eher ungewöhnliche Attraktion sind die Vorführungen in der **Affenschule** (14 km südöstlich der Stadt), wo Affen von einem menschlichen Lehrer unterrichtet werden, um als Kokosnusspflücker in den zahlreichen Plantagen eingesetzt werden zu können.

★★Ko Samui

Anfänglich ein Eldorado für Rucksacktouristen, die sich im tropischen Paradies wähnten, gilt die Insel ★★**Ko Samui** ❼ heute als eine der Topdestinationen Thailands. Nahezu stündlich landet eine Maschine der Bangkok Airways auf dem **Flughafen** der Insel, eine wachsende Zahl von Fähren und Expressbooten steuert die **Häfen** von Nathon, Bo Phut und Big Buddha an. Die einfachen Gästehäuser werden immer mehr von Luxusresorts verdrängt, Trinkwasser muss mittlerweile vom Festland importiert werden. Immerhin dürfen Hotels nur maximal so hoch wie die Palmen gebaut werden, sodass hässliche Betonklötze wie in Phuket fehlen. Tiefblaue Buchten und sich im Wind wiegende Palmen verheißen daher nach wie vor unbeschwerte Urlaubstage an schönen Sandstränden.

Mit 247 km² ist Ko Samui die drittgrößte Insel Thailands. Ihre größte Nord-Süd-Ausdehnung beträgt 25 km, von Westen nach Osten sind es 20 km. Zu dem etwa 80 meist unbewohnten Inseln des Samui-Archipels gehört auch der **Ang-Thong-Meeresnationalpark**. Die. 36 000 Einwohner leben von Tou-

» Karte S. 132-133, Info S. 167-171

Ko Phangan (15 km),
Ko Tao (62 km)
KO SOM
Laem Sam Rong
Laem Thong Son
Bay View Village
Laem Thong Po
Thong Sun Resort
Ao Plai Laem
The Thong Sai Bay
Ao Choeng Mon
KO FAAN YAI
Home Bay
Naplarn Villa
2 Maenam Beach
Santiburi Dusit Resort
S.R. Bungalow
Morning Glory
Siam Natural History Museum
Roma
Ban Mae Nam
Post Office
Wat Phukhao Thong
★Phra Yai (Big Buddha)
KO FAAN
98
Wat Nuan Na Ram
The White House
Laem Ka Tong
Ban Plai Laem
Ao Phung
3 ★Bophut Beach
★Buddha Beach 4
Palm Beach
Oasis
Chalee
Como
Ocean View
Ban Bang Ruk
Laem Phung
166
Go-Kart
4171
Bophut
Post Office
218
★Fishermen's Village
Wat Bo Phut
Khao Dang
Khao Duang Nok
Ban Khao Pra
172
Samui Golf Club
Crocodil Farm
Monkey Theater
Coral Bay Resort
163
Bandon Int. Private Hosp.
Ao Yai Noi
Viewpoint Restaurant
403
Villa Flora
KO MAT LANG
Elephant Trek
Wat Chaweng
Samui Country Resort
View Top Restaurant
Khlong Mae Nam
Ban Chaweng
Islander
383
Raggae Pub
Montien House
1 Salinas Beach Club
2 Big Bamboo Beach, Ark Bar
3 Noori
Khao Phra
Ban Sai Yo
Chaweng Buri Resort
Samui Coral Resort, The Wave
Murphy's
Monkey Bay
The Princess Village
Woodland Park View Restaurant & Chalet
Pa Yai
Samui International Hospital
Ali Baba
Chaweng Cabana
422
5 ★★Chaweng Beach
Laem Koh Fan
545
Yod Kao Restaurant
394
Fair House
The Imperial Samui
Pa Noi
630
500
Impiana (Victorian) Resort
Bird's Eye
Khao Phlu
635
4169
Ao Thong Yang
Coral Cove Resort
Ket
268
Blue Horizon
Khl. Tha Lamai
Ao Thong Ta Kiaen
Wat Lamai
Tamarind Retreat
565
Laem Thong Yang
Ban Lamai Cultural Hall
Lamai
Jungle Park Resort
Khl. Tha Seo
Khl. Tha Ret
Sand Sea Resort
Sun Garden Beach Resort
498
7 Na Muang Waterfall
6 ★★Lamai Beach
Ban Thurian
Post Office
Aloha
Hin Ta-Hin Yai Rocks
Bill Resort
Wat Praderm
Wat Khunaram
Wat Silangu
Whitesands, Amity
Laem Lamai
Ban Don Tang
Ban Tha Po
Rocky Resort
4173
Wat Samret
Ban Hua Thanon
Muslim Village
Ao Bang Nam Chud
AO THAI
(GULF OF THAILAND)
Zoo
Samui Stadium
Hi-He's Resort
Ban Han
Buddha Footprint
Aquarium
Samui Orchid Resort
School
Baan Thalay
Ban Thale
Khao Thale
Ao Na Khay
100
Ban Bang Kao
Samui Butterfly Garden
Laem Na Tean
Laem Set Inn
Ao Bang Kao
KO SAMUI
Nummer: 7
0
2 km
© Nelles Verlag GmbH, München

Foto: Otto Stadler (Silvestris Online)

rismus, Fischfang und den vielfältig verwertbaren Kokosnüssen, die sie von dressierten Affen pflücken lassen. Jährlich werden Millionen Nüsse nach Bangkok verschifft und weiterverarbeitet. Kokosmilch und Kokosraspeln dienen als Grundlage für Currys und Süßspeisen, aus der getrockneten Nuss wird Öl gepresst, mit den Fasern der Nussschale werden Matratzen gefüllt.

Rund um die Insel gibt es Strände, die man über eine 50 km lange Ringstraße erreichen kann. Vom Hauptort und Fährhafen **Nathon** 1 fahren Minibusse, Pick-ups (Songthaews), Motorradtaxen und Taxis zu den wichtigsten Stränden: **Maenam** 2 (12 km), Bophut (16 km), Chaweng (20 km) und Lamai (30 km).

Der ★**Bophut-Strand** 3 liegt bei dem gleichnamigen Dorf, das noch einen Rest von seinem bäuerlichen Charme bewahrt hat – in diesem ★**Fishermen's Village** haben sich zahlreiche gute Lokale etabliert, die abends viele Besucher von anderen Stränden anziehen.

Oben: Am feinsandigen Palmenstrand Maenam im Norden von Ko Samui. Rechts: Der „Big Buddha" thront über dem Buddha Beach an der Nordküste von Ko Samui.

Der ★**Buddha Beach** 4 (19 km) lockt mit feinem Sand und dem Ausblick auf den 15 m hohen, im Meditationssitz auf einem Felsen vor der Küste thronenden vergoldeten Buddha ★**Phra Yai**.

★★**Chaweng** 5, der längste Sandstrand, und ★★**Lamai** 6 haben tieferes, türkisfarbenes Wasser, Schnorchelriffs und sind voll erschlossen – inklusive Strandbars und Open-Air-Discos.

Motorräder sind die bequemste Art, sich auf der Insel zu bewegen, und viele Agenturen vermieten sie. Aber Vorsicht, es gibt häufig Unfälle, denn viele der Motorräder (und deren Fahrer) sind in fragwürdigem Zustand, außerdem herrscht – Touristen vergessen das oft – Linksverkehr und Helmpflicht! Eine sicherere Alternative sind Jeeps oder Strandbuggys.

Samui bietet neben Strandleben und Wassersport auch Elefantensafaris und Affenshows. Es gibt Bungee-Jumping

 » Plan S. 136-137, Info S. 167-171

Foto: Thomas Stankiewicz

(am Chaweng Beach), Offroad-Fahren und anderen Action-Spaß. Zudem bieten zahlreiche Tauchschule an den Stränden Ausflüge und Kurse an.

Wer es beschaulicher mag, lässt sich in einem der vielen Spas mit Sauna und Massage verwöhnen. Einkaufshungrige genießen es, an den Hauptstränden oder in Nathon in den vielen Geschäften zu stöbern. Und wer abends feucht-fröhlich feiern will, ist auf Samui ebenso richtig wie jene, die Ausflüge in die Natur bevorzugen: Im Inselinneren gibt es mehrere Wasserfälle. Imposant erscheint der Wasserfall **Na Muang** 7 (10 km von Na Thon in der Nähe des Dorfs Ban Thurian); das Wasser stürzt hier 20 m in Kaskaden über glatten, ockerfarbenen Fels hinab, bevor es ein natürliches Plantschbecken füllt.

Die **Hin-Lat-Fälle** 8 sind zu Fuß von Na Thon aus zu erreichen; es lohnt, den Weg durch den Wald nach oben zu wandern, wo kleine Teiche zu einem kühlen Bad einladen.

Das beste Wetter herrscht auf Samui zwischen Februar und Mitte April, wenn auch das Meer ruhig ist. Von April bis September können Stürme das Meer unruhig werden lassen, und von Oktober bis Dezember bringt der Nordostwind Regen und manchmal heftige Stürme.

Agenturen in Na Thon bieten Ausflüge zu den Inseln nordwestlich von Samui an. **Ko Ang Thong**, das Zentrum des **Meeresnationalparks**, ist besonders beliebt. Die Boote verlassen Samui morgens, so dass dem Besucher nach dem Schnorcheln noch genug Zeit bleibt, auf den höchsten Punkt von Ang Thong zu steigen und von dort den eindrucksvollen Blick auf Inselchen, eine smaragdgrüne See und mehrere Korallenriffe zu genießen.

Beliebt ist auch ein Dreitagestrip mit der **Dschunke** *Suwan Macha;* Ziele sind die **Kalksteinhöhlen** des Meeresnationalparks. Besucht wird **Ko Palnai** sowie **Ko Taern**, wo nachts der Anker ausgeworfen wird. Auch ein Nationalparkdorf auf der Insel **Ko Wua Talap** wird besucht; hier kann man schnorcheln oder Kajak fahren.

» Plan S. 136-137, Info S. 167-171

Foto: Thomas Stankiewicz

Zur berühmten **Vollmondparty auf Ko Phangan** verkehren Boote vom Chaweng Beach nach Hat Rin. Die Boote fahren stündlich bis 24 Uhr nach Phangan und am nächsten Morgen ab 6 bis etwa 16 Uhr zurück nach Samui.

★Ko Phangan

Nördlich von Samui liegt **★Ko Phangan** ❽ mit 15 Hauptstränden, wo das Leben trotz vieler Bungalowanlagen beschaulicher ist – ausgenommen an der Südspitze. Dort hat sich der Hat-Rin-Strand seit Mitte der 1990er Jahre zu einem Partyzentrum für jüngere Leute entwickelt; besonders in Vollmondnächten ist an Schlafen kaum zu denken. Die **★Vollmondparty** gilt als größte Rave-Party Südostasiens und zieht monatlich tausende Besucher an.

Boote aus Surath Thani, Don Sak, Ko Samui und Ko Tao laufen **Thong Sala** 1 an, den beschaulichen Hauptort der Insel. Hier gibt es einen Markt, Restaurants, Post, Banken und Geschäfte. Mit dem Pick-up geht es von hier aus an die Strände.

Ko Phangan muss sternförmig erkundet werden, da es wegen der unpassierbaren, dschungelbedeckten, über 600 m hohen Berge im Osten keine Ringstraße gibt. In den Süden geht es über den flachen Strand von **Ban Tai** 2 und die bergige Landstraße bis zum Party-Beach **Hat Rin** 3.

In den Norden führt eine Straße durch die Insel nach **Chaloklum** 4, einem Fischerdorf mit touristischer Infrastruktur, und an den bei Familien beliebten Strand von **Mae Hat** 5. Am vorgelagerten Riff kann man herrlich schnorcheln und tauchen.

Die Strandstraße in den Nordwesten führt von Thong Sala an Mangrovenwäldern vorbei zu einem weiteren, jedoch etwas weniger turbulenten Party-Strand: **Hat Yao** 6.

Ruhig und mit zunehmend luxuriösen Bungalowanlagen präsentiert sich der Strand **★Thong Nai Pan** 7 im Osten. Eine neue, extra breit ausgebaute

Oben: Vollmondparty auf Ko Phangan.

» Karte S. 132-133, Plan S. 141, Info S. 167-171

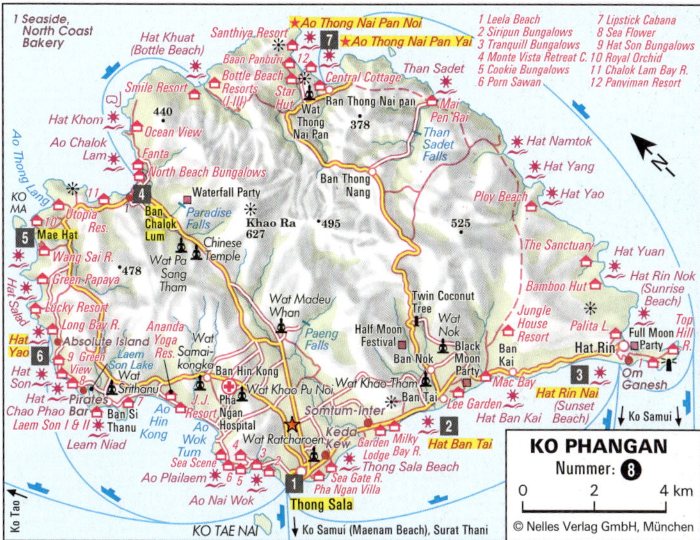

Straße führt nun mitten durch den Urwald an den einst abgelegenen Strand.

Die meisten Besucher wählen das Motorrad als Verkehrsmittel, denn noch gibt es keine Sammeltaxis wie etwa auf Ko Samui. Doch es ist – vor allem an Vollmondtagen – Vorsicht beim Motorradfahren geboten, da dann nicht alle Verkehrsteilnehmer nüchtern sind und sich mancher Raver überschätzt. Zudem muss auf Schlaglöcher geachtet werden, da jede Regenzeit erneut ihren Tribut fordert. Besonders die Strecke zum **Than-Sadet-Wasserfall** und zur schönen Strandbucht Than Sadet ist für Motorradanfänger gefährlich.

Ko Phangan bietet neben Strandurlaub zahlreiche Yoga-Retreats und auch vermehrt Spa-Angebote („Retox" und „Detox", also feiern und „vergiften", dann relaxen und „entgiften"). Neben der Vollmondparty gibt es Halbmond-, Blackmoon-, Wasserfall- und diverse Strandpartys – irgendwo ist immer etwas los.

Noch verkauft sich Ko Phangan als charmante Traveller-Insel mit vornehmlich jungem Publikum. Die meisten Strände bieten neben neu entstandenen Luxusresorts nach wie vor auch einfache Hütten zu günstigen Preisen. Viele Traveller bleiben länger auf Ko Phangan und beziehen eines der vielen „Houses for Rent"; Bungalows mit Küche und Garten, die schon ab einer Woche preiswert vermietet werden.

★Ko Tao

Wenn Sie wirklich einmal alles hinter sich lassen wollen, dann bietet sich **★Ko Tao** ❾, die „Schildkröteninsel", an. Zu diesem kleinen Juwel gelangt man von Thong Sala (Ko Phangan) aus in 1,5 Stunden mit dem Expressboot. Außerdem gibt es eine Verbindung vom Festland ab **Pak Nam Chumphon**.

Die hiesigen **★Korallenformationen** zählen zu den schönsten Südostasiens. Daher hat Ko Tao sich vor allem als Tauchparadies in dieser Gegend einen Namen gemacht. Zahlreiche Resorts sind zugleich Tauchbasen und bieten, neben der Ausleihe moderner

Foto: Willi Schwend

Ausrüstung, lizenzierte Tauchlehrer für Kurse und Tauchfahrten an. Besonders beliebt sind neben Ausflügen in den **Nationalpark** der **Chumpon-Pinnacle** und der ★**Sail-Rock**. Für Anfänger bietet allein die Unterwasserwelt um die Insel herum schon reichlich Abwechslung, so dass viele Urlauber sich nach einem Schnorcheltrip entscheiden, hier ihren ersten **Tauchkurs** zu absolvieren.

Nakhon Si Thammarat

Die geschichtsträchtige Stadt **Nakhon Si Thammarat** ⑩ ist der nächste Stop auf der Route 401. Die zweitgrößte Stadt des Südens, 135 km von Surat Thani und 780 km von Bangkok entfernt, ist historisch sehr bedeutend. Als Zentrum des Buddhismus in der Srivijaya-Periode kontrollierte sie die Gegend für das von Sumatra aus regierte Reich. Viele Funde aus jener Zeit werden hier oder in Bangkok in Museen aufbewahrt.

Oben: Korallenriff mit Seescheiden im Tauchrevier um Ko Tao.

Die Stadt wird *muang phra*, „Stadt der Mönche", genannt, und ist in der Tat voller Tempel, von denen viele die Hauptstraße säumen.

Der bedeutendste und einer von Thailands ältesten Tempeln ist ★**Wat Phra Mahathat**, der im Jahr 757 während der Srivijaya-Periode erbaut wurde. Er liegt heute im Süden der Stadt, da sich das Ortszentrum im Lauf der Zeit verlagert hat. Der *wat* hat einen 77 m hohen *chedi* mit einer vergoldeten Spitze. Daneben befindet sich **Phra Viharn Luang**, dessen Dach von nach innen geneigten Säulen getragen wird. Er gilt als architektonische Kostbarkeit und stammt aus der Sukhothai-Periode (13./14 Jh.). Reste der alten Stadtmauer sind besonders gut in der Nähe des Wat Phra Mahathat zu sehen. Etwas weiter südlich zeigt das **National Museum** ca. 2000 Jahre alte Dong-Son-Bronzegongs, südindische Hindu-Skulpturen sowie Kunst aus Südthailand.

Bekannt sind die Fertigkeiten der Gold- und Silberschmiede und der Tanzmaskenhersteller von Nakhon Si

» Karte S. 132-133, Info S. 167-171

Thammarat. An religiösen Festtagen gibt es Darbietungen von klassischem *Lakhon*-Tanz und traditionellem Schattenspiel. Schattenfiguren aus gehämmerter Büffelhaut gehören zu den typischen Souvenirs der Stadt, ebenso wie kunstvolle Niello-Schmuckstücke.

Eindrucksvoll sind die Vorstellungen des über die Stadtgrenzen hinaus bekannten Schattenspielmeisters Suchart Subsin. In seinem Haus, etwa 100 m vom Wat Mahathat entfernt, hat der Künstler ein kleines Museum errichtet, und hierher lädt er Besucher zum ★**Schattenspiel** ein: Man kann in kleinem Kreis die Darbietung verfolgen und den Meister dabei beobachten, wie er die Puppen tanzen läßt. Längere Vorstellungen werden anlässlich der beiden Feste *Hae Phra Khun That* und *Chak Phra Pak Thai* im Februar und Oktober geboten.

Das Küsten-Resort **Pak Phanang** ⓫ mit seinem langen weißen Strand ist 28 km von der Stadt entfernt. Interessante Ausflüge bieten sich in die Umgebung an, etwa zu den mehrstufigen **Karom-Wasserfällen**, 28 km westlich von Nakhon Si Thammarat.

Kondition braucht, wer den 1835 m hohen **Khao Luang** ⓬ im gleichnamigen Nationalpark bezwingen möchte. Ausgangspunkt ist das Dorf **Khiriwong**, 33 km westlich der Stadt. Dort gibt es einfache Unterkünfte, deren Betreiber auch Träger und Führer vermitteln.

Wenn man die Reise auf der Route 403 und später 41 gen Süden fortsetzt, so erreicht man 840 km von Bangkok entfernt **Phatthalung** ⓭, dessen hoher Kalkberg Besucher schon von weitem grüßt. Auch Phatthalung ist für sein Schattentheater *nang talung* bekannt.

Nur 8 km von der Stadt entfernt liegt der mit Casuarinen gesäumte **Sansuk-Strand** am Nordende des **Thale Luang**, eines großen Süßwassersees.

Hat Yai

Auf der Schnellstraße 4 geht es weiter nach Süden bis **Hat Yai** ⓮, 935 km von Bangkok. Es ist ein lebendiger, chinesisch geprägter Handelsort und die größte Stadt der Provinz Songkhla. Durch ihre Lage an der Hauptdurchgangsstraße, der Bahnstrecke und dem Flughafen ist sie zum wichtigsten Handelsort zwischen Bangkok und Malaysia geworden. An den Wochenenden strömen überwiegend chinesische Touristen aus Singapur und Muslime aus Malaysia in die Stadt, hauptsächlich wegen des freizügigen **Nachtlebens**. Es gibt interessante **Nachtmärkte**, auf denen auch Touristen fündig werden. Hier werden günstige Textilien und schöne Lederwaren verkauft. Ein besonderes Highlight sind die frischen Cashewnüsse.

Neben seinen Goldschmuckgeschäften, Hotels, Kinos, Bars und Nachtklubs bietet Hat Yai, meist am 1. und 2. Samstag jeden Monats, auch **Stierkampf**: Statt einem Matador gegenüberzustehen, kämpfen hier die Stiere gegeneinander (Infos im TAT-Büro).

Songkhla

Songkhla ⓯ (30 km östlich von Hat Yai), die etwas biederere Provinzhauptstadt mit beträchtlichem chinesischen und muslimisch-malaiischen Bevölkerungsanteil hieß einst *Singora*. Sie liegt auf einer Halbinsel, die im Osten an den Golf von Thailand und im Westen an den Songkhla-See, den ★**Thale Sap** ①, grenzt. Der gepflegte, 5 km lange **Samila-Strand** ② mit seinen langen Reihen von Casuarinen, Fischrestaurants und Garküchen zählt zu den Hauptattraktionen der Stadt, das Wasser ist allerdings nicht besonders sauber. An Wochenenden kommen viele malaysische Touristen hierher.

Südlich, im muslimischen Fischerdorf **Kao Seng**, geben fantasievoll bemalte **Boote** schöne Fotomotive ab. Vor dem Kap liegen **Ko Meo** und **Ko Nu**, die Katzen-Insel und die Maus-Insel.

In der Altstadt, besonders an der geschäftigen Binnensee-Seite, stehen

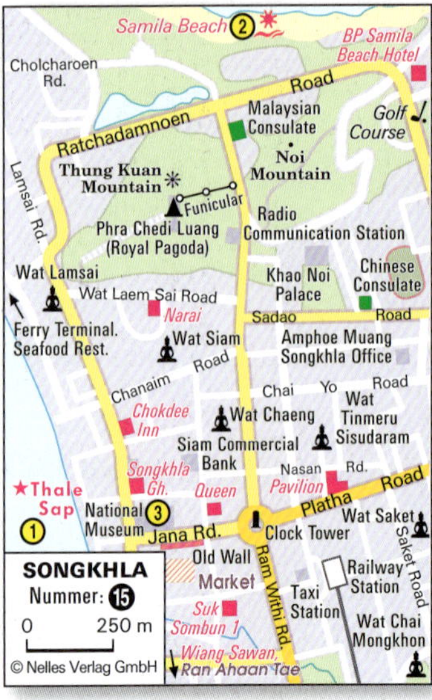

noch pittoreske Kolonialhäuser. In der Nähe der historischen **Stadtmauer** findet man das **Nationalmuseum** ③, untergebracht in einem sino-portugiesischen Gebäude von 1878, mit Kunstschätzen und Funden der Srivijaya-Zeit.

Für die beliebten Fahrten auf dem See kann man am Kai Boote mieten, sie führen meist den See hinauf in den Ranot-Distrikt und zu den Inseln, wie dem Eiland **Ko Yo** im Norden der Stadt, das man auch über die Brücke Tinsulanoda (mit einem 800-m- und einem 900-m-Abschnitt) erreichen kann. Hier befindet sich das **Taksin Folklore Museum** (Institut for Southern Thai Studies), wo man unter anderem dabei zusehen kann, wie auf riesigen Webstühlen Stoffe entstehen. Das Museum bietet einen guten Einblick in die Kultur Südthailands.

Rechts: Meereszigeunerkinder an der Küste der Andamanensee.

Muslimischer Süden

Die vier südlichsten Provinzen Thailands – Satun, Pattani, Yala und Narathiwat – haben einen eigenen Charakter; auf den Straßen sieht man viele verhüllte Frauen, weil hier, anders als im Rest des buddhistischen Königreiches, 80% der Bevölkerung Muslime sind. Einige von ihnen fordern gewaltsam einen unabhängigen Muslimstaat. Noch vor 100 Jahren gehörte diese Gegend zu einem malaiischen Sultanat. Vor einem Besuch sollte man die aktuelle **Sicherheitslage** erfragen!

Die bergige Provinz **Satun** mit ihren Inselchen liegt im Südwesten an der malaysischen Grenze. Ihre Attraktion ist der **★Tarutao Marine National Park** 30 km vor der Küste – mit seinen paradiesischen Inseln ein Geheimtipp: unberührte Natur, kristallklares Wasser und intakte Korallenriffe. Einfache Bungalows gibt es auf Ko Tarutao, Ko Adang und vor allem auf Ko Lipe.

Der Meeresnationalpark umfasst 51 Inseln; **Ko Tarutao** ⑯ ist mit 11x26 km die größte und per Boot von **Pak Bara** (**Pak Nam**), nordwestlich von Satun zu erreichen. 1937-47 war die Insel Strafkolonie für politische Gefangene und zeitweise Piratenstützpunkt. Das Hauptquartier des Parks mit **Visitors Centre** ist in der **Punta-Bucht**. Reservierungen für staatliche Bungalows kann man beim Thailändischen Forstministerium in Bangkok (Tel. 02 579 0529) vornehmen. Beim **Visitors Centre** gibt es ein kleines **Museum** der regionalen Flora und Fauna mit Diavorführungen. Am Strand **Ao Sone** legen **Meeresschildkröten** ihre Eier ab.

Auch die Insel **Ko Adang** bietet Unterkunft in einfachen Hütten und verfügt über Süßwasser. Schnorchler und Taucher schätzen besonders **Ko Rawi** mit seinem langen weißen Sandstrand und den Korallenriffen mit bunter Unterwasserwelt.

16 km westlich von Tarutao liegt die bewohnte Insel **★Ko Lipe** ⑰, auf der

 » Stadtplan S. 144, Karte S. 132-133, Info S. 167-171

Foto: John Everingham

Meereszigeuner leben, die neben Fischerei und Kokosplantagen auch **Bungalows** und Restaurants betreiben. Die kleine Insel (3000 x 400 m) bekamen die Seenomaden von der Regierung geschenkt. Die Menschen leben in einem Dorf mit Schule und einigen kleinen Läden, östlich der Strände. Drei Strände, insbesondere der herrliche ★**Hat Pattaya**, sind gut erschlossen und durch einen Pfad verbunden; es dauert etwa eine halbe Stunde, sie alle zu besuchen. Sie locken mit feinem weißen Sand und glasklarem Wasser. Von Juni bis Oktober sind alle Anlagen geschlossen, da dann der Bootsverkehr eingestellt ist.

An der Ostküste, 105 km von Hat Yai auf der Route 42, liegt **Pattani** ⓲. Hier steht die größte Moschee Thailands, eine Bastion islamistischer Separatisten. Auf dem Weg nach Süden Richtung Narathiwat erstreckt sich beim Dorf **Pase Yawo** der lange Sandstrand **Patatimao**. Das Dorf ist für den Bau von Holzbooten bekannt. Die bunt bemalten ★**Boote** heißen *kohlae* und sind an vielen Stränden zu finden, v. a. am **Hat Panare** ⓳ (43 km östlich von Pattani) und in **Ban Thon**, einem Fischerdorf 6 km nördlich von Narathiwat.

Die Stadt **Narathiwat** ⓴ hat mit dem **Narathat Park** einen schönen Strand. **Phra Buddha Taksin Ming Mongkol** ist ein riesiger, 25 m hoher **Bronzebuddha**, der auf dem Khao-Kong-Hügel 6 km südlich der Stadt Narathiwat sitzt. Weiter südlich auf der Route 4056 liegt **Sungai Kolok**, wo die Straße und die Bahnlinie die Grenze nach Malaysia kreuzen. Hier spielt sich ein lebhafter „Gunstgewerbe-Grenzverkehr" ab.

Die Provinz **Yala** reicht am weitesten von allen nach Süden. Die Hauptstadt **Yala** ㉑ ist ein Ort mit breiten Straßen, der durch die großen Gummiplantagen Wohlstand erlangt hat, aber schon mehrmals Schauplatz islamistischer Attentate war.

Etwa 7 km nördlich von Yala liegt **Wat Khuha Phimuk** (Wat Na Tham); in einem riesigen Höhlentempel ruht ein großer **Liegender Buddha**. Das bedeutende Heiligtum im Srivijaya-Stil reicht bis ins 8. Jahrhundert zurück.

» Karte S. 132-133, Info S. 167-171

Foto: Harald Mielke

AN DER ★★ANDAMANENSEE

Thailands Strände im Südwesten an der **★★Andamanensee** lassen Träume vom „Sonne, Sand und Kokospalmen"-Urlaub wahr werden. Von Phuket und Phang Nga im Norden über die vielen Inseln vor der Küste von Trang und Satun bis zum Tarutao-Nationalpark ganz im Süden umfasst dieses Gebiet einige der beliebtesten und einige der am wenigsten bekannten Ziele Thailands. Hier ist das Meer mit kleinen Inseln gesprenkelt, um die herum sich Korallenriffe aufgebaut haben. Sie locken Taucher, Schnorchler, Touristen in Glasbodenbooten und Fischer an.

Die Küste der Andamanensee ist von Hunderten Buchten zerklüftet, mit tollen Sandstränden, umrahmt von Kokospalmen. Hinter einigen Stränden ragen Turmkarstfelsen auf, eine Laune der Natur, besonders eindrucksvoll in Phang Nga, Krabi und Ko Phi Phi.

Oben: Insel Panyi, Dorf der Meereszigeuner vor einem Turmkarstfelsen (Phang-Nga-Bucht). Rechts: Kannenpflanzen (Nepenthes alata) sind fleischfressende Pflanzen, die in den tropischen Regenwäldern Thailands an Baumstämmen emporranken.

Meereszigeuner leben hier noch in Pfahlbauten; Muslime besuchen zum Abendgebet die Moschee; chinesischstämmige Thailänder unterhalten in Phuket Tempel und feiern Anfang Oktober ein prächtiges taoistisches Fest.

Am 26.12.2004 suchte eine verheerende Seebebenwelle viele Strände an der Andamanensee heim, forderte tausende Opfer und verursachte schwere Schäden. Der Wiederaufbau ist weitestgehend abgeschlossen.

Provinz Ranong

Von Chumpong Richtung Südwesten, 8 km südlich von **Kra Buri** ㉒, durchquert der Highway 4 den **Isthmus von Kra**, die schmalste Stelle zwischen dem Golf von Thailand und der Andamanensee: hier trennen nur 44 km die beiden Ozeane Indik im Westen und Pazifik im Osten. Schon seit die ersten indischen Händler Jahre vor Christus'

» Karte S. 132-133, Info S. 167-171

Geburt ihre Waren auf dem Landweg mühselig mit Hilfe von Karawanen hinübertransportierten, besteht der Plan, am Isthmus von Kra einen schiffbaren Kanal zu bauen. So wäre es möglich, den langen, durch Piraten gefährdeten Seeweg um die malaiische Halbinsel abzukürzen. Ob Kolonialmächte oder der thailändische Staat den Kanal planten – bisher scheiterten alle Projekte, denn nicht alle Staaten der Region haben ein Interesse an dem Bau. Vor allem Singapur müsste dann um seine Bedeutung als größter Handelshafen – seine unverzichtbare Existenzgrundlage – bangen, und Malaysia sieht ebenfalls nichts Positives im Kanalbau. Derzeit angedacht ist, als Kanalersatz, zumindest eine Eisenbahnlinie zwischen Surath Thani und Phuket.

In der Nähe der Landenge lockt die große **Phra-Khayang-Höhle** mit unzähligen Fledermäusen und prähistorischen Felsmalereien – touristisch erschlossen und beleuchtet.

15 km vor Ranong rauscht der **Punyaban-Wasserfall**. Insgesamt 115 km sind es von Chumphon bis zur Provinzhauptstadt **Ranong** ㉓, Zentrum der bevölkerungsärmsten, aber regenreichsten Provinz. Hier ist sino-portugiesische Architektur im Kolonialstil erhalten. Ähnliche Stilformen kann man auch noch in Phuket, Songkhla sowie in Penang und Malakka (Malaysia) finden. Im ★**Wat Tapotharam** entspringt eine sehr heiße **Thermalquelle**: 2 km östlich des Stadtzentrums sprudelt das Wasser mit 65 °C aus dem Boden und füllt ein Becken, das mitten im Wald liegt. Der öffentliche **Park** dort verfügt über Ruhezonen. Hier kann man kostenlos in unterschiedlich warmen Pools baden. Heruntergekühlt genießt man das Thermalwasser auch in den Bädern des Hotels **Jansom Thara** gegen eine Gebühr.

Jenseits des La-un, in der Stadt **Kaw Thaung** in Burma, liegt ★**Victoria Point** (*Bayint Naung*). Boote überquren die Bucht (700 Baht); für Ausländer organisieren die Hotels Tagesausflüge

Foto: Asisa Madian

und kümmern sich um den Border Pass. Aber auch eine Einreise nach Myanmar für längere Aufenthalte ist hier möglich. Auf dem lebhaften **Markt** auf der anderen Seite sind burmesische Souvenirs und Lebensmittel zu erhalten, aber vieles davon gibt es auch in Ranong zu kaum höheren Preisen.

Nur zwei Stunden mit dem Boot von Ranongs Hafen **Sapa Pla** entfernt liegen die bei Rucksackreisenden beliebten, noch wenig touristisch entwickelten und sehr ruhigen Inseln **Ko Chang** ㉔ und **Ko Phayam** ㉕, auf denen es gute Strände und einfache Bungalowunterkünfte gibt.

Weiter südlich bietet der **Laem-Son-Nationalpark** ㉖ herrliche Strände, Korallenriffe und Bungalows.

In **Phae Chumphon**, dem Pier von **Khura Buri** ㉗, legen Boote zu den zum Schnorcheln und Tauchen idealen, rund 50 km entfernten Surin-Inseln ab. Viel näher, unmittelbar vor der Küste, liegen die – auch mit Kayaks erreichbaren – Eilande **Ko Ra** und **Ko Phra Thong**, beide mit schönen Stränden im Westen.

» Karte S. 132-133, Info S. 167-171

Foto: Paul Spierenburg

★Khao Lak

Zwischen Ranong und dem 258 km entfernten Phuket führt die Nationalstraße 4 entlang der zerklüfteten Küste der Provinz Phang Ngan mit mehreren Naturschutzgebieten. Der schöne 12 km lange Küstenabschnitt **★Khao Lak ㉘** wurde von der Tsunami-Welle am 26.12.2004 am schwersten getroffen. Heute sind die meisten Hotels wieder in Betrieb, und es gibt ein Frühwarnsystem. Khao Lak eignet sich gut als Urlaubsziel für Familien, wenngleich man auf die teils starken Unterströmungen im Wasser achten sollte. Auch Taucher kommen hier auf ihre Kosten.

Noch nicht an allen der zu Khao Lak zählenden Strände sind die Schäden vollständig beseitigt, doch das Wiederaufgebaute kann sich sehen lassen. Vor allem am **Nang Thong Beach** gibt es zahlreiche Hotels, Resorts, Restaurants und Geschäfte. Etwas weniger erschlossen sind der **Khao Lak Beach** im Süden und der **Bang Niang Beach** im Norden. Die Ausstattung der neuen Hotels und Bungalowanlagen ist geschmackvoll, das Preisniveau gehoben.

Khao Laks Strände sind malerisch weiß, teils durchzogen von dunklen Spuren des Zinns, welches früher hier abgebaut wurde. Direkt hinter den Stränden erheben sich die Urwaldriesen des **Lamru-Nationalparks** – eine beeindruckende Badekulisse. Zwischen den Stränden finden sich malerische Buchten mit zahlreichen Lagunen, die aus den Bächen des Waldes gespeist werden. Bei Ebbe kann man herrlich am Strand entlangwandern oder einen Ausflug zum westlichsten Punkt Thailands, dem **★Leam Pakarang**, unternehmen. Auch ein Ausflug in den oberhalb des Khao Lak Beach gelegenen **★Asia Safari Park** lohnt. Die angebotenen Elefantenritte führen durch abwechslungsreiches Gelände, und es gibt manchmal sogar Elefantennachwuchs zu bestaunen.

Oben: Elefantenritt im Regenwald des Khao-Sok-Nationalparks. Rechts: Bizarre Felsformationen auf den Similan-Inseln.

» Karte S. 132-133, Info S. 167-171

Foto: Rainer E. Kunert

Für Naturfreunde empfiehlt sich ein Ausflug nordwärts in den 739 km^2 großen ★**Khao-Sok-Nationalpark** ㉙, wo Wanderwege durch Regenwald und Turmkarstlandschaften zu Wasserfällen und Karsthöhlen führen. Bootsfahrten durch die **Nam-Talu-Höhle** sind nur in der Trockenzeit ungefährlich; sie liegt nahe dem **Rachabrapha-Damm**, der den riesigen **Chia-Lan-See** aufstaut. Die **Khang-Khar-Höhle** beherbergt eine Fledermauskolonie. Im Park leben außerdem Tiger, Leoparden, Elefanten, Affen, Vögel und unzählige große bunte Schmetterlinge.

★★Similan-Inseln und ★Surin-Inseln

Rund 60 km vor der Küste liegen zwei als Tauch- und Schnorchelparadiese bekannte **Meeresnationalparks**: die ★★ **Similan-Inseln** ㉚ und, nördlich davon, die ★**Surin-Inseln** ㉛. Die Surin-Inseln können mit Booten von Phae Chumphon bei Khura Buri erreicht werden, die Similan-Inseln von Thap Lamu bei Khao Lak. Tauchschulen, u.a. in Phuket und Khao Lak, bieten spezielle Taucher-Ausflüge an.

Die „Similans" zählen zu den zehn schönsten Tauchrevieren der Erde und ziehen Taucher und Schnorchler in ihren Bann. Die besten Tauchgebiete liegen in 12-40 m Tiefe. Schnorchler finden ab 2 m bis etwa 9 m Tiefe herrliche Korallenbänke. Übernachtung bieten nur einfache Bungalows auf **Ko Miang** (Kontakt: Ko Similan National Park, Tel. 076 421 365, nicht in der Regenzeit von Mai bis Mitte November). Die beiden Inselgruppen sind aber nicht nur für ihre Korallenriffe berühmt, sondern auch dafür, dass vor ihren Küsten oft **Wale** und **Delfine** zu beobachten sind.

Die meisten Taucher kommen mit einem Tauchveranstalter auf einer ★**Tauchsafari** hierhier. Während der 2-5 Tage dauernden Touren wird auf dem Boot in Kojen geschlafen. Es gibt täglich etwa drei Tauchgänge. Touren führen auch nach Myanmar zu den kaum erschlossenen **Burma Banks**. Besonders die Monate Februar bis April

sind günstig für einen solchen Tauchausflug.

★★Phang-Nga-Bucht

Die **★★Phang-Nga-Bucht** nördlich von Phuket ist mit Naturschönheiten gesegnet, die Weltruhm erlangt haben. Erinnern Sie sich an die Szene in dem James-Bond-Film *Der Mann mit dem goldenen Colt,* in der 007 durch eine traumhafte Bucht rast, dabei unzähligen Felsen ausweichen muss und schließlich auf einem geheimnisvollen Inselchen landet, einem Karstfelsen, der aus dem Meer ragt? Diese Szenen wurden in der Gegend um Khao Tapu in der Phang-Nga-Bucht gedreht.

Rechts: Der berühmte James-Bond-Felsen (Khao Tapu) in der Bucht von Phang Nga.

Die meisten Besucher folgen James Bonds Spuren mit gecharterten Longtail-Booten, die allerdings deutlich gemächlicher unterwegs sind als das Schiff des Agenten. Reiseveranstalter in Phuket bieten auch beschauliche **★Kajak-Touren** zu den überwältigenden Naturschönheiten der Inselchen an. Gern mieten sich Besucher auch in einer der kleinen Buchten ein Boot, etwa südlich der Stadt **Phang Nga** in **Chap Phrae** ㉜ (Tha Dan Pier). Die beste Reisezeit ist zwischen Dezember und April, denn dann ist der Himmel besonders klar und das Foto-Licht sehr gut.

Der **★★Phang-Nga-Meeresnationalpark** mit seinen 400 km² kann kaum

» Karte S. 150, Info S. 167-171

Foto: Volker W. Radke

an einem Tag erforscht werden. Auf der Karstinsel **Panyi** ㉝ gibt es ein **Pfahldorf** muslimischer „Meereszigeuner" – am Ufer, ganz auf Stelzen erbaut; in seiner Mitte ragt eine pittoreske Moschee auf, und am Pier warten **Seafood-Restaurants** auf Mittagsgäste. Man kann hier auch übernachten.

★**Khao Tapu** ㉞ (Khao Ping Gan), die berühmte malerische „James-Bond-Insel", wird in der Hochsaison von unzähligen Touristenbooten und fliegenden Händlern heimgesucht.

Eine weitere Attraktion ist die wunderschöne Höhle ★**Tham Lod** ㉟ mit ihren verblüffenden Kalkformationen und Tropfsteinen, die man im Boot durchfahren kann.

Ruhe, ländliche Idylle, kleine Dörfer von muslimischen Fischern und Bauern, Kokos- und Kautschukplantagen, Wanderwege im bewaldeten Inneren und einige akzeptable Ostküstenstrände findet man auf der 12 km langen Insel **Ko Yao Noi** ㊱, zu erreichen am besten von Chap Phrae, Bang Rong (Phuket) oder Ao Thalen (Provinz Krabi).

★★Insel Phuket

Der stärkste Urlaubermagnet der Andamanensee ist die ★★**Insel Phuket** ㊲. Dieses Eiland vor einer Landzunge in Thailands Südwesten war europäischen Seefahrern schon seit Jahrhunderten bekannt, aber erst Ende der 1970er Jahre erreichte der Pauschaltourismus die Insel, auf der bis dahin nur Rucksackreisende die einsamen Strände genossen hatten, oft mit kaum mehr als einem Lächeln bekleidet.

Wie auf Bali in Indonesien oder Boracay in den Philippinen sind auch hier die dschungelbewachsenen Berge, die von Kokospalmen umrahmten Buchten, die schönen Sandstrände und die vorgelagerten Inseln mit ihrer Unterwasserwelt vom Pauschaltourismus erobert worden. In wenigen Jahren hat sich das ehemalige Traveller-Paradies völlig verändert, und Phuket ist, auch durch seinen **Internationalen Flughafen**, zu einer der meistbesuchten Urlaubsinseln Südostasiens geworden.

Bungalowsiedlungen wurden quasi

Foto: Paul Spierenburg

über Nacht aus dem Boden gestampft. In Patong Beach entstand eine Vergnügungsstraße, im Stil von Pattayas „Strip" oder Bangkoks Patpong, und ein Strand nach dem anderen wurde „entwickelt", meist übereilt, mit schnell hochgezogenen Hotels, Restaurants, Bars und Geschäften. Doch glücklicherweise überstrahlt immer noch die Schönheit der Natur einige Bausünden. Längst ist auch offiziellen Stellen klar geworden, dass Planung und Kontrolle unbedingt nötig sind.

Phuket ist die größte Insel Thailands und ihre einzige Inselprovinz. Es hat etwa die Größe von Singapur und liegt 870 km südlich von Bangkok im Indischen Ozean. Schon bevor der Tourismus-Boom hier ausbrach, lebte die Insel aufgrund ihrer Zinn- und Gummiproduktion in gewissem Wohlstand. Dank ihrer Lage mitten auf der alten Handelsroute zwischen Indien und China kann sie auf eine sehr lange und ereignisreiche Geschichte zurückblicken. Nach den Logbüchern alter Seefahrer kamen indische, arabische, chinesische und europäische Händler nach „Dschunken-Ceylon", wie Phuket von dem britischen Gründer Penangs genannt wurde. Aber nicht alle Besucher waren nur am Geschäft interessiert. Zwei Monate nach dem Fall von Ayutthaya lenkten 1767 die Burmesen ihre begehrlichen Blicke auf die Insel. Nur durch die Anstrengungen der Frauen von Thao Thep Kasattri und Thao Sisunthon, die die Inselbewohner zum Widerstand anstachelten, wurden die Angreifer zurückgeschlagen. Heute erinnert ein Denkmal an ihre patriotische Tat.

Oben: Phuket verwöhnt seine Gäste mit freundlichem Service.

Das Klima von Phuket ist etwas anders als das des restlichen Landes. Es gibt zwei Jahreszeiten, die Regenzeit mit dem Monsun von Mai bis Oktober und die heiße Trockenzeit von November bis April. Doch die Ankündigung von Regen sollte Besucher keinesfalls abhalten, denn er dauert selten länger als eine Stunde, reinigt die Luft und lässt die üppige Vegetation kräftig sprießen. Die beste Reisezeit sind die Monate November bis Februar, in denen die Temperaturen zwischen 21 und 34 °C liegen.

Phuket ist ein Paradies für **Sportbegeisterte**. Die Wassersportarten wie Surfen, Segeln, Tiefseefischen, Wasserski und Tiefseetauchen sind gut organisiert und an allen größeren Stränden und Resorts gibt es Ausrüstung und Lehrer. Der Phuket Country Club mit seinen internationalen Turnieren ist auch offen für Golf-Amateure, und die meisten größeren Hotels haben Tennisplätze. Viele Besucher halten sich auch mit Beachvolleyball-Spielen fit, die sich allabendlich spontan an den Stränden ergeben, oder joggen früh am Morgen über den weißen weichen Sand.

Neben seinen Stränden und den Wassersportarten ist Phuket auch für sein **Seafood** bekannt. Phuket-Hummer ist eine wahre Delikatesse, und abends ist die Luft erfüllt vom Duft von Krebsen, Riesengarnelen und auf dem

» **Plan S. 153, Info S. 167-171**

5 Südthailand

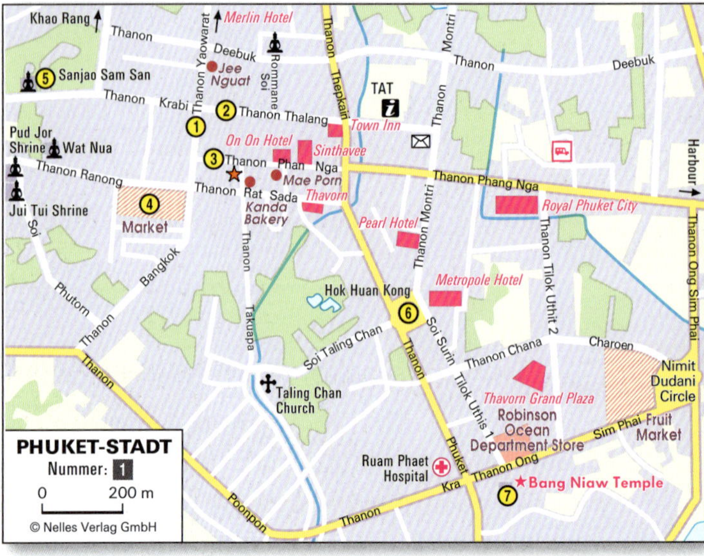

Holzkohlenrost gegrillten Krabben. Die Insel hat aus einer Mischung von thailändischen, chinesischen und muslimischen Traditionen eine ganz eigene Küche entwickelt, die zusammen mit exotischen Cocktails aus Kokos, Ananas und Thai-Whisky ein vortreffliches Menü verspricht.

Phuket-Stadt

Im Südosten der Insel liegt die **Stadt Phuket** 1, das Zentrum der Provinz. Vom **Khao Rang** (Phuket Hill) mit seinen Aussichtsrestaurants hat man einen guten Blick auf die Stadt und den Hafen. Verstreut findet man einige alte **Villen** im Kolonialstil, die sich hinter hohen Mauern unter schattenspendenden Bäumen verstecken und an die Gummi- und Zinnmagnaten des 19. Jh. erinnern.

Im alten Stadtzentrum, an der **Thanon Yaowarat** ① und der **Thanon Thalang** ②, aber auch an der **Thanon Phang Nga** ③ laden noch schöne sino-portugiesische ★**Shophouses** der alteingesessenen chinesischen Bevölkerung zu einem Einkaufsbummel ein. Hier gibt es neben Lebensmittel-, Stoff-, Souvenir- und Schmuckgeschäften auch gute einheimische Restaurants. Am **Markt** ④ im Zentrum, an der **Thanon Ranong**, werden tagsüber die exotischsten Tropenfrüchte verführerisch-appetitlich präsentiert.

In manchen Seitengassen kann man noch einheimische Handwerker beobachten, etwa bei der Herstellung von Sonnenschirmen sowie von Lack-, Silberschmiede-, Schmuck- und Seidenwebarbeiten. Den prägenden Einfluss chinesischer Einwanderer im 19. Jahrhundert belegen nicht nur die Geschäfte, sondern auch die Tempel in Phuket-Stadt, wie der Schrein **Sanjao Sam San** ⑤ und der **Hok Huan Kong** ⑥ (beim Uhrturm). Der ★**Bang-Niaw-Tempel** ⑦ in der Phuket Road ist der größte der Stadt – ein dem Gott der Vegetarier geweihter taoistischer Tempel. Während des Vegetarierfestes werden

Rechts: So martialisch geht es teilweise beim Vegetarian Festival (September/Oktober) in Phuket zu.

» Plan S. 153, Stadtplan S. 154, Info S. 167-171

Foto: Luca Invernizzi Tettoni

vor den Tempeln masochistisch anmutende Rituale vollzogen (siehe unten). Innerhalb der Stadt fahren Linienbusse auf zwei Hauptrouten. Zu den Hauptstränden fahren regelmäßig Busse ab Phuket-Stadt. Zudem kann man sich ein Tuk-Tuk, ein Motorradtaxi oder ein Taxameter-Taxi mieten, um den Strand seiner Wahl zu erreichen.

Vom **Hafen** Phukets, im Süden, starten während der Saison Boote u.a. nach Krabi, Ko Phi Phi und Ko Lanta.

★★Vegetarierfest

Das 9-tägige **★★Vegetarian Festival**, welches am ersten Tag des 9. Mondmonats (Ende September / Anfang Oktober) gefeiert wird, ist in aller Welt bekannt. Zahlreiche Opfergaben schmücken dann die Tempel, Weihrauch wabert in dicken Schwaden durch die Luft. Es gilt, neun Götter, die die Erde besuchen, in Empfang zu nehmen. Die taoistischen Chinesen Phukets halten in diesen Tagen streng vegetarische Diät und töten keine Tiere.

Doch das Fest ist keineswegs harmlos und friedfertig: Die in weiß gekleideten Gläubigen vollführen martialisch anmutende Bußübungen. Dazu gehört das Laufen über glühende Kohlen ebenso wie das Durchstechen der Wangen mit spitzen Speeren. Ziel ist die innere Reinigung. Auch der Glaube an den Schutz der Götter wird derart unter Beweis gestellt: Es fließt nur selten Blut, und die Gläubigen scheinen auch keinen Schmerz zu verspüren. Wissenschaftler gehen davon aus, dass diese phänomenale Kontrolle über Körper und Geist vor allem auf jahrelange Meditation und Übung zurückzuführen ist. Das Fest endet am 9. Tag mit einer Drachenprozession, mit deren Hilfe die Gläubigen die nun besänftigten Götter wieder in den Himmel geleiten.

Phukets Strände

Was die Insel so anziehend macht, ist ihre wunderschöne, vielfältige Küste. Man erfreut sich an kleinen Buchten und langgezogenen Stränden mit wei-

Foto: Paul Spierenburg

ßem Sand, doch dann, hinter der nächsten Felsnase, tobt einem die Brandung entgegen und bäumt sich an zerklüfteten Felsen schäumend auf. Die schönsten Strände findet man an Phukets Westküste, zum Indischen Ozean hin.

Im Norden verbindet die **Sarasin-Brücke** 2 die Insel mit dem Festland. Von dort nach Süden erstrecken sich zwei lange, ruhige Strände, **Mai Khao** 3 und **Nai Yang** 4, die beide Teil des **Sirinat-Meeresnationalparks** sind. In den Wintermonaten kommen Riesen-Wasserschildkröten hier an Land, um ihre Eier in den Sand zu legen. Am südlichen Ende des sehr schönen Nai Yang Beach, nahe dem **Internationalen Flughafen** 5, gibt es an der Strandstraße einige Hotels und Seafood-Restaurants.

Im Marktort **Thalang** 6 steht der **Wat Phra Thong** mit einer teilweise eingegrabenen Buddha-Statue. Die Legende erzählt, dass einst ein Junge an diesen ruhigen Ort kam, um sich im Schatten auszuruhen. Seinen Büffel band er an einem Pfahl fest, der aus dem Boden stak. Er und das Tier wurden krank, worauf die Dorfbewohner kamen, um diesen seltsamen Zwischenfall zu untersuchen. Es stellte sich heraus, dass der Pfahl das obere Ende eines goldenen Buddhas war, der vor langer Zeit hier im Sand vergraben worden war. Nur der obere Teil wurde ausgegraben und der heute zu sehende Tempel darüber gebaut, denn jeden, der weitergraben wollte, befiel irgendein Unheil. So vertrieb z. B. ein Hornissenschwarm burmesische Plünderer.

Oben: Blick auf die Südwestküste von Phuket mit Kata-, Karon- und Patong Beach. Rechts: Songkran-Fest in Phuket – die Wasserpistolen können gar nicht groß genug sein!

Östlich von Thalang (20 km nördlich der Stadt Phuket) liegt das Schutzgebiet ★**Khao-Phra-Thaeo** 7 mit dem **Ton-Sai-Wasserfall** im Westen und dem **Bang-Pae-Wasserfall** im Osten. Beide eignen sich in und nach der Regenzeit zum Baden. Man gelangt zu den Pools, wenn man dem Weg auf den 450 m hohen Khao Phra folgt. Bären, Affen, Gibbons, Stachelschweine und über hun-

» Plan S. 153, Info S. 167-171

Foto: Willi Schwend

dert Vogelarten bevölkern das Gebiet. Es gibt dort auch ein ★**Gibbon-Rehabilitationszentrum**. Diese Einrichtung zur Rettung der Gibbons wurde 1992 gegründet und kümmert sich seither vor allem um jene Affen, die in Bars und Kneipen zur Belustigung der Touristen gehalten wurden und werden. Diese Affen sind meist nikotin- und alkoholabhängig und stark verhaltensgestört. Im Zentrum lernen sie, in Familienstrukturen ohne Suchtgifte zu leben. Einige können tatsächlich wieder in die Natur entlassen werden. Noch immer wird man als Tourist öfter am Strand angesprochen, ob man sich nicht mit einem niedlichen kleinen Affenbaby fotografieren lassen möchte. Dies sollte man unbedingt ablehnen, damit nicht weiterhin wilde Affen gefangen werden!

Der kleine **Nai-Thon-Strand** 8 ist die richtige Adresse für diejenigen, die einen ruhigen Badeurlaub verbringen wollen: Es gibt dort ein paar wenige Resorts, aber noch kaum anderes touristisches Angebot. Die Anlagen sind recht luxuriös. Derzeit entsteht nicht nur eine Eigentumswohnanlage oberhalb des Strandes, sondern auch ein großer Hotelkomplex ist geplant. Sollte dieser tatsächlich gebaut werden, wird der Strand wohl einiges an Charme einbüßen. Wundervoll ist und bleibt aber das Meer, in dem es sich herrlich schwimmen lässt.

Weiter südlich folgt der 8 km lange **Ao BangTao** 9, oft auch Laguna Beach genannt, der besonders von Windsurfern geschätzt wird. Der Strand ist touristisch voll erschlossen, es gibt dort auch einen **Golfplatz**.

Noch weiter südlich folgen äußerst malerische Buchten: Am **Pansea-Strand** 10 ist das legendäre **Amanpuri Hotel** beheimatet, das als eines der schönsten Luxushotels Südthailands gilt.

Am **Surin-Strand** 11 gefährden oft starke Strömungen Badende, die sich zu weit ins Meer hinauswagen. Das gleiche gilt auch für **Hat Laem Singh** 12 und **Hat Kamala** 13, zwei weitere, traumhafte Strände mit Unterkünften in allen Preislagen.

Die Attraktion des kleinen Muslimortes **Kamala** ist das ★★**Phuket Fanta Sea**. Der 35 ha große **Themenpark** lädt zu einer spektakulären Show und einem leckeren Dinner. Nachdem man den Palast der Elefanten, der im Stil der Khmer erbaut ist, durchquert hat, gelangt man zum 3000 Sitzplätze fassenden Vorstellungsraum. Hier startet allabendlich die Show: Die Geschichte **Fantasy of a Kingdom** erzählt von König Rama, vom Affengeneral Hanuman und von Prinz Kamala. Neben Schauspielern sind auch Tiger, Elefanten, Tauben und Wasserbüffel auf der Bühne zu sehen.

Der ★**Patong-Strand** 14, der am intensivsten kommerziell entwickelte Strand der Insel, wurde von der Flutwelle 2004 besonders hart getroffen. Heute locken wieder Bungalows, Hotels und Luxusresorts auf über 3 km; viele Nachtclubs, Bars, Diskotheken, Restaurants und Läden reihen sich entlang der Strandstraße aneinander. Dieser Strand eignet sich besonders für Aktivurlauber: Windsurfen, Fallschirmsegeln, Schnorcheln, Tauchen, Segeln und Wakeboarden werden hier angeboten. Patong selbst ist längst eine pulsierende Stadt, die weit ins Hinterland hinein gebaut ist. Zahlreiche Boutiquen und Shops verlocken zum Stöbern. Trotz der vielen Touristen ist der Strand sauber.

Auf der anderen Seite der Landzunge im Süden von Patong liegen die langen Sandstrände ★**Karon** 15 und ★**Kata Yai** 16 mit vielfältiger touristischer Infrastruktur. ★**Kata Noi** 17 ist eine traumhafte kleine Bucht und etwas ruhiger. Der südlichste Strand der Westküste ist **Nai Harn** 18, gesäumt vom **Phuket-Yachtclub** auf der einen und vom **Kap Phromthep** 19 auf der anderen Seite. Das Kap ist der südlichste Punkt der Insel und bietet einen schönen ★**Ausblick** und eindrucksvolle Sonnenuntergänge. Auf der Serpentinenstraße geht es hinauf bis zum **Leuchtturm** und einem Denkmal, an dem öfter Opfergaben für den Gott Brahma dargebracht werden.

 » Plan S. 153, Info S. 167-171

Foto: Martin Thomas

Der südlichste Sandstrand an Phukets Ostküste ist **Rawai** 20, nicht ideal zum Baden, aber perfekt zum Seafood-Essen, auf Matten am Strand sitzend.

Auch in die nördlich anschließende **Chalong-Bucht** 21 kommen am Wochenende die Einheimischen aus der Stadt Phuket (11 km) vor allem wegen der guten Fischrestaurants. Im **Wat Chalong** sind die Schreine zweier in Phuket hochverehrter Mönche aufbewahrt. Den Ostabschluss der Chalong-Bucht bildet das **Phanwa-Kap**; hier befindet sich das Wissenschaftliche Meeresbiologie-Institut mit seinem sehenswerten ★**Aquarium** 22.

Krabi

Die **Provinz Krabi** erfreut sich zunehmender Beliebtheit, da sie attraktive weiße ★**Strände**, kleine Inseln mit Korallenriffen und noch viel unberührte Natur mit Wäldern, Höhlen und Wasserfällen besitzt. Ungewöhnliche Kalkfelsformationen sind für die Gegend charakteristisch. In den 1980er Jahren entdeckten zunächst die Rucksacktouristen die Gegend um Krabi. Die Schönheit der Gebietes hat sich schnell herumgesprochen, so dass heute fast jeder Reiseveranstalter Krabi als Urlaubsziel anbietet und nun auch große Ferienflieger auf dem **Internationalen Flughafen** 8 km nordöstlich der Stadt **Krabi** 38 landen.

Oben: Phra Nang, einer der schönsten Strände der Provinz Krabi.

Susarn Hoi 1, der „Muschel-Friedhof", erstreckt sich 17 km südwestlich von Krabi. Dieses Kap ist vor allem bei Thais und bei Fossilienfreunden beliebt, die hier gern einen Besichtigungsstopp einlegen. Bei Ebbe ist eine flache Felsplatte mit versteinerten Schnecken und Muscheln zu sehen, die hier vor 75 Millionen Jahren zugrunde gingen. Diese Art **Fossilienfriedhof** ist extrem selten, auf der ganzen Welt gibt es solche Gesteinsformation angeblich nur noch in Japan und in den USA.

Westlich von Krabi liegen traumhafte Strände wie der etwa 1300 m lange

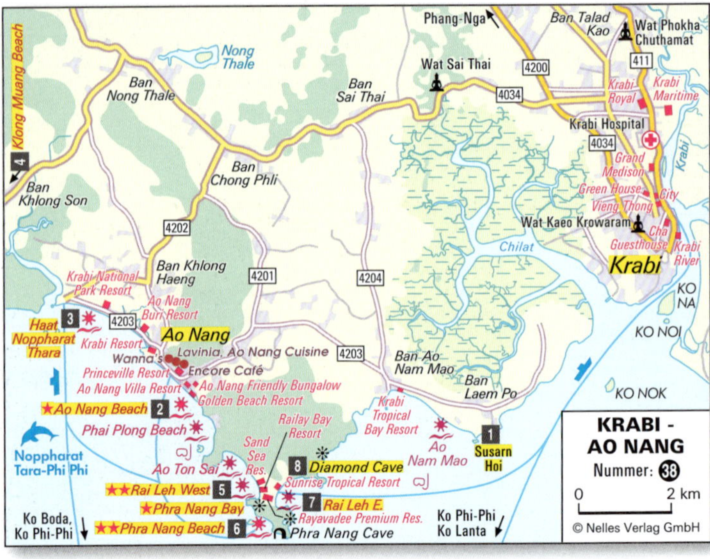

★Ao-Nang-Strand **2** (18 km bzw. 30 Minuten von Krabi). Beeindruckend ist hier der Blick hinaus aufs Meer, denn am Horizont erheben sich die bizarren Felsen der Ko-Boda-Inselgruppe. Der Ao-Nang-Strand ist besonders gut erschlossen, das Publikum international, die kleine Stadt hinter dem Strand verfügt über alle erdenklichen touristischen Angebote. Man kann kochen lernen, Elefantenritte, Boots-, Tauch-, Kajak- und Fahrradtouren buchen und in einem der zahlreichen guten Restaurants Meeresfrüchte essen. Eine Vielzahl guter Hotels hat sich hier einen Namen gemacht. Dem Trend entsprechend gibt es am Ao-Nang-Strand Wellness-Oasen und auch Lokale mit gesunder Kost.

An Ao Nang schließt sich der einladende, ungefähr 2000 m lange Strand **Haat Noppharat Thara** **3** (Strand des Neun-Edelsteine-Flusses) an, der größere Gezeitenschwankungen aufweist und bereits zum **Meeresnationalpark Noppharat Tara-Phi Phi** gehört.

Ziemlich flach fällt der **Klong Muang Beach** **4** im Nordwesten in die blaue Andamanensee ab.

Nur mit dem Boot erreicht man die beliebte **★Phra Nang Bay** mit den tollen Stränden **★★Rai Leh West** **5** und **★★Phra Nang** **6**, und den seichten, zum Schwimmen weniger geeigneten **Rai Leh East** **7**. Die Halbinsel Rai Leh ist derart von **Kalkfelsen** eingeschlossen, dass sie nicht mit dem Auto erreicht werden kann (auch wenn Taxifahrer dies behaupten). Nachdem Ende der 1980er die ersten Traveller-Bungalows entstanden, hat sich einiges getan: herrliche Strandhotels locken gutbetuchte Gäste hierher. Am **Kap Phra Nang** steht in besonders exklusiver Lage das teuerste Strandhotel der ganzen Region, das luxuriöse **Rayavadee Premier Resort**.

Da auch Tagesausflügler die Buchten zu schätzen wissen, ist an den Stränden viel Betrieb. Der beste Beach zum Baden ist Rai Leh West, am landschaftlich herrlichen Phra-Nang-Strand beeindrucken v. a. die steil aufragenden Felsen. Die

Rechts: Bootsausflug von Ao Nang zu der kleinen Insel Pakbia.

 » Plan S. 160, Info S. 167-171

Foto: Jiri Stach

beiden Hauptstrände sind durch einen schmalen Weg miteinander verbunden, in dessen Mitte ein Pfad zu einem Aussichtspunkt mit dem treffenden Namen **Super-Viewpoint** hinauf führt.

Neben dem Sandstrand sind es vor allem die Felsen und Höhlen, die Besucher hierher locken. Die **Grotte der Prinzessin** (Phra Nang Cave) im Süden, direkt am Meer, beeindruckt mit großartigen Tropfsteinen. Auch die **Diamond Cave** 8 (Tham Phra Nang Nai) am Rai-Leh-Oststrand ist zu besichtigen. Kletterfreaks kommen am Rai-Leh-Strand (West) auf ihre Kosten. Hier kommen auf über 650 gesicherten **Kletterrouten** Geübte ebenso wie Anfänger zum Zug. Auch das Zuschauen ist spannend – **Kletterschulen** bieten Kurse für Newcomer an.

Boote bringen Tagesausflügler von Ao Nang zur hübschen Bade- und Schnorchelinsel ★**Ko Boda** (Ko Puda). Diese nur etwa 1 km² große Insel ist besonders für Schnorchelfreunde einen Ausflug wert. Im Norden und Westen locken hier **Korallenriffe**. Der herrliche ★**Sandstrand** im Osten stellt vor allem Sonnenanbeter zufrieden. Meist ist ein Bootsausflug kombiniert mit dem Besuch weiterer Inseln wie z.B. **Ko Hua Khwaan**. Wer auf Ko Boda übernachten will, schläft entweder im Hotel (Krabi Resort) oder in einem Zelt.

Weit in die Frühgeschichte kann man blicken, wenn man die erst 1986 entdeckte Grotte ★**Lang Rongrien** 39 besucht, etwa 15 km nördlich von Krabi. Es wurden Knochen, Steinwerkzeuge und Höhlenzeichnungen gefunden, die darauf schließen lassen, dass hier bereits vor 30 000 Jahren Menschen gelebt haben.

An der Nationalstraße 4, nahe der Stadt **Ao Luk** und der gleichnamigen Bucht, befindet sich der ★**Than-Bokkoroni-Nationalpark** 40, eine Oase zwischen Bäumen und Felsen. In diesem romantischen kleinen Park gibt es mehrere Flüsse, **Wasserfälle** stürzen über Felsen und bilden Teiche, in denen Lotusblüten schwimmen – am Wochenende ist dies ein populäres Picknick-Ausflugsziel von Thai-Familien.

Foto: Nici Heuke (Fotolia)

Wer sich für die Geschichte der Provinz interessiert, kann 41 km südöstlich von Krabi im ★**Wat Klong Thom Museum** von **Klong Thom** ㊶ außergewöhnliche Exponate sehen; die meisten stammen aus der Zeit vor 900 Jahren, als das Gebiet ein wichtiges Handelszentrum war.

★★Ko Phi Phi

Die Insel ★★**Ko Phi Phi Don** ㊷ im **Mu-Ko-Phi-Phi-Meeresnationalpark** gleicht mit ihren beiden durch eine schmale Landbrücke verbundenen Bergen einer Hantel. Die Klippen fallen steil ins Meer ab und färben das kristallklare Wasser leuchtend türkisblau. Ko Phi Phis Strände sind traumhaft weiß, und mancher Urlauber wähnt sich im Paradies. Allerdings hat man nach dem verheerenden Tsunami von 2004 Bausünden der Vergangenheit wiederholt.

Oben: Die Insel Ko Phi Phi Don hat die Form einer Hantel; ihre beiden Teile sind durch eine schmale Landbrücke miteinander verbunden.

Der Hauptort der Insel, **Ban Laem Tong** 1, wurde einst durch die Tsunamiwelle niedergewalzt. Leider hat man die Chance eines nachhaltigen Wiederaufbaus vertan. Stattdessen reihen sich erneut Bungalowanlagen, Geschäfte und Restaurants sehr dicht gedrängt aneinander.

Die Strandbucht **Lo Dalam** 2 war besonders stark vom Tsunami betroffen. Die kleinen Bungalows von Lo Dalam im Osten sind angenehm ruhig und laden zum Relaxen ein. Der Lo-Dalam-Strand eignet sich zum Baden, die gegenüberliegende Bucht **Ton Sai** 3 wegen der vielen Fischerboote, des Anlegesteges und der scharfen Korallen eher weniger.

Besonders beliebt ist der **Long Beach** (Hat Yao) 4. Von hier hat man nicht nur einen herrlichen Blick auf Phi Phi Le, hier ist auch ganzjährig Badesaison. Da der Strand steil ins Meer abfällt, eignet er sich nicht für kleine Kinder. Schnorchler und Taucher hingegen kommen auf ihre Kosten, denn direkt vor dem Strand liegen der **Shark Point** und einige Korallenbänke.

 » Karte S. 150, Plan S. 163, Info S. 167-171

Ruhig ist es noch immer am **Relax Beach** 5 (**Phak Nam**), der entweder auf dem Weg vom Aussichtpunkt oder per Boot erreicht wird. Hierher verirren sich neben den Hotelgästen nur wenige Tagesausflügler.

Die Bucht **Lo Ba Kao** 6 bietet eine schöne Unterkunft und gute Möglichkeiten für Schnorchler, die Unterwasserwelt zu erkunden.

Wer Luxus liebt, steuert den **Laem Thong Beach** 7 an. Hier kann man ganzjährig zu jeder Tageszeit im Meer oder im Pool schwimmen und in einem der Edelresorts Quartier beziehen. Vom Trubel auf der Insel bekommt man hier nicht viel mit.

Von zwei ★**Aussichtspunkten** bietet sich ein wunderschöner Blick auf die malerisch geschwungene Insel. Ein besonders schönes Foto von den zwei Inselteilen mit den traumhaften weißen Sandbuchten und dem kristallklaren Wasser bekommt man, wenn man bereits vormittags hinaufsteigt. Die Wege, die dank Stufen gut begehbar sind, beginnen nahe des Sportplatzes (zum kleinen Aussichtspunkt) bzw. im Norden des Dorfes (zum großen Aussichtspunkt). Dauer des Fußmarsches: etwa 20-30 Min. für eine Strecke. Die Wege zu beiden Plätzen sind miteinander verbunden.

An den Stränden bieten zwar vornehmlich Resorts und Bungalowanlagen Unterkunft, aber auch einige größere Hotels sind entstanden. Man kann Kajak-Touren unternehmen; fischen und sich die selbst gefangenen Meeresköstlichkeiten später zubereiten lassen oder selbst auf einem Lagerfeuer am Strand grillen; mit dem Mountainbike die Insel erkunden; oder, sofern man darin bereits Erfahrung hat, an den Felsen klettern.

Die unbewohnte kleinere Insel **Phi Phi Le** ㊸ ist ein beliebtes Ausflugsziel, auch von Phuket. Sie besteht aus einem einzigen Felsen, dessen Klippen senkrecht ins Meer abfallen. Der Fels ist von einer Schlucht durchzogen, in die das

Meerwasser eingedrungen ist und einen smaragdgrünen See bildet. In der malerischen **Maya Bay** entstanden viele Szenen des Hollywood-Films *The Beach*. In der riesigen **Viking Cave** auf Phi Phi Le nisten dreimal im Jahr die Salanganen (*Collocalia*); diese Vögel bauen an den Kalkfelsen napfförmige Nester aus ihrem schnellhärtenden Speichel; aus den Nestern wird die von Chinesen sehr geschätzte Schwalbennestersuppe hergestellt. In waghalsigen Kletteraktionen ernten die Einheimischen die Nester, um sie teuer zu verkaufen.

Angeboten werden auch **Schnorchel- und Tauchausflüge**. Besonders beliebt zum Schnorcheln sind die **Korallengärten** von **Ko Mai Phai**, der „Bambusinsel". Hier befinden sich Unterwasserlabyrinthe und auch **Wracks,** und man hat gute Chancen, auch kleine Haie zu sehen. Auf der Bambusinsel lockt zudem ein schöner weißer **Sandstrand** auch die Sonnenanbeter an. Populär sind Tagesausflüge mit dem Schnellboot, die neben der Bambusinsel auch die **Maya-Bucht** ansteuern.

» Plan S. 163, Karte S. 150, Info S. 167-171

Foto: Willi Schwend

★Ko Lanta Yai

Boote fahren in der Saison von Krabi in rund 1,5 Stunden zu der bergigen und an Regenwald noch reichen Insel **★Ko Lanta Yai** ㊹. Die meisten Reisenden kommen jedoch mit dem Taxi oder dem Bus und zwei Fährüberfahrten (via Ko Lanta Noi) auf die noch nicht überlaufene, 27 km lange Insel vor der Küste der Provinz Krabi. Eine **Brücke**, die die beiden Ko-Lanta-Inseln künftig verbinden und die Autofähren ablösen soll, ist bereits in Bau.

Die Hauptinseln der Ko-Lanta-Inselgruppe sind das kaum besiedelte Ko Lanta Noi im Norden (die „Transitinsel") und das bewohnte Ko Lanta Yai im Süden. Beide Inseln gehören zum **Meeresnationalpark Mu-Ko-Lanta** und sind durch einen nur 200 m breiten Kanal voneinander getrennt. Noch heute sind über 60 Prozent der Insel mit Wald bedeckt. Dieser steht unter Naturschutz; Urlauber können hier wandern, Wasserfälle besuchen, Höhlen erkunden und Raftingtouren durch Mangrovenwälder unternehmen.

Oben: Mit viel Taucherglück bekommt man im Mu-Ko-Lanta-Meeresnationalpark auch einmal einen Manta vor die Taucherbrille.

Einen ersten Eindruck von der Insel bekommt der Besucher im Fischer- und Händlerdorf **Ban Saladan** 1, denn hier legen die Boote an. Auf Ko Lanta ist es noch sehr beschaulich. Schon seit den 1990er Jahren kommen zwar immer mehr Reisende hierher, und so sind nicht nur Autos auf die Insel gelangt und immer mehr Teerstraßen und gute Hotels gebaut worden; aber auch eine intakte, von lauten Dieselgeneratoren unabhängige Stromversorgung und andere Annehmlichkeiten sind nun vorhanden.

Ko Lanta ist die südlichste der für Pauschalurlauber erschlossenen Inseln Thailands. Ihren Namen bekam sie von den Chaole-Seenomaden. Auf der Insel wohnen viele Muslime, und die Spannungen der Weltpolitik sind sogar auf diesem kleinen Eiland manchmal spürbar.

» Karte S. 150, Plan S. 165, Info S. 167-171

Auf der etwa 27 km langen Westseite befinden sich die vier am besten erschlossenen Strände: **★Klong Dao** 2 – an diesem unweit der Anlegestelle gelegenen Strand entstanden einst die ersten Travellerhütten, mittlerweile bieten hier luxuriöse Hotelanlagen auch anspruchsvollen Reisenden die passende Unterkunft –, **★Long Beach** 3, **Klong Khong Beach** 4 und **Klong Nin Beach** 5 mit zahlreichen Bungalowanlagen.

Etwas weniger bebaut sind noch die Strände **Had Kantiang** 6 und **Bamboo Bay** 7 ganz im Süden der Westseite. Die Strände in diesem Teil der Insel sind allerdings nicht so blütenweiß und das Meer leuchtet nicht ganz so blau wie es sich mancher vielleicht erhofft. Doch dafür sind die Strände besonders breit und führen ganz flach ins Meer hinein – ideal für Familien mit Kindern –, und das Wasser ist zwar nicht kristallklar, aber dennoch sauber.

Ko Lanta ist auch bei Tauchern und Schnorchlern sehr beliebt. Es werden **Tagesausflüge** u. a. zu den vorgelagerten Inseln **Hin Bida**, **Ko Bida** und **Ko Ha** angeboten. Taucherfahrung sollten jene mitbringen, die zu den Felsen **Hin Muang** und **Hin Daeng** fahren; dort gibt es Walhaie und Mantas zu sehen. Auch Ausflüge nach **Ko Muk** werden angeboten.

Trang

Weiter südlich an der Route 4 erstreckt sich die Provinz Trang mit den für diese Region typischen Turmkarstfelsen und Kalksteinhügeln. Die Geschichte von Trang reicht fast 1300 Jahre zurück, bis in die Zeit, in der Surat Thani und Nakhon Si Thammarat Vorposten des großen Srivijaya-Reiches waren. Die Stadt **Trang** 45 diente als Westküstenhafen für diese beiden Orte, und Schiffe, die von der Malakka-Straße und aus Sumatra kamen, legten hier an. Die Stadt befand sich ehemals direkt an der Mündung des Trang-Flusses, wurde

Foto: Paul Spierenburg

aber wegen häufiger Überschwemmungen verlegt.

Die **Provinz Trang**, von der Tourismusindustrie lange vernachlässigt, bietet einige bemerkenswerte Strände und Inseln – 30 km westlich von Trang beginnt der **Meeresnationalpark Chao Mai**, zu dem die unten genannten kleinen Inseln gehören. Es gibt inzwischen auch einige Bungalowhotels, etwa auf den Inseln Ko Hai und Ko Muk; Boote setzen von **Pak Meng** ㊻ oder Ko Lanta dorthin über. Der **Pak Meng Beach** selbst ist ein beliebter Strand, der vor allem Einheimische anzieht, die im flachen Wasser Wattwanderungen unternehmen.

Die nur 5 km^2 kleine Insel **Ko Hai** ㊼ (Ko Ngai) wartet mit einigen Gästehäusern und einer deutschsprachigen **Tauchschule** auf. Taucher und Schnorchler können die tollen Tauchreviere nahezu exklusiv genießen – Massentourismus gibt es bisher noch nicht. Der **Strand** von Ko Hai weist viele Korallenbänke im Sand auf, die vor allem bei Ebbe gefahrloses Schwimmen unmöglich machen. Dennoch ist der etwa 2 km lange Strand sehr schön und eignet sich sehr gut zum Entspannen, da hier nur wenig Betrieb ist.

Oben: Ein Geisterhäuschen an der Küste von Trang.

★**Ko Muk** ㊽, nur wenige Kilometer vom Festland, hat mit der ★**Emerald Cave** ein Naturwunder zu bieten: Hier kann man bei Ebbe durch die etwa 80 m lange Höhle Tham Morakot schwimmen oder sich mit dem Boot hineinfahren lassen. Dahinter erreicht man eine einsame **Badebucht**. Im Meer leben Seekühe und Delfine, die man manchmal zu Gesicht bekommt.

Das hübsche Eiland **Ko Kradan** ㊾ kann mit vorgelagerten **Korallenriffen** aufwarten und zieht vor allem urlaubende Thais an. Schnorchelfreunde kommen hier voll auf ihre Kosten. Bei Flut ist der Strand jedoch überspült!

20 km östlich von Trang lockt der **Khao-Chong-Nationalpark** ㊿ mit Regenwald und Kaskaden. Durch nahezu unberührten Dschungel, zwischen Urwaldriesen, kann man auf Fußwegen zu drei attraktiven **Wasserfällen** wandern.

» **Karte S. 132-133, Info S. 167-171**

SÜDLICHE GOLFKÜSTE

Der Transport in die südlichen Provinzen Thailands erfolgt schnell und bequem, obwohl die Entfernungen nach Bangkok sehr groß sind. An die Andamanensee (Krabi, Khao Lak und Phuket) lohnt sich oft ein Flug, denn Busfahrten können mehr als 14 Stunden dauern. Entlang der Golfküste ist der Zug (auch als Nachtzug buchbar) eine gute Option.

BUSSE: Fernverkehrsbusse fahren jeden Tag von Bangkok (Southern Bus Terminal) in alle größeren Orte des Südens. Genauere Auskünfte Tel. Callcenter 02 1490. Für lange Strecken empfehlen sich VIP-Busse.

ZÜGE: Züge von Bangkok in Richtung Süden fahren durch Nakhon Pathom, Ratchaburi, Petchaburi, Prachuab Khiri Khan, Chumphon, Surat Thani, Thung Song (wo sich die Linien nach Nakhon Si Thammarat und Trang, Andamanenküste, treffen), Phattalung und Hat Yai. In Hat Yai kreuzt sich die Linie mit der Padang Besar Line, und eine andere Abzweigung geht nach Sungai Kolok ab.
Die Entfernung von Bangkok nach Sungai Kolok beträgt 1159 km, von Bangkok nach Padang Besar 990 km. Auskunft erteilt Rail Travel Information am Bangkoker Bahnhof Hualamphong, Tel. 02 223 7010.

FLÜGE: Thai Airways (Tel. 02 545 3691, www.thaiair.com) fliegt nach Surat Thani, Hat Yai, Krabi, Nakhon Si Thammarat und Phuket. Bangkok Airways (Tel. 02 229 3456, www.bangkokair. com) fliegt von Ko Samui neben Bangkok Phuket, Pattaya und Singapur an. AirAsia (Tel. 02 515 9999, www.airasia.com) fliegt von Bangkok aus Hat Yai, Narathiwat, Nakhon Si Thammarat und Phuket an. Phuket Air (Tel. 02 679 8999, www.phuketairlines.com) bedient die Strecke Bangkok – Phuket und fliegt zudem nach Hat Yai und Ranong und Krabi. Nok Air (Tel. 02 627 2000, www.nokair.com) fliegt von Bangkok nach Hat Yai, Nakhon Si Thammarat, Phuket, Surat Thani und Trang.
Die Ticketpreise variieren stark: Je früher man online bucht, desto preiswerter ist der Flug.

Einige der Feste, die überall in Thailand gefeiert werden, wie *Songkran* im April und *Loy Krathong* im November, haben im Süden eine spezielle regionale Ausprägung.
Sat Duen Sip, das Fest des zehnten Mondmonats, wird zwei Wochen lang im September gefeiert.
Chak Phra: Am Vollmomd im Oktober/November wird das Ende des dreimonatigen Rückzugs und Fastens buddhistischer Mönche zur Regenzeit (*Phansa*) gefeiert; es wird in Surat Thani – im Unterschied zum restlichen Thailand – mit einer beeindruckenden Wasserprozession begangen.
Ebenfalls Mitte Oktober findet das *Samui* Festival auf Ko Samui statt. Es werden sportliche Darbietungen, Stierkämpfe und Fußballspiele zwischen den Dörfern veranstaltet.
Lim Ko Nieo in Pattani wird normalerweise im März abgehalten.
Auf Phuket feiern die taoistischen Chinesen alljährlich das Vegetarierfestival.
Die TAT-Büros in Bangkok, Surat Thani, Phuket und Hat Yai geben über diese und weniger bekannte Feste Auskunft.

CHUMPHON

Virajsilp Hospital, 18/22 Praminmanka Rd., Tel. 077 503 240.

Farang Bar, recht gute, preiswerte Küche, die Bar und das Restaurant des Gästehauses bieten viele Informationen; 69/36 Tha Taphoa Rd, Tel. 077 501 003.

SURAT THANI

TAT, 5 Talaat Mai Rd., Tel. 077 288 819.
Touristenpolizei, 5 Talaat Mai Rd., Tel. Hotline 1155, und am Zugbahnhof in Phumpin.

Gutes Essen gibt es an den Essensständen in der Nähe des Busbahnhofs und in den chinesischen Restaurants in der Talaat Mai Rd. Sehr lecker und in angenehmer Atmosphäre speist es sich auch auf dem **Nachtmarkt**. Sitzgelegenheiten bieten sich am Pier der Nachtboote nach Ko Phangan und Ko Samui.
Baan Satek, kleines Steakhouse, zudem Pizza und auch Thaigerichte. Frühstück, 10-21 Uhr; Witeetad Rd.

KO SAMUI

***THAI*: My Friend Restaurant**, vielgelobtes Seafood, 11-22 Uhr; Big Buddha Beach, Tel. 077 425 187.
Sala Thai, gute westliche und Thaigerichte, zudem leckeres Seafood, 11-23 Uhr; Lamai Beach.
***INDISCH*: Noori Indian & Thai Restaurant**, kleines feines Restaurant mit guter Küche und fairen Preisen; Chaweng Beach, Tel. 077 413 108.
***FUSION*: Eat Sense Restaurant**, gehobene Küche mit leckerem Seafood direkt am Strand, tolle Atmosphäre; Chaweng Beach, Tel. 077 414 242, www.eatsensesamui.com.

NACHTLEBEN: Am **Chaweng Beach** feiert es sich auf Ko Samui am Besten: Am Strand in der **Ark Bar** (www.ark-bar.com). In der Soi Green Mango bieten die Diskotheken **Sound Club** und **Green Mango** Parties. Der **Reggae Pub** in der Soi Reggae ist ebenfalls einen Besuch wert.

Bandon International Clinic, 123/1 Moo 1, Bupud, Tel. 077 245 236.
Bangkok Samui International Hospital, Samui Ring Rd, Chaweng Beach, Tel. 077 429 500, www.bangkoksamui-hospital. com.

Bangkok Air verbindet Ko Samui mehrfach tgl. direkt mit Bangkok, zudem Flüge nach Pattaya, der Privatflughafen liegt nahe des Big Buddha.

KO PHANGAN

A's Coffee Shop, gute Thai- und westliche Küche, zudem guter frisch gebrühter Kaffee; Thong Sala, Tel. 077 377 226.
Khun Pen, alteingesessenes Thailokal mit ausgezeichneter Küche und sehr günstigen Preisen; Thong Sala, direkt neben A's Coffee Shop.
Seaside Restaurant, gute günstige Thai-Küche direkt am Ortsausgang von Chaloklum.
North Coast Bakery, super Brot, auch glutenfreies, Bäcker Jörg spricht deutsch; Chaloklum, Tel. 089 591 9412.

***TAUCHEN*: Chaloklum Diving**, Tauchausbildung und schöne Touren mit einem zum Tauchboot umgebauten großen Fischerboot, Kurse auch in Deutsch; Chaloklum Village, Tel. 077 374 025, www. chaloklum-diving.com.

KO TAO

***TAUCHEN*: Easy Divers Ko Tao**, betreibt zudem Schulen auf Ko Samui und in Chumphon; auf der naheliegenden Insel Nangyuan, Tel. 077 456 798, www.nangyuaneasydivers.com. **Big Blue Diving**, habt auch Schulen in Khao Lak und auf Samui; Tel. 077 456 415, www.bigbluediving. com.

Maya Beach Club, toller Platz für den Sonnenuntergang, hier trifft sich das junge Partyvolk zum Sound angesagter Dj's; Hat Sai Ri.

NAKHON SI THAMMARAT

TAT, Tourist Office, 8.30-16.30 Uhr; Tha Chong Rd., Tel. 075 346 515

Nakhon Si Thammarat National Museum, umfangreiche Sammlung indischer und südthailändischer Kunst, Mi-So 9-16 Uhr, Eintritt 150 Baht; Ratchdamnoen Rd, gegenüber Wat Thao Khot.

Meister des Schattenspiels, Vorstellungen (50 Baht p.P./20 Min.) und **Museum**; Suchart Subsin, 10/18 Si Thammasok, Soi 3, Tel. 075 346 394.

SONGKHLA

TAT, hat auch Informationen zu Songkla, tägl. 8.30-16.30 Uhr; Soi 2 Niphat-Uthit Rd, Tel. 074 243 747.
Touristenpolizei, 1/1 Soi 2, Niphat-Uthit 3 Rd, Tel. 074 246 733.

Die besten Restaurants in Songkhla (thailändische und chinesische) findet man an der Nang Ngam Rd.
Leckere einfache Gerichte bieten die **Essensstände** nahe der Post, z. B. morgens bis 9 Uhr gute Reissuppe.

Songkhla Provinzmuseum, seltene thailändische Kunstgegenstände von der prähi-

storischen Zeit bis zur Moderne, täglich außer Mo und Di 9-16 Uhr, 30 Baht; Rongmuang Rd.
Der **Wat Matchimawat** birgt einen Marmor-Buddha, das angeschlossene **Museum**, Saiburi Rd., präsentiert eine interessante Sammlung von Artefakten aus dem gesamten Süden, Mi-So 9-12 u. 13-16 Uhr.
Taksin Folklore Museum (Institute for Southern Thai Studies), Mo-Fr. 8.30-16.30 Uhr, Eintritt 50 Baht; auf der Insel Ko Yo.

Zwischen Songkhla und Hat Yai fahren grüne Busse alle 30 Min. für 10 Baht. Busse der Airline verkehren alle 2 Std. für 50 Baht vom Flughafen nach Songkla. Ein Taxi kostet etwa 250 Baht.

HAT YAI

Die besseren Restaurants befinden sich in den Hotels.
Gute muslimische Gerichte bekommt man im **Hamid Restaurant**, Mo-Fr 10-22, Sa/So 7-22 Uhr; Prachathipat Rd.
Auf dem **Night Market**, (Phet Kasem Rd. / Ecke Thanon Moutri 2, beim Clocktower) gibt es viele preiswerte Garküchen.

Hat Yai Hospital, Rattakarn Rd, Tel. 074 273100, www.hatyaihospital. go.th. **Bangkok Had Yai Hospital**, 75 Soi 15 Petchkasem Rd., Tel. 074 272 800, www.bangkok-hospital.com.

Zahlreiche Flugzeuge erreichen täglich Hat Yai. Minibus-Speedboot-Kombitickets erleichtern die Anfahrt nach Ko Lipe und anderen Inseln in der Andamanenküste.
Mit der Golfküste ist Hat Yai durch Busse und zahlreiche Bahnverbindungen angebunden (dieser bis Bangkok).

PHUKET

TAT, 191 Talang Rd, Tel. 076 211 036 (täglich von 8.30 bis 16.30), außerdem in Kata, Karon, Patong Beach und an der Rasada Rd. in der Stadt.
Touristenpolizei, Notfall-Tel. 076 1155; Charlerm Kiat Rd., westlich Phuket Stadt, Tel. 076 355 015.

Mit dem Flugzeug: In der Hochsaison gibt es Direktverbindungen von Europa nach Phuket. Phuket International Airport, Tel. 076 327 230. Thai Airways (www.thaiair.com) und Air Asia (www.airasia.com) bedienen täglich die Strecke Bangkok – Phuket. Mit Bangkok Airways (www.bangkokair.com) kann man weiter nach **Ko Samui** oder **Pattaya** fliegen.
Mit dem Bus: Busse fahren häufig am Southern Bus Terminal in Bangkok ab, die Fahrtzeit beträgt 14 Stunden. Tel. Busbahnhof Phuket 076 373 193.
Lokaler Transport: Tuk-tuks verkehren in Phuket-Stadt und an den Stränden der Westküste, sind dort aber überteuert; billiger sind die Songthaew-Sammeltaxis. Busse zu den Stränden fahren vom Ranong-Markt in Phuket Town zwischen 7 und 18 Uhr alle 30 Min. ab (30-80 Baht). Am Flughafen und in großen Hotels können Autos gemietet werden. Jeeps und Motorräder gibt es an den meisten Stränden, auf guten Zustand achten!

Mee Ton Yoe, hier gibt es neben anderen guten und günstigen Gerichten die Spezialität Phukets: gebratene Mee-Nudeln; zu den Hauptessenszeiten wird es jedoch sehr voll, 8-20 Uhr; Phuket Road am Kreisel gegenüber dem Uhrturm.
Baan Rim Pa Restaurant, gutes Seafood in einem schönen Teakhaus mit tollem Blick aufs Meer; Kalim Beach Rd., Patong Beach, Tel. 076 340 789, www.baanrimpa.com.
The Boat House Wine & Grill, ausgezeichnete Küche, französisch und Thai, zudem sehr beliebtes Seafood, 7-22.30 Uhr; Kata Beach, Tel. 076 330 015, www.boathousephuket.com.
Siam Bakery, leckere französische Spezialitäten, wie Croissant und Baguette versüßen auch in Thailand den Morgen, Mo-Fr. 7.30-18 Uhr, doch nachmittags ist meist geschlossen, weil alles ausverkauft ist; Yaowarat Rd., Phuket-Stadt.
Kan Eang in Chalong Bay: **Kan Eang 1** in der Viset Rd. (Tel. 076 381 212, www.kaneang-pier.com) und **Kan Eang 2** in der Chao Fah Rd. (Tel. 076 381 694) servieren ausgezeichneten Fisch. Zum Kang Eang 2 gehört zudem das **Da Nang**, wo vietnamesische Küche und Gerichte aus dem Nordosten auf den Teller kommen; Tel. 076 381 694.

Mission Hospital, Thepkasattri Rd, Tel. 076 237 220, www.missionhospitalphuket.com.
Bangkok Phuket Hospital, 2/1 Honqyok Utit Rd., Tel. 076 254 425, www.phukethospital.com.

Gibbon-Rehabilitationszentrum, täglich 9-16 Uhr, Eintritt in den dazugehörenden Park 200 Baht, Spende erbeten; wer mithelfen will, ist herzlich eingeladen; viele, vor allem junge, Reisende aus aller Welt kümmern sich zeitweilig als Volontäre um die Tiere; Tel. 076 260 492, www.gibbonproject.org.
Fanta Sea, 18-20.30 Uhr asiatisch-europäisches Buffet, die Vorstellung findet ab 21 Uhr statt, Eintritt nur Show 1800 Baht, inklusive Buffet 2200 Baht; Kamala, Tel. 076 385 111, www.phuket-fantasea.com.
Aquarium und Marine Biological Research Center, tägl. 8.30-16 Uhr, Eintritt 100 Baht, Minibusse von Phuket Town 30-40 Baht, Tuk-tuk 300 Baht; Tel. 076 391 126.

In der Altstadt von Phuket: Textilien, Batiken, Muscheln, Zuchtperlen und Antiquitäten; Markthalle.

TAUCHEN: **Neptun Diving Centre**, deutsche Tauchschule, auch Kurse in englischer Sprache; Patong Beach, Tel. 01 271 6163, www.tauchen-thailand.net.
South East Asia Dive Center, Patong Beach, Tel. 076 612 654, www.sealiveaboards.com.
Santana Diving, Kurse auch in deutsch, Thaweewong Rd., Patong Beach, Tel. 076 294 220, www.santanaphuket.com. **Raya Yai Divers**, 23 km südlich von Phuket auf der Insel Raya Yai, Büro in Phuket- Stadt, Rassada Nusorn Rd., Tel. 076 340 406, www.rayadivers.com.

John Gray´s Sea Canoe, der Pionier John Gray, der einst die Höhlen der Bucht erkundete, organisiert noch heute empfehlenswerte Ausflüge: kleine Gruppen, tolles Essen; spannende, abwechslungsreiche Touren, mehrfach ausgezeichnet für ökologische Nachhaltigkeit; 124 Yaowarath Rd., Soi 1, Phuket-Town, www.johngray-seacanoe.com.
Komfortable Segeltörns kann man u. a. bei **Thai-Marine Leisure**, www.thaimarine.com, buchen.

PROVINZ KRABI

Flugverbindung Bangkok – Krabi (Thai Airways/Air Asia), Ko Samui – Krabi mit Bankok Airways.

KRABI

TAT, Uttaraktit Rd., Tel. 075 622 163. Tickets und Infos zur Weiterreise auch am Chao Fa-Pier.

KLETTERN: **King Climbers**, bietet geführte Touren und Kurse; Railey Beach, Tel. 075 662 096, www.railay.com.
Base Camp Climbing, bietet gute Kletterkurse und Touren (nach den Standards des deutschen Alpenvereins), auch *Deep Water Solo*, d. h. freies Klettern und sich dann ins Wasser fallen lassen; Ao Ton Sai, Tel. 081 149 9745, www.basecamptonsai.com.

Oft finden an Vollmond und Neumond **Strandpartys** am **Ton Sai Beach** statt. Am **Ralai Beach** werden des öfteren spontan Partys gefeiert.

AO NANG

Family Restaurant, einfache günstige Thai-Küche und BBQ, freundlicher Service; Tel. 082 424 9902, Beach Rd.
Cornivore, Steak-Fans kommen hier definitiv auf ihre Kosten, das Fleisch stammt aus Australien und Neuseeland, auch gute Fischgerichte aus heimischem Fang, 15-23 Uhr; Tel. 075 661 061, 127 Moo 3, www.cornivore-thailand.com.
Ao Nang Cuisine, noch heute ist das älteste Restaurant am Platz sehr beliebt, gutes Seafood, 9-23 Uhr; an der Strandstraße.

KO LANTA

Von November bis April fahren täglich **Expressboote** zwischen Krabi, Ko Phi Phi und Ko Lanta, Fahrtdauer etwa 2 Stunden. Zwischen Mai und Oktober verkehren je nach Wetterlage keine **Fähren**, dann erreicht man die Insel mit Minibussen (und einer Autofähre).

TAUCHEN: **Ko Lanta Diving Center**, Ban Saladan, Tel. 075 668 065, www.kolantadiving center.com.
Lanta Divers, bieten Tauchsafaris und Tauchkurse; Ban Saladan, Tel. 075 668 058, www.lantadiver.com.

KO PHI PHI

Mit dem Schiff ab Phuket, von Krabi oder von Ko Lanta. Alle Verbindungen dauern etwa 2 Stunden.

Die beste Wahl auf Phi Phi sind die Hotelresorts, doch in Ban Laem Tong und Ton Sai gibt es einige recht gute Restaurants.
Garlic 1992, gute und günstige Thaiküche, auch einige westliche Klassiker, Tel. 087 898 4895.
Pizzen gibt es in den beiden Lokalen des **Cosmic**.
In der **Phi Phi Bakery** kann man gut frühstücken, daneben gibt es auch Thaiküche, die Bäckerei ist sehr beliebt und meist auch recht voll.
Phi Phi Hill Restaurant, Thaiküche mit tollem Blick auf den Strand und Phi Phi Le von der Dachterrasse; Long Beach, www.phiphihill.com.

KLETTERN: Am **Tonsai Tower** können Kletterer sich an etwa 20 Routen versuchen, bis zum Schwierigkeitsgrad 6a+.
TAUCHEN: **Barakuda Dive Centre**, bietet Kurse und Tauchsafaris zu den Similan- und Surin-Inseln; Tel. 075 601 006, www.phiphibarakuda.com.

Phi Phi Island Hospital, im Westen der Insel, 24-Std. Notfalldienst, Tel. 086 476 9420. Die **Siam Clinic** hat ganz zentral im Dorf eine kleine Klinik, Tel. 075 603 355.

NÖRDLICHE ANDAMANENSEEKÜSTE

RANONG / VICTORIA POINT

Wer einen Tagesausflug nach **Burma** plant, benötigt US$ 10 (neue Scheine) für das Visum und ein Passfoto. Vor der Überfahrt muss man im thailändischen Grenzbüro offiziell das Land verlassen und erhält bei der Rückkehr ein 30-Tages-Visum, Österreicher und Schweizer nur ein 15-Tage-Visum.
Wer länger nach Myanmar reisen will, muss sich das Visum vorher in Bangkok bei der Botschaft besorgen.

KHAO LAK

Asia Safari Park, täglich Ausflüge mit Wildwasserflussfahrt, Elefantenreiten und einem Bad im Wasserfall; Tel. 076 443085.

Joe's Steakhouse, der Deutsche Ludwig Hugsam brutzelt hier in seinem hübschen Restaurant ausgezeichnete Steaks, 18-0 Uhr, Mo geschl.; Bang Niang Beach.
Takiang Restaurant, an der Einfahrt zum Strand an der Hauptstraße, stilvoll eingerichtetes Thai-Lokal mit ausgezeichneter Küche, 10-21 Uhr; Bang Niang Beach, an der Straße.
Sala Thai Restaurant, frischer Fisch und leckere Gerichte, 17-23 Uhr; Hat Nang Thong.

Happy Snapper Bar, Livemusik bis in den Morgen; Khao Lak Center (oberhalb d. Nang-Thong-Strands).
The Sparrow Bar, kleine „Piraten"-Bar an der Straße zum Strand, in der Saison ab 21 Uhr Livemusik, Tel. 091 351 4125, Hat Bang Niang.

TAUCHEN: **Sea Dragon**, seriöse, große Tauchschule, bietet u. a. Tauchsafaris zu den Similan u. Surin Islands, Kurse an Bord oder im Pool; Nang Thong Beach, Tel. 076 485 420, www. seadragondivecenter. com.

Foto: Günter Gräfenhain (Schapowalow)

DIE ÖSTLICHE GOLFKÜSTE

BANG SAEN
KO SI CHANG
PATTAYA
KO SAMET
KO CHANG

DIE ÖSTLICHE GOLFKÜSTE

Wenn man der Küstenlinie des Golfs von Thailand von der Mündung des Chao Phraya bis zur kambodschanischen Grenze folgt, durchreist man eine ganze Reihe von Provinzen mit einer breiten Palette unterschiedlichster Sehenswürdigkeiten.

Vom Urlaubsrummel in Pattaya bis zu den einsamen Inseln der Provinz Trat zeigt sich die Küste Thailands hier recht abwechslungsreich. Der Sukhumvit Highway (Nr 3) beginnt in Bangkok und verläuft parallel zur Küste bis nach Kambodscha. Sobald die Straße die Vororte von Bangkok passiert hat, besonders die Großindustrien in Bang Na, ändert sich die Landschaft. Reisfelder, Salzgärten und Garnelenfarmen bestimmen jetzt das Bild. Von Bang Saen an reihen sich südwärts an der Küste hübsche Buchten, Inselchen, Strände und Badeorte aneinander. Hinter Rayong in Richtung Osten ist die Erschließung dann weniger intensiv.

Chonburi

Nahe bei Bangkok liegt die Provinz Chonburi. Hier ist das Zentrum des Eastern Seaboard Project, eines Industrialisierungsvorhabens mit auf Erdgas aus dem Golf basierender Petrochemie.

Die Provinzhauptstadt **Chonburi** ❶ war früher einmal ein Seebad der Bangkoker. 100 Autobahnkilometer von Bangkok, ist sie heute die erste Großstadt auf dem Weg nach Südosten, umgeben von Zuckerrohr- und Kokosnussplantagen.

20 km südöstlich lockt der weitläufige **Khao Kheow Open Zoo** mit artgerechter Haltung von weißen Tigern und mehr als 130 gefährdeten Tierarten, darunter der seltene Malaiische Tapir.

Bang Saen

Bang Saen ❷, einst ein beliebter Badeort für Urlauber aus dem 115 km entfernten Bangkok, hat bessere Tage gesehen, bevor sich Pattaya um 1970 zum Spaßurlaubermagneten entwickelte. Bei Bangkoker Familien noch immer als Wochenendziel geschätzt, um der Hektik der Metropole zu entfliehen, ist Bang Saen für ausländische Besucher trotz angenehmer **Strandpromenade** weniger attraktiv: Der Strand selbst ist meist sehr voll und das Baden wegen Algen nicht immer angenehm. Die Algen treten vor allem im Sommer auf, dann wird das Wasser braun und riecht unangenehm. Den langen **Sandstrand** säumen Kokospalmen und Casuarinen. Man kann Liegestühle, Sonnenschir-

Links: Sunset am Jomtien-Strand (Pattaya).

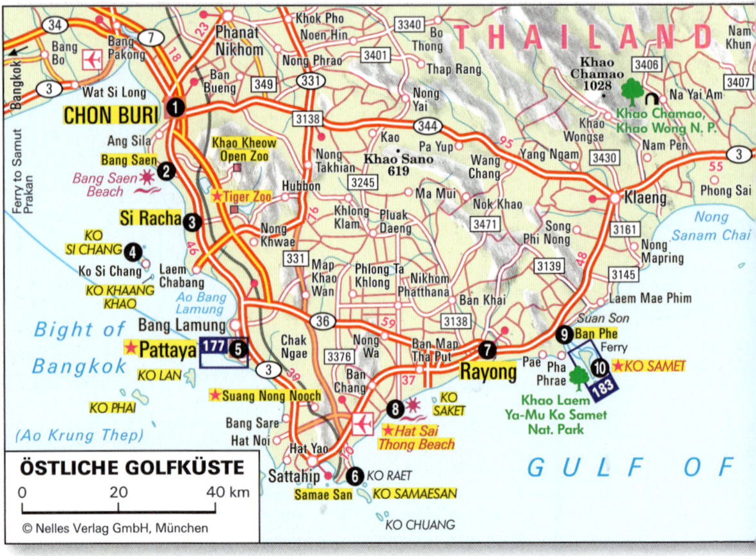

me, Bananenboote und Autoreifen für gemütliches Schwimmen mieten. Die Hauptsehenswürdigkeit ist, im **Institute of Marine Science** der Burapha-Universität**,** das **Meereswissenschaftliche Museum** mit interessantem **Aquarium**.

Si Racha

Die nächste größere Stadt am Sukhumvit Highway ist **Si Racha ❸**. Der geschäftige Hafen- und Handelsort hat neuerdings einen gigantischen **Tiefseehafen** und ein großes Industriegebiet. Am **Alten Fischereihafen** reihen sich noch viele kleine Fischrestaurants und Garküchen. Etwa 2000 m westlich der **Uferpromenade** gibt es einen schönen Weg über den Damm zur Halbinsel **Ko Loy**, auf der ein kleiner **Tempel** steht.

Im ★**Tiger Zoo**, einem beliebten Ausflugsziel (an der Nebenstraße 3241, 8 km östlich), werden die vom Aussterben bedrohten Großkatzen gezüchtet – mehr als 150 Exemplare leben hier, neben bengalischen Königstigern sind auch Krokodile, Affen, Schweine und v. a. originelle **Shows** mit Tieren zu sehen. Doch wie viele asiatische Zoos steht auch dieser in der Kritik von Tierschützern.

Ko Si Chang

Von Si Racha kann man zur 12 km entfernten felsigen kleinen Insel **Ko Si Chang ❹** übersetzen, die bereits von der Küste zu sehen ist. Das trockenere Klima bestimmt die Vegetation aus stachligen Euphorbien und anderen Wüstenpflanzen. Der rosa Sandstein, die Kalksteinfelsen und das trockene Inselinnere unterscheiden die Insel von allen anderen im Golf.

An den Hafen Ko Si Chang schmiegt sich ein malerisches Dorf, und auf einem Hügel steht ein **Chinesischer Tempel**, der als Pilgerort bei den Chinesen Bangkoks beliebt ist. An Feiertagen wie dem chinesischen Neujahrsfest sind die Fähren völlig überfüllt.

Schmale Asphaltstraßen führen rund um die Insel, und Motor-Dreiräder bringen einen für wenige Baht überall hin.

» Karte S. 174-175, Info S. 189-193

Auf halber Strecke der über 10 km langen Hauptstraße erstreckt sich das **Tieo Pai Park Resort** mit Bungalows und Restaurant.

An der mittleren Ostküste liegen Gärten, Terrassen sowie Ruinen von Aquädukten und einigen Gebäuden, Überreste des **Sommerpalasts** von König Chulalongkorn (Rama V.) aus dem 19. Jh. Der König ließ die Villa für seinen kranken Sohn erbauen, der sich hier erholen sollte. Der Vimanmek-Palast in Bangkok wurde aus den Teakbalken des Palastes von Ko Si Chang erbaut. Neben der Anlage führt ein gewundener Pfad zu dem kleinem **Wat Atsadang**, in dem der König früher meditierte. Überall gibt es Betonstufen, einige führen in kleine **Höhlen**, andere hinunter in eine **Bucht** mit felsigem Strand (Seeigel!). Die Franzosen hielten nach einem Streit mit Siam 1893 Ko Si Chang bis 1907 besetzt. Dies überzeugte den König von der Unsicherheit der Insel, und er kam nie wieder hierher. Zum Baden eignet sich der sandige **Tham Pang Beach** im Westen. Im Süden lockt die kleine Fledermausinsel **Ko Khaang Khao** als gutes Revier zum **Schnorcheln**, sie ist per Bootstaxi oder auch per Kayak zu erreichen.

Es gibt nur wenige Hotels auf Ko Si Chang. Schiffe nach Ko Si Chang legen stündlich von Si Racha ab. Das letzte Boot fährt um 18 Uhr zurück.

★Pattaya

★**Pattaya** ❺, 140 km südöstlich von Bangkok, ist Südostasiens größter Badeort – und der **Pattaya Beach** nicht der richtige Platz für Ruhebedürftige, sondern eher ein Dorado für Nachtschwärmer, mit Rotlichtbezirk und Travestie-Shows, für die z. B. das **Alcazar** ① bekannt ist. Es ist eine neue Heimat für Aussteiger (darunter deutsche Handwerker, Makler und Ärzte); ein großer Spielplatz für Neureiche aus Thailand, Russland, China, Südkorea, Hongkong und Taiwan; zugleich aber auch ein preiswerter Ferienort für Briten, Deutsche und Amerikaner, mit vielfältigem Freizeitangebot.

Foto: Oliver Proksch

Wer erholsame Spaziergänge an ruhigen Stränden machen will: Nur in den frühen Morgenstunden sind die Strände von Pattaya so gut wie leer – nicht aber in Mondscheinnächten. Ab Mittag, wenn der Kater vom Vorabend durch ein Frühstück besänftigt ist, füllen sich die Strände rasch – man tankt Energie für den nächtlichen Rummel.

Pattaya hat viele Stammgäste; die meisten sind Single-Männer zwischen 30 und 60. Aber es kommen auch Paare und vereinzelt Familien hierher. Dem Ruf der Stadt als Sündenbabel, den sie sich wegen ihrer vielen Gogo-Bars und käuflichen Mädchen über die Jahrzehnte erworben hat, soll nun mit seriösen Angeboten auch für Familien entgegengewirkt werden. Wer mit Kindern oder Teenagern hierher reist, sollte bedenken, dass das älteste Gewerbe der Welt zu Pattaya gehört wie der Papst zu Rom und besser in **Jomtien** wohnen.

Pattaya entwickelte sich im Vietnam-Krieg zum *Rest & Recreation Center* der Siebten US-Flotte mit besonders freizügigem „Entertainment". In den 1980er Jahren wuchs die Stadt viel zu schnell, was Probleme mit Kriminalität, Umweltverschmutzung und ausuferndem Sextourismus brachte. Vieles hat sich dank der engagierten Stadtverwaltung gebessert, es sind u. a. Kläranlagen und Umgehungsstraßen gebaut, Straßen und Strände deutlich sauberer geworden – die Rotlichtszene floriert jedoch nach wie vor.

Oben: Erfolgreicher Fischzug im östlichen Golf von Siam.

Es gibt hier mehr als 300 Hotels jeder Kategorie und rund 1000 Restaurants – erlesenste internationale Cuisine neben Thai-Garküchen, Open-Air-Bars mit lauten Musikboxen und blinkender Neonreklame neben gepflegten Cocktailbars mit Pianomusik.

Im **Central Centre** ② laufen die neuesten Hollywoodfilme.

Der nicht besonders breite **Stadtstrand von Pattaya** erstreckt sich von Nord nach Süd über 4 km; die Beach Road mit begrünter **Promenade** zum Flanieren verläuft parallel dazu.

Nord-Pattaya mit dem **Wongamat Beach** ③ ist etwas ruhiger und schicker, mit besseren Hotels und teureren Restaurants und etwas weniger vollen Stränden. Hier befinden sich viele Hochhäuser mit Eigentumswohnungen westlicher Besitzer.

Interessant ist ein Besuch des filigran gestalteten **★★Sanctuary of the Truth** ④ (Heiligtum der Wahrheit) auf einer Landzunge am Naklua. Dieser sehr schöne neu errichtete Tempel gilt mit über 100 m Höhe als das größte Holzbauwerk der Welt. Unzählige Skulpturen und Schnitzereien zieren ihn, alle beziehen sich auf die asiatische Mythologie und die weltliche und religiöse Geschichte Asiens. Geboten werden auf dem großen Areal auch eine **Kutschfahrt** und eine **Delfinshow**.

Etwa 3 km nördlich von Pattayas Zentrum am Sukhumvit Highway liegt **Mini-Siam** ⑤. Die Anlage zeigt verkleinerte Kopien der berühmtesten Bauten

» Stadtplan S. 177, Info S. 189-193

★★ Sanctuary of Truth (Prasat Sut Ja-Tum) 4
Garden Seaview Resort
Pier
Baan Plai Haad Condo
Garden Cliff Condo
The Palm Condo
Centara Grand Modus
Moonlight on Sea
Way
The Zign
Garden Cliff Resort
Marina Inn
Siam Penthouse Condo
Silver Beach Condo
Wong Amat Tower (u.c.)
Park Beach Condo
Wong Amat Beach Resort
Southern Star
Na Klua Soi 12
Na Klua Beach Resort
Naklua Market
Wat Sawang Fa Phrutthanam
Th. Sawang Fa
Post Office
(Na Klua Rd.)
Villa Colonia
Bang Lamung Hospital
NA KLUA
Lantana
Soi 13
Soi 15
Wong Amat Beach 3
Long Beach Garden
Pullman
Northpoint Towers
Saranchol Condo
Na Klua 16
Wat Phothisamphan
Siam City Park
Thai Thong Inn
Riviera
Sawasdee Place
Soi 19
Soi 21
Thanon Na Klua
Centara Grand Mirage
Soi 16/2
PATTAYA NUA
Million Years Stone Park, Crocodile Farm
THANON SUKHUMVIT
Siam Go-Kart Course
Romeo Palace
Soi 18
Loma
Royal Orchid
18/1
18/2
Cape Dara
East Sea
Pattaya Garden
Lek Villa
Soi 23
Soi 25
Th. Phothisan
Bangkok Pattaya Hospital
Mini Siam 5
Beach Garden
Soi 20
Garden Lodge
Thai Garden Resort
New Star Inn
Green Park
Woodlands
Dusit Resort
Na Klua 24
Fairtex
Tesco-Lotus SS
Thai House
Wat Nong Yai
Air-Conditioned Bus Terminal
Thai Internat. Airways
Amari Orchid Resort
Terminal 21 (u.constr.)
Th. Pattaya Nua
(P. North Rd.)
Tiffany
City Hall
Gulf Siam
Holiday Casa
Regent Marina
Tiffany Rifle Range
Markland
Pattaya Soi 1
Pattaya Bowl
Pattaya Golf Driving Range
Diana Garden Resort
Soi 3
2 Central Center (Big C)
Sports Centre
Diana Golf Driving Range
Pattaya Beach
Pattaya Internat. Hosp.
PIC
1 Alcazar
Pattaya Palace
Pattayaklang
(3rd Rd.)
Pattaya Railway Station
Tropicana
Soi 6/2
(2nd Rd.)
Tourist Police
Twin Palm Resort
Hard Rock H.
Nova Lodge
Grand Sole
Soi 10
PATTAYA KLANG
Soi Phanit Klang
Siam Country Club
Top S.C.
Soi 7
Soi 8
Police
6
Love
Century Pattaya
Town in Town
Th. Pattaya Klang (Central Rd.)
Hilton
Central Festival 7
Pattaya Memorial Hospital
Carrefour SC
St. Nikolaus Church
Foodland DS
Beach Road
Soi 11
Mike Shopp. Mall
Diana
Honey Inn
Driving Range
The Park Hotel
Elephant Village
GPO
Bay Breeze
Palm Villa
Areca Lodge
Pattayaklang Soi 1
Welcome Plaza
Th. Bua Klao
Th. Pattaya Sam
Bottle Art Museum
Wat Boon Samphan
TAT
Telecomm. Centre
PATTAYA TAI
Friendship Super-market
N&P
Viking
Th. Pattaya Tai
Pattaya International Church
Noong Noch Village, Sattahip, Rayong
1 Palm Garden
2 Royal Cruise
3 Charming Inn
4 Pattaya Beach Tower
5 Carlton Pattaya
6 The Pinewood Resident
7 Montien Pattaya
8 Queen Pattaya
9 Baron Beach
10 Sunshine
11 Caesar Palace
12 Golden Beach Hotel
13 Skeaw Beach
14 Siam Bayview
15 Natural Beach Hotel
16 Pattaya Center
17 Drop Inn
18 A.A. Pattaya
19 Mariott Resort & Spa
PATTAYA
Nummer: 5
0 500 m
© Nelles Verlag GmbH, München

Ko Larn (45 minutes)
Pattaya Beach
Hilton
Central Festival
Beach Road
Soi 11
Mike Shopp. Mall
Royal Garden Plaza
(Ripley's Believe It or Not)
GPO
Diana
Honey Inn
Bay Breeze
Palm Villa
Areca Lodge
Serene Shopp. Pl.
Mike Shopp. Pl.
Boonueua Shopp. Pl.
Welcome Plaza
Th. Bua Klao
Th. Pattaya Sam
Bongkot Palace
Pattaya Pier
Royal Cliff Garden Suites
Sheraton Pattaya Resort
Royal Wing Suites
Royal Cliff Beach H.
Royal Cliff Terrace
Royal Cliff Grand
Pattaya Port
Walking St.
Nang Nual
Th. Pattaya Song
Wat Chai Mongkhon
Sikh T.
Soi VC
Day-Night Bazzar
TAT
Telecomm. Centre
PEACH Conference Centre
Scenic Lookout
Easy Kart
Siam Bayshore
Nova Platinum
Friendship Supermarket
N&P
Viking
Island View
Casa Espana
Wat Khao Phra Bat
Mr.Mac's
Icon
Pattaya International Church
Taah Tittah Mosque
Royal Varuna Yacht Club
Hillside Resort
Th. Pratumnak
Suan
Mini-Golf
Chaleomphrakiat
Siam Thani
Hill Beach
Pratumnak Soi 5
Asia Pattaya Golf
Soi 8
Soi Kophai
Asia Pattaya
Pratumnak Soi 6
Mountain View
Wat Phra Yai
(Big Buddha Image)
Jomtien Bayview
Suksabai Villa Estate
Golden Cliff House
Pratumnak Soi 7
Jomtien Private Beach Hotel
Jomtien Orchid
Th. Tappraya
Sugar Hut Resort
KR International Kart Circuit
Pattaya Park
Pattaya Park Tower
Pattaya Park Beach Resort
Airport Bus Station
Th. Thepprasit
Viewtalay Condo1
Thai Thong Elephant Kraal
Pattaya Underwater World
Jomtien Condotel
Rabbit Resort
Viewtalay Condo 5
Pattaya Kart Speedway
(& Paintball Park)
Avalon
Viewtalay Condo 7
Mermaid Dive Centre
Jomtien Beach
Sugar Palm Beach
Jomtien Plaza
Jomtien Palm Beach
Lek Condo
Eurostar
Thani
White House Resort
Surf House
Soi 7
Opal House
Silver Sand Villa
JOMTIEN
Jomtien Garden Resort
Jomtien Sea Breeze
Jomtien Beach Road
Casa Jomtien
Jomtien Beach Condo
Villa Navin
Soi 10
Soi Bun Kanchanaran
Sala Jomtien
Soi 11
Grand Jomtien Palace
La Piscine
Sea View Villa
Welcome Jomtien Beach
Wat Mai Hat Krathing Thong
Baptist Conference Center
Jomtien Fishing Pond
Sarita
Jomtien Cozy Inn
Jomtien Arcade Tower
Viewtalay Condo 8
10 Sawasde Sunshine
11 Caesar Palace
12 Golden Beach Hotel
13 Skeaw Beach
14 Siam Bayview
15 Natural Beach Hotel
16 Pattaya Center
17 Drop Inn
18 A.A. Pattaya
19 Mariott Resort & Spa
20 Le Café Royal Hotel
21 Mike Hotel
22 Diamond Beach H.
23 VC Hotel
24 Day-Night Hotel
25 Flamingo Hotel
26 Cosy
27 Mountain Beach
28 Dynasty Resort
PATTAYA / JOMTIEN
Nummer: 5
0 500 m
© Nelles Verlag GmbH, München

Thailands und der ganzen Welt im Maßstab 1:25. In einem großen klimatisierten Theatersaal erklärt man mit Hilfe bunter Lichteffekte den Zuschauern die Kultur Thailands .

Süd-Pattaya ist ein etwas anderes Pflaster, der Brennpunkt des Nachtlebens. Einladende Rufe der Barmädchen begleiten besonders in der **Soi 8** ⑥, und der Nachbarstraße **Soi 7** die Passanten. Die Damen locken mit Spezialangeboten für Drinks zum Sonderpreis; die *Happy Hour* scheint in Süd-Pattaya nie zu enden – Vorsicht, Neppgefahr!

Nebenan lockt das moderne Shopping Center **Central Festival** ⑦ mit 200 Läden auf sieben Etagen, Food Court, Supermarkt, Kino und Bowling; das alles gekrönt vom Hotel **Hilton**.

Dem angejahrten Einkaufszentrum **Royal Garden Plaza** ⑧ ist das unterhaltsame Kuriositätenkabinett **Ripley's Believe It Or Not** angeschlossen.

Wer tanzen möchte, findet gute Locations auf der **★Walking Street** ⑨ – die abends, für den Autoverkehr gesperrt, zur Vergnügungsmeile wird – im **Xzyte** oder, nahebei, im **Lucifers** und im **Mixx**.

Der **Jomtien Beach**, etwa 4 km südlich der Stadtmitte, boomt: Neue Bauprojekte werden fast täglich angekündigt. Der Strand ist über 10 km lang, aber eingeengt von der Jomtien Beach Road, die ständig von Sammeltaxis abgeklappert wird. Man kann hier aktiv Wassersport wie Windsurfen, Wasserski oder Parasegeln betreiben. Von der **Aussichtsplattform** oder den beiden **Drehrestaurants** des 240 m hohen Hotelturms **★Pattaya Park Tower** ⑩ bietet sich ein toller Panoramablick über Stadt, Strand und Meer.

Der **Pattaya Park** direkt daneben ist ein **Spaßbad** für die ganze Familie, praktischerweise liegt er direkt am Badestrand, mit bunten Wasserrutschen, Whirlpools und großen Plantschbecken für die Kleinen. Diverse Restaurants und Imbissbuden versorgen die Besucher.

Oben: Parasailing am Strand von Pattaya.

Foto: enviromantic (iStockphoto)

Wer mehr sehen will als Bierbars und Sammeltaxis, kann auf ein breites Angebot zurückgreifen; Ausflugsvermittler, Auto-, Motorrad- und Bootsverleiher bieten ein buntes Action- und Ausflugsprogramm. Im Angebot sind Golf und Tennis, Kegeln, Billard und Badminton. Man kann Windsurfen, Bananenboot und U-Boot fahren, Fallschirmsegeln und Wasserski fahren. Es gibt Tauchmöglichkeiten, Hochseeangeln, Reiten und sogar einen Schießstand.

Wer nicht ins Meer will, um die Unterwasserwelt zu bestaunen, ist in der **★Underwater World** ⑪ richtig. Ein langer **Acryltunnel** führt durch die Welt von 4500 Meerestieren, darunter Haie. Man kann u. a. dabei zusehen, wie Taucher sie füttern.

Das Wassersportangebot von Jomtien umfasst u. a. Schnorcheln und Sporttauchen, die **Korallenriffe** lassen sich auch vom **Glasbodenboot** betrachten.

Die Insel **Ko Larn** (Coral Island), ist von Jomtien 45 Min. per Boot entfernt und die größte der nahen Inselgruppe. An den Stränden der Insel bekommt

Foto: gionnixxx (iStockphoto)

man in den Restaurants frischen Fisch, auch Bungalows zum Übernachten gibt es. Zur Hochsaison kann die Insel extrem voll sein, aber es gibt noch weitere schöne Inseln: **Ko Phai** (Bamboo Island), **Ko Leum**, **Ko Huchang**, **Ko Manwichai** und **Ko Klungbaden** (alle erreichbar mit Ausflugsbooten von Pattaya).

An der Straße zum Golfplatz des Siam-Country-Clubs befindet sich das **Pattaya Elephant Village**. Die Vorführungen geben einen Einblick in die Dressur und das Arbeiten mit Asiatischen Elefanten; es ist auch möglich, einen **Ausritt** hoch zu Elefant zu unternehmen. An derselben Straße liegt der **★Panarak-Park**, ein Tropengarten mit Fischteich: Gäste dürfen ihr Abendessen selbst fangen (Leihgebühr für die Angelutensilien). Der Park bietet außerdem ein Restaurant, Bungalows, Minigolf-Platz, Jogging- und Radwege und Boote.

Oben: Pattaya ist bekannt für nächtliche Vergnügungen aller Art. Rechts: Transvestiten-Show im Alcazar.

12 km südlich von Pattaya-Stadt steht der **Wat Yan Sangwararam**, ein einzigartiges Beispiel moderner thailändischer Tempelarchitektur. Der *wat* steht unter der Schutzherrschaft Seiner Majestät des Königs und wurde ihm zu Ehren errichtet. Noch immer entstehen hier neue Tempel, deren Stil sich an der Kultur des jeweiligen Stifterlands orientiert. Es werden auch buddhistische **Meditationskurse** angeboten.

Das Dorf **★Suang Nong Nooch**, etwa 20 km südlich von Pattaya, ähnelt einem großen Park. Der idyllische Ort hat eine **Orchideenzucht**, einen **Kakteengarten** und einen schönen Landschaftsgarten. Ein Kunst- und Handwerkszentrum präsentiert Thailands vielfältiges **Kunsthandwerk**. In einem Saal werden klassische **Phutthai-Tänze** und **Thai-Box-Vorführungen** gezeigt. Höhepunkt der **Elefantenschau** sind kämpfende Kriegselefanten.

Außerdem einen Besuch wert: die **Snake Farm** mit Giftschlangen-Melkvorführungen, die **Krokodilfarm** im **Million Years Stone Park** mit Bonsai-

» Karte S. 174-175, Info S. 189-193

Foto: Hardy Stockmann

Garten und Zoo, der ★**Si Racha Tiger Zoo** (ca. 40 km nördlich, siehe Si Racha, S. 174) und der großflächige **Khao Kheow Zoo** mit „Nachtsafari" (ca. 50 km nördlich, Richtung Chonburi).

Ein weiterer lohnender Ausflug von Pattaya führt südwärts zu dem netten Fischerort **Samae San** ❻ (ca. 50 km), wo man preiswert Fisch und Meeresfrüchte genießen und mit Charterbooten Robinsonaden zu den vorgelagerten kleinen Inseln wie z. B. **Ko Samae San** unternehmen kann.

Rayong

Die Provinz Rayong hat einiges zu bieten: Parks im Inland, felsige Küste und lange Sandstrände mit Bungalow-Resorts. Die Provinz besitzt viele Obstplantagen und ist bekannt für Ananas- und Durian-Anbau. Mancherorts riecht man die „Duftwolke" einer Fischsaucenfabrik – kaum eine thailändische Hausfrau bringt ein Gericht ohne die Fischsauce *nam pla* auf den Tisch, die ein Hauptprodukt dieser Gegend ist. Ebenfalls begehrt: die hiesige Krabbenpaste.

Die Industriestadt **Rayong** ❼, rund 200 km von Bangkok, besitzt einige schöne Tempel. Der **Schrein für König Taksin** im **Wat Lum Mahachai Chumpon** erinnert an den großen siamesischen König (Sohn eines chinesischen Vaters), der sich nach dem Fall Ayutthayas 1767 hierher begab, Thai-Soldaten um sich scharte und das Land von den Burmesen befreite. Viele Einheimische kommen zum Beten her. Die chinesische Bevölkerung huldigt Taksin besonders an Chinesisch-Neujahr.

Im **Wat Pa Pradu** nahe der Stadmitte ist ein 12 m langer **Liegender Buddha** zu besichtigen. Im Gegensatz zu anderen ruhenden Buddhas liegt dieser allerdings nicht auf der rechten, sondern auf der linken Seite. Hinter dem Rathaus von Rayong steht in einem traditionellen Thai-Pavillon die wichtigste Buddha-Statue der Stadt: der **Pra Buddha Angkirot**.

Über 2 km von der Stadt entfernt, am Ende der Taksin-Maharaj-Straße, liegt **Pra Chedi Klang Nam**, eine kleine alte

Foto: Thomas Stankiewicz

Pagode auf einer Insel im Fluss Rayong. Hier findet jedes Jahr im November ein großes Volksfest statt.

Entlang der Küste von Rayong mit einigen vorgelagerten Inseln erstrecken sich zahlreiche Strände; einige werden überwiegend von Einheimischen frequentiert. ★**Hat Sai Thong** ❽, der „goldene Sandstrand", mit einigen hochpreisigen Bungalows ist sehr schön, ruhig und sauber. Biegen Sie 12 km westlich (bei Km 208) ab, um auf einer Stichstraße südwärts zu diesem idyllischen Flecken zu gelangen.

Ko Saket, eine kleine Insel direkt vor der Küste, erreicht man in nur 20 Minuten per Schiff von Hat Sai Thong. Dort gibt es ein Restaurant und einige teure Bungalows. Fähren zwischen der Insel und dem Festland verkehren von 9-17 Uhr.

Der ★**Botanische Garten von Sopha** ist eine herrliche Anlage mit einheimischen und eingeführten Pflanzen, 17 km östlich von Rayong, nahe **Ban Phe** ❾. Auf dem Gelände finden sich auch einige hundert Jahre alte, traditionell eingerichtete **Thai-Häuser**.

Oben: Strandrestaurant auf Ko Samet.

Wenn der Wind richtig steht, werden Sie **Ban Phe,** den Hafen der **Fähren nach Ko Samet**, riechen, bevor Sie es sehen: Der Ort ist ein geschäftiger **Fischereihafen** mit großem **Markt**. Hier werden Meeresprodukte wie Fischsauce, getrockneter Tintenfisch, getrocknete Krabben und Krabbenpaste verkauft. Wer es eilig hat, kann in Ban Phe ein Schnellboot direkt zum Strand seiner Wahl auf Ko Samet chartern.

Vor Ban Phe liegen lange **Sandstrände**; entlang der Landstraße stehen viele teure Bungalows unter Casuarinen. Hierher kommen am Wochenende Familien aus Bangkok mit dem Autos. An der Südspitze der Halbinsel bietet das luxuriöse **Rayong Resort** erstklassige Unterkünfte, erlesene Restaurants und viele Freizeitaktivitäten, einschließlich einer Diskothek.

Von Ban Phe führt die Straße am Meer entlang weiter nach Osten durch den Pinienpark **Suan Son**. Dort gibt es

» Karte S. 174-175, Info S. 189-193

an schönen Stränden etwa 20 Bungalow-Komplexe.

★Ko Samet

Dieses einst wundervolle Naturreservat im **Nationalpark Khao Laem Ya Samet**, etwa 6,5 km vor Ban Phe gelegen, ist ein wahrer Magnet für Bangkoks gestresste Städter geworden, was sichtbare Spuren hinterlassen und die Preise nach oben getrieben hat. Besonders an langen Wochenenden fallen ganze Horden auf der Insel ein. **Ko Samet** ist der beliebteste Teil des Nationalparks, der auch die nahen Inseln **Kudi**, **Kham** und **Plai Tin** einschließt.

★Ko Samet ⑩, 7 km lang und wie ein schmales Dreieck geformt, ist bereits von Ban Phes Pier aus zu sehen. Die Überfahrt zum Fischerdorf **Samet** 1 oder zum Pier von **Na Dan** 2 dauert etwa 30 Minuten. Dort warten Songthaews (Pick-ups), um die Neuankömmlinge auf Sandpisten zu den wunderbaren **★Stränden** der Insel zu bringen. Einst galt Ko Samet als Paradies für sparsame Rucksacktouristen, doch diese wurden längst von den besser betuchten Thais verdrängt. Wer nicht aufs Geld achten muss, wird jedoch auch als westlicher Reisender auf Ko Samet schöne Unterkünfte mit freundlichem Personal finden. Jeder Reisende muss jedoch bereits sein, sich dem thailändischen Verständnis von Urlaub anzupassen: Liegestühle in Reihen am Strand, Bananenboote und laute Musik. Die Hauptreisezeit ist zwischen November und März, an allen Feiertagen und in den Ferien wird es extrem voll. Da Ko Samet Teil des Nationalparks ist, muss Park-Eintritt bezahlt werden.

Übernachten auf der Insel war in den 1990er Jahren verboten, trotzdem gab – es wie heute – an den Stränden jede Menge Bungalows, von Mittelklasse bis Luxus, zu mieten. Malaria übertragende Moskitos waren lange Zeit ein guter Grund, dem Übernachtungsverbot Folge zu leisten, heute soll sich die Situa-

tion gebessert haben (Prophylaxe und Moskitonetz sinnvoll!).

An der Westküste liegt **Ao Phrao** 3, der „Paradiesstrand“, eine flache, relativ ruhige Bucht mit Korallenriffen. An der Ostküste reihen sich traumhafte, palmenumsäumte Buchten mit weißem Sandstrand und Bungalowanlagen aneinander: **Hat Sai Kaeo** 4, **Ao Hin Khok** 5 und **Ao Phai** 6 sind wunderschön, aber besonders in der Saison überlaufen. Weiter südlich wird es ruhiger, mit Ausnahme von **Ao Wang Deuan** 7, dem kommerzialisiertesten Strand von Ko Samet (Fähranleger).

Chantaburi

Die Provinz Chantaburi an der Ostküste (etwa 300 km von Bangkok, bequem zu erreichen auf der mehrspurigen Nationalstraße 3) spielte wegen ihrer Nähe zu Kambodscha eine Rolle in der jüngeren thailändischen Geschichte: Im 19. Jh. fanden hier Grenzgefechte zwischen Thais und Franzosen statt, die bereits Indochina besetzt hatten.

Foto: martinhosmart (iStockphoto)

Die Provinz Chantaburi ist reich an Bodenschätzen und außerdem das größte Obstanbaugebiet Thailands, bekannt für köstliche Durian, Zimtäpfel (Anonen), Rambutan, Mangostan und Ananas. Alljährlich, meist im Mai, findet ein vielbesuchtes **Obstfest** statt. Die **Edelsteinminen** – die nächste liegt in **Khao Phloi Waen**, nördlich von Chantaburi – liefern die begehrten Sternsaphire. Infos für Minenbesuche erhält man an den Hotelrezeptionen.

Chantaburi ⓫ ist der Hauptmarkt für Tropenfrüchte aus der Provinz, regionales Kunsthandwerk oder an der nahen Küste gefangene Meerestiere. Die **Sichan-Straße** im Herzen von Chantaburi, bekannt als **„Edelsteinstraße"**, ist der Umschlagort für Edelsteine. Zwischen 9 und 12 Uhr, besonders am Freitag, Samstag und Sonntag, kaufen und inspizieren große Gruppen von Edelsteinhändlern hiesige **Rote Saphire** sowie **Rubine** aus Kambodscha. Nur anerkannte Käufer dürfen die Großhandelsgeschäfte betreten, um die gehäuften Steine zu begutachten. Touristen können Steine bei Einzelhändlern kaufen, sollten aber in der Lage sein, echte von falschen zu unterscheiden, was etwa bei Rubinen mit bloßem Auge kaum möglich ist. Einen hervorragenden Ruf genießen die Edelsteinschleifer von Chantaburi, die für Auftraggeber aus der ganzen Welt arbeiten.

Oben: Traditionelle Häuser auf Stelzen in Chantaburi. Rechts: Autofähren pendeln zwischen Laem Ngop und der Insel Ko Chang.

Die auch innen sehr ansehnliche französische ★**Kathedrale** aus dem 19. Jh. weist darauf hin, dass viele Katholiken in der Stadt leben – die meisten kamen einst als Flüchtlinge aus Vietnam. Der französischen Besatzungszeit 1893-1905 sind außerdem Croissants und Baguettes in den örtlichen Bäckereien zu verdanken. Viele Händler in dieser einst von Khmer gegründeten Stadt sind Chinesen.

Im **Khao-Sabap-Nationalpark** ⓬ (14 km südöstlich) wird der ★**Phliu-Wasserfall** wegen seines natürlichen **Badepools** scharenweise von Thai-Tou-

» Karte S. 174-175, Info S. 189-193

Foto: Rabyesang (iStockphoto)

risten besucht. Es gibt zudem markante Granitfelsen und Reste von Regenwald mit einer vielfältigen Vogelwelt. König Rama V. ließ nahe der Fälle einen **Stupa** und einen pyramidenförmigen **Schrein** für seine 1880 bei einem Bootsunfall auf dem Chao Phraya ertrunkene, erst zwanzigjährige Gattin Sunandha errichten.

In **Laem Singh** ⓭, 30 km südlich von Chantaburi, an der einst strategisch wichtigen Mündung des Chantaburi-Flusses, stehen die Reste zweier **Forts** aus der Ära von Rama III. Der **Strand** des Ortes ist noch kaum erschlossen. An der Straße zum **Hafenpier**, wo kleine Fischerboote anlanden, erhebt sich ein rotes, rechteckiges Ziegelgebäude, das restaurierte **Customs House**, von den Einheimischen *Kook Khee Gai* oder „Hühnermist-Gefängnis" genannt: Die Franzosen nahmen hier während der Besatzungszeit Ende des 19. Jh. Thai-Soldaten gefangen. Die Decke des Gefängnisses bestand aus Rosten zur Hühnerhaltung: Die Exkremente sollten eine zusätzliche Strafe sein.

Trat

Wegen ihrer Abgeschiedenheit hat sich Thailands bergige südöstlichste Provinz Trat erst spät, seit den 1990er Jahren, auf dem Touristenfahrplan etabliert. Seit in **Hat Lek**, ca. 85 km südöstlich von Trat, ein offizieller Grenzübergang nach Kambodscha existiert, wird die Provinz immer mehr zur Durchgangsstation. Spielfreudige Einheimische besuchen gerne die **Kasinos** gleich hinter der kambodschanischen Grenze. Ausländische Touristen reisen über **Ko Kong** per Schiff oder Bus in den aufstrebenden kambodschanischen Badeort Sihanoukville, auf dem Weg nach Phnom Penh oder nach Saigon/Vietnam.

Dank des **Flughafens** von **Trat** ⓮ ist eine Badereise nach Ko Chang viel einfacher geworden: Flug von Bangkok nach Trat, im klimatisierten Wagen und per Autofähre zur Insel, dann direkt zur Hotelrezeption. Früher dauerte schon die Busfahrt ab Bangkok 6 Std.

Die Provinzstadt Trat hat ein ange-

nehmes Ambiente; obwohl nicht viel geboten wird, ist ein kurzer Aufenthalt sehr angenehm. Wer nicht gleich auf die Inseln will oder erst am nächsten Tag mit dem Sammeltaxi zur kambodschanischen Grenze aufbricht, kann am ★**Nachtmarkt** das alltägliche Leben einer Kleinstadt kennen lernen: Hier gibt es verlockende, blitzsaubere Essensstände mit und ohne Sitzplätze.

Von den Piers bei **Laem Ngop** ⓯ starten **Autofähren** und traditionelle **Holzboote** zu der großen, bestens erschlossenen Insel **Ko Chang** (rd. 30 Fährminuten) oder zu den kleinen Eilanden **Ko Mak**, **Ko Kradat** und **Ko Rat**. Letztere sind noch nicht überlaufen und bieten herrliche Strände und Korallenriffe. **Ko Kut**, 90 Bootsminuten von Laem Ngop, besticht mit dem Wasserfall Khlong Chao, ist noch wenig entwickelt und ideal für ruheliebende Natur- und Strandfreunde.

Oben: An der Nordwestküste der Trauminsel Ko Chang. Rechts: Der White Sand Beach (Hat Sai Khao) in Ko Chang.

★★Ko Chang

★★**Ko Chang** ⓰, dessen Umrisse an einen Elefantenkopf erinnern, ist mit 30 km Länge und 8-13 km Breite die größte des 47 Inseln zählenden Archipels vor Trat und nach Phuket Thailands zweitgrößte Insel. Waren es anfangs Individualtouristen und Einheimische, die sich an den sauberen Stränden der Westküste erholten, so kommen mittlerweile immer mehr Pauschal- und zahlungskräftige Urlauber aus aller Welt. Schon jetzt verdrängen immer mehr hochpreisige die einfachen Unterkünfte; dutzende Luxusresorts sind bereits auf Ko Chang entstanden.

Die etwa 3000 Einheimischen, die verstreut in kleinen Dörfern an den Buchten wohnen und bisher hauptsächlich vom Fischfang und dem Anbau von Kokosnüssen und Gummibäumen lebten, befürchten einen Ausverkauf ihrer Heimat, Umweltschützer beklagen die fortschreitende Zerstörung des **Ko Chang National Marine Park**.1982 eingerichtet, umfasst er neben den

» Karte S. 174-175, Plan S. 188, Info S. 189-193

Foto: Paul Spierenburg

Gewässern des Archipels auch das gesamte Bergland. Dort, im ungestörten Inselinneren, leben noch Makaken, Mungos, Phytons, Echsen, Nashornvögel, Wildschweine und die seltenen, vom Aussterben bedrohten Fea-Muntjak-Hirsche.

In der Umgebung des 743 m hohen Bergs **Salak Phet** existiert sogar noch ★**Regenwald**, eines der ursprünglichsten Dschungelgebiete Südostasiens. Schmale Wege führen zu mehreren **Wasserfällen**, von denen der ungefähr 25 m hohe **Klong Plu** (Klong Prao) besonders reizvoll ist: In natürlichen Becken an seinem Fuß kann man herrlich entspannen, von seinem über einen relativ steilen Pfad zugänglichen oberen Ende genießt man eine exzellente Aussicht auf das Meer.

Die Strände

Nachdem das Boot an einem der drei Piers im Nordosten angelandet ist, kann man mit einem Sammeltaxi zu den Stränden fahren. Die Straße wurde im Lauf der letzten Jahre ausgebaut und führt mittlerweile fast ganz um die Insel. Vom Pier aus erreichen Besucher den Hat Sai Kao (White Sand Beach) im Nordwesten, anschließend den Klong Prao Beach, den Kai Bae Beach, den Thanam Beach und den Bang Bao Beach im Süden. An der Ostküste entlang geht es bis Salakphet.

Der malerischste, aber auch am besten erschlossene Strand ist der ★★**Hat Sai Khao** 1, wegen seines weichen weißen Sandes als *White Sand Beach* gerühmt. Hier steht Bungalow an Bungalow, und es gibt alle Annehmlichkeiten: von Bars über Restaurants, Supermärkte, Apotheken, Optiker und Bankautomaten bis hin zu Reiseagenturen. Auch das Rotlichtmilieu mit Ladybars und „Vier gewinnt" hat hier seinen Platz gefunden. Einfache Hütten gibt es kaum noch, und wenn, dann nicht direkt am Strand.

Etwas weniger schön ist der Strand am **Kai Bae Beach** 2, doch ist es hier noch nicht so voll. Bei Ebbe liegen leider viele Steine herum, und das Baden

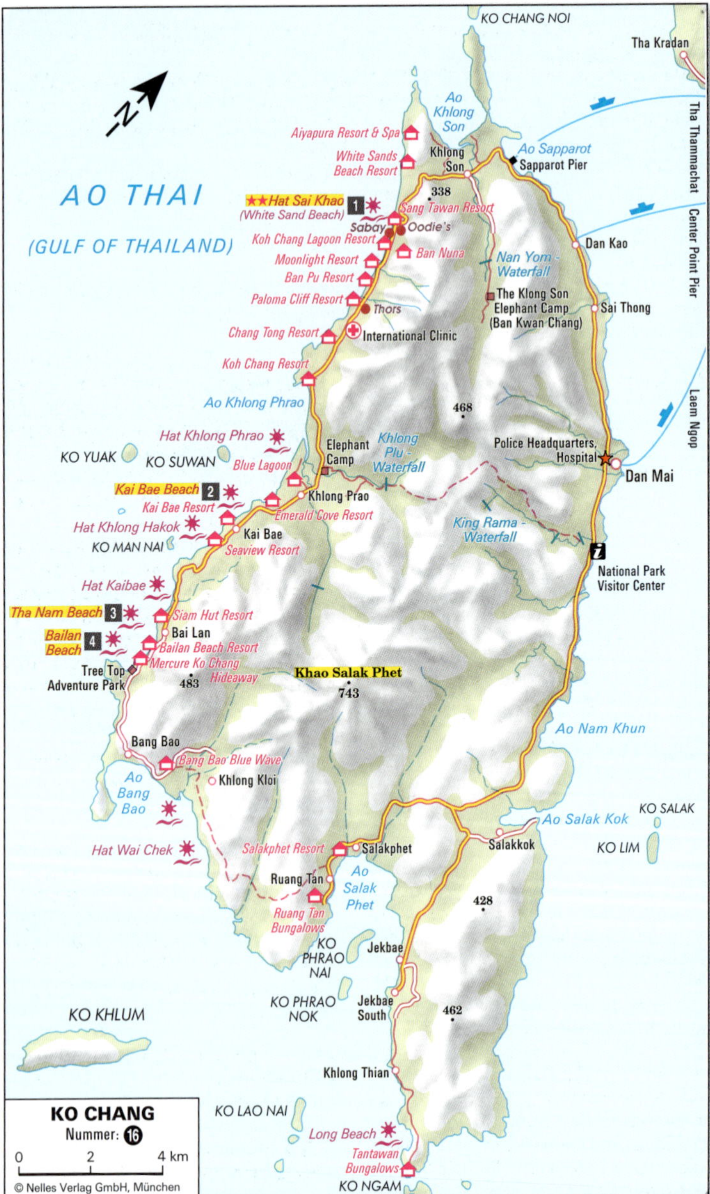
AO THAI
(GULF OF THAILAND)
KO CHANG NOI
Tha Kradan
Tha Thammachat
Center Point Pier
Laem Ngop
Ao Khlong Son
Aiyapura Resort & Spa
White Sands Beach Resort
Khlong Son
Ao Sapparot
Sapparot Pier
338
★★Hat Sai Khao 1
(White Sand Beach)
Sang Tawan Resort
Sabay
Oodie's
Koh Chang Lagoon Resort
Ban Nuna
Moonlight Resort
Ban Pu Resort
Nan Yom - Waterfall
Dan Kao
Paloma Cliff Resort
Thors
The Klong Son Elephant Camp (Ban Kwan Chang)
Sai Thong
Chang Tong Resort
International Clinic
Koh Chang Resort
Ao Khlong Phrao
468
Hat Khlong Phrao
Elephant Camp
Khlong Plu - Waterfall
Police Headquarters, Hospital
KO YUAK
KO SUWAN
Blue Lagoon
Dan Mai
Kai Bae Beach 2
Khlong Prao
Kai Bae Resort
Emerald Cove Resort
King Rama - Waterfall
Hat Khlong Hakok
Kai Bae
KO MAN NAI
Seaview Resort
National Park Visitor Center
Hat Kaibae
Tha Nam Beach 3
Siam Hut Resort
Bai Lan
Bailan Beach 4
Bailan Beach Resort
Mercure Ko Chang Hideaway
Tree Top Adventure Park
483
Khao Salak Phet
743
Ao Nam Khun
Bang Bao
Bang Bao Blue Wave
Ao Bang Bao
Khlong Kloi
KO SALAK
Ao Salak Kok
KO LIM
Hat Wai Chek
Salakphet Resort
Salakphet
Salakkok
Ruang Tan
Ao Salak Phet
Ruang Tan Bungalows
428
KO PHRAO NAI
Jekbae
KO PHRAO NOK
Jekbae South
462
KO KHLUM
Khlong Thian
KO LAO NAI
Long Beach
Tantawan Bungalows
KO NGAM
KO CHANG
Nummer: 16
0 2 4 km
© Nelles Verlag GmbH, München

ist nicht immer möglich, zudem gibt es öfter Sandfliegen.

Beschaulicher ist es am **Tha Nam Beach** 3, obwohl auch hier immer mehr Bungalows entstehen. Einst war er als *Lonely Beach* bekannt, heute ist es mit der Einsamkeit vorbei, junges Volk feiert abends in den Bars. An den Stränden weiter im Süden, wie dem **Bailan Beach** 4, ist noch nicht soviel los.

Die beste Reisezeit für einen Besuch der Insel sind die Monate November bis Mai. Ab Januar bis in den April hinein kommt es jedoch zu gefährlich starken Strömungen, so dass man die dann aufgestellten Warnschilder unbedingt ernstnehmen sollte! Leider führen die Strömungen teils auch dazu, das der Sand vom Strand abgetragen wird und Steine sichtbar werden.

An *Songkran*, Weihnachten und anderen Feiertagen wird die Insel von vielen Thais besucht, und man staunt, wieviele Menschen in einem Bungalow Platz finden. Zudem steht dann der ganze Strand voller Zelte. Dies gilt vor allem für den White Sand und den Kai Bae Beach. Wer zu dieser Zeit anreisen will, sollte ein Zimmer reservieren.

Ko Chang hat auch gute Bedingungen zum **Tauchen** und **Schnorcheln**. Einige **Tauchschulen** bieten Kurse, Ausrüstung und Ausflüge an. Zu sehen gibt es neben Korallenriffen auch Wracks: Sogar für Anfänger eignet sich das in nur 12 m Tiefe liegende **Kriegsschiffwrack**, ebenfalls interessant ist ein **Flugzeugwrack** aus dem 2.Weltkrieg.

Weitere Abenteuer kann man auf See erleben, indem man sich auf eine **Segeltour** zu den umliegenden Insel begibt. Wer Spaß am **Angeln** hat, kann sich seinen Fang anschließend im Resort zubereiten lassen. Möchte man Ko Chang, die „Elefanteninsel", auf dem Rücken eines Dickhäuters erleben, hat man die Wahl zwischen zwischen mehreren **Elefanten-Camps**. Meist schließt ein etwa ein-bis-zweistündiger **Ausritt** durch den Dschungel das Füttern der Elefanten mit ein.

PATTAYA

Tourism Authority of Thailand (TAT), 8.30-16.30 Uhr, am Rama IX Memorial Park, 609 Moo 10, Pratamnak Rd., Tel. 038 428 750.
Viele hilfreiche Tipps finden sich in den **Lokalzeitungen**, die auch auf deutsch und englisch erscheinen.
Touristenpolizei, Second Rd., nahe Soi 6, Tel. 038 429 371.
Immigration Office, Soi 5, Jomtien Beach Road, Tel. 038 252 750.

BUS: Klimatisierte **Busse** starten häufig in Bangkok am Eastern Bus Terminal in Ekamai (Soi 63, Sukhumvit) und brauchen ca. 3 Stunden nach Pattaya, je nach Verkehrslage. Mehrmals täglich fahren Busse vom Suvarnabhumi Airport (Bangkok) nach Pattaya, ein Taxi von diesem Internationalen Flughafen nach Pattaya kostet rd. 1500 Baht.
Das **Busterminal** in Pattaya befindet sich in der North Rd., nahe der Sukhumvit.Mit dem Bus kann man von Pattaya zu Bangkoks Southern Bus Terminal, Northern Bus Terminal und zum internationalen Flughafen gelangen. Nach Bang Phe, dem Fährhafen für Schiffe nach Ko Samet, fahren Minibusse. Nach Rayong und Ko Chang gehen staatliche Busse sowie Minibusse.

BAHN: Auch einen **Bahnhof** gibt es in Pattaya. Züge starten in Bangkok frühmorgens, mittags geht ein Zug zurück.

FLUG: Der **Flughafen** U-Tapao liegt etwa 40 km südlich von Pattaya und wird für Inlandsflüge nach Phuket und Ko Samui genutzt, gelegentlich gibt es auch Flüge nach Phnom Penh. *Bangkok Airways* fliegt von und nach Ko Samui und Phuket. Büro: 75/8 North Pattaya Rd., Moo 5, Tel. 038 412 382. *Thai Airways International*, Beach Rd., Tel. 038 420 995.

In Pattaya gibt es ein breites Spektrum an Gastronomie, inklusive bekannter westlicher Fastfood-Ketten.

THAI: **Thai House**, gehört zu den größten Restaurants Pattayas, exzellente einheimische Kü-

che, untermalt von klassischer Thai-Musik, 18.30-23 Uhr; 171/1 North Pattaya Rd, Tel. 038 370 579.
Nang Nual Seafood, großes Restaurant am Wasser, seit Jahrzehnten beliebt; Walking Street, Tel. 038 428 708.
Nang Nual Jomtien Beach, Tel. 038 231 548.
PIC Kitchen, leckere Frühlingsrollen und andere asiatische Köstlichkeiten in angenehmer Atmosphäre, gelegentlich auch Tanz und Live-Jazz; Soi 5, Beach Rd., Tel. 038 428 374, www.pic-kitchen.com.
Pattaya Park Tower, Eintritt in die Restaurants 17-22 Uhr, 200 Baht für den Lift in die 52. und 53. Etage, inklusive Dinner-Buffet 550 Baht; Jomtien Beach, Tel. 038 364 110, www.pattayapark.com.

CHINESISCH: **Marco Polo**, gute kantonesische Küche, Pattaya 2 Rd., Tel. 038 428 155. **Tam Nak Nam Floating Restaurant**, Pattaya Central Rd, Tel. 038 429 059.
Villa Seafood Restaurant, Soi 7, Pattaya Beach Rd, Tel. 038 422 523.

DEUTSCH: **Bei Gerhard**, schwäbisch und thailändisch, gutes und günstiges Frühstück, 8.30-23 Uhr; 154 Naklua Rd., Soi 15/233, Tel. 038 421 589.
Bavaria, Shopping Arcaden, Central Rd., Tel. 038 427 790.
Alt Heidelberg, 273 Beach Rd., Tel. 038 421 258.
Bavaria House II, selbstgebrautes Bier und leckeres deutsches Buffet; in den Central Shopping Arcades, 2 Rd., Tel. 038 427 790.

ITALIENISCH: **La Piola**, zum drinnen und draußen sitzen, leckere Kreationen der italienischen Küche, u. a. mit Seafood; 464/7-9 Moo 9, Second Road, Tel. 038 362058.
Mr. Max Italien Restaurant, kleines Lokal mit typisch italienischer Küche und großer Weinauswahl; 183/28 Moo 10, Soi Post Office, Tel. 038 710 905.

INTERNATIONAL: **O'Hara's**, 463/8 Srinakhon Shopping Center, Tel. 038 422 264.
Dolf Riks, Srinakhon Shopping Center, Tel. 038 428 586.
El Toro Steakhouse, 215/31-32 Pattaya 2 Rd, Tel. 038 426 239.
Bruno's, gut und schick, internationale Küche, große Weinauswahl, 12-14.30 u. 18 Uhr-spät; 364/77 Sri Nakhorn Centre, Tel. 038 364 600, www.brunos-pattaya.com.

SHOPPING CENTER: **Central Festival Center** (Big C), großer Supermarkt, viele originelle Geschäfte, Essensstände, Kino; Second Road, zwischen Soi 2 und Soi 3. **Royal Garden Plaza**, edle Boutiquen; zwischen Beach Road und Second Road / Höhe Soi Post Office.

Bangkok Pattaya Hospital, renommierte Klinik mit mehreren Zweigstellen in ganz Thailand; Sukhumvit Rd., Tel. 038 427 777, Notfall: 038 259 911, www.pattayahospital.com.
Dr. Olivier Clinic, deutschsprachige Praxis eines Genfer Arztes; 315/336 Thepprasit Rd., Tel. 038 303 331, www.dr-olivier-clinic.com.

Das Hauptpostamt von Pattaya liegt in der Soi Post Office, Tel. 038 429 340. Weitere Poststellen befinden sich in der Naklua (nahe des Marktes) und am Jomtien Beach.

SAMMELTAXIS: *Songthaews* (in Pattaya auch „blaue Bath-Busse" genannt) machen das Umherfahren in Pattaya einfach, obwohl ein offener Pick-up mit Blattfedern nicht besonders bequem ist. Der Fahrpreis sollte 10-20 Baht pro Person und Fahrt betragen, wenn man allerdings die Stadtgebietsgrenze nördlich bzw. südlich der Beach Road verlässt, muss man den Fahrpreis individuell aushandeln. Nachts wird es teurer. Für Einzelreisende bieten sich Motorradtaxis an: Eine Fahrt im Stadtgebiet kostet 30-300 Baht.

NACHTLEBEN: Transvestiten-Shows mit Niveau bieten das **Alcazar**, Second Road, Tel. 038 422 220, www.alcazarthailand.com, und das **Tiffany**, Second Road, Tel. 038 421 700, www.tiffany-show.co.th. **Lucifers**, Hip Hop in coolem Höhlenambiente; Walking Street, Tel. 0175 6031.

Ripleys Believe it or not, geöffnet 11-23 Uhr, Eintritt zur Kuriositätenshow 480 Baht; im Royal Garden Plaza, Tel. 038 710 294, www.ripleys-thailand.com.
Sanctuary of the Truth, tgl. 8-18 Uhr, Eintritt 500 Baht, Kinder zahlen die Hälfte; 205 Soi 5, Naklua, Tel. 038 367 229, www.sanctuaryoftruth.com.

Underwater World, tgl. 9-18 Uhr, Eintritt 400 Baht; Thanon Sukhumvit, Tel. 038 756 879, www.underwaterworldpattaya.com.
Mini Siam, tgl. 7-22 Uhr, Eintritt 300 Baht; 387 Soi 6, Thanon Sukhumvit, Tel. 038 727 333, www.minisiam.com.
Elephant Village, tgl. 9-17 Uhr, 14.30-16 Uhr findet eine informative Show statt (650 Baht), Elefantenausritte ab 1000 Baht, mit Abholservice; 54/1 Soi 2, Tambon Nong Prue, Tel. 038 249 818, www.elephant-village-pattaya.com.
Wat Yan Sangwararam, Meditationen um 6 und um 18 Uhr, einige Bauten, wie die Palastanlage Viharn Sein, kosten 50 Baht Eintritt, die meisten Bereiche sind frei zugänglich.
Suang Nong Nooch, tgl. 8-18 Uhr, Eintritt inklusive Show 400 Baht, Touren ab Pattaya um 9 und 13 Uhr, 650 Baht; Kulturshows mit anschließender Elefantenvorführung finden 3-4 mal täglich statt (9.45, 10.45, 15 und 16 Uhr, in der Nebensaison nur zweimal täglich); Tel. 038 709 358, www.nongnoochtropicalgarden.com.
Khao Kheow Zoo, Eintritt 300 / Kinder 50 Baht, Nachtsafari 200 Baht; im Norden bei Chonburi, tgl. 8-18 Uhr, Tel. 038 318 444, www.kkopenzoo.com.
Million Years Stone Park, tgl. 8-18.30 Uhr, mehrmals täglich Krokodil-Shows, Eintritt 300 Baht; Tel. 038 249 347, www.thaistonepark.org.
Snake Farm, 8-18 Uhr, Eintritt 200 Baht; Tel. 038 731 586.

JOGGING: Am Fuß des Pattaya-Bergs liegt der Pattaya-Fitness-Park mit einer hügeligen Joggingstrecke, beschattet von großen Bäumen. Auch entlang der Strandpromenade oder am langen Strand von Jomtien kann man sehr gut joggen.

AUTO- UND MOTORRADRENNEN: Am Kilometer 14 der Landstraße 36, auf dem Weg nach Rayong, liegt der Bira-Ring. Auf dem 2,4-km-Ring, finden internationale Formel-3-Rennen statt. Er steht gegen Gebühr auch allen offen, die hier eine mitgebrachte Maschine austesten wollen.
GOLF: Es gibt in und um Pattaya nicht weniger als 12 Golfplätze.
Der **Bangphra-International-Golfclub**, einer von Thailands schönsten, bietet die Herausforderung von 18 Löchern auf 5910 m, Par 72; geöffnet von 6 bis 18 Uhr, es gibt auch ein 60-Zimmer-Hotel, ein Schwimmbad, Restaurant, Pro-Shop etc.
Der **Siam-Country-Club-Platz**, ein recht rauer Platz, ist 5803 m lang, Par 72; ein 30-Zimmer-Hotel, ein Parkplatz, Restaurant und Pro-Shop stehen zu Ihrer Verfügung.
Phlu Ta Luang (Königlich-Thailändischer Marine-Golfclub) ist mit 6120 m, Par 72, der größte im Königreich; es gibt einen Parkplatz, ein Restaurant und einen Pro-Shop.
Das **Asia-Hotel** direkt in Pattaya hat einen 9-Loch-Platz, 956 m, Par 27.

KART: Sie können z. B. auf dem 1080 m langen Pattaya-Kart-Speedway in 212 Mu 9, Pattaya Road 2, Karts von 5 bis 15 PS fahren.

WINDSURFEN: Surfschulen und Verleihe liegen über den Strand von Jomtien verstreut. Der Pattaya-Windsurf-Club veranstaltet häufig Wettbewerbe, einige sind sogar internationale Veranstaltungen.

WASSERSKI: Sie können an allen Stränden Motorboote und Wasserski mieten; einen Wasserskilift gibt es 5 km südlich im **Lakeland**, in einem Süßwassersee.

SPORTTAUCHEN: Mehrere Schulen in Pattaya bieten Ausrüstung und Ausbildung an. **Mermaids Scuba Divecentre**, Thappiaya Rd., Tel. 038 303 333, www.mermaiddive.com. **Seafari Divecentre**, seit 1970 etablierte Tauchschule, die erste, die in Thailand nach PADI taucht; Pattaya Beach, Soi 12, Tel. 038 429 060, www.seafari.co.th.
Der beliebteste Ort zum Tauchen sind die Inseln des Ko-Larn-Archipels, aber der ungeregelte Motorbootverkehr, Wasserskifahrer und Raser machen diese Gegend immer gefährlicher. Taucher beschweren sich auch über die Verschmutzung der Korallenriffe. Tauchläden können Auskunft über die schöneren und einsameren Inseln geben, die teilweise von der Königlichen Marine verwaltet werden und südlich von Pattaya bei Sattahip liegen. Dort befinden sich auch einige Wracks für Unterwasserexpeditionen.

SÜSSWASSERFISCHEN: Der Jomtien-Fischpark an der Jomtien-Strandpromenade, Panarak-Park und die Bang-Lamung-Krabbenfarm bieten Angelmöglichkeiten in ihren reich gefüllten Teichen.

REITEN: **Horseshoe Point Resort & Country Club**, Reiterdorf für Anfänger und Fortgeschrittene, Dressurwettbewerbe, Reitunterricht, Kutschfahrten, Ponyreiten; 100 Moo 9, Tambon Pong, Tel. 038 735 050, www.thehorseshoepoint.com.

BUNGEE JUMPING: **Pataya Jungle Bungy Jump**. Am Jomtien Fishing Park (etwa 15 min von Pattaya entfernt) kann man tgl. von 9-18 Uhr aus 50 Meter Höhe hinabspringen. Mehr Informationen unter www.thaibungy.com. Wer bucht (Tel. 089 834 5712), wird abgeholt.

THAIBOXEN: Auch der für Thailand so typische Kampfsport Muay Thai wird in Pattaya gelehrt. Unterricht für Anfänger und Fortgeschrittene erteilt **Sitpholek Muaythai Sportcenter**, 217/10 Moo 6 Sukhumvit Rd., Tel. 089 934 5001.
Yodthong Senanan Thai Boxing Camp, 93/123 Moo 11, Soi Kaotalo, Soi 8, Tel. 089 543 3450, www.kombatgroup.com.

VERANSTALTUNGEN UND FEIERTAGE: Wie im Rest des Landes werden auch in Pattaya nationale Feiertage wie *songkran*, das thailändische Neujahr, mit viel Schwung gefeiert. Für einige Tage im April, wenn es am heißesten ist, wird alles und jeder mit Wasser bespritzt, nachdem verschiedene religiöse Handlungen vollzogen und die Ahnen geehrt wurden.
Wenn Ende Oktober oder Anfang November Vollmond ist, findet *loy krathong*, das Fest des Lichts, statt. Jeder Besucher lässt ein kleines Floß mit einer Kerze, einigen Räucherstäbchen und einer kleinen Münze zu Wasser.
Anfang April feiert Pattaya eine Woche lang sein **Pattaya-Festival**. Kilometerlange Paraden, Schönheitswettbewerbe für Männer, Frauen und Transvestiten, Musikkonzerte und Feuerwerke, Geschicklichkeitstests und Spiele, internationale Drachensteig-Wettbewerbe und lautstarke Formel-3-Rennen ziehen dann Besucher aus Thailand und aller Welt an.
Zudem wird in Pattaya im März ein internationales **Musikfestival** gefeiert, ein Wochenende lang gibt es überall Livemusik.
Sportler zieht es alljährlich Mitte Juli zum **Pattaya Marathon**. Wer selber mitmachen will, kann sich unter www.thailandmarathon.org/pattaya-marathon anmelden.

Tiger Zoo, tgl. 8-18 Uhr, Eintritt 300 Baht; 8 km östlich der Stadt, 341 Soi 3 Nongkham, an der Nebenstraße 3241,Tel. 038 296 556, www.tigerzoo.com.

BANG SAEN

Aquarium und Marine Museum, Di-So 9-16.30 Uhr; im Süden des Stadtzentrums auf dem Gelände der Srinakarinwirot-Universität, Tel. 038 391 671.

SI RACHA

Fähren nach Ko Si Chang: Ab dem Pier Ko Loy (Tuk Tuk vom Busbahnhof Pattaya 40 Baht) fahren zwischen 7-20 Uhr stündlich Fähren zwischen der Insel Ko Si Chang und Festland (50 Baht).

KO SAMET

Fähren von Ban Phe (bei Rayong) nach Ban Na Dan (Ko Samet) stündlich von 8-18 Uhr, 50 Baht.
Auf der Insel verkehren **Songthaews**, die man privat chartern (ab 200 Baht) oder als Sammeltaxi nutzen kann (zwischen 30-70 Baht je nach Strecke und Personenzahl).
Zudem können **Mopeds** ausgeliehen werden. Kosten ca. 300 Baht pro Tag, obwohl die ersten Preisforderungen meist wesentlich höher liegen. Man sollte verhandeln.
Auch mit dem **Boot** kann man eine Rundfahrt um die Insel unternehmen. Ein gechartertes Boot kostet etwa 600 Baht pro Tour.

Wer nicht in seinem Hotelresort isst, kann in diversen Garküchen und Restaurants seinen Hunger stillen.
Jep's Restaurant, gute Thaiküche und westliche Gerichte, das Restaurant liegt direkt am Strand, von allen Tischen genießt man einen tollen Blick aufs Meer; Hin Kok Beach, Tel. 038 644 112.
Im **Ao Phrao Restaurant** am gleichnamigen Strand hat man ebenfalls einen tollen Blick auf Meer; neben leckerem Thaiessen werden westliche Gerichte, u. a. gutes Frühstück, serviert; Tel. 038 644 100.
Die meisten **Seafood-BBQs** finden sich am Ao

Phai and Haat Sai Kaew Beach. Meist liegen die Fische zur Auswahl aus.
Baywatch Bar, Pizzas, Steaks und Salate gibt es hier bis in den späten Abend (23.30 Uhr), danach geht es mit Getränkeausschank meist weiter bis zum nächsten Morgen; Ao Wongduan, Tel. 081 654 1096, www.baywatchbar.com.

KO CHANG

Viele hilfreiche Tipps werden in kostenlos ausliegenden Heften gegeben. Auch im Netz finden sich viele Tipps unter: www.koh-chang.com und www.whitesandsthailand.com. Informationen zum Nationalpark: Tel. 039 555 080.

FÄHRE: **Fähren** verkehren zwischen Ko Chang und Laem Ngop (bei Trat) in der Hauptsaison stündlich.
BUS: **VIP-Busse** fahren täglich von/nach Bangkok. Von Bangkok nach Trat per Bus vom Eastern Bus Terminal (Ekamai) in etwa 6 Std.
FLUG: Bequem ist die Anreise per **Flugzeug** mit Bangkok Airways zum **Trat Airport**. Von Trat fahren Minibusse und Songhtaews nach Laem Ngop, dem **Fährhafen** für Passagierboote; wer per Mietwagen kommt, kann die **Autofähre** am nahen Centerpoint Pier oder am Thammachat Pier nehmen.
Pickups, **Jeeps** und **Motorradtaxis** fahren die Küstenstraßen auf und ab.
Motorradvermietung gibt es auf der ganzen Insel, besonders die Westküstenstraße ist eine schöne Motorradstrecke.

Thors Palace, sehr gutes Massaman-Curry und schon wegen des exzentrischen Thor einen Besuch wert; Hat Sai Khao (White Sand Beach), Tel. 01 927 2502.
02 Food & Drink, Thai- und Western-Küche, man kann hier auch Kochen lernen, 10-14 u. 17-22.30 Uhr; am Kai Bae Beach, Tel. 039 557 321.
Oodie's Place, Live-Musik, 16-1 Uhr; am Nordende von Hat Sai Khao, Tel. 081 853 1271.
Sabay Bar, coole Bar mit Livemusik, 18-2.30 Uhr; Hat Sai Khao, Tel. 039 551 098, www.sabaybar.com.

International Clinic, Zweigstelle des Bangkok Trat Hospitals, an der Ringstraße südlich vom Hat Sai Kao, Tel. 039 551 555, www.bangkoktrathospital.com.
An den meisten anderen Stränden gibt es Erste-Hilfe-Stationen.

Eine Poststelle befindet sich am Hat Sai Kao beim Koh Chang Resotel.

***SEGELN*:** **Ko Chang Island View Resort**, vermittelt auch Tauchtouren und vermietet Angelequipment und Katamarane, organisiert Tagestouren mit max. 12 Teilnehmern; Tel. 085 963 5130, www.islandviewresort-kohchang.com/de/index.html.
***TAUCHEN*:** **Seahorse Divecenter**, bietet alle PADI-Kurse an und unternimmt Tauchsafaris; Kai Bae Beach, Tel. 01 996 7147.
Eco-Divers, erfahrene Tauchschule mit eigenem Resort am White Sand Beach; Hat Sai Kao, Tel. 039 557 296, www.ecodivers-kohchang.com.

***ELEFANTENREITEN*:** **Chang Chutiman Tour**, zweistündige Touren 900 Baht (Kinder unter 5 Jahren frei), einstündiger Ausritt 500 Baht, tgl. 8-17 Uhr; nahe des Klong Prao Beach, Tel. 08 939 6676.
The Klong Son Elephant Camp (Ban Kwan Chang), unterstützt von der Asian Elephant Foundation, bietet 2-Stunden-Ritte für 1500 Baht, 1 Stunde-Ritte 800 Baht (inklusive Transfer) sowie Halbtagestouren (8.30 bis 11.30 Uhr); Tel. 081 919 3995.

Angehörige des Akha-Bergvolks im Norden von Chiang Rai

Foto: Tuul & Bruno Morandi (SIME / Schapowalow)

LAN NA THAI – DER NORDEN

CHIANG MAI
LAMPHUN
LAMPANG
MAE HONG SON
CHIANG RAI
DAS GOLDENE DREIECK
NAN
TREKKING

DER NORDEN

Lan Na Thai („eine Million Reisfelder"), wie die Leute des Nordens ihre Region nennen, umfasst acht Provinzen: Chiang Mai, Mae Hong Son, Lamphun, Lampang, Phayao, Chiang Rai, Phrae und Nan. Die hügelige, zum Teil dschungelbedeckte Region grenzt im Norden und Westen an Burma, im Osten an den Fluss Mekong und an Laos. Chiang Mai ist das Wirtschafts- und Tourismuszentrum des Nordens.

Die Flugplätze in Mae Hong Son, Lampang und Chiang Rai haben zusammen mit dem modernen Straßennetz Gebiete mit herrlichen Landschaften zugänglich gemacht, die früher nur schwer erreichbar waren.

Eine große Attraktion des Nordens sind die farbenfroh gekleideten Bergvölker, deren Dörfer sich in den Bergen aller Provinzen befinden. Ihre Kulturen wandeln sich jedoch wegen des Tourismus und der raschen wirtschaftlichen Wachstums Entwicklung.

In großen Teilen Nordthailands wurde im 20. Jh. Opium angebaut, besonders im „Goldenen Dreieck" – kein geografischer Begriff, sondern ein vage definiertes Gebiet dort, wo Burma, Thailand und Laos aufeinander treffen. Doch dieser illegale Wirtschaftszweig ist in Thailand kaum noch anzutreffen: Unter dem Druck der Behörden haben sich einige Bergvölker vom Mohnanbau abgewendet, um ihren Lebensunterhalt stattdessen mit Agrarprodukten zu verdienen, die sie auf Märkten oder an Exporteure verkaufen. Drogen kommen heute in Form von Methamphetaminpillen aus Burma.

Links: Der vergoldete Chedi auf dem Doi Suthep (nahe Chiang Mai).

Die beste Zeit für einen Besuch im Norden ist der Winter, von November bis Februar, wenn die Tage klar und sonnig sind und eine kühle Brise von den Bergen weht. Abends braucht man dann einen Pullover. Manche Touristen ziehen die Regenzeit von Juni bis Oktober vor, wenn die Hügel vor frischem Grün strotzen und es nur ab und zu regnet, meistens nachts. In der heißen Zeit von März bis Mai steigt die Temperatur zwar höher als in Bangkok, aber die geringe Luftfeuchtigkeit macht dies erträglicher.

Obwohl sich das Straßennetz in der Region in den letzten Jahren erheblich verbessert hat, sind viele Gebiete noch recht abgelegen und die Unterkünfte fern der Städte oft rustikal. Die urbanen Zentren jedoch, wie Chiang Mai, Chiang Rai, Lampang, Lamphun und Mae Hong Son, stehen heute auf fast jeder Reiseroute, bieten komfortable Hotels und lohnen einen Besuch.

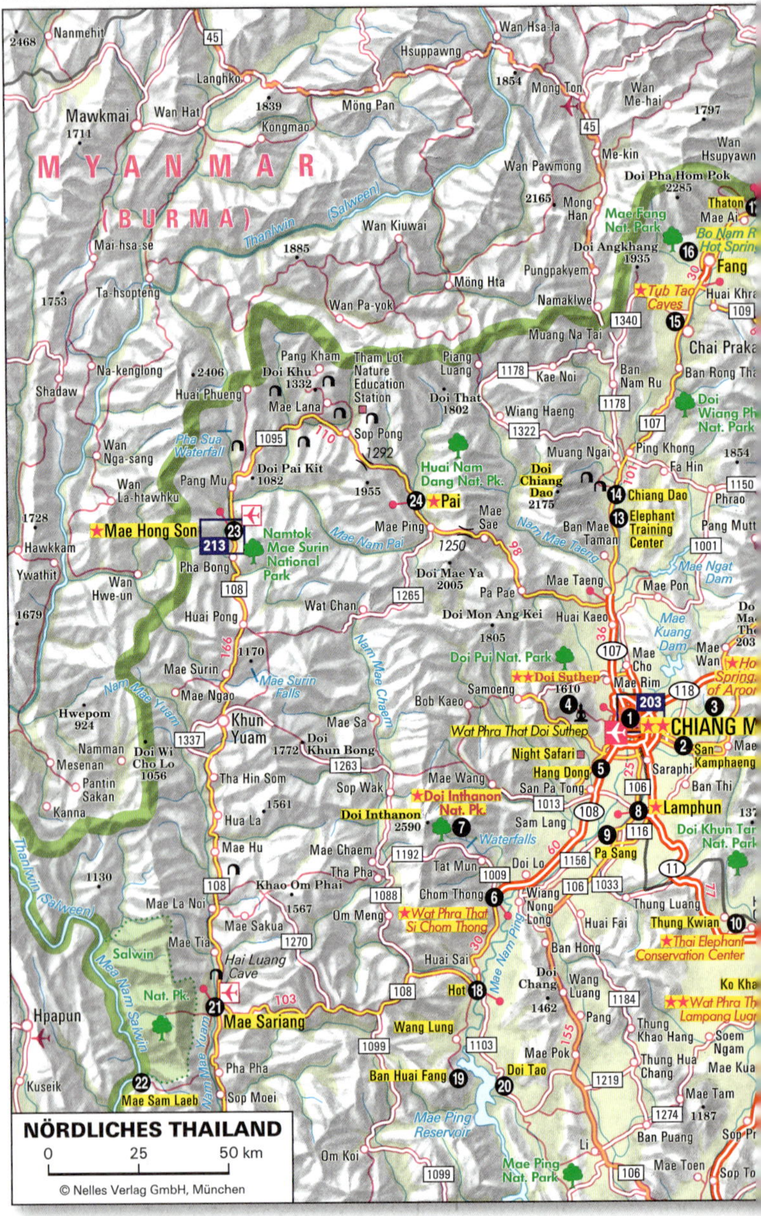

NÖRDLICHES THAILAND
0 25 50 km
© Nelles Verlag GmbH, München
MYANMAR
(BURMA)
Nanmehit
Langhko
Wan Hsa-la
Hsuppawng
Mawkmai
Wan Hat
Möng Pan
Kongmao
Möng Ton
Wan Me-hai
Me-kin
Wan Hsupyawn
Wan Pawmöng
Doi Pha Hom Pok
Mong Han
Thaton
Mae Ai
Mae Fang Nat. Park
Bo Nam R
Hot Spring
Fang
Doi Angkhang
Thanlwin (Salween)
Wan Kiuwai
Mai-hsa-se
Ta-hsopteng
Möng Hta
Pungpakyem
Namaklwe
Wan Pa-yok
Tub Tao Caves
Huai Khra
Muang Na Tai
Chai Praka
Ban Rong Tha
Pang Kham
Doi Khu
Tham Lot Nature Education Station
Piang Luang
Kae Noi
Ban Nam Ru
Na-kenglong
Shadaw
Huai Phueng
Mae Lana
Doi That
Wiang Haeng
Doi Wiang Ph Nat. Park
Pha Sua Waterfall
Sop Pong
Muang Ngai
Ping Khong
Fa Hin
Wan Nga-sang
Doi Pai Kit
Huai Nam Dang Nat. Pk.
Doi Chiang Dao
Chiang Dao
Wan La-htawhku
Pang Mu
Pai
Elephant Training Center
Phrao
Mae Hong Son
Namtok Mae Surin National Park
Mae Sae
Ban Mae Taman
Pang Mutt
Hawkkam
Mae Ping
Nam Mae Taeng
Mae Nam Pai
Ywathit
Pha Bong
Wan Hwe-un
Doi Mae Ya
Pa Pae
Mae Taeng
Mae Ngat Dam
Mae Pon
Huai Pong
Wat Chan
Doi Mon Ang Kei
Huai Kaeo
Mae Kuang Dam
Nam Mae Chaem
Doi Pui Nat. Park
Mae Cho
Mae Wan
Mae Surin
Mae Surin Falls
Doi Suthep
Mae Rim
Hot Spring of Aroon
Nam Mae Yuam
Mae Ngao
Samoeng
Bob Kaeo
Hwepom
Khun Yuam
Mae Sa
Wat Phra That Doi Suthep
CHIANG M
Namman
Doi Wi Cho Lo
Doi Khun Bong
Night Safari
San Kamphaeng
Mesenan
Pantin Sakan
Kanna
Tha Hin Som
Sop Wak
Mae Wang
Hang Dong
Saraphi
Ban Thi
San Pa Tong
Doi Inthanon Nat. Pk.
Lamphun
Hua La
Doi Inthanon
Sam Lang
Doi Khun Tan Nat. Park
Mae Hu
Mae Chaem
Waterfalls
Pa Sang
Tha Pha
Tat Mun
Doi Lo
Khao Om Phai
Chom Thong
Wiang Nong Long
Thung Luang
Mae La Noi
Om Meng
Wat Phra That Si Chom Thong
Huai Fai
Thung Kwian
Mae Sakua
Thai Elephant Conservation Center
Mae Tia
Ban Hong
Salwin
Hai Luang Cave
Huai Sai
Doi Chang
Wang Luang
Ko Kha
Nat. Pk.
Hot
Wat Phra Th Lampang Luar
Hpapun
Mae Sariang
Mae Nam Ping
Pang
Thung Khao Hang
Soem Ngam
Wang Lung
Mae Pok
Pha Pha
Ban Huai Fang
Doi Tao
Thung Hua Chang
Mae Kua
Kuseik
Mae Sam Laeb
Sop Moei
Mae Tam
Mea Nam Salwin
Nam Mae Yuam
Mae Ping Reservoir
Ban Puang
Sop Pr
Li
Om Koi
Mae Ping Nat. Park
Mae Toen
Sop To

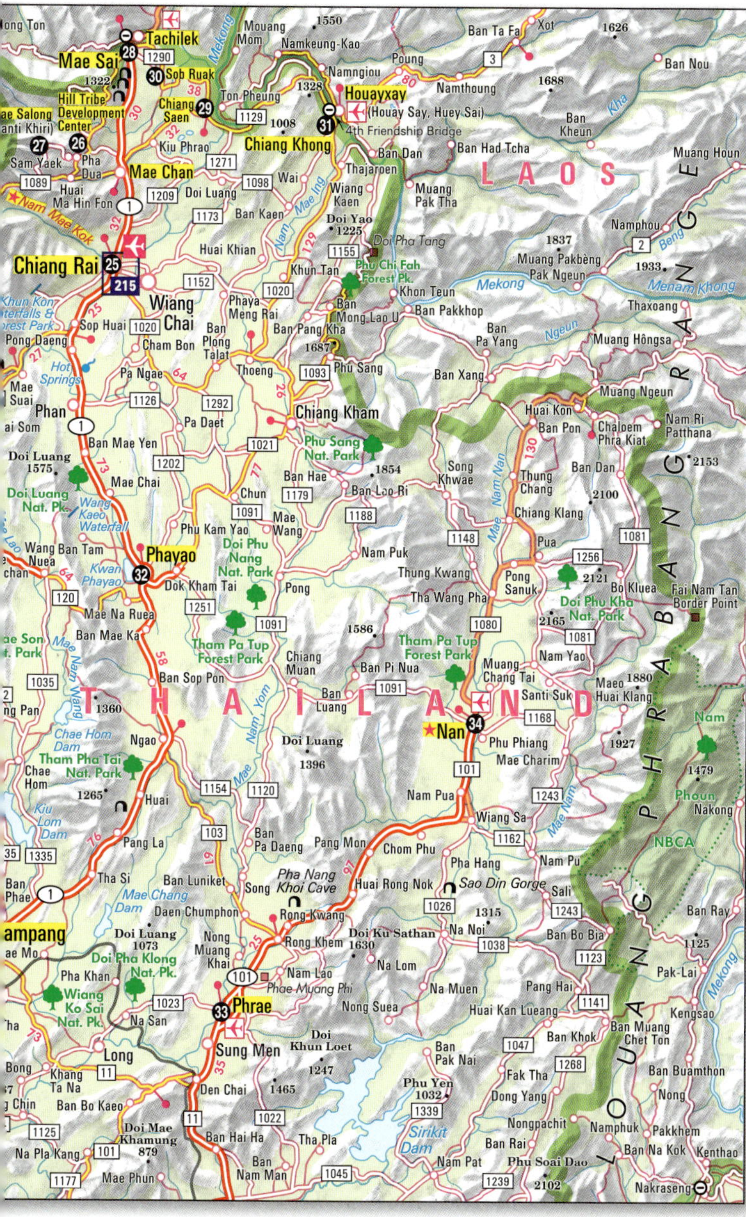
Tachilek
Mae Sai
Mouang Mom
Namkeung-Kao
Mekong
Sob Ruak
Hill Tribe Development Center
Chiang Saen
Ton Pheung
Namngiou
Houayxay
(Houay Say, Huey Sai)
4th Friendship Bridge
Chiang Khong
Ban Dan
Ban Ta Fa
Xot
Poung
Namthoung
Ban Kheun
Ban Nou
Ban Had Tcha
Muang Houn
LAOS
Kiu Phrao
Pha Dua
Sam Yaek
Huai Ma Hin Fon
Nam Mae Kok
Mae Chan
Doi Luang
Wai
Thajaroen
Wiang Kaen
Muang Pak Tha
Ban Kaen
Nam Mae Ing
Doi Yao
Doi Pha Tang
Namphou
Beng
Chiang Rai
Huai Khian
Khun Tan
Phu Chi Fah Forest Pk.
Muang Pakbèng
Pak Ngeun
Menam Khong
Khun Korn Waterfalls & Forest Park
Sop Huai
Wiang Chai
Phaya Meng Rai
Ban Mong Lao U
Khon Teun
Ban Pakkhop
Thaxoang
Pong Daeng
Cham Bon
Ban Plong Talat
Ban Pang Kha
Ban Pa Yang
Ngeun
Muang Hôngsa
Hot Springs
Pa Ngae
Thoeng
Phu Sang
Ban Xang
Mae Suai
Phan
Pa Daet
Chiang Kham
Huai Kon
Ban Pon
Chaloem Phra Kiat
Muang Ngeun
Nam Ri Patthana
Ban Mae Yen
Phu Sang Nat. Park
Doi Luang
Mae Chai
Ban Hae
Ban Lao Ri
Song Khwae
Nam Nan
Thung Chang
Ban Dan
Doi Luang Nat. Pk.
Wang Kaeo Waterfall
Chun
Phu Kam Yao
Mae Wang
Chiang Klang
Doi Phu Nang Nat. Park
Pua
Wang Ban Tam
Nuea
Phayao
Kwan Phayao
Nam Puk
Thung Kwang
Pong Sanuk
Bo Kluea
Fai Nam Tan Border Point
Dok Kham Tai
Pong
Tha Wang Pha
Doi Phu Kha Nat. Park
Mae Na Ruea
Ban Mae Ka
Tham Pa Tup Forest Park
Chiang Muan
Ban Pi Nua
Muang Chang Tai
Nam Yao
Maeo
Huai Klang
Ban Sop Pon
Ban Luang
Santi Suk
THAILAND
Mae Nam Wang
Nam Yom
Nan
Phu Phiang
Mae Charim
Nam
Chae Hom Dam
Ngao
Doi Luang
Tham Pha Tai Nat. Park
Chae Hom
Huai
Kiu Lom Dam
Nam Pua
Phoun
Nakong
Wiang Sa
Mae Nam
NBCA
Pang La
Ban Pa Daeng
Pang Mon
Chom Phu
Pha Hang
Nam Pu
Tha Si
Ban Luniket
Pha Nang Khoi Cave
Song
Huai Rong Nok
Sao Din Gorge
Sali
Ban Phae
Mae Chang Dam
Daen Chumphon
Rong Kwang
Na Noi
Ban Ray
Lampang
Doi Luang
Nong Muang Khai
Rong Khem
Doi Ku Sathan
Ban Bo Bia
Doi Pha Klong Nat. Pk.
Pha Khan
Nam Lao
Phae Muang Phi
Na Lom
Pak-Lai
Wiang Ko Sai Nat. Pk.
Na San
Phrae
Nong Suea
Na Muen
Pang Hai
Huai Kan Lueang
Kengsao
Sung Men
Doi Khun Loet
Ban Pak Nai
Ban Khok
Ban Muang Chet Ton
Long
Khang Ta Na
Den Chai
Fak Tha
Ban Buamthon
Ban Bo Kaeo
Phu Yen
Dong Yang
Nong
Doi Mae Khamung
Ban Hai Ha
Sirikit Dam
Nongpachit
Namphuk
Pakkhem
Na Pla Kang
Tha Pla
Ban Rai
Ban Na Kok
Kenthao
Mae Phun
Ban Nam Man
Nam Pat
Phu Soai Dao
Nakraseng
LOUANG PHRABANG

★★Chiang Mai

Eine der größten Städte Thailands und das am schnellsten wachsende Wirtschaftszentrum des Nordens ist **★★Chiang Mai ❶** (150 000 Einwohner), das sich zu einem der wichtigsten Touristenmagnete des Landes entwickelt hat – dank alten Tempeln, Kunsthandwerk, Nachtmarkt, Koch- und Meditationskursen, vielfältigen Ausflugsmöglichkeiten und Trekkingtouren zu den Bergvölkern. Reizvoll ist auch die Lage in einem fruchtbares Tal mit Reisfeldern, an den Ufern des Flusses Ping, 300 m über dem Meeresspiegel. Der üppig bewaldete, 1685 m hohe Doi Pui überragt die von Bergen umgebene Stadt im Westen.

Historisch stand Chiang Mai oft abseits der für Thailand wichtigen Ereignisse. Die bergige Gegend blieb lange ziemlich isoliert und entwickelte sich im 16. bis 18. Jh. unter burmesischem Einfluss, unabhängig von Siam, zum Zentrum eines separaten nördlichen Königreichs. Bevor die Eisenbahn bis ins Ping-Tal vordrang, war die Reise nach Chiang Mai eine größere Expedition über schlecht markierte Pfade und über Flüsse ohne Brücken. In den frühen 1950ern brauchte Harold Young, Gründer und Besitzer des ersten Zoos in Chiang Mai, immer noch drei Tage per Landrover von Bangkok hierher – Tiger waren unterwegs eine echte Plage. Wer den Unbilden trotzte und dennoch nach Chiang Mai kam, entdeckte eine idyllische Stadt in einem weiten, grünen Tal. So kam Chiang Mai zu seinem Ruf als „Rose des Nordens" – eine Stadt voller altehrwürdiger buddhistischer Sakralbauten, von freundlichen, kultivierten Menschen bewohnt.

Chiang Mai wächst rapide. 79 beschauliche Tempel sind noch vorhanden, und der Bergtempel Doi Suthep ragt malerisch in den kühlen Dunst hinein, aber die moderne Stadt hat sich weit über ihre alten Mauern hinaus ausgedehnt; der Großstadtverkehr hat einen Superhighway nötig gemacht.

Rechts: Fußreflexzonen-Massage auf dem Night Bazar in Chiang Mai.

Doch in der Altstadt, einst von einem 2 x 2 km messenden Stadtwall völlig umschlossen, kann man immer noch ehrwürdige Tempel und alte Holzhäuser entdecken. In den letzten Jahren wurden die fünf Stadttore wieder aufgebaut und der Stadtgraben nachgezogen; zum Relaxen bietet sich der Suan Buak Had Park in der Südwestecke an. Im Gebiet zwischen Tha Pae Gate und Ping-Fluss hat sich das moderne Viertel entwickelt, besonders entlang der Tha Pae Road. Der Bahnhof, die Hauptpost und der Busbahnhof liegen allesamt auf der Ostseite des Flusses, der hier von fünf Brücken überspannt wird.

Geschichte

Die frühe Geschichte von Chiang Mai und Nordthailand ist nur lückenhaft belegt. Als die Mongolen im 13. Jh. China zu erobern begannen, verlangte Kublai Khan auf seinem Weg nach Süden die Gefolgschaft aller Fürsten, die Vasallen Chinas gewesen waren. Einer davon war Prinz Mengrai, der von den Thai und den Lan Na abstammte. Er vereinigte mehrere kleine Stämme und drang von seinem Stützpunkt nahe Chiang Saen am Mekong nach Süden vor. 1262 gründete er Chiang Rai, seine erste Hauptstadt. 1292 besiegte er nach vielen Versuchen das alte Mon-Königreich von Haripunchai (Lamphun) und fand, dass sein erweitertes Königreich Lan Na Thai („eine Million Reisfelder") eine neue, repräsentative Hauptstadt brauche.

Mit Hilfe zweier Verbündeter, König Ramkhamhaeng von Sukhothai und König Ngam Muang von Phayao, gründete König Mengrai seine Stadt 1296. Bei seinem Tod 1317 war Chiang Mai als Hauptstadt des Territoriums etabliert, das den größten Teil der Gebiete nördlich von Sukhothai umfasste. Im Süden entstand das Königreich Ayutthaya; es

 » Karte S. 198-199, Stadtplan S. 202-203, Info S. 221-223

Foto: Thomas Stankiewicz

bedrohte im 14. Jh. das Reich Sukhothai. Die Krieger Lan Na Thais unterstützten ihre südlichen Alliierten, aber dennoch fiel Sukhothai 1378.

In den nächsten zwei Jahrhunderten bekriegten sich die rivalisierenden Königreiche im Norden und Süden. Währenddessen festigte Burma seine Macht und eroberte 1556 Lan Na Thai. In den folgenden zwei Jahrhunderten wurde Chiang Mai von einer Reihe burmesischer Fürsten regiert.

Von ihrem Stützpunkt im Norden warfen die Burmesen ein begehrliches Auge auf den Wohlstand Ayutthayas, und nach langer Belagerung eroberten sie 1767 die Stadt. Die Thais stellten jedoch neue Truppen unter dem neuen Führer Taksin zusammen und schlugen die Burmesen zurück. Sie gewannen nicht nur Ayutthaya wieder, sondern auch Chiang Mai. Chiang Mai wurde jedoch, wie zuvor Ayutthaya, eine verlassene, tote Stadt. Die ständigen Kriege hatten ihre Lebenskraft zerstört, und die letzten Bewohner zogen in den Süden nach Lampang.

Mit der Wiederbesiedlung unter dem Fürsten Chao Kawila (1742-1815) gewann Chiang Mai ab 1796 den alten Status als Hauptstadt und -markt des Nordens wieder. Unter der Verwaltung von Bangkok-treuen Fürsten blieb Chiang Mai über ein Jahrhundert lang als nördlicher Vorposten des neuen Siam bis 1932 nahezu unabhängig. Entlang der Grenze zu Burma und in den abgelegenen Tälern erinnert noch manches an die alten Zeiten, als Chiang Mai der einzige Vorposten der Zivilisation in dem weiten, fast menschenleeren Bergland des Nordens war.

Stadtbesichtigung

Bei einem Stadtbummel durch die „Hauptstadt des thailändischen Kunsthandwerks“ staunen Souvenir-Shopper über die große Auswahl an feinen Silberschmiedearbeiten, schön bemalten Schirmen, Seide, Lackarbeiten, Teakholzschnitzereien, Keramik, Bronzeglocken, Jadeschmuck und traditionellen Ethno-Webstoffen.

» Stadtplan S. 202-203, Info S. 221-223

Mae Rim (12 Km),
18 Tribal Museum
(2 Km)
107
Soi Anusawari Sing
17 National Museum
Siamrat Hospital
Thai-Lanna Church
Wat Chet Yot
16
Wat Chang Chien
Soi Sirithon
Market
S. Chedi Plong
Th. Chotana 2
Wiang Kaeo
S.P. Hotel
Zoo (9 Km), Doi Suthep (10 Km)
15
Iyara
Th. Mundam
Holiday Garden
Maya Lifestyle Shopp. Ctr.
Chiang Mai Grandview
CM Children's Hospital
Wat Ku Tao
12
Chiang Mai Hills
Thanon Huay Kaeo
Hillside Plaza & Condotel
(Th. Chang Phuak)
Bus Terminal 1
The Pub
Th. Chotana 4
Chiang Mai University (5 Km)
Th. Khlong
Th. Huay Kaeo 3
Chorapratan
Intanin
Chang Phuak
Wat Chieng Yuen
YMCA
Th. Sanamkila
Chiang Mai Orchid
Public Library
Th. Hatsadi Sewi
Northern Inn
11
Chang Phuak Gate
Tribal Research Centre
Central D.S.
Sri Tokyo
Th. Mani Noppharat
Th. Sri Phum
Vista
121
Ram Hosp.
★★ OLD TOWN
8
Th. Bunruangrit
Arak
Mountain View Gh.
★ Wat Chiang Man
Wiang Kaeo
Consulate of Japan
Th. Wat Phapong
Th. Singharat
Prison
Th. Siri Mangalachan
Th. Ratchawithi
Phra Pokklao
Wat Duang Di
14
Thanon Nim Man Hemin
Provincial Health Office
Malaria Centre
Suan Dok Hospital
Manit's GH.
Th. Inthawarorot
★ Wat Umong (7 Km)
Khlong Chora Pratan
(Canal Rd.)
Soi 4
Thanon Suthep
Suan Dok Gate
Th. Phra Sing
Soi 3
13
Chiang Come
★★ Wat Phra Singh
7
Police Station
★★ Wat Chedi Luang
6
Wat Suan Dok
National Library
Samlan
Th. Ratchamanka
Gap's H.
Anodard
Soi 2
Tourist Police
Wat Mengrai
Th. Khlong Chorapratan
Suan Buak Had Park
Suan Prung Gate
Youth Hostel
Pimanthip Golf Course
Food Mkt.
Th. Bumrung Buri
Thanon Changlo
Chiang Mai Gate
Th. Sanam Bin Kao
1141
Suan Prung Mental Hosp.
Con. of China
Soi 2
Nantharam
Th. Suriwong
Vegetarian Food Center (Mangsawirat)
Th. Om Muang
Th. Wualai
Wat Nantharam
Thanon
Thipanet
Chiang Mai International Airport
19
Old Chiang Mai Cultural Center (Khantoke-Dinner)
Golf Driving Range
Airport Rd
108
Th. Wiang Ping
Immigration Office
Airport Plaza
Hang Thong (16 Km)

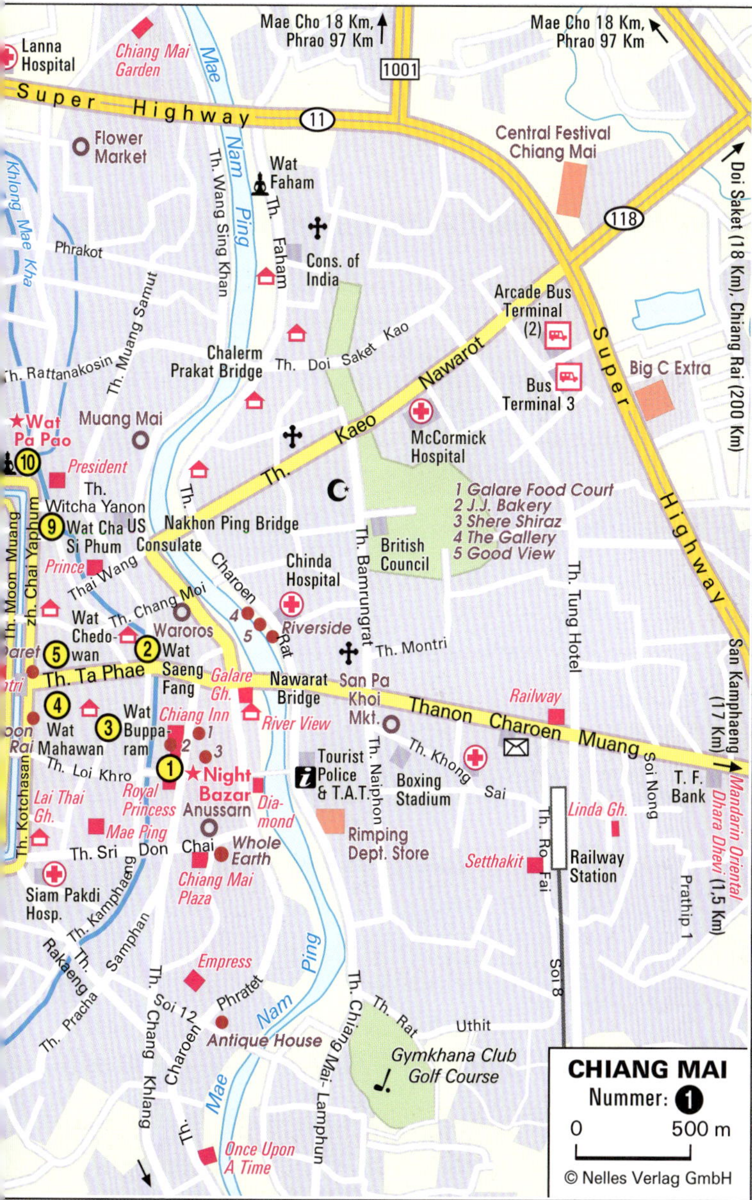

7 Lan Na Thai – der Norden

Ein Gang über den quirligen ★**Night Bazar** ① mit plärrender Musik und Marktschreiern zeigt jedoch, dass Chiang Mai längst in der Neuzeit angekommen ist: Zwar gibt es noch echte Händler der Bergvölker wie die Hmong-Frauen mit ihren Silberhauben, aber auch Unmengen an fabrikneuen „Antiquitäten", anspruchsvolles Kunsthandwerk neben billigem Nippes – Finger weg von preiswerten „Edelsteinen"! Mit Thai-Boxen und Travestie-Shows unterhält das benachbarte **Galare Food Center** seine Garküchen-Gäste.

Das moderne, aufstrebende Chiang Mai ist im Kern, in der ★★**Altstadt**, noch eine Tempelstadt – es gibt 36 Wats innerhalb der alten Stadtmauern und weitere 43 in der Umgebung.

Die Tempel an der **Ta-Pae-Straße**, Chiang Mais Hauptgeschäftsstraße, können während eines Einkaufsbummels besucht werden. Den **Wat Saen Fang** ② im burmesischen Stil erreicht man über eine ruhige Gasse, die in den stimmungsvollen Hof des Wat mündet. Gegenüber liegt der **Wat Bupparam** ③ mit seiner kunstvollen Haupthalle.

Wat Mahawan ④, ein paar Meter weiter die Straße hinauf, hat einen großen **Chedi** im Burma-Stil und verschlungene **Schnitzereien**.

Der **Wat Chedovan** ⑤, fast gegenüber in einer kleinen Gasse, besitzt drei Chedis im burmesischen Stil.

Im ★★**Wat Chedi Luang** ⑥ in der Phra Pokklao Road wohnen noch Mönche. Er ist, neben dem Wat Phra Singh, der am meisten verehrte Tempel der Stadt. Beim Eingang steht die **Stadtsäule** als rituelle Mitte Chiang Mais, ein *viharn* mit einer tiefen Vorhalle und zwei *nagas* auf jeder Seite der zum Schrein führenden Treppe. Hinter dem *viharn* erhebt sich der beeindruckende **Chedi**, ursprünglich 1411 erbaut. Er war über 85 m hoch, bevor er durch ein Erdbeben 1545 teilweise zerstört wurde; heute erreicht er nur noch 60 m.

Oben: Der Wat Phra Singh, erbaut 1345, ist berühmt für seine filigranen Holzschnitzereien. Rechts: Nagas bewachen den Aufgang zum Schrein des Wat Chedi Luang.

» Stadtplan S. 202-203, Info S. 221-223

★★Wat Phra Singh ⑦, an der Ecke Singharat/Rajdamnoen Road, ist einer der bedeutendsten Tempel in Chiang Mai. 1345 während der Regierung König Pha Yus erbaut, dem siebten König der Mengrai-Dynastie, ist er das berühmteste religiöse Bauwerk der Stadt. 1927 restaurierte man seine feinen Holzschnitzereien und Stuckfiguren. Hinter dem großen runden **Chedi** steht eine kleine Kapelle mit der Buddha-Statue, nach der der Tempel benannt ist. Das Bildnis des **Phra Buddha Singh** entstand wahrscheinlich in Ceylon und kam in der Sukhothai-Periode nach Siam. Der Originalkopf wurde 1922 gestohlen und durch eine Kopie ersetzt. Die Wände der Kapelle zieren **Wandmalereien** aus dem 18. Jh.

★Wat Chiang Man ⑧ (Rajaphakinar Rd.) ist der älteste Tempel der Stadt, 1297 unter König Mengrai erbaut; den Ubusot stützen noch Säulen aus Teakholz. Der Herrscher soll während des Baus seiner Stadt hier gewohnt haben. Eine beschriftete Steinplatte markiert den Punkt, wo er starb. Als Schutzgottheiten verehrt man hier zwei Miniaturbuddhas. Beide Figuren werden rechts neben dem *viharn* in einem kaum einsehbaren verriegelten Schrein aufbewahrt, nur auf den davor präsentierten Fotos lassen sie sich betrachten. Es handelt sich um einen **Marmorbuddha**, der wohl vor über 1000 Jahren aus Indien hierherkam, und um den **Kristallbuddha** Phra Setang Kamai, der im 8. Jh. einer Königin des Haripuncai-Reiches gehört haben soll. Der Kristallbuddha wird zum Sonkhran-Fest durch die Stadt getragen und mit Wasser übergossen, denn er gilt als Regenspender.

Wat Cha Si Phum ⑨ liegt an der Nordostecke des alten Grabens in der Wichayanon-Road. Er bietet einen gut erhaltenen **Chedi**, eine hölzerne Bibliothek und einen **Viharn** mit einigen hervorragenden **Schnitzereien**.

★Wat Pa Pao ⑩ ist wegen seines Burma-Shan-Stils bemerkenswert. Die **Tore** in seiner niedrigen Außenmauer

Foto: Paul Spierenburg

sind wunderschön verziert. Im gepflasterten Hof gruppieren sich einige Chedis rund um einen Pavillon in der Mitte.

Wat Chieng Yuen ⑪ steht nicht weit entfernt in der selben Straße. Sein großer **Chedi** aus Ziegelsteinen ist mit Stuck und Porzellanstücken verziert. Der achteckige chinesische **Pavillon** am Eingang ist reich mit Pfauen und Blättern verziert.

Im **Wat Ku Tao** ⑫, weiter nördlich nahe dem Stadion, erhebt sich ein einzigartiger **Chedi**, erbaut 1613 als Urne für die Asche eines burmesischen Herrschers. Er hat die Form von fünf sich verjüngenden Kugeln, jede mit einer Nische mit Buddha-Statue.

Außerhalb der Stadt befinden sich weitere vier interessante Tempel. Den offenen *viharn* des **Wat Suan Dok** ⑬, 1 km westlich des Suan-Dok-Tores in der Suthep-Straße, schmückt ein **Buddha** im Chiangsen-Stil aus dem Jahr 1504. Weil dieser Tempel auf dem ehemaligen Gelände des Königlichen Gartens entstand, erhielt den Beinamen „Blumengartentempel“. Damals erbaute man

» Stadtplan S. 202-203, Info S. 221-223

Foto: Bernhard Walter Kaempf

den großen **Chedi** über einer Reliquie. Die kleinen **Tempeltürme** westlich des Viharn entstanden später; es sind Grabstätten von Fürsten aus Chiang Mai.

★**Wat Umong** ⑭ (der „Unterirdische Tempel") liegt 1,2 km hinter der Abzweigung zum Wat Suan Dok. Der Waldtempel steht in einem stillen Hain, wo viele Bäume Schilder mit weisen Sprüchen in thailändisch, chinesisch und englisch tragen. In einem eigenen Gebäude sind Kunstwerke der Mönche ausgestellt. Dieser Tempel hat über die Jahrhunderte etwas gelitten. Unbeschädigt ist jedoch seine unterirdische, in den flachen Felsen gehöhlte **Krypta** von 1380, wo Mönche früher ungestört meditieren konnten. Sie liegt hinter einem verfallenen Chedi.

Der ★**Zoo von Chiang Mai** ⑮ ist der größte Stadtzoo Thailands. Eine große Vielfalt von Tieren kann von Pfaden aus

Oben: Dieser junge Kunststudent zeichnet gerade den Wat Suan Dok. Rechts: Ein Kochkurs in Chiang Mai hilft, Erinnerungen an Thailand zu Hause zu bewahren (hier: Chiang Mai Thai Cookery School).

beobachtet werden, die über die Hügel laufen, wo auch das aussichtsreiche Zoo-Restaurant auf Gäste wartet. Eine besondere Attraktion sind die aus China geliehenen **Pandabären** und die **Weißen Tiger**. Die meisten Tiere werden artgerecht gehalten, so tummeln sich etwa einige Affen auf einem eigenen Inselchen. Spannend sind Abendtouren in die **Twilight Zone** zur Fütterung der nachtaktiven Tiere. Für Kinder gibt es einen Kinderzoo und einen Spielplatz. Am Eingang können zudem Bananen und andere Leckereien für die Tiere gekauft werden. Doch Vorsicht: Wer einem Affen eine Banane reicht, muss damit rechnen, dass sich dieser die Hand des Spenders greift und ihn unsanft ans Gitter seines Käfigs zieht.

Wat Chet Yot ⑯, am Superhighway nahe dem Nationalmuseum, stammt aus der Zeit um 1450 und ist dem Mahabodhi-Tempel im indischen Bodh Gaya nachempfunden, wo Buddha seine Erleuchtung fand. Er hat sieben Türmchen, wunderschöne Stuckornamente verzieren die Seiten des **Chedi**. In diesem Tempel mit Park fand 1477 das 8. Buddhistische Konzil statt, das die Lehren des Erleuchteten erörterte.

Das kleine, aber gut geführte **Chiang-Mai-Nationalmuseum** ⑰ hat eine schöne Sammlung von **Buddha-Statuen**, **Seladon-Keramiken** (im Vorhof sind die traditionellen Brennöfen zu sehen), Haus- und Arbeitsgeräten.

Wenn Sie eine Wanderung zu den Bergdörfern planen, lohnt ein vorheriger Besuch im **Tribal Museum** ⑱ auf einer kleinen Insel im Ratchamangkla Park (2 km nördlich des Superhighways). Die Exponate in dem pyramidenartigen Bau geben einen Einblick in das Leben der Bergstämme.

Verlässt man die Stadt südwestwärts auf der Thipanet-Straße, trifft man auf das (kommerzielle) **Cultural Center** ⑲, wo in ihre Bergstammtrachten gekleidete Akha, Lisu, Lahu und Yao Handwerkstechniken wie das Weben demonstrieren und abends beim **Kantoke**

» Stadtplan S. 202-203, Info S. 221-223

Foto: Chiang Mai Thai Cookery School

Dinner ethnische Tänze aufführen. Etwas weiter an der Straße Richtung Hang Dong bieten **Keramik- und Lackwarenläden** die Erzeugnisse der kleinen Fabriken der Umgebung an.

An der nördlichen Ausfallstraße, der Chatana Road, verkauft die **Thai-Seladon-Manufaktur** einige ihrer Keramikprodukte direkt aus dem Brennofen. Nahebei stellen **Orchideenfarmen** ihre Züchtungen zum Verkauf aus.

Chiang Mai ist der ideale Ort, um einen tieferen Einblick in die Thaiküche zu bekommen. Zahlreiche Anbieter haben ★★**Kochkurse** von 1-3 Tagen Dauer im Programm. Zu einem Kochkurs gehört der interessante Einkauf auf dem Markt, wo alle Zutaten frisch erstanden werden. Im Kurs werden etwa fünf Gerichte gelehrt. Erst wird geschnippelt und vorgekocht, anschließend kocht jeder selbst am eigenen Wok nach. Am Ende genießt man das Entstandene gemeinsam. In der Regel erhält jeder Teilnehmer nach dem Kochkurs ein Büchlein mit Rezepten, so dass man zu Hause einiges nachkochen kann.

Ausflüge von Chiang Mai

Östlich der Stadt, an der Route 1006 nach San Kamphaeng, haben sich die zusammengewachsenen Dörfer **Bo Sang** und **San Kamphaeng** ❷ aufs Töpfern, Weben, Holzschnitzen oder die Anfertigung von bunten, handbemalten Papiersonnenschirmen spezialisiert. An beiden Seiten der **San Kamphaeng Road** reihen sich heute ★**Kunsthandwerk-Manufakturen** mit großen Ausstellungsräumen aneinander, die Besucher einladen, den Handwerkern bei der Arbeit zuzusehen – und natürlich einzukaufen (günstigere Preise bekommt man, wenn man nicht von einem Tuk-Tuk-Fahrer hingebracht wird).

23 km hinter San Kampaeng liegen die ★**Heißen Quellen von Roong Aroon** ❸, wo Sie sich wunderbar von den Anstrengungen eines langen Besichtigungstages erholen können. In dem dortigen **Kurhotel** wird das heiße Mineralwasser direkt in die Zimmer geleitet. Zudem gibt es einen Pool auch für Tagesgäste.

» Stadtplan S. 202-203, Karte S. 198-199, Info S. 221-223

Foto: Luca Invernizzi Tettoni

Den 1610 m hohen ★★**Doi Suthep** ❹ muss man gesehen haben; der Berg liegt 16 km westlich der Stadt (kann per Minibus vom „Tor des Weißen Elefanten", Pratu Chang Pueak, aus erreicht werden). Am Berg steht auf einer Höhe von 1000 m der **Wat Phrathat Doi Suthep**, 1383 von König Ku Na erbaut. Eine von *nagas* bewachte Treppe führt 300 Stufen hinauf zum *wat*, man kann auch mit der **Seilbahn** fahren. An klaren Tagen überblickt man das gesamte Tal von Chiang Mai. Auf dem Doi Suthep steht der **Phuping Palast**. Er wird heute noch von der Königsfamilie benutzt und liegt etwa 5 km hinter dem Wat an der Bergstraße. Seine gepflegten ★**Palastgärten** sind an Wochenenden und Feiertagen geöffnet, außer bei Anwesenheit der Königsfamilie. Die Rosengärten blühen im Januar.

Das Hmong-Dorf **Doi Pui** liegt an einer unbefestigten Straße, die kurz vor dem Palast abzweigt. Die abschüssige Straße ist uneben und nur während der Trockenzeit mit dem Jeep befahrbar. Das Dorf zeigt deutlich, was passiert, wenn der Alltag der Ethnien zu einer Show für Touristen wird und ein Stamm seine Seele verkauft.

Oben: Die Dörfer San Kamphaeng und Bo Sang haben sich auf die Fertigung und Bemalung von Papiersonnenschirmen spezialisiert. Rechts: Pilgerandrang am Doi Suthep.

Bekannt für hochwertige **Holzschnitzereien**, Keramik und Antiquitäten ist das Kunsthandwerkerdorf **Hang Dong** ❺, 15 km südwestlich. Im Nordwesten seines Gemeindegebiets hat man in dem großen neuen Natur-Themenpark **Night Safari** die (nicht ganz billige) Gelegenheit, bis Mitternacht von einem offenen Rundfahrtbus aus afrikanische Savannentiere und asiatische Dschungelfauna in freier Wildbahn zu sehen. Bei der Tour **Predator Prowl** sind Raubtiere aus aller Welt und ihre Beutetiere das Thema.

58 km südwestlich von Chiang Mai, in Chom Thong, flankiert ein mächtiger alter **Bo-Baum** den ★**Wat Phra That Si Chom Thong** ❻. 1451 erbaut und mit schönem Schnitzwerk verziert, beher-

» Karte S. 198-199, Info S. 221-223

bergt er eine buddhistische Reliquie. Das Kloster bietet Meditationskurse für ausländische Besucher an.

Bereits 35 km hinter Chiang Mai auf der Route 108 Richtung Südwesten ist der höchste Berg Thailands, **Doi Inthanon** (2590 m), deutlich zu sehen. Nach 57 km, bei Chom Tong, beginnt die Zufahrtsstraße 1009 zum außergewöhnlich artenreichen ★**Doi-Inthanon-Nationalpark** ❼ mit den **Mae-Klang-Wasserfällen**. Sie liegen 8 km von der Hauptstraße entfernt, die **Wachiratan-Fälle** 21 km, der Berggipfel 48 km. Die beeindruckende landschaftliche Szenerie, üppige Vegetation, vier Wasserfälle, Vögel, Wildblumen, **Karen- und Hmong-Dörfer** und das weite Panorama bei den beiden vergoldeten **Chedis**, noch vor dem Gipfel, lohnen die Nationalparkgebühren. Übernachten kann man in Mietzelten oder Bungalows. Garküchen am Hauptquartier und an den Wasserfällen sorgen für das leibliche Wohl.

Foto: pal89 (iStockphoto)

Ausflug nach Lamphun und Lampang

Im 7. Jh. n. Chr. wurde ★**Lamphun** ❽ *Haripunchai* genannt. Es liegt 26 km südlich von Chiang Mai an der Route 106 und ist für süße Longan-Früchte, handgewebte Seide und altehrwürdige Tempel bekannt. Gegründet im Jahr 660 als Hauptstadt des alten Mon-Königreiches Haripunchai, herrschte hier zunächst die legendäre Königin Chama Devi. Das Königreich genoss eine Blütezeit von fast 600 Jahren, bis es schließlich 1281 von König Mengrai erobert wurde.

Zwei der Tempel Lamphuns gehören zu den schönsten im Norden. ★★**Wat Phra That Haripunchai** wurde im 12. Jh. während der Regierung von König Athittayarat, dem 32. Herrscher über Haripunchai, erbaut; sein 50 m hoher **Chedi** ist von unten bis oben vergoldet. Im Glockenturm hängt ein gigantischer **Bronzegong**. Wer sich für historische Buddhafiguren interessiert, sollte einen Blick in das benachbarte **Haripunchai-Museum** werfen.

Wat Chama Devi (Wat Ku Kut) geht auf das Jahr 755 zurück und ist noch von den Mon erbaut worden. Die **Hauptpagode** verjüngt sich nach oben hin in fünf Stufen, auf jeder stehen zwölf **Buddha-Statuen** in segnender Haltung. Die Spitze der Pagode war einst mit Gold überzogen. Sie ist verschwunden – daher der Zweitname für den Tempel: *Wat Ku Kut*, die spitzenlose Pagode. Die beiden Chedis zeigen noch den Dvaravati-Stil von 1218.

12 km südwestlich von Lamphun an der Straße Nr. 106 liegt das Dorf **Pa Sang** ❾, bekannt für seine anmutigen Frauen, bunten Baumwollstoffe und *lamyai* (Longan-Frucht). Entlang der Hauptstraße gibt es viele Textilgeschäfte mit Kleidung und Stoffen.

28 km westlich von Lampang, an der Route 11, befindet sich das ★**Thai Elephant Conservation Center** ❿, nahe dem Dorf **Thung Kwian**. Das Camp beherbergt seit 1992 Arbeits-

elefanten, seit 2002 heißt es offiziell **National Elephant Institute**. Obwohl es nicht mehr erlaubt ist, Elefanten bei der Waldarbeit einzusetzen, werden sie in diesem Camp weiter im Umgang mit der Holzarbeit geschult und Jungtiere als Arbeitselefanten ausgebildet. Man kann zusehen, wie sie die dicken Stämme mit ihren Stoßzähnen bewegen und geschickt damit manövrieren – selbst dann, wenn sie sich ihren Weg über schlammige kleine Pfade bahnen müssen. Zur Erheiterung der Zuschauer – und vielleicht auch der Elefanten – können sich die Dickhäuter als Künstler versuchen; auch das nachträgliche Bad begeistert Zuschauer und Elefanten gleichermaßen. Das angeschlossene Hospital sorgt für die Gesundheit der hier lebenden grauen Riesen. Gäste können bei Interesse eine Weile hier leben und bei der Betreuung der Elefanten helfen. **Ritte** auf den Dickhäutern werden ebenfalls angeboten.

Oben: Der Wat Phra That Haripunchai in Lamphun gilt als einer der schönsten Tempel im Norden. Rechts: Elefantenbad in Chiang Dao – ein freudiges Ereignis.

Nach etwa 80 km auf dem guten Highway 11 von Chiang Mai südostwärts erreicht man **Lampang ⓫**. Die geschäftige, sehenswerte Provinzhauptstadt am rechten Ufer des Flusses Wang ist eine wichtige Station an der Bahnlinie Bangkok – Chiang Mai. Lampang ist die einzige Stadt Thailands, in der noch buntbemalte Pferdekutschen unterwegs sind. Ein alter Markt und viele historische Häuser und Tempel zeugen von einer reichen Geschichte. **★Wat Chedi Sao**, der Tempel der zwanzig Chedis, liegt bezaubernd inmitten von Reisfeldern am rechten Flussufer nördlich der Stadt. Ebenfalls im Norden, malerisch am Wang-Fluss, steht der große **★Wat Phra Kaeo Don Tao**. Weitere historische Sakralbauten sind **Wat Sichum** mit seinen rot- und goldlackierten Fensterläden, der 1993 starke Brandschäden erlitt, und **Wat Sri Rong Muang**, dessen Bemalung eine enorme Farbenfreude aufweist.

Nicht versäumen sollte man den ver-

» Karte S. 198-199, Info S. 221-223

Foto: Art Kowalsky (Alamy / mauritius images)

goldeten ★★**Wat Phra That Lampang Luang** ⓬, 20 km südwestlich der Stadt bei **Ko Kha**. Seine harmonischen Proportionen und seine hervorragenden Verzierungen im Inneren machen ihn zu einem Meisterwerk der Sakralarchitektur des Nordens.

Ausflug nach Norden

Ein beliebter Ausflug von Chiang Mai geht auf der Route 107 in den Norden hinauf nach Fang und Thaton an der burmesischen Grenze. Busse fahren regelmäßig vom Tor des Weißen Elefanten ab und halten auf der 155 km langen Fahrt nach Fang an vielen Orten an, von denen man interessante Abstecher machen kann.

Einer der beliebtesten Stopps liegt am Km 56, am Abzweig zum **Chiang-Dao-Elefanten-Trainingszentrum** ⓭ am Ufer des Ping. Hier kann jeden Morgen (außer von März bis Mai) jeweils um 9 Uhr und 10 Uhr in einer 30-minütigen Show eine Gruppe junger Dickhäuter beim Training beobachtet werden.

Nahe der Distriktsstadt **Chiang Dao** ⓮ (km 72) ragt der 2175 m hohe **Doi Chiang Dao** auf, der dritthöchste Berg Thailands, mit Dörfern an seinen Hängen. Die nahen **Chiang-Dao-Höhlen** (5 km) beherbergen Buddha-Statuen, die längste Höhle misst mehrere Kilometer. In der Than Ma (heiße Höhle) entspringt der Legende nach der Mae Nam Ping, die Mutter des Wassers. Führer mit Lampen bieten ihre Dienste an; nicht alle Höhlen sind beleuchtet.

Bei Km 117 bietet sich ein 3-km-Abstecher zu den ★**Tub-Tao-Höhlen** ⓯ an. Die dunkle Höhle ist wenig einladend; die helle Höhle jedoch beherbergt einen **Liegenden Buddha**, den einfallendes Sonnenlicht wunderschön in sanftes Licht taucht. Der Legende nach ist die Statue 1000 Jahre alt, was Experten jedoch bezweifeln. Die Route 107 wird später zur Hauptstraße von **Fang**. Rund 10 km westlich liegt **Bo Nam Ron** ⓰, eine eingefasste heiße **Schwefelquelle** inmitten einer interessanten Landschaft. Auf **Wanderwegen** kann man das Gebiet erkunden.

Ein empfehlenswerter Trip für Abenteurer, die Gefallen an der Natur haben und Berge, Höhlen, Wasserfälle und Dörfer der Bergvölker besuchen wollen, ist eine Fahrt auf dem **Mae Kok** flussabwärts von **Thaton** ⓱ nach Chiang Rai. Thaton, 24 km nordöstlich von Fang am Ufer des Kok, wird überragt von dem auf einem Hügel in einem gepflegten Park thronenden ★**Wat Thaton**, der einen schönen Berg-und-Tal-Blick bietet. Man kann in der Gegend um Thaton sehr gut zu Siedlungen der Karen, Akha und Lisu wandern oder Jeep-Ausflüge dorthin unternehmen. Vom Landesteg fahren Motorboote in ca. 4 Stunden, Bambusflöße in 2 Tagen flussabwärts nach Chiang Rai. Die beste Zeit für eine ★★**Floßfahrt auf dem Kok**, mit Übernachtung an den heißen Quellen von Huai Leam, ist zwischen Oktober und Januar. Meiden Sie die trockenste Zeit kurz vor Beginn der Regenzeit wegen des dann bedenklich niedrigen Wasserstands. Unterwegs gibt es einige Stromschnellen und viele Bergvolk-Dörfer.

Provinz Mae Hong Son

Von Chiang Mai nach Mae Sariang

Mae Hong Son, die westlichste der Nordprovinzen, entwickelt sich schnell mit dem Tourismus, begünstigt durch eine neue Straße und den Flug mit Thai Airways, der von Chiang Mai aus nur 30 Minuten dauert. Die Gegend war bis in die 1970er Jahren berühmt für ihre Banditen und Schmuggler. Ihre Abgelegenheit machte sie zu einem Posten für Beamte aus Bangkok, die in Ungnade gefallen waren, und für politische Exilanten. Erst 1965 wurde eine geteerte Straße von Chiang Mai gebaut, die in **Ban Ton Ngew** den höchsten Punkt aller Landstraßen Thailands erreichte (1513 m). Mehrere Busse befahren jeden Tag die gewundene Straße. Die 360-km-Fahrt auf der Route 108 von Chiang Mai bis Mae Hong Son kann bis zu zehn Stunden dauern (wie auf der kürzeren, aber kurvenreicheren H 1095 via Pai).

Die Route 108 führt erst durch Chom Thong und dann durch **Hot** ⓲, ein noch junges Städtchen, nur erwähnenswert als Rastmöglichkeit. Gleich hinter Hot ist die Abzweigung südwärts nach Doi Tao und **Wang Lung** (Route 1012) und weiter nach **Ban Huai Fang** ⓳, einem Pfahlbauten-Dorf der Karen. Südlich von Hot (33 km) erreicht man auf der Route 1103 **Doi Tao** ⓴. Dieses Dorf liegt am Ostufer des **Mai-Ping-Sees**, den der Bhumipol-Staudamm 100 km weiter südlich aufstaut. Man kann hier u.a. schwimmende Bungalows mieten, sollte diese aber im voraus reservieren (z.B. im TAT-Büro in Chiang Mai).

Mae Sariang ㉑, die nächste Stadt an der Route 108, liegt in einem vom Fluss **Yuam** geformten Tal. Sie war bis zum Bau der Straße 1968 fast völlig vom Rest des Landes abgeschnitten. Mittlerweile gibt es hier Hotels, Gästehäuser, Bungalowresorts, Restaurants, obskure Holzfällerbars und vier Tempel im burmesischen Stil. Mitte November, wenn die Sonnenblumen in voller Blüte stehen, feiert man das ★**Blumenfest**, ein farbenprächtiges Volksfest.

Angeboten werden hier Floßfahrten auf dem Yuam, Trekkingtouren zu Lawa- und Karendörfern sowie Ausflüge zum Schmugglerdorf **Mae Sam Laep** ㉒ am burmesischen **Grenzfluss Salween** (aktuelle Sicherheitslage an der Grenze vorher erfragen!). Schöne Ausflüge auf dem Fluss sind möglich, vor allem in den Monaten Dezember bis April. Ziel sind kleine **Sandstrände** am Grenzfluss und ein **Wasserfall**.

★Mae Hong Son

Die gut ausgebaute Route 108 von Chiang Mai macht bei Mae Sariang einen scharfen Knick nach Norden Richtung ★**Mae Hong Son** ㉓. Nur eine Minderheit von 2 % der Bevölkerung dieser etwas schläfrigen Provinzstadt sind Thai, der größte Teil sind Shan

 » Karte S. 198-199, Info S. 221-223

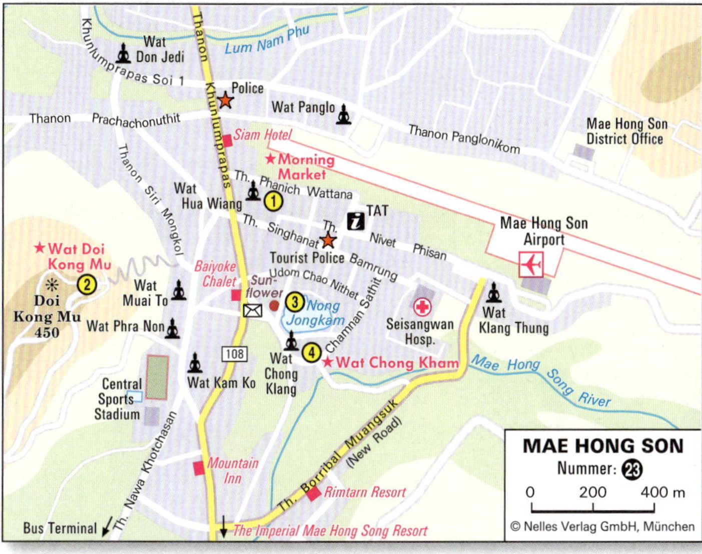

(auch Thai Yai – „Alt-Thai" – genannt) und Angehörige der Bergvölker. Mitten in der Bergdschungelwildnis entstand der Ort im Jahr 1832 als Lager für die Jagd und den Verkauf von wilden Elefanten. Heute landen hier täglich Flugzeuge aus Chiang Mai mit Erholung suchenden asiatischenTouristen, vor allem in der kühlen Jahreszeit von November bis März.

Die traumhafte Bergwelt um Mae Hong Son ist ideal für **Trekking** und ein Refugium für viele **Bergvölker**, vor allem Shan und Karen, aber auch Lisu und Lahu; zuletzt haben sich dort – in **Nai Soi**, 28 km nordwestlich – **Padaung** aus Burma niedergelassen, mit ihren fotogenen Frauen, die man wegen ihrer Halsspiralen „Giraffenhalsfrauen" nennt. Zum geschäftigen ★**Morgenmarkt** ① zwischen 6 und 8 Uhr kommen viele Angehörige der Bergvölker in ihrer traditionellen Tracht sowie Händler aus dem nahen Burma.

Am Rand der Stadt liegt der Berg **Doi Kong Mu**, der mit seinen 450 m Höhe das Tal überragt. Auf seinem Gipfel steht ★**Wat Doi Kong Mu** ② mit zwei Chedis aus dem 19. Jh. Der steile Aufstieg zu dem 1874 erbauten Tempel lohnt sich wegen der schönen ★**Aussicht** auf das Tal, die Stadt und die umliegenden Berge. In der Stadt, am **Jongkam-See** ③, erhebt sich der fotogene ★**Wat Chong Kham** ④. Dieser Wat war in den 1830er Jahren der erste Tempel der Stadt. Mit dem Bau des Viharn hingegen begann man erst 1932. Eine besondere Feierlichkeit kann man erleben, wenn man zur Poi-Sang-Long-Prozession hierher kommt: Ende März / Anfang April findet diese besonders prächtig gefeierte ★★**Ordinierungszeremonie** statt. Junge Männer im Alter zwischen 10 und 16 Jahren werden, frisch geschoren und prachtvoll gekleidet, auf den Schultern ihrer Väter in den Tempel getragen, erhalten dort ihr Mönchsgewand und legen ihr erstes Gelübde ab.

★Pai

Die Nordroute von Chiang Mai nach Mae Hong Son (240 km) ist die **Land-**

Foto: Ladislav Janicek

straße 1095 über Pai. Von dieser serpentinenreichen Bergstraße, einer Traumstraße für Motorradfahrer, genießt man herrliche Aussichten. Nach 130 km erreicht man ★**Pai** ㉔, einen ruhigen Ort, der wie Mae Hong Son beliebter Ausgangspunkt für beschauliche Wanderungen und organisierte **Trekkingtouren** ist.

Pai bietet neben einigen passablen Lokalen wie dem Own Home Vegetarian Restaurant eine ganze Reihe von preiswerten Hotels wie das blitzsaubere Charlie's Guesthouse, die auch Outdoor-Aktivitäten anbieten, etwa Elefantenreiten oder Bambusfloßfahren, zudem stehen Meditations- und Kochkurse auf dem Programm. Teurere Resorts findet man etwas außerhalb der Stadt in den umliegenden Bergen. Bemerkenswert sind neben den Karen, Lahu und Lisu, die von den umliegenden Dörfern auf den Markt kommen, vor allem die vielen Muslime ursprünglich chinesischer Abstammung.

Oben: Zwei Karen-Frauen kochen vor ihrem Haus.

Eine herrliche Aussicht genießt man vom **Wat Mae Yen**, etwa 3 km östlich von Pai.

Chiang Rai

Chiang Rai ㉕, Ziel für Boots- und Floß-Touren auf dem **Kok** von Thaton aus, ist das Touristenzentrum in diesem Gebiet und gängiger Ausgangspunkt für Touren zu den Bergvölkern des Goldenen Dreiecks. In der Stadt offerieren zahlreiche Trekking-Unternehmen interessante Angebote für Aktivurlauber.

Zu den historischen Tempeln in Chiang Rai gehören **Wat Phra Singh** ① (mit originellen Tierreliefs), **Wat Ngam Muang** ② (auf einem Hügel, mit guter Aussicht und der Asche König Mengrais) und der **Wat Doi Tong** ③ mit der Stadtsäule, von dem sich ein schöner Blick auf den Fluss Kok bietet.

Der bedeutendste Tempel, ★**Wat Phra Kaeo** ④, hieß ursprünglich *Wat Phra Yia*, „Tempel im Bambuswald", doch als 1434 der (heute in Bangkok residierende) Smaragdbuddha nach einem

» Karte S. 198-199, Stadtplan S. 215, Info S. 221-223

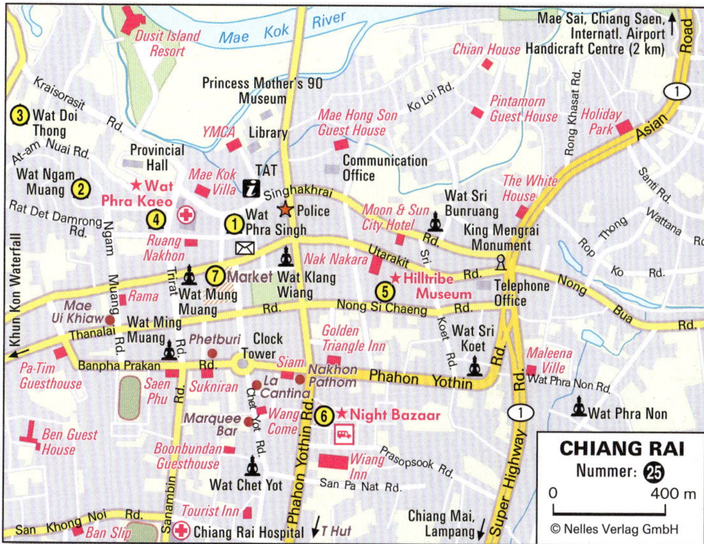

Blitzeinschlag in dem Chedi entdeckt wurde, bekam er seinen neuen Namen. Tatsächlich handelt es sich zwar um Jaspis und nicht um einen Smaragd, aber dies machte den Fund nicht weniger kostbar. Die Legende erzählt, dass erst nur eine Gipsfigur freigelegt wurde, doch der Gips sprang ab und der kostbare, 75 cm hohe Buddha wurde sichtbar. Seit 1991 steht in einem neuen Schrein eine **Smaragdbuddha-Kopie** aus kanadischer Jade, angefertigt anlässlich des 60. Geburtstags der Königin.

Im ★**Hilltribe Museum and Handicraft Centre** ⑤ informieren eine Diashow und eine Ausstellung über das Leben der sechs bedeutendsten Bergvölker der Region. Die Einnahmen dienen der Unterstützung der Bergbewohner. Daneben hat ein **Cabbages and Condoms Restaurant** eröffnet, mit für den Nordosten typischen *Larb*-Gerichten – und Gratis-Kondomen.

Bunt und lebhaft geht es auf dem ★**Nachtmarkt** ⑥ von Chiang Rai zu, wo es neben unzähligen Souvenirständen Foodstalls und Musikanten gibt. Aber auch der **Morgenmarkt** ⑦, wo man Angehörige der Bergvölker in ihren Trachten beim Handeln sehen kann, hat seine Reize.

Das Goldene Dreieck

Der Opiumanbau im **Goldenen Dreieck** ist nach massiven Regierungskampagnen auf thailändischer Seite zwar stark zurückgegangen, nicht jedoch im benachbarten Burma und Laos. Rund drei Viertel der Weltproduktion von Opium und Heroin kamen früher aus dieser Gegend, mittlerweile hat Afghanistan überholt.

Auf der Straße Nr. 110 Richtung Mae Sai folgt 2 km hinter **Mae Chan** die Abzweigung zum 12 km von hier entfernten **Hill Tribe Development Centre** ㉖, das zugleich Volkskundemuseum und Kunsthandwerksschule der Bergstämme ist. Diese Nebenstraße führt weiter westwärts nach Mae Salong, vorbei an **Pha Dua**, einem Yao-Dorf, und an **Sam Yaek**, einem Dorf von Akha, die Touristenbesuch gewöhnt sind.

Foto: Hardy Stockmann

Hoch am Berg liegt **Mae Salong** ㉗ (Santikhiri), eine Siedlung, die von ehemaligen chinesischen Kuomintang-Soldaten gegründet wurde. Die Bewohner sind Nachfahren der Kämpfer der 93. Chiang-Kai-Schek-Armee, die vor Maos Truppen hierher flohen. Sie lebten früher vor allem von Opiumanbau und Heroinhandel, heute mehr von Tee- und Kaffeeanbau. Das Dorf hat eine chinesische Realschule und ein Kino, in dem Filme aus Taiwan laufen. Außerdem gibt es chinesische Restaurants, Souvenirläden mit Schmuggelware, Karaoke-Bars und Mittelklasse-Bungalowhotels. Touristen bietet man **Pferderitte** zu Dörfern der Lahu und Akha an.

Mae Sai ㉘ ist eine typische Grenzstadt und ein guter Ort, um den regen Grenzverkehr von Bewohnern Burmas, Shan- und Akha-Leuten zu beobachten, die über die Nam-Sai-Brücke zum Einkauf nach Thailand kommen. Je nach aktueller Sicherheitslage an der Grenze zu Myanmar (Burma) können auch Ausländer gegen eine Gebühr und Abgabe des Reisepasses den burmesischen Grenzort **Tachilek** besuchen. Der **Wat Phra That Doi Wao** liegt an einer Gasse links der Phaholyothin-Straße, und eine lange Treppe führt hinauf zum Gipfel des Hügels, von dem man die Stadt, den Fluss und die burmesische Kleinstadt Tachilek sehen kann.

Oben: Lisu-Frau bei der (illegalen) Schlafmohnernte. Rechts: Blick auf den Mekong bei Sob Ruak, im „Goldenen Dreieck".

Die Piste 1290 verbindet Mae Sai mit **Chiang Saen** ㉙, bequemer ist die Anfahrt auf der asphaltierten Straße 1016 via Mae Chan. Die kleine Stadt hat ein mit kunsthistorischen Funden und ethnografischem Material über die materielle Kultur der Bergstämme gut bestücktes **Museum** und beeindruckende **Ruinen**, die restauriert werden. Eindrucksvoll ist der ★**Wat Chedi Luang** (14. Jh.) mit seiner achteckigen Basis, auf der ein 28 Meter hoher Chedi thront. Am Eingang von Chiang Saen befindet sich das alte Westtor; von dort führt eine Straße zum **Wat Pa Sak**, Chiang Saens ältestem Chedi in Form einer Stufenpyramide mit Buddha-Statuen in den Nischen. Im Nordwesten der Stadt, etwa 1 km vom Wat Pa Sak, liegt der ★**Wat Phra That Chom Kitti** auf einem Hügel. Dieser Wat, über 300 verfallende Treppenstufen zu erreichen, bietet eine herrliche **Aussicht** über die Stadt, den Mekong und das laotische Ufer.

11 km nördlich, an der Straße 1290, genießt man in **Sob Ruak** ㉚ den ★**Blick auf das „Goldene" Dreiländereck**, wo der Fluss **Ruak** in den **Mekong** mündet und die Grenzen von Laos, Thailand und Burma aufeinander treffen. Das beste Panorama bietet sich vom Hügeltempel **Wat Phra That Phu Khao**.

4 km südöstlich von Chiang Saen, an der Route 1129, steht der ★**Wat Phra That Pha Ngao**, wo 1976 eine bedeutende Buddha-Statue entdeckt wurde und die **Aussicht** auf das Flusstal besonders schön ist.

Die Straße 1129 führt dann 50 km ostwärts zum **Mekong**, nach **Chiang**

» Karte S. 198-199, Info S. 221-223

Foto: Josef Beck

Khong ㉛, einem regen Marktort, den Angehörige der Bergstämme häufig besuchen. Von hier kann man auf der **Fourth Thai-Lao Friendship Bridge** über den Mekong zum laotischen Grenzort **Huey Sai** weiterreisen (Visum für Laos an der Grenze erhältlich).

Von Chiang Khong führt die Route 1020 zurück nach Chiang Rai (105 km).

Phayao

Phayao ㉜, 98 km südlich von Chiang Rai an einem großen, fischreichen **See** gelegen, ist eine der ältesten Städte Thailands. Fundstücke bezeugen seine bis in die Bronzezeit zurückreichende Geschichte. Der ★**Wat Si Khom Kham** beherbergt einen 400 Jahre alten kolossalen, 17 Meter hohen Buddha. Hinter dem Kloster befindet sich ein mythologischer **Park** mit skurrilen Figuren. Das Seeufer wartet mit einer Reihe guter **Restaurants** auf; Fischer auf dem Wasser und die Berge im Hintergrund bilden eine schöne Kulisse. Eine Spezialität hier sind geröstete Ochsenfrösche frisch aus dem See, zart wie junge Hühnchen, sowie scharfer Papaya-Salat (*Som Tam*).

Phrae

125 km südlich von Phayao trifft man auf den untouristischen Ort **Phrae** ㉝, bekannt für Rattanmöbel, Holzschnitzereien, Silberschmuck und handgewebte indigoblaue Baumwoll-Arbeitshemden. Die hiesige Tempelarchitektur zeigt, etwa am 850 Jahre alten **Wat Luang**, laotische und burmesische Einflüsse, der **Stadtwall** um die ovale **Altstadt** mit ihren historischen Teakhäusern ist noch erhalten. Eine hochverehrte Buddhafigur besitzt der besuchenswerte ★**Wat Phra Non** im Westen, nahe dem prächtig mit Schnitzwerk verzierten und zu besichtigenden ★**Vongburi House**.

★Nan

★**Nan** ㉞, noch bis 1931 von einem quasi autonomen Herrscher regiert, ist ein abgelegenes, aber lohnendes Ziel

im Norden – noch fast ohne Touristen. Die Stadt im von Bergen umrahmten **Nan-Tal** wurde 1368 in der Sukhothai-Zeit gegründet. Ihre Attraktionen sind der 2 km südöstlich auf einem Hügel prangende über 600 Jahre alte **Wat Phra That Chae Haeng** mit 55 m hohem Chedi, den viele Pilger besuchen, und das ★**Lanna-Bootsrennen** Ende Oktober / Anfang November zum Nan-Provinzfest; die Langboote sind handgeschnitzte Einbäume.

Am Westrand Nans erhebt sich der **Wat Phaya Wat**. Hinter einer modernen Haupthalle steht ein **Chedi** in Form einer Stufenpyramide (ähnlich dem Chedi von Chiang Saen), auf dessen fünf Stufen Buddha-Statuen prangen.

Nicht weit davon, 2 km westlich der Stadt, thront der **Wat Phra That Khao Noi** mit seiner charakteristischen Pagode auf einem Gipfel. Von hier, 260 m über der Stadt, bekommt man einen guten Eindruck von der Umgebung.

Oben: Das Lanna-Bootsrennen in Nan zieht viele Schaulustige an.

Das ★**Nationalmuseum** ist der beste Ausgangspunkt für eine Tour in und um Nan. Untergebracht in einem 1903 für den hiesigen Gouverneur errichteten Palast, besitzt es neben anderen interessanten Objekten einen berühmten, Jahrhunderte alten schwarzen **Elefanten-Stoßzahn**. Fotografien und Texte in thailändischer und englischer Sprache beschreiben die Geschichte der Provinz Nan und volkskundliche Objekte aus der Region, die ethnologisch besonders vielfältig ist: hier siedeln unter anderem Hmong, Mien, Khamu, Lue und Htin.

Dem Nationalmuseum gegenüber liegt der 1547 erbaute **Wat Chang Kham Viharn**, ein königliches Kloster. Die Basis seiner Pagode ist an jeder Seite mit sieben Stützen in Elefantenform geschmückt. Ca. 100 m entfernt, auf der anderen Straßenseite, steht der ★**Wat Bhumin** von 1596, Nans berühmtester Tempel. Er hat einen Kreuzgrundriss und Buddhas sowie schön geschnitzte **Holztore** in den vier Himmelsrichtungen. Im Schrein sind alte **Wandgemälde** mit Alltagsszenen.

» Karte S. 198-199, Info S. 221-223

Im kleinen **Wat Hua Kuang** sitzen vier vergoldete **Buddhas**, deren Handhaltung die Erdberührungsgeste darstellt – Buddha ruft die Erde als Zeugin seiner Erleuchtung an.

Trekking im Norden

Ein Trek zu den Bergdörfern im Norden steht bei vielen Thailandreisenden auf dem Programm. Der Weg zu diesen Dörfern und der Einblick in das Leben der **Bergvölker** ist mit bleibenden Eindrücken verbunden. Wer über ausreichend Kondition verfügt und keine hohen Ansprüche an Komfort stellt, sollte sich dieses Erlebnis nicht entgehen lassen. Auf den Treks übernachten alle Teilnehmer in einfachen Hütten auf Strohmatten, umringt von den Geräuschen des Urwaldes und dem Rascheln der herumstreifenden nachtaktiven Tiere. Toiletten sucht man in den meisten Dörfern vergebens; oft finden sich nur primitive „Donnerbalken", unter denen sich die Dorfschweine gütlich tun. Das Leben in den Bergen erinnert vielerorts an längst vergangene Zeiten und stellt manches in Frage, was in der westlichen Welt selbstverständlich erscheint.

Ein- bis Mehrtagestreks werden sowohl von Chiang Mai (dort gibt es die meisten Agenturen) als auch von Chiang Rai, Mae Hong Son, Pai und vielen anderen Orten des Nordens aus angeboten. Je kleiner der Veranstalter, desto individueller wird die Tour. Viele Treks sind mit einer mal rasanten, mal beschaulichen **Floßfahrt** (Bamboo-Rafting) verbunden. Auch ein **Elefantenritt** gehört meist zum Programm. In der Regel wird jeden Tag bis zu sechs Stunden marschiert. Wer nicht so gut zu Fuß ist, sollte mit einem kurzen Trek beginnen, denn ist man erst einmal im Dschungel unterwegs, kann man nicht so einfach umkehren.

Beste Trekkingzeit sind die kühlen Wintermonate von November bis Februar. Vor allem direkt nach der Regenzeit erstrahlt die Natur in sattem Grün. Sehr sehenswert sind auch die Feste in den Dörfern zu dieser Zeit: Im Dezember / Januar wird das **Neujahrsfest** begangen, es gilt als Höhepunkt des Festkalenders.

Danach wird es ab März bis in den Mai hinein sehr heiß, ein Trek ist dann nicht zu empfehlen. In dieser Zeit beginnen die Angehörigen der Bergvölker mit der Brandrodung, und die Berge versinken in dicken Rauchschwaden.

Im Juni fängt die Regenzeit an, auf der sich mancher Trek in eine wahre Schlammschlacht verwandelt und manchmal sogar abgebrochen werden muss. Wie stark der Regen ausfällt, lässt sich nie vorhersagen. Manch ein Reisender hat schon eine sehr schöne Trekkingtour in der Regenzeit erlebt. Ab August empfiehlt sich ein Trek zu einem der zahlreichen **Erntefeste**;der Reis wird dann als letztes im November geerntet.

Bei der Wahl des Anbieters sollte man darauf achten, dass er ausschließlich lizenzierte Führer beschäftigt. Zudem sollte der Guide englisch sprechen und sich auch mit den Bergvölkern verständigen können. Eine Gruppe sollte aus maximal acht Personen bestehen. Am besten fragt man Urlauber, die bereits eine Trekkingtour hinter sich haben, nach ihren Erfahrungen. Dies gilt besonders für die immer zahlreicher werdenden Besucher, die auf umweltverträgliches Reisen Wert legen. Der so genannten Eco-Tourismus steckt in Thailand noch in den Kinderschuhen. Immer mehr Veranstalter führen die Bezeichnung „Eco" in ihrem Namen, doch bisher liegen noch kaum Erfahrungsberichte über die tatsächliche Umsetzung vor.

Da man sein Gepäck selbst tragen muss, sollte man einen guten Trekking-Rucksack mitbringen. Die meisten der von den Agenturen zur Verfügung gestellten Rucksäcke bieten wenig Tragekomfort, was das Wandern beschwerlich werden lässt. Wichtig sind zudem feste Schuhe zum Wandern, wasserun-

Foto: Thomas Stankiewicz

empfindliche Sandalen zum Baden am Fluss, Sonnen-, Regen- und Moskitoschutz. Medikamente (falls benötigt), Pflaster, Verbandszeug und Desinfektionsmittel sollte man ebenfalls dabei haben, zudem etwas Kleingeld, die Kreditkarte (besser nicht im Hotelsafe lassen, um Missbrauch vorzubeugen) und die Kopie des Reisepasses. Schlafsack oder Decke sind bei Treks in den Wintermonaten sehr wichtig. Auch Wasser kann man mitnehmen (in der Regel haben die Führer welches dabei, und es gibt Flaschen in den Bergdörfern zu kaufen, sofern sie auf Touristen eingestellt sind). Wichtig: Die leeren Flaschen sollte man auf keinen Fall im Urwald entsorgen!

Manche Trekker drängen darauf, Opium rauchen zu können. Von seriösen Anbietern wird dies in der Regel nicht geduldet, und es sei auch jedem davon abgeraten: auch für Touristen gilt striktes **Drogenverbot**. Wer glaubt, im Dschungel sicher vor Polizei zu sein, irrt. Auf Drogenkonsum steht Gefängnis, und wer Drogen im Gepäck hat, muss, wenn es sich z. B. um Heroin handelt, sogar mit der Todesstrafe rechnen!

Oben: Ein Trek im Norden Thailands ermöglicht Begegnungen mit den verschiedenen Bergvölkern und Einblicke in ihre Lebensweise.

Urig sind die kleinen Läden, die in einigen Dörfern gegen Abend öffnen und Toilettenpapier, Softdrinks etc. anbieten. Viele Besucher möchten den Bewohnern der Bergdörfer etwas mitbringen, und obwohl sich die Kinder über Süßigkeiten usw. freuen, sollte man auf derartige Geschenke verzichten. Bringen Sie auch keine Medikamente mit; nur harmlose Schmerzmittel und Verbandszeug sind von Nutzen. Zu oft kam es schon zu falschem Gebrauch, bei dem das Medikament mehr Schaden als Nutzen brachte. Immer von Nutzen sind Schulhefte und Stifte, und wie jedes Kind haben auch jene in den Bergen Spaß an Seifenblasen oder Luftballons. Bei den Erwachsenen sind Angelhaken, kleine Werkzeuge und Nähnadeln gern gesehen. Auch Bilder aus der Heimat begeistern und bringen so manches Gespräch in Gang.

» Karte S. 198-199, Info S. 221-223

CHIANG MAI

Tourism Authority of Thailand (TAT), 8.30-16.30 Uhr, Chang Klang Rd., nahe Shangrila Hotel, Tel. 053 248 604-7. **Touristenpolizei**, Offices in der nördlichen Charoen Rat Rd., am Nightbazaar in der Chang Klan Rd. und am Flughafen. Tel. 053 212 146, Notruf 1155.

AN- UND WEITERREISE: **Mit dem Flugzeug:** Mit Thai Airways, www.thaiair.com. **Nok Air**, www.nokair.co.th. **Air Asia**, www.airasia.com. **Bangkok Airways**, www.bangkokair.com.

Täglich gibt es Direktflüge nach Bangkok, aber auch nach Sukhothai (Bangkok Air) oder Mea Hong Son, Phuket und Krabi (Thai Airways).

Mit dem Bus: Vom und zum Northern Terminal in Bangkok, ca. 10 Stunden.

Mit dem Zug: Bequeme Nachtzüge von und nach Bangkok, ca. 15 Stunden.

IN DER STADT UNTERWEGS: Tuk-Tuks kosten pro Strecke 40-120 Baht. Die roten Kleinbusse (*sielor*) kosten bei Fahrten im Zentrum um 20-50 Baht. Taxis kosten in der Stadt etwa 150 Baht.

Vorsicht vor Schleppern und Neppern bei Zimmersuche, Trekkingbuchung und Edelsteinkauf!

GARKÜCHEN: Im **Galare Food Court** im **Night Bazar**, Chang Klan Rd., gibt es eine große Auswahl an preiswerten Thai-, chinesischen und internationalen Gerichten; Sitzplätze im Freien, mit Gratis-Showprogramm.

Überwiegend Thai-Küche bieten die Food Stalls im **Anusarn Market**, 250 m südöstlich vom Night Bazar.

NORD-THAILÄNDISCH: **Aroon Rai**, gut und preiswert, 11-21.30 Uhr; 45 Kotchasan Rd., Tel. 053 276 947.

The Gallery, schönes Ambiente, direkt am Fluss gelegen, 12-24 Uhr; 25-29 Charoen Rat Rd., Tel. 053 248 601/2, www.thegallery-restaurant.com.

KHANTOKE-DINNER (ein Khantoke ist ein niedriger, runder Tisch, um den mehrere Leute sitzen, die sich verschiedene Gerichte teilen) sind eine Institution des Nordens und schmecken am besten im **Old Chiang Mai Cultural Centre**, im Unterschied zu einigen anderen Restaurants legt man hier großen Wert auf Authentizität; 185/3 Wualai Rd, etwas außerhalb an der Straße nach Chom Thong, Reservierungen unter Tel. 053 202 993-5, www.oldchiangmai.com.

LANNA-KÜCHE: **Antique House**, tolle Küche im ansprechenden Ambiente eines alten Teakhauses voller Antiquitäten; die Lannaküche ist eine spezielle Ausprägung der Thaiküche mit Einflüssen aus Birma und China, typisch sind viel Schweinefleisch, Kohl und Klebreis, 11-24 Uhr; 71 Charoen Prathet Rd., Tel. 053 276 810.

INDISCH: **Shere Shiraz**, 9.30-23.30 Uhr, Soi 6 Chatoen Prathet Rd.

Naina, gut und preiswert, 10-22 Uhr; im Galare Food Court (Night Bazar).

FRANZÖSISCH: **Le Coq d'Or**, vornehmes Restaurant in historischem Kolonialstilgebäude, das auch Gourmetansprüche erfüllt, Reservierung empfehlenswert, 12-14 u. 18-22 Uhr; 68 Koh Klang Rd., Tel. 053 141 555, www.lecoqdorrestaurant.com.

VEGETARISCH: **Mangsawirat** (Vegetarian Food Centre), angenehme Atmosphäre, große Auswahl, preiswert, schließt allerdings schon um 14 Uhr; Suthep Rd, an der Straße zum Flughafen.

Whole Earth, Teakhaus mit Klimaanlage, angenehme Atmosphäre und gutes Essen, Thai- und indische Küche, 11-22 Uhr; am Night Bazar, 88 Sridonchai Rd, Tel. 053 282 463, www.wholeearthrestaurant.com.

WESTLICH: **Riverside Restaurant**, Thai und Western Food, direkt am Fluss mit großer Terrasse, Live Musik, ab 19 Uhr; 9-11 Charoen Rd., Tel. 053 243 239, www.theriversidechiangmai.com.

The Pub, Bar und Restaurant, internationale und thailändische Küche, französische und australische Weine, Darts, Satellitenfernsehen; 189 Huay Kaew Rd., Tel. 053 211 550.

The Good View, gute Livemusik; 13 Charoen Rat. Rd., Tel. 053 302 764, www.goodview.co.th.

FabriQue, Techno, Hip Hop und Thaimusik bietet dieser angesagte Club, 300 Baht Eintritt (Getränkegutschein); im President Hotel, 226 Wichayanon Rd., Tel. 053 266 779.

Bubbles, Disko im Porning Hotel, Abtanzen zu Techno und House; 46-48 Thanon Charoen Prathet.

Brasserie, Live-Rockmusik in stimmungsvoller Umgebung am Fluss, gute Küche; 37 Thanon Charoen Rat (hinter Riverside Restaurant).

***TOUREN*: Trecking Collective**, sehr umweltbewusster Veranstalter; 3/5 Loy Kroh Rd., Tel. 053 208 340, www.trekkingcollective.com.

Chiang Mai Mountain Biking & Kayaks, Fans von Downhilltouren kommen hier auf ihre Kosten, aber auch „nur" Fahrrad fahren will, findet tolle Angebote, Tel. 081 024 7046, www. mountainbikingchiangmai.com.

Siam River Adventures, Rafting und Kayaking, es gibt neben Tagestouren auch 2-Tagestripps mit Übernachtungen und Nachtfahrten; 17 Ratchawithi Rd. (im Krona Cafe), Tel. 089 515 1917, www.siamrivers.com.

National Museum, gute Sammlung örtlicher Bronze- und Keramikwaren, 8.30-16.30 Uhr, Eintritt 100 Baht; auf dem Superhighway in der Nähe des Wat Jet Yod.

Das **Tribal Museum** gibt Einblicke in die Kultur der verschiedenen Bergstämme, Mo-Fr 9-16 Uhr; im Ratchamangkla Park an der Chotana Rd. (H 105 in Richtung Mae Rim), Tel. 053 210 872.

Old Chiang Mai Cultural Center, Dinner und Show, präsentiert jeden Abend Thai- und Stammestänze, 9-21.30 Uhr; Wualai Road, Tel. 053 275 097, www.oldchiangmai.com.

Zoo, tgl. 8-18 Uhr, 70 Baht (Kinder), 150 Baht (Erwachsene), www.chiangmaizoo.com.

Phu Ping Palast, Fr-So 8.30-16.30 Uhr, Jan. u. März geschl., Eintritt 50 Baht.

Vorsicht: Im ganzen Stadtgebiet sind **betrügerische „Edelstein"-Händler** aktiv!

Der berühmte **Nachtmarkt** an der Chang Khlan Road bietet eine riesige Auswahl an Textilien und Kunsthandwerk aus dem Norden, Marionetten oder Lackarbeiten aus Burma und vieles mehr. Achten Sie aber auf die Qualität, denn es wird viel auch Ramsch angeboten! Zudem ist hartnäckiges Feilschen angesagt.

Qualitativ hochwertiges **Kunsthandwerk** bieten einige Geschäfte in der Charoen Rat Road.

Hilltribe Products Foundation verkauft Erzeugnisse der Bergstämme, die Erlöse werden direkt an diese weitergereicht; 21/17 Suthep Rd.

McCormick Hospital, die Belegschaft spricht Englisch; 133 Kaew Nawarat Rd., Tel. 053 912 777, www.mccormick.in.th.

Notruf Tel. 191, **Unfall** Tel. 1193, **Krankenwagen** Tel. 1669.

Hauptpostamt, Charoen Muang Rd. (in der Nähe des Bahnhofes).

Die renommierte **Chiang Mai Thai Cookery School** bietet ein- bis fünftägige Kochkurse an; 1-3 Moon Muang Rd. (Nähe Tha Phae Tor), Tel. 053 206 388, 053 208 287,www.thaicookeryschool.com.

The Chilli Club Cooking Academy, Tageskochkurse; Soi 3 Chiang Moi Kao Rd., Tel. 053 874 126, www.eaglehouse.com.

UMGEBUNG VON CHIANG MAI

Wer Wert auf artgerechte Haltung legt, verzichtet auf Elefantenshows und besucht stattdessen den **Elephant Nature Park**, www.elephantnaturepark.org, oder das **Ran-Tong Elephant Camp**, 60 km nördlich von Chiang Mai, Tel. 053 272 023, www.elephant-training.com.

DER NORDEN

Mit dem Bus: Normale und klimatisierte Busse fahren in Bangkok am Northern Bus Terminal in die verschiedenen Orte im Norden ab. Am häufigsten verkehren Busse nach Chiang Mai, aber bis zu 10 Busse täglich fahren auch in Orte wie Sukhothai und Pitsanulok. Fahrzeit ca. 15-20 Stunden. Von Chiang Mai fahren Busse nach Chiang Rai ca. 3 Stunden und Mae Hong Son.

Mit dem Zug ist der Norden bis Chiang Mai erreichbar, Weiterfahrt mit Bus.

Mit dem Flugzeug: Thai Airways fliegt nach Chiang Mai, Chiang Rai, Lampang, Mae Hong Son, Mae Sot, Nan, Phrae, Pitsanulok und Tak. Auskünfte und Abflugzeiten www.thaiairways.com.

WARNUNG: Generell unsicher ist die Gegend entlang der burmesischen Grenze.

DROGEN: Touristen sollten sich unbedingt an die strikten Drogengesetze halten, da Verstöße dagegen äußerst streng geahndet werden. Viele Ausländer sitzen deshalb in thailändischen Gefängnissen. Ein Aufenthalt im berühmt-berüchtigten Goldenen Dreieck mag vielleicht manche Reisende dazu verführen, „einmal etwas auszuprobieren". Aber Vorsicht: Sogar in einem Bergdorf nur einmal an einer Opiumpfeife zu ziehen ist schon verboten. Lehnen Sie jede Aufforderung zu einem „gemeinsamen Joint" rigoros ab, und lassen Sie sich niemals dazu überreden, ein Paket oder auch nur einen Brief für Fremde oder flüchtige Bekannte mitzunehmen!

MAE HONG SON

TAT, Mo-Fr 8.30-16.30, Sa/So 8.30-12 u. 13-16.30 Uhr; 4 Rajthampitak Rd., Tel. 053 612 182.

Sunflower Café, auch vegetarische sowie westliche Gerichte, 7.30-22 Uhr, nachmittags immer mal geschlossen; Pradit Jongkam Rd., www.sunflowercafetour.com.

Poi Sang Long wird nach dem Mondkalender im März/April zelebriert. Zu diesem Anlass werden Jungen zu Mönchen geweiht. Als Prinzen verkleidet reiten die Jungen zuerst auf dem Rücken ihrer Väter und spielen so den Ausritt des Prinzen Siddhartha nach, um dann ebenso wie ihr Vorbild den fürstlichen Prunk gegen die Mönchsrobe einzutauschen.

CHIANG RAI

TAT, 8.30-16.30 Uhr; 448/16 Singkhai Road, Tel. 053 744 674.

THAI: **T Hut**, ausgezeichnete Thaiküche in sehr gepflegter Umgebung; Phahonyothin Rd.
NORDTHAI: **Mae Ui Khiaw**, einfache, aber schmackhafte Regionalküche, nur tagsüber geöffnet; 106 Ngam Meuang Rd.
Rund um den **Nachtmarkt** gibt es zahlreiche Essmöglichkeiten.

Hilltribe Museum, informiert über das Leben der Bergvölker, tgl. 8.30-18, Sa/So 10-18 Uhr, Eintritt 50 Baht; 620/1 Thanalai Rd., Tel. 053 740 088, www.pdacr.org/hilltribe-museum/general-information.html.

Kunsthandwerk gibt es in dem Hilltribe-Museum angegliederten **Handicraft Center**, man kann den Handwerkern täglich bei der Arbeit zusehen und die Erzeugnisse direkt vor Ort kaufen, 8.30-16.30 Uhr.

CHIANG SAEN

Chiang Saen Museum, schöne Sammlung mit Chiang Saen Buddhas und lokaler Kunst, Mi-So 8.30-16.30 Uhr, Eintritt 100 Baht; auf der rechten Seite der Route 1016, bevor man die Stadttore erreicht.

LAMPANG

Lampang ist ein Zentrum blauer und weißer Töpferwaren, ungefähr 60 Brennöfen sind in der Stadt in Betrieb. Viele **Töpfereien** können besichtigt werden.

Thai Elephant Conservation Center, tägl. Vorführungen (vormittags), auch Elefantenreiten möglich, 8-16.30 Uhr, Eintritt 80 Baht; an der Route 11, 28 km nördlich der Stadt, Tel. 054 829 334, www.thailandelephant.org/eng/home.php3.

NAN

Nationalmuseum, Mi-So 9-16 Uhr, Eintritt 100 Baht; Mahaprom Rd., Ecke Phakwang Rd., Tel. 054 710 561.

Besonders lecker und günstig kann man auf dem **Nachtmarkt** in der Phakwang Road essen.
Tanaya Diner, Thai- und vegetarische Gerichte ohne Glutamat, 8-20 Uhr; 75/23-24 Anantaworarittidet Rd.

Foto: Jochen Steinhardt

ISAN – DER NORDOSTEN

KHAO-YAI-NATIONALPARK
PHIMAI
PRASAT PHANOM RUNG
KHAO PHRA VIHARN
BAN CHIANG
AM MEKONG

DER NORDOSTEN

Bei Saraburi, auf dem Friendship Highway etwa 100 km nordöstlich von Bangkok, fährt man durch Hügelland langsam bergauf, und die Zeit scheint sich dabei zurückzudrehen. Es ist der Anstieg zum Nordosten, von den Einheimischen **Pak Isan** genannt, zu dem riesigen, durch Raubbau entwaldeten Khorat-Plateau, auf dem alte Traditionen noch lebendig sind.

Die Bewohner des Isan betrachten das Leben trotz der oft schwierigen Bedingungen mit einer Art Fatalismus und viel Humor, aber ihren landesweiten Ruf als Bauerntölpel schätzen die Isaner nicht. Nicht wenige arbeiten noch wie ihre Ahnen als Bauern auf dem ausgelaugten Boden. Ihr Ursprung geht auf die Zeit zurück, als Laos noch ein Vasall des Königs von Siam war. Die Menschen hier sprechen einen Dialekt, der dem Laotischen ähnelt. Viele sind laotischer Abstammung und sprechen auch öfter im Scherz von sich und ihrem Idiom als Lao, obwohl sie es nicht mögen, wenn andere Thais sie so bezeichnen. Die Abstammung zeigt sich auch in der Küche des Isan, die mit *Sticky Rice*, sauer-scharfem *Larb*-Hackfleischsalat und Papaya-Salat der laotischen sehr ähnlich ist; zudem verspeist man gerne Frösche, Eidechsen und Insekten.

Links: Die riesige Buddha-Statue des Wat Teppitakpunnaram heißt die Reisenden bei Saraburi, an der Straße nach Khorat (Hwy 2), willkommen.

Der Isan mit seinen 21 Millionen Einwohnern profitierte am wenigsten vom Aufschwung der thailändischen Wirtschaft, erscheint aber dennoch wesentlich wohlhabender als das benachbarte Laos. Da es hier mehr Menschen als Arbeitsplätze gibt, wandern viele Isaner ins Ausland oder nach Bangkok ab. Die Gärtner und Zimmermädchen der großen Hotels sowie viele Taxifahrer, Hausmädchen und Bauarbeiter in der Hauptstadt haben meist ihre Familien im Isan zurückgelassen. Man kann sie oft an ihrer dunkleren Haut erkennen, verbrannt von harter Arbeit unter der heißen Sonne. Doch die Regierung hat eine ganze Reihe von erfolgreichen Entwicklungsprojekten wie z. B. Wiederaufforstung und Straßenbau eingeleitet und Industrie angesiedelt, um den Menschen eine Perspektive zu bieten.

Der Tourismus hat die Nordostregion noch relativ wenig geprägt, dies ändert sich aber, seit Laos Reisende willkommen heißt und Brücken den Mekong überspannen. Sobald Kambodscha mehr Übergänge an seiner Nordwestgrenze für Ausländer öffnet und alte Verkehrswege wieder instandsetzt, könnten einmal viele Touristen durch den Isan reisen, um die Khmer-Ruinen

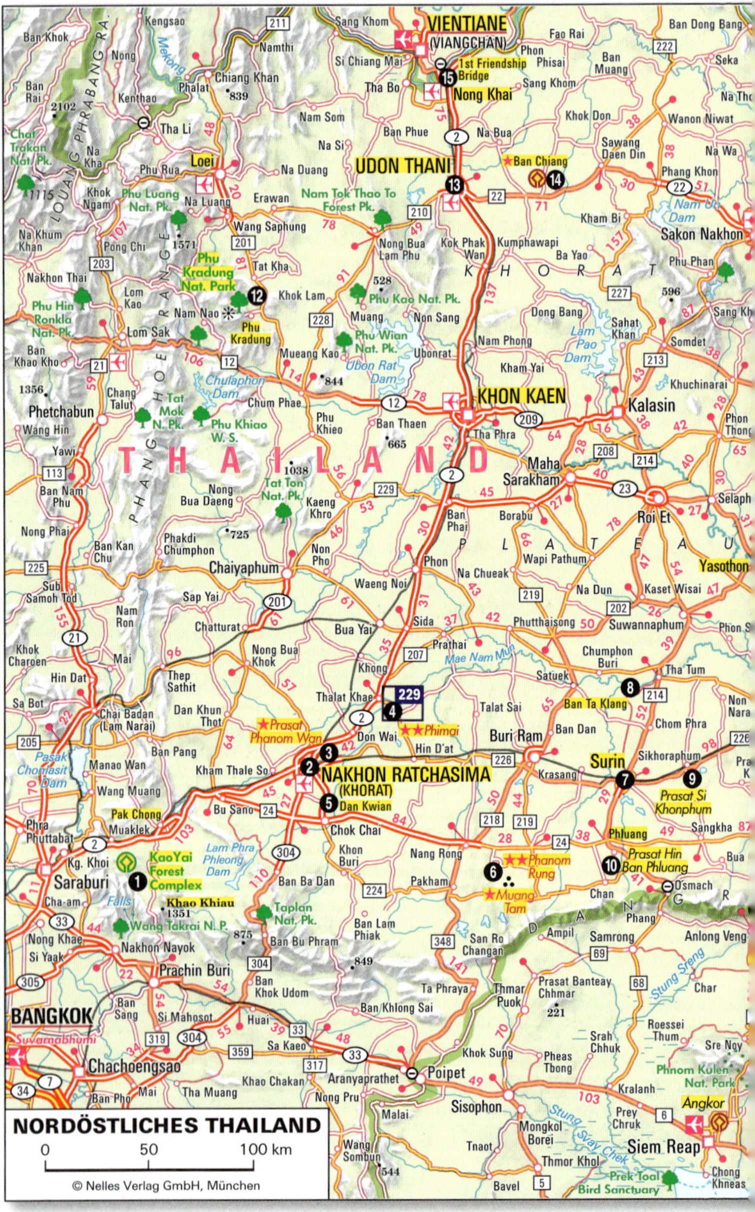
NORDÖSTLICHES THAILAND
0
50
100 km
© Nelles Verlag GmbH, München
VIENTIANE
(VIANGCHAN)
1st Friendship Bridge
Nong Khai
UDON THANI
KHON KAEN
NAKHON RATCHASIMA
(KHORAT)
BANGKOK
Suvarnabhumi
T H A I L A N D
K H O R A T
P L A T E A U
LOUANG PHRABANG RA.
PHANG HOEI RANGE
Mekong
Loei
Phu Luang Nat. Pk.
Phu Kradung Nat. Park
Phu Kradung
Phu Hin Ronkla Nat. Pk.
Chat Trakan Nat. Pk.
Tat Mok N. Pk.
Phu Khiao W. S.
Chulaphon Dam
Phetchabun
Chaiyaphum
Tat Ton Nat. Pk.
Nam Tok Thao To Forest Pk.
Phu Kao Nat. Pk.
Phu Wian Nat. Pk.
Ubon Rat Dam
Nam Phong
Lam Pao Dam
Kalasin
Maha Sarakham
Roi Et
Yasothon
Sakon Nakhon
Nam Un Dam
Ban Chiang
Buri Ram
Surin
Prasat Si Khonphum
Phluang
Prasat Hin Ban Phluang
Phanom Rung
Muang Tam
Phimai
Prasat Phanom Wan
Dan Kwian
Chok Chai
Pak Chong
Kao Yai Forest Complex
Khao Khiau
Wang Takrai N. P.
Lam Phra Phleong Dam
Taplan Nat. Pk.
Pasak Chonlasit Dam
Saraburi
Nakhon Nayok
Prachin Buri
Chachoengsao
Aranyaprathet
Poipet
Sisophon
Siem Reap
Angkor
Phnom Kulen Nat. Park
Prek Toal Bird Sanctuary
Stung Sreng
Stung Svay Chek
Mae Nam Mun
Osmach
Anlong Veng
Samrong
Kralanh
Chong Khneas
Sang Khom
Si Chiang Mai
Tha Bo
Phon Phisai
Seka
Wanon Niwat
Sawang Daen Din
Phang Khon
Kumphawapi
Nong Bua Lam Phu
Kaset Wisai
Suwannaphum
Sikhoraphum
Krasang
Sangkha
Ban Ta Klang
Chumphon Buri
Satuek
Talat Sai
Nang Rong
Pakham
Khon Buri
Ban Ta Phraya
Ta Phraya
Kabin Buri
Sa Kaeo
Khao Chakan
Wang Sombun
Thmar Puok
Prasat Banteay Chhmar
Mongkol Borei
Thmor Khol
Bavel
Malai
Nong Pru
Poipet

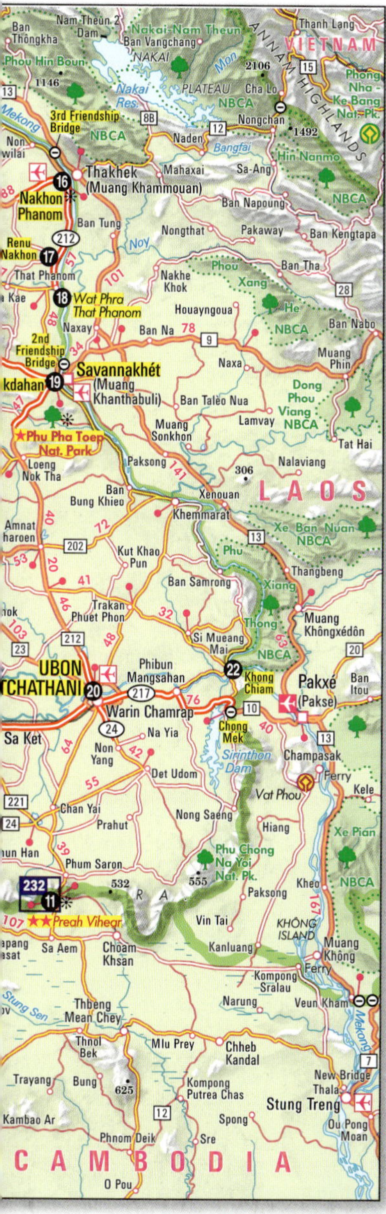

von Angkor Wat zu besuchen – zumal der herrlich gelegene kambodschanische Khmer-Tempel Khao Phra Viharn schon von Thailand aus angefahren werden kann.

Großartige Khmer-Tempel wie Prasat Hin Phimai, der aufwendig renovierte Prasat Hin Phanom Rung, die Ausgrabungen prähistorischer Keramik und Bronze in Ban Chiang bei Udon Thani, die Naturwunder von Khao Yai und Phu Kradung sowie der große Tempel Phra That Phanom bei Nakhon Phanom, all dies macht den Nordosten zu einem interessanten Ziel für Besucher, die die ausgetretenen Touristenpfade verlassen wollen und sich für die Khmer-Architektur begeistern. Außerdem bietet der Isan farbenfrohe Feste, eine eigene Regionalküche, die sich wachsender Beliebtheit erfreut, und Textilien aus handgewebten Seidenstoffen.

★Nationalpark Khao Yai

Eine der ersten Sehenswürdigkeiten auf dem Weg in den Nordosten ist der für Besucher sehr gut erschlossene **★Khao-Yai-Nationalpark** ❶ (*Khao Yai* = Großer Berg), ca. 170 km von Bangkok (Anfahrt auf der Nationalstraße 2, vor **Pak Chong** in die Straße 2090 nach Süden Richtung Northern Gate Checkpoint einbiegen). Dieses ausgedehnte Regenwald-Naturschutzgebiet umfasst 2168 km^2, reicht in vier Provinzen hinein und erreicht am (zu besteigenden) Berg **Khao Khiau** 1351 m Höhe. Hier gibt es wilde Elefanten, Tiger, Hirsche und den Gaur, ein sehr seltenes Wildrind.

Wer sich für einen Spaziergang durch den Park entscheidet, sollte sich wie die Thais einen Picknickkorb mitnehmen. Mit Ruhe und Zeit wird man Affen, Vögel und wunderschöne Schmetterlinge beobachten können. Auch das Erspähen von **Wildelefanten** ist möglich, vor allem, wenn man eine **★Nachtfahrt** zu den bei den Dickhäutern beliebten Salzstellen unternimmt. Mit einem Mietwagen kann man den Park beson-

Foto: Paul Spierenburg

Foto: Poula Hansen (iStockphoto)

ders einfach erkunden und aussteigen, wo es einem gefällt.

Im **Visitor's Centre**, mitten im Nationalpark, informiert eine kleine **Ausstellung** über Fauna, Flora und Geologie des Parks. Hier findet man auch Imbissstände, und es werden Unterkünfte im Park, vom Zelt bis zum Bungalow, vermittelt. Im Centre sind die empfehlenswerten geführten Touren durch den Nationalpark zu buchen, und hier beginnen mehrere markierte **Wanderwege**. Etliche Flüsse entspringen im Park, nähren Seen und 20 **Wasserfälle**, darunter den besonders fotogenen ★**Haeo Suwat**. Auch der Mun, der bedeutendste thailändische Quellfluss des Mekong, hat hier seinen Ursprung.

Der Park liegt für Wochenendausflügler nahe genug an Bangkok, in seinem Umfeld entstehen deshalb immer mehr teure Hotels und **Golfplätze**.

Oben links: Gibbon im Khao-Yai-Nationalpark. Oben rechts: Hauptschrein des Phimai-Khmertempels.

Nakhon Ratchasima (Khorat)

Weiter nordostwärts gilt die Provinzhauptstadt **Nakhon Ratchasima** ❷, kurz **Khorat**, als das Tor zum Isan. Hier gibt es ordentliche Hotels, einen beliebten Nachtmarkt, diverse Restaurants mit guter Thai- und Nordost-Küche und ein lebhaftes Nachtleben.

Eine Sammlung alter Ausgrabungsstücke aus der Zeit der Khmer-Herrscher beherbergt das **Museum Mara Wirawong** im Hof des **Wat Suthachinda**. Einige Reste der ehemaligen **Stadtmauer** sind noch zu sehen und bezeugen, dass die Ursprünge der Stadt bis ins 8. Jh. zurückgehen. Am westlichen Stadttor, in einem Park, steht die Bronzestatue der verehrten **Khun Ying Mo**. Ihr gelang es, nach ihrer Gefangennahme 1836 durch die einrückenden Laoten mit einer umschmeichelnden List und organisiertem Widerstand die Angreifer aus Khorat zu vertreiben.

Doch was Khorat wirklich besuchenswert macht, ist seine Nähe zu bedeutenden historischen Stätten.

» Karte S. 226-227, Info S. 237

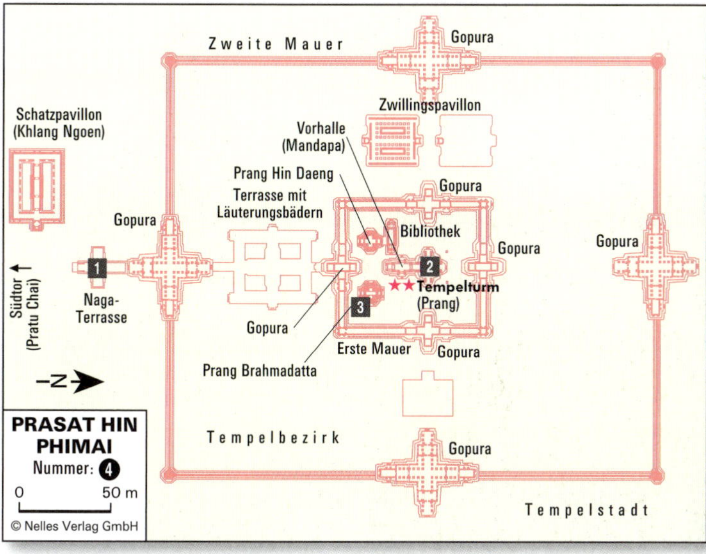

★Prasat Phanom Wan

Khorat am nächsten gelegen ist **★Prasat Phanom Wan** ❸ (10 km nordostwärts auf dem Highway 2, dann 4 km südwärts bis **Ban Pho**). Nahe dieser ursprünglich hinduistischen Khmer-Tempelanlage aus dem 11. Jh. leben noch einige Mönche. Das Dekor ist nicht ganz so alt wie der Tempel selber, aber der wenig besuchte Wat strahlt, auch wegen seiner isolierten Lage 4 km abseits der Straße, eine tiefe Ruhe aus. Im Haupttheiligtum stehen einige jüngere Buddhastatuen.

★★Phimai

Der Haupttempel **★★Prasat Hin Phimai** erhebt sich im Zentrum der modernen und zugleich sehr alten Stadt **★★Phimai** ❹, einer Khmer-Gründung des 11. /12. Jahrhunderts (50 km nordöstlich von Khorat an der Straße 206). Die Platzierung des hindu-buddhistischen Sakralbezirks entspricht der typischen Khmer-Stadtplanung – mit dem Haupttheiligtum in der Mitte, umgeben von mehreren Mauerringen. Den Grundriss der heute als **Historical Park** ausgewiesenen **Ruinenstadt** kann man noch am **Südtor**, dem Siegestor *Pratu Chai* erkennen, von dem eine historische Straße direkt auf den Tempeleingang zuführt. Anders als die meisten Khmer-Tempel ist Phimai jedoch nicht genau nach Osten ausgerichtet, sondern nach Südsüdost, nach Angkor, der Hauptstadt des Khmer-Reiches, mit der es durch eine 230 km lange Straße (via Phanom Rung) verbunden war.

Die ummauerte Tempelstadt war mit 1020 x 580 m fast so groß wie Angkor Wat. Über eine kreuzförmige **Naga-Terrasse** 1 tritt man von Süden kommend in den 274 x 220 m großen ummauerten **Tempelbezirk** ein. Im Tempelhof befindet sich im Westen ein Wasserbecken, von dem man einen guten Blick auf den nochmals ummauerten Tempel im Zentrum hat. Hinter der zweiten, inneren Ummauerung befinden sich die großartigen, aufwändig restaurierten Ruinen der Tempelanlage. Im

Foto: Volkmar E. Janicke

Zentrum steht der prachtvoll verzierte ★★**Tempelturm** 2 (Prang), der über eine abgestufte Zwischenhalle mit einer **Vorhalle** (Mandapa) verbunden ist, der wiederum eine kleine Vorhalle mit abgestuftem Dach vorgebaut ist. Diese abgestufte Dachform war das Vorbild für die heute in der thailändischen Klosterarchitektur üblichen gestaffelten „Teleskopdächer". Neben dem Haupttempel blieben weitere Tempelruinen in der inneren Ummauerung erhalten.

Der **Prang Brahmadatta** 3 enthält eine Statue des Khmerkönigs **Jayavarman VII**. (Original im Museum, siehe rechts). Die Überreste des Haupttempels gehören zu den schönsten Denkmälern der Khmer-Baukunst des 11./12. Jh. und ähneln denen im 230 km entfernten Angkor. Über den Eingängen sind attraktive **Ziergiebel** angebracht, die meist mit Legenden aus der Hindu-Mythologie wie dem Ramayana verziert sind. Besonders bemerkenswert ist, an der Westseite, die Darstellung der trauernden **Affen** im Heer des Rama, nachdem ihre beiden Anführer von einem magischen Schlangenpfeil umwickelt und nun scheinbar tot sind. **Shiva** tanzt über dem Südeingang. Auch einige buddhistische Darstellungen sind zu sehen, die teils der Ikonografie des Vajrayana-Buddhismus entstammen, wie der tanzende **Vajrasattva**. Im Inneren des Tempels steht eine Steinfigur des von einer Schlange bekrönten **Buddha**.

Oben: Eine Prozessionsstraße und Treppe führt zum Prasat Phanom Rung auf der Kuppe des gleichnamigen Bergs. Rechts: Kriegselefanten beim alljährlichen, viel besuchten Elefanten-Round-up in Surin.

In der Stadt Phimai zeigt das sehenswerte ★**National Museum** die Originalstatue von ★**Jayavarman VII.**, weitere kunsthistorisch wertvolle Tempelskulpturen sowie archäologische und Khmer-Funde aus der Umgebung.

★★Prasat Phanom Rung

Wenn man von Khorat nach Südosten fährt, passiert man erst das wegen seiner ★**Töpfereien** interessante Dorf **Dan Kwian** ❺ (14 km südlich an der Route 224) und durchquert dann die Provinz Buriram, in der (nach ca. 120 km) auf einem 383 m hohen erloschenen Vulkan der hervorragend restaurierte ★★**Prasat Phanom Rung** ❻ steht, ein rein hinduistisches Khmer-Heiligtum aus dem 10.-12. Jh., das wahrscheinlich Shiva geweiht war. Einst führte eine direkte Straße von Angkor hierher und weiter nordwestwärts nach Phimai. Der Prasat steht idyllisch auf dem Phanom-Rung-Berg (zu erreichen nach 12 km auf der Seitenstraße, die bei Km 83/84 von der Route 24 südwärts abbiegt).

Die schöne Lage verleiht diesem Bergheiligtum seinen besonderen Reiz. Eine befestigte **Prozessionsstraße** endet an einer monumentalen **Treppe**, die hinauf zum Heiligtum führt. Der Zugang erfolgt von Osten, über eine von Naga-Schlangen umgrenzte Terrasse, auf der kleine quadratische Wasserbecken angelegt sind. Über dem Haupteingang im Osten prangt der tanzende

» Plan S. 229, Karte S. 226-227, Info S. 237

Foto: Luca Invernizzi Tettoni

Gott **Shiva**, darunter ruht Gott **Vishnu** im Urmeer auf der Schlange Ananta, seine Frau Lakshmi massiert ihm die Füße. Ein Lotos wächst aus dem Bauchnabel des schlafenden Gottes, auf dem der die Welten erschaffende Gott Brahma sitzt – Sinnbild für den hinduistischen Schöpfungsmythos, nach dem die Welt nur ein Traum des höchsten Gottes ist.

Nur wenige Kilometer entfernt liegt am Fuß des Berges der sehenswerte Khmertempel ★**Muang Tam** aus dem 11. Jh., eine weitläufige Tempelanlage nach klassischem Khmer-Muster. Von konzentrischen Ummauerungen und vier mit Lotos bewachsenen Wasserbecken umschlossen, steht das Hauptheiligtum mit seinen fünf Tempeltürmen im Zentrum der Anlage. Als Baumaterial fand hier ein besonders schöner rötlicher Sandstein Verwendung.

Surin

Surin ❼, 140 km östlich von Khorat, ist bekannt wegen des alljährlichen großen ★**Elephant Round-up** am dritten Novemberwochenende. Dann strömen 400 Elefanten und unzählige Schaulustige in die Stadt. Höhepunkt ist die nachgestellte Schlacht zwischen Thai, Lao und Khmer. Besonders originell: das Elefantenfußballspiel. Das **Surin National Museum**, 4 km südlich des Zentrums an der Rte 214, bietet u.a. Erhellendes zu Ethnien der Region wie den Suay (den Elefantenspezialisten) und den Khmer-Ruinen dieser Gegend.

Im Dorf **Ban Ta Klang** ❽, 58 km nördlich von Surin, trainieren die Mahouts der Suay (*Kui*)-Ethnie ihre **Elefanten** für das Festival in Surin.

Rund um Surin gibt es Ruinen aus der Khmer-Epoche wie den **Prasat Si Khonphum** ❾ (30 km östlich, Richtung Sisaket) mit seinen fünf Prangs. Die Hauptpagode hat eine Höhe von fast 32 Metern und sticht wegen ihrer filigran verzierten Säulen ins Auge.

30 km südlich von Surin steht der restaurierte **Prasat Hin Ban Pluang** ❿, kleiner als die Anlagen in Khorat oder Buriram, aber recht schön. Das Dorf ist bekannt für handgewebte **Seide**.

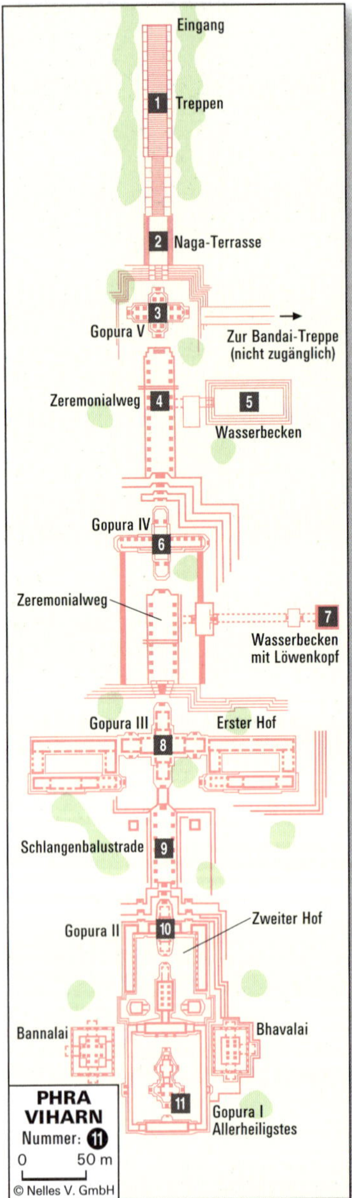

★★Khao Phra Viharn

1962 musste Thailand einen Khmer-Tempel von unschätzbarem kunsthistorischem und touristischem Wert wieder an **Kambodscha** abtreten: **★★Khao Phra Viharn** ⓫ (auf Khmer: *Preah Vihear*). Er thront 90 km südlich von Sisaket spektakulär auf einem steil abfallenden Felsen der **Dangrek-Bergkette**, hoch über der kambodschanischen Ebene. Der Internationale Gerichtshof in Den Haag hatte ihn Kambodscha zugesprochen. Seitdem gibt es immer wieder militärische Konflikte darum. Derzeit ist der Zugang von Thailand wieder einmal gesperrt, dabei wäre dieser als der ältere und leichtere Prozessionsweg der bequemste Zugang zu dem Heiligtum. Leider kann man nur in entspannten, friedlichen Phasen Kambodschas UNESCO-Welterbe-Tempel von Thailand aus besuchen.

Phra Viharn ist einer der ältesten Khmertempel überhaupt. Der Anstieg führt über breite steile **Treppen** 1, einst von Löwen flankiert, zu einer von riesigen siebenköpfigen **Naga-Schlangen** begrenzten **Terrasse** 2. Der archaische Stil dieser kolossalen Schlangen lässt auf eine frühe Bauzeit schließen, denn der Bakong-Tempel bei Angkor aus dem 9. Jh. besitzt eine ähnliche Naga-Balustrade. 25 Stufen weiter steht die erste Bauruine: ein kreuzförmiger Torturm, **Gopura V** 3 genannt. Die Architektur der Giebel des Bauwerks verweist auf eine in Stein übertragene Holzbautradition. Von hier führte ein alter Pilgerpfad über in den Stein gehauene Stufen hinunter nach Kambodscha.

Dann beginnt der flache, mit kleinen Säulen begrenzte 275 m lange **Zeremonialweg** 4, an dessen Ostseite ein großes **Wasserbecken** 5 angelegt war. Der befestigte Weg endet am **Gopura IV** 6, der auf einer mit Stufen befestigten Basis steht und mit Reliefs von **Krishna**, der die Schlange Kaliya besiegt, **Vishnu** auf der Schlange Ananta ruhend und der **Quirlung des Milchmeeres** ausge-

 » Karte S. 226-227, Plan S. 232, Info S. 237

Foto: Helmut Köllner

schmückt ist. Rund 50 m östlich davon gibt es noch ein quadratisches, 9,4 m langes **Wasserbecken** 7 aus Stein zu entdecken, das einen **Löwenkopf** als Wasserspeier besitzt.

Ein weiterer, kürzerer Prozessionsweg führt zum **Gopura III** 8, den große rechteckige Hallen flankieren. Der Gopura III weist schöne Verzierungen über den Eingängen auf: Vom Süden kommend wacht der auf einem Wasserbüffel reitende Gott **Yama** über der Tür, den zweiten Eingang dahinter ziert eine Darstellung von **Shiva** und seiner Frau Uma, auf dem Bullen reitend. Weitere Reliefs zeigen hauptsächlich **Vishnu**-Legenden.

Ein mit einer **Schlangenbalustrade** 9 abgegrenzter **Weg** führt weiter zum **Gopura II** 10, der über steile Stufen zu erreichen ist. Er ist Teil einer Ummauerung, in der sich bereits einige erste Tempelbauten befanden. In der Mitte

Oben: Khao Phra Viharn – eine der ältesten und ästhetisch vollendesten Tempelanlagen der Khmer-Zeit.

liegt eine Halle, die von zwei „Bibliotheken" flankiert wird. Von hier führt der **Gopura I** in das **Allerheiligste** 11, in dem heute eine **Buddhafigur** von Pilgern aus Thailand und Kambodscha verehrt wird. Der Tempelturm des Allerheiligsten ist zusammengebrochen, deshalb steht die Buddhafigur in der Vorhalle.

Hinter der Tempelanlage bietet sich ein traumhafter ★★**Panoramablick** von der Steilklippe weit nach Kambodscha hinein.

Phu-Kradung-Nationalpark

Von Khorat gelangt man auf der Nationalstraße 2 in den nördlichen Isan und nach **Khon Kaen**, Hauptstadt der gleichnamigen Provinz, mit Flughafen und Universität. Die westlich davon gelegene bergige **Provinz Loei** bietet die Schönheiten eines der letzten ursprünglichen Naturareale Thailands. Hier sinken – außergewöhnlich für Thailand – die Temperaturen im Winter bis auf den Gefrierpunkt. Das Gebiet ist über die Routen 12 und 201 von Khon Kaen zu erreichen.

Hauptattraktion ist der etwa 70 km südlich der Stadt **Loei** an der Route 201 gelegene **Phu-Kradung-Nationalpark** ⓬. Phu Kradung, der „Glockenberg" – ein **Tafelberg** mit einer Fläche von 60 km^2 – kommt in vielen Legenden der Gegend vor. Die Größe und die Höhenlage (bis 1360 m) dieses Hochplateaus und die atemberaubende ★**Aussicht** von seinem Steilrand machen es zu etwas Besonderem. Das Klima, Flora und Fauna unterscheiden sich vom übrigen Königreich. Hier gibt es Himalaya-Baumarten aus den Familien der Pinien, Eichen, Buchen und Hainbuchen. Im März/April bedecken blühende Rhododendren das gesamte Plateau. Die Säugetierarten von Phu Kradung unterscheiden sich ebenfalls von jenen im Tiefland; es gibt Wildschweine, asiatische Wildhunde, schwarze Rieseneichhörnchen, Gelbhalsmarder, Weißhand-Gibbons, Languren und Makaken. Auch wilde Elefanten, asiatische Schwarzbären, Sambarhirsche, Seraus und Vogelarten, die sonst in Thailand nicht vorkommen, leben auf dem Hochplateau.

Vom Ort **Phu Kradung** verkehren Minibusse nach **Si Than** zum **Parkeingang** mit **Visitor Centre** am Fuß des Berges. Auf einer 8 km langen, steilen **Wanderung** durch den Wald gelangt man zu den Bungalows beim **Hauptquartier** ganz oben. Unterwegs gibt es Kioske für Getränke und Snacks, die außerhalb der Saison wochentags geschlossen sind. Während der Regenzeit von Juli bis Oktober ist der Park nicht zugänglich. Die Temperaturen steigen in der heißen Jahreszeit bis auf 36 °C, in der kühleren Zeit liegt die Durchschnittstemperatur nur noch bei 14 °C, nachts kann es bis auf 0 °C abkühlen. Die Hauptbesuchszeit ist von November bis Februar.

Rechts: Inmitten der archäologischen Funde in Ban Chiang.

Udon / ★Ban Chiang

Udon Thani ⓭ („Udon") gehörte mit Khorat und Ubon zu den Isan-Städten, die wegen einer US-Basis in ihrer Nähe während des Vietnam-Krieges florierten. Udon, heute eine Industrie- und Handelsstadt, bietet exzellente Verkehrsverbindungen, einen lebhaften Nacht- und Wochenendmarkt und große Einkaufszentren wie **Central Plaza** und **UD Town**.

55 km östlich von Udon liegt auf einem Plateau das Dorf ★**Ban Chiang** ⓮. 1966 besuchte ein junger Amerikaner namens Steve Young die Gegend, von der Einheimische schon immer wussten, dass man hier menschliche Skelettreste und Tonscherben finden konnte. Aber erst Steve Young sammelte einige dieser Stücke ein und brachte sie der Fakultät für Schöne Künste in Bangkok. Sie wurden zur Universität von Pennsylvania geschickt und dort einem „Thermo-Lumineszenz-Test" unterzogen, der bestätigte, dass die Funde aus Ban Chiang 5800 Jahre alt sind.

Archäologen der Bangkoker Universität begannen daraufhin mit Ausgrabungsarbeiten. Fünf Jahre (1967-1972) mühseligster archäologischer Kleinarbeit brachten einen wahren Schatz von Skeletten, Tierknochen, Tongefäßen mit kunstvoller Verzierung, Äxten, Waffen, Kupferglocken und Glasperlen, Keramik, Jade und Türkisen zum Vorschein. Die Funde von Ban Chiang, vor allem die **Bronze-Werkzeuge**, haben weltweit Erstaunen bei den Archäologen hervorgerufen, da dadurch die bisherige Theorie, nach der das Bronzezeitalter im Zweistromland begann, ebenso in Frage gestellt wurde wie die Annahme, dass das Bronzezeitalter Asiens in China begann. Deshalb wurde Ban Chiang zum **UNESCO-Weltkulturerbe** ernannt. Eine ★**Bestattungsgrube** des Gräberfelds mit Skelett und Tonscherben ist zu besichtigen, ein auch wegen seiner jahrtausendalten Töpferwaren besuchenswertes ★**Museum** steht

» Karte S. 226-227, Info S. 237

Foto: John Everingham

nahe der Fundstätte für Besucher offen. Kopien der prähistorischen **Keramiktöpfe** sowie handgewebte **Textilien** aus Seide und Baumwolle gibt es bei den Händlern an der Dorfstraße.

Am Mekong

Im nördlichen Isan liegen zwei Provinzen an den Ufern des Mekong und blicken hinüber nach Laos: Nong Khai und Nakhon Phanom. Die Stadt **Nong Khai ⓯** ist Hauptstadt der gleichnamigen Provinz, die sich über 300 km am Ufer des Mekong erstreckt. Sie liegt am Ende des Friendship Highway (Route 2), und ihr Bahnhof (nahe der Brücke)ist eine Station der neuen **Bahnlinie** Bangkok – Vientiane. Nur 20 km nordwestlich von Nong Khai, auf der anderen Seite des Mekongs, liegt die Hauptstadt von Laos. Seit 1994 in Nong Khai die erste **Friendship Bridge** über den Mekong eröffnet wurde, sind die beiden Länder wieder enger zusammengewachsen. Auch Ausländer können so auf dem Landweg nach Laos einreisen, das Visum erhält man an der Grenze. In Nong Khai gibt es nette Cafés, französische Croissants und komfortable Hotels; die ganze Provinz ist kulturell eng mit dem zur Kolonialzeit französisch geprägten Laos verbunden, was sich auch in der Küche und den örtlichen Tempeln widerspiegelt. Man kann sehr angenehme Stunden damit verbringen, einfach in einem der **Restaurants am Mekong** zu sitzen, ein kühles Bier zu trinken und auf den Grenzfluss zu schauen.

Von Nong Khai 312 km am Mekong entlang, kommt man zur Grenzstadt **Nakhon Phanom ⓰**, in der Thai, Laoten, Vietnamesen und Chinesen leben. Außer dem **Wat Srithep** mit seinen Wandmalereien hat die Stadt kaum Attraktionen, dafür genießt man hier einen wunderbaren Blick auf den breit dahinfließenden **Mekong** und die Hügel von Laos, das man über die 13 km nördlich den Fluss überspannende **Third Thai-Lao-Friendship Bridge** bei Thakhek erreicht. Das Visum für Laos ist an der Grenze erhältlich; das für das 150 km entfernte Vietnam nicht.

» Karte S. 226-227, Info S. 237

Foto: Volkmar E. Janicke

Etwa 40 km südlich von Nakhon Phanom lohnt **Renu Nakhon** ⓱, ein lebendiger kleiner **Weberort** mit einem bekannten **Tempel**, einen Besuch. Hier werden noch in Handarbeit kunstvolle *mat-mie*-Stoffe gewebt und mit einer speziellen Ikat-Technik gefärbt. Der **Markt** bietet eine breite Palette traditioneller Textilien. Auch an der Hauptstraße werden bestickte Baumwollhemden und Seiden-Sarongs verkauft.

Weiter auf dem Highway 212 nach Süden trifft man, nahe dem Mekong, auf den **Wat Phra That Phanom** ⓲, einen der ältesten Tempel Thailands, den thailändische und laotische Buddhisten verehren. Der ursprüngliche Tempel datiert 1500 Jahre zurück, sein Aussehen ist im Lauf der Jahrhunderte immer wieder verändert worden. Die Spitze des 52 m hohen **Chedi** ist mit 10 kg Gold überzogen. Verehrt wird hier ein Brustbeinsplitter Buddhas. Der jährliche **Phra-That-Phanom-Markt** wird bei Vollmond des dritten Mondmonats (etwa Mitte Februar) zum Tempelfest abgehalten und zieht Tausende von Besuchern an.

Oben: Die Buddha-Statuen vor dem Wat Phra That Phanom, in unterschiedlichen Posen – Erdanrufung und Meditation –, genießen große Verehrung.

Weiter am Mekong entlang gelangt man zur Grenzstadt **Mukdahan** ⓳. Gegenüber liegt das laotische **Savanakhet**, man kann per Boot oder über die **Second Friendship Bridge** (7 km nördlich) den Fluss überqueren und nach Laos einreisen (*Visa on arrival*).

Interessant ist der nahegelegene ★**Mukdahan-Nationalpark** (auch **Phu Pha Teap** genannt), 15 km südlich von Mukdahan. Hier finden sich Höhlen und bizarre Steinformationen, und von einigen Punkten genießt man eine wunderschöne **Aussicht** auf den Mekong. Regenzeit ist von Juni bis September, danach erstrahlt die Flora in leuchtendem Grün; auch die Wasserfälle sind dann eindrucksvoller.

In **Ubon Ratchathani** ⓴ findet zum Vollmond im Juli/August das berühmte ★**Kerzenfest** *Asanha Puja* statt.

Auch das ★**Raketenfest Bung Fai** in der Stadt **Yasothon** ㉑ zieht viele Besucher an. Jedes Jahr im Mai feuern die Anwohner selbst gebastelte Raketen in den Himmel, um den Regen herbeizuholen. Nicht selten kommt es dabei allerdings zu schlimmen Unfällen.

Von Ubon Ratchathani aus kann man in den Süden von Laos nach Pakse weiterreisen; an der Grenzstation **Chong Mek** werden Visa ausgestellt.

Wer noch einen Stop auf der thailändischen Seite des **Mekong** einlegen möchte, dem sei der verschlafene Ort **Khong Chiam** ㉒ an der **Mun-Mündung** empfohlen, wo es gute Übernachtungsmöglichkeiten gibt. Unweit davon können, an einer steilen **Klippe** des Mekongufers, im **Pha-Taem-Nationalpark** sehenswerte **prähistorische Malereien** im Lauf einer Wanderung erkundet werden, auf dem Weg kann zudem eine weitere kurze Wanderung in **Sao Chaliang** zu pilzartigen **Sandsteinfelsen** unternommen werden.

» Karte S. 226-227, Info S. 237

NAKHON RATCHASIMA (KHORAT)

TAT, tgl. 8-16.30 Uhr; das Büro befindet sich 2 km westlich des Zentrums, Mitraphap Rd, Tel. 044 213 666. **Tourist Police**, Tel. 044 213 333.

Von Bangkok 256 km. Busse fahren am **Northern Bus Terminal** (Morchit) an der Phaholyothin Rd. den ganzen Tag über ab. Von Khorat fahren Busse in alle Richtungen; Infos im TAT-Büro.
Züge in den Nordosten fahren den ganzen Tag über in Bangkok am Bahnhof (Hualamphong) ab und halten auch in Nakhon Ratchasima.

Cafe de Toom, sehr preiswert, gute Curries wie zum Beispiel leckeres Gaeng Massaman, auch westliches Frühstück, nahe dem Hotel Chao Phaya, 62 Chomsurangyat Road.

Museum Mara Wirawong, Mi-So 9-16 Uhr, Eintritt 50 Baht; Tel. 044 242 958.

Ende März findet ein großes **Fest** zu Ehren der Nationalheldin **Khun ing Mo** statt, mit Jahrmarkt, Ausstellungen und Feuerwerk.

Maharat Hospital, 48 Chang Phuak Rd., Tel. 044 235 000.

KHAO YAI NATIONAL PARK

Khao Yai Nature Life & Tours, veranstaltet Touren im Nationalpark, bietet auch abendliche Tiersafaris an und holt seine Gäste auch aus Bangkok ab; 861 Thanon Thanarat, Tel. 081 827 8391, www.khaoyainaturelifetours.com.

PHIMAI

Phimai National Museum, Mi-So 9-16 Uhr, Eintritt 100 Baht; 300 m nördlich des Tempels am Ortseingang, Tel. 044 471 167.

MUKDAHAN

Mukdahan-Nationalpark, 17 km von Mukdahan an der Straße nach Don Tan, Tel. 042 601 753.

SURIN

Ende November **Roundup** (Zusammentreiben) der Elefanten. Auskünfte/Hotelreservierung bei TAT in Bangkok.

LOEI

Die Ban Si Than Station des **Phu-Kradung-Nationalpark** liegt am Fuß des Bergs. Hier kann man Träger engagieren. 7-16.30 Uhr, Aufstieg nur bis 14 Uhr beginnen, sonst schafft man es nicht. Eintritt in den Park 400 Baht, geschlossen von Juni bis Ende September.

UBON RATCHATHANI

Tourism Authority of Thailand (TAT), sehr gute Umgebungskarte, 8.30-16.30 Uhr; 264/1 Khuan Thani Rd, Ubon Ratchathani, Tel. 045 243 770, www.weloveubon.com.

Am bequemsten erreicht man **Ubon** mit dem Flugzeug. Von und nach Bangkok fliegen Thai Airways und AirAsia. Züge fahren mehrmals täglich zwischen Bangkok und Ubon (am besten mit dem Schlafwagen). Wer eine längere Strecke mit dem Bus fahren will, wählt am besten einen VIP-Bus. Nach **Yasothon** gelangt man per Bus von Khorat, Ubon Ratchathani und Bangkok aus.

Samchai Kai Yang, Leckeres aus dem Isan: Larp und Nam Tok vom Feinsten, auch Frühstück ist zu haben, 9-17 Uhr; Phalocha Rd., Tel. 045 209 118.
Khao Tom Hong Thong, chinesisches Restaurant, Spezialität: Reis-Haferflockengerichte; in der Kheun Thani Rd.

Das berühmte **Ubon-Kerzenfest** findet ca. Ende Juli statt und dauert 5 Tage, große Parade, Prämierung riesiger kunstvoller Wachsfiguren, Hotels dann oft ausgebucht. Exakte Terminauskunft bei TAT.

REISEVORBEREITUNG

Geografische Lage und Klima

Thailand ist ein tropisches Land mit etwa 65 Mio. Einwohnern, einem (erfolgreich gebremsten) Bevölkerungswachstum von ca. 1 % (1979: 2,5 %!) und einer Fläche von 514 000 km² (etwa so groß wie Frankreich). Es erstreckt sich zwischen dem 5. und 21. nördlichen Breitengrad und dem 97. und 106. östlichen Längengrad. Im Westen und Norden grenzt es an Myanmar (Burma), im Nordosten an Laos, im Osten an Kambodscha und im Süden an Malaysia. Die größte Entfernung von Nord nach Süd beträgt 1700 km, von Ost nach West 800 km.

Wegen der eigenwilligen Form des Landes – einem „Elefantenkopf" mit langem Rüssel – hat Thailand eine ca. 2500 km lange Küste. Das Land ist in fünf Regionen unterteilt: Zentralthailand (Hauptstadt Bangkok) mit rund 8 Mio. Einwohnern sowie Norden, Nordosten, Südosten und Süden.

In Thailand gibt es drei Jahreszeiten: die heiße Trockenzeit von März bis Mai (in dieser Zeit steigt die Temperatur in Bangkok auf über 40 °C, häufige Gewitter), die Regenzeit von Juni bis Oktober mit etwas niedrigeren Temperaturen, in der aber die Luftfeuchtigkeit auf bis zu 98 % ansteigt und fast im ganzen Land heftige Niederschläge niedergehen, und die kühle Jahreszeit von November bis Februar, in der es zwar noch heiß, aber weniger feucht ist (Regen an der Ostküste und auf Ko Samui). Das Klima im Norden ist für Europäer besser zu ertragen; in der kühlen Jahreszeit fällt dort die Temperatur nachts auf unter zehn Grad, und obwohl es im April heißer als in Bangkok sein kann, ist die Luftfeuchtigkeit weit geringer.

Ein Geheimtipp für Reisende ist die etwa Ende Juni beginnende und bis Oktober dauernde Regenzeit. Tagsüber herrschen bis zu 32 Grad; nachts sinkt die Temperatur bis auf 24 °C. Die Luftfeuchtigkeit ist zwar sehr hoch, doch es regnet keineswegs ständig – der Monsun bringt leichte bis heftige Regenschauer, die zu jeder Tageszeit niedergehen können. Um diese Zeit zeigt sich das Land grün und fruchtbar, es sind nicht so viele Touristen unterwegs und vielfach gelten günstigere Preise.

Auf Phuket regnet es in den Monaten Mai/Juni und September/Oktober, auf Ko Samui dagegen von Oktober bis Dezember (wobei Weihnachten dort dennoch Hochsaison ist).

Kleidung

Leichte Sommerkleidung passt im Allgemeinen immer. Fährt man in der „kühlen" Jahreszeit (November bis Februar) in den Norden, sollte man einen Pullover dabeihaben. Anzug, Krawatte und Lederschuhe sind nur für offizielle Anlässe oder für ein Dinner in einem erstklassigen Restaurant erforderlich.

Auf Shorts, weit ausgeschnittene Oberteile, ärmellose Hemden, Miniröcke und andere „provokative" Kleidung sollte man beim Besuch eines buddhistischen Tempels verzichten. Schuhe sind vor dem Betreten eines Tempels auszuziehen. Damen sollten im muslimischen Süden keine allzu offenherzige Kleidung tragen.

Nackt oder „oben ohne" an einsamen Stränden zu baden kann unliebsame Folgen haben – es gilt als Erregung öffentlichen Ärgernisses und kann mit Wiedereinreiseverbot bestraft werden.

Einreiseformalitäten / Visum

Aktuellste Visuminformationen (diese können sich kurzfristig ändern!) unter: www.immigration.go.th.

Touristen aus Deutschland, Österreich, der Schweiz und vielen anderen Länder brauchen für einen Aufenthalt bis zu 30 Tagen kein Visum; sie erhalten bei der **Einreise** am Flughafen eine kostenlose **Aufenthaltsgenehmigung für bis zu 30 Tage** (Einreisestempel wg.

Ausreisetermin kontrollieren!), sofern sie Inhaber eines noch mind. 6 Monate gültigen Reisepasses sowie eines Rück- oder Weiterflugtickets und ausreichender finanzieller Mittel sind (verlängerbar um 30 Tage beim Immigration Office). Nach einer Ausreise kann man als Tourist bei Wiedereinreise erneut eine Aufenthaltsgenehmigung für 30 Tage erhalten, Österreicher und Schweizer erhalten an Landgrenzen nur 15 Tage.

Neben der Aufenthaltsgenehmigung gibt es verschiedene Visa, die interessant sind, falls man länger in Thailand bleibt: Es gibt Transit-, Touristen- und Non-Immigrant-Visa. Sie gelten jeweils für eine Einreise, können aber auf Antrag als entsprechend teurere Double- oder Triple-Entry-Version ausgestellt werden. Das vorab bei einer Botschaft Thailands zu beantragende **Touristenvisum** gilt 60 Tage (30 €), das Non-Immigrant-Visum 90 Tage (60 €). Beide Visumarten kann man im **Immigration Department**, 507 Soi Suan Plu, Sathorn Tai Rd, Yannawa, Bangkok 10120, Tel. 02 287 3101, sowie in jeder Provinzhauptstadt im Immigration-Department (siehe: www.immigration.go.th) für 1900 Baht einmal um 30 Tage verlängern lassen. Die **Verlängerung** sollte man selbst vornehmen, da es betrügerische „Vermittler" gibt, deren Fälschungsprodukt bei der Ausreise zu Verhaftung wegen *overstay* und Visumfälschung führt.

In Deutschland gibt es Konsulate und die Thai-Botschaft in Berlin, die Visa ausstellen. Je nach Bundesland ist das nächstgelegene Konsulat zuständig. (Adressen: s. S. 248).

Für ein Visum benötigt man einen **Reisepass** (mindestens 6 Monate gültig), ein Passfoto und die Kopie einer Reisebestätigung bzw. des Flugtickets. Kinderausweise werden nicht anerkannt, ein (Kinder-)Reisepass ist nötig.

Touristen, die aus Thailand ausreisen und vor Ablauf ihres Single-Entry-Visums wieder einreisen möchten, können sich beim Immigration Department in Bangkok (in der Soi Suan Plu oder am Flughafen) vor der Ausreise für 500 Baht ein **Re-Entry Permit** besorgen.

Wer die Aufenthaltsdauer überzieht, zahlt bei Ausreise 500 Baht Strafe pro Tag; wird man zuvor mit **abgelaufenem Visum** erwischt oder kann die Strafe nicht zahlen, droht Gefängnis!

Unter http://www.thaiembassy.de/de/visa gibt es die aktuellsten Informationen zu dem neuen gemeinsamen **Visum für Thailand und Kambodscha**. Dieses *ACMECS Single Visum* gilt für die Einreise nach Thailand und Kambodscha: Es ermöglicht bis zu 3 Einreisen nach Thailand und eine Einreise nach Kambodscha. Höchstaufenthaltsdauer für Thailand: 60 Tage pro Einreise, für Kambodscha 30 Tage. Die Visumgebühr für Thailand beträgt 30 Euro pro Einreise und ist bei Beantragung des Visums bei der Thailändischen Botschaft oder Konsulat zu entrichten. Die Visumgebühr für Kambodscha wird bei der Einreise fällig.

Zollvorschriften

Die Zollschalter am Bangkok International Airport haben einen grünen Durchgang für Touristen, die nichts zu verzollen, und einen roten Durchgang für Besucher, die etwas anzumelden haben. Die Bestimmungen für das Mitführen persönlicher Gegenstände sind großzügig; Geschenke und Warenmuster müssen jedoch verzollt werden.

Die Ein- und Ausfuhr von Drogen ist strikt verboten; wer Drogen mit sich führt, muss mit sehr harten Strafen bis hin zur Todesstrafe rechnen! Nehmen Sie auf keinen Fall Päckchen oder Taschen für Fremde oder flüchtige Bekannte mit und lassen Sie Ihr Gepäck vor und bei der Ausreise nie unbeaufsichtigt! Waffen und pornografische Literatur oder entsprechende Artikel dürfen ebenfalls nicht eingeführt werden.

Bei der Heimreise ist zu beachten, dass die Ausfuhr von Antiquitäten nur mit einer Genehmigung des Fine Arts Department (Tel. 022 816 766, Thanon

Na Pra That, Bangkok) erlaubt ist, die seriöse Händler besorgen können.

Zollfrei können Touristen einen Fotoapparat, eine Film- oder Videokamera, fünf Filme und drei Videofilme einführen; die Einhaltung dieser Bestimmungen wird aber praktisch kaum kontrolliert. 250 g Tabak oder Zigarren bzw. 200 Zigaretten und 1 l Wein oder Spirituosen können ebenfalls zollfrei eingeführt werden.

Rückreise: Zollfrei sind Reisemitbringsel bis 430 Euro (aber max. 200 Zigaretten u. 1 l Spirituosen). Die Einfuhr gefälschter Markenartikel ist verboten (falls aber der Warenwert etwa 100 € nicht übersteigt und die Ware nicht dem Weiterverkauf dient, hat man wenig zu befürchten). Verboten ist die Einfuhr von Produkten aus Tieren und Pflanzen, die unter das Washingtoner Artenschutzabkommen fallen.

Währung

Die thailändische Währung ist der **Baht**. Ein US-Dollar entspricht etwa 35 Baht, ein Euro etwa 40 Baht; tagesaktueller Kurs: siehe www.oanda.com.

Ein Baht hat 100 Satang. Im Umlauf sind Münzen im Wert von 25 und 50 Satang, einem, fünf und zehn Baht (die 10-Baht-Münze ist so groß und schwer wie die 2-Euro-Münze) sowie Geldscheine im Wert von 20 Baht (grün), 50 Baht (blau), 100 Baht (rot), 500 Baht (violett) und 1000 Baht (Geldwechsel: s. „Banken", S. 244).

Impfungen und Gesundheitsvorsorge

Es ist ratsam, vor der Reise die Impfberatung eines Tropeninstituts oder eines Hausarztes (Kosten etwa 30 €) in Anspruch zu nehmen. Sinnvoll sind Impfungen gegen **Hepatitis A**, Tetanus, Diphterie und Polio.

Vorsichtsmaßnahmen sind gegen Durchfallerkrankungen angebracht; wer ganz sicher gehen will, sollte nur in Flaschen abgefülltes Wasser oder Tee trinken und an unsauberen Imbissbuden oder dubiosen Eisverkäufern vorübergehen. Bei länger anhaltenden Durchfällen sollte man den Stuhl gleich vor Ort in einem Labor untersuchen lassen (was in Thailand schneller geht als in Europa), um sofort die richtigen Gegenmaßnahmen ergreifen zu können.

Malaria tritt v. a. in den Grenzgebieten zu Burma und am östliche Küstenstreifen zwischen Ko Samet und Kambodscha (besonders Ko Chang) auf. Dort empfiehlt sich eine entsprechende Prophylaxe oder zumindest ein Standby-Medikament wie z. B. *Malarone* sowie ein Moskitonetz für die Nacht. Die Reiseapotheke sollte auch ein Mückenschutzmittel beinhalten.

Im Süden Thailands, auch in Phuket, tritt öfter **Denguefieber** auf. Die durch Moskitos übertragene Infektion ist mit sehr hohem Fieber verbunden, das bis zu zehn Tagen anhalten kann. Bei einem zweiten Fieberschub wird es gefährlich. Bei Verdacht auf Denguefieber sollte man einen Arzt aufsuchen. Ein kleiner Test zeigt, ob es sich um Denguefieber handeln könnte: Binden Sie Ihren Oberarm ab und beugen Sie den Arm. Wenn nach 5 Minuten in der Armbeuge roten Flecken sichtbar sind, haben Sie mit großer Wahrscheinlichkeit Denguefieber.

Die heiße Tropensonne kann bei blassen „Westlern" in kürzester Zeit einen Sonnenbrand verursachen. Ein Sonnenhut schützt vor Sonnenstich. Nehmen Sie viel Flüssigkeit zu sich (bei akutem Durchfall oder Dehydrierung diese mit Elektrolyten mischen!).

Der Standard der medizinischen Versorgung ist besonders in Bangkok hoch. Im ganzen Land gibt es gute Privatkrankenhäuser und -kliniken.

Sind Sie von einem Hund, einer Katze oder einem Affen gebissen worden, sollten Sie sich unbedingt Spritzen gegen Tollwut und Tetanus geben lassen. Das Thai Red Cross in der Rama IV Rd. und jedes Provinzkrankenhaus verabreichen Tollwutspritzen. Wegen der sporadisch aufgetretenen Vogelgrippe sollte man engen Kontakt mit Vögeln und Geflügel meiden.

AIDS: Viele Prostituierte sind HIV-positiv; 2% der Gesamtbevölkerung sollen infiziert sein. Auch Bluttransfusionen sind riskant.

ANREISE / WEITERREISE

Per Flugzeug: Derzeit verfügt Thailand über mehrere internationale Flughäfen, u. a. Bangkok International Airport (Suvarnabhumi), Chiang Mai, Phuket, Hat Yai und Pattaya / Sattahip. Die meisten Touristen kommen am 30 km östlich vom Zentrum Bangkoks gelegenen Suvarnabhumi Airport an.

City-Transfer: Am Suvarnabhumi Airport bietet sich die S-Bahn für den Transfer in die City an. Klimatisierte Busse nach Pattaya fahren ab Suvarnabhumi Airport um 9, 12 und 19 Uhr.

Wenn Sie mit einem Nachtflug ankommen, buchen Sie ein Taxi zum Festpreis bei einem offiziellen Schalter. Lassen Sie sich auf keinen Fall von illegalen, unregistrierten Taxifahrern zu einer Fahrt überreden. Dies gilt nicht nur wegen des fehlenden Versicherungsschutzes als äußerst unsicher!

Auf dem Landweg: Zwar ist die Einreise vom südlichen Nachbarland **Malaysia** auf dem Landweg mit Bus oder Bahn möglich, am sichersten ist derzeit jedoch wegen der angespannten Lage im muslimischen Süden der Luftweg.

Die wichtigsten Grenzübergänge von und nach **Burma (Myanmar)** sind: Mae Sai – Tachilek; Mae Sot – Myawaddy; Ranong – Kawthoung. Man benötigt ein Visum für die Reise durch Myanmar. Bei Tagesausflügen gibt es einen Stempel vor Ort.

Bei der Weiterreise nach **Kambodscha** (Busse zur Grenze z. B. ab Bangkok / Khao San Road) erhalten Sie an folgenden Grenzübergängen ein Visum: Aranyaprathet – Poipet (zur Weiterfahrt nach Siem Reap/Angkor); Hat Lek – Cham Yem/Koh Kong; Chom Som (70 km südlich von Surin) – O'Smach.

Eine Vielzahl von offiziellen Grenzübergängen vereinfachen die Einreise nach **Laos**, allerdings sollten Sie das Visum vorher besorgen. An folgenden Übergängen kann man nach Laos einreisen: Chiang Khong – Houay Sai (viele Touristen fahren auf dem Mekong mit dem Boot nach Luang Prabang weiter); Nakhon Phanom – Tha Khaek; Mukdahan – Savannakhet; Chong Mek (östlich von Ubon Ratchathani) – Vangtao (bei Pakse). In Nong Khai können Sie über die Freundschaftsbrücke nach Vientiane weiterreisen; ein Visum (35 US$) erhalten Sie hier auch an der Grenze.

Per Schiff: Die erste Station für mit dem Schiff in Thailand ankommende Touristen ist die Einreisebehörde im Klong Toey Port.

IN THAILAND UNTERWEGS

Per Flugzeug: Das Flugnetz innerhalb Thailands wird ständig erweitert. Neben **Thai Airways** (www.thaiair.com) bedienen auch einige private Airlines die Flugstrecken. Informationen können Sie unter folgenden Adressen einholen: **Bangkok Airways**, Tel. 02 229 3434, 02 229 3456, www.bangkokair.com. **PB Air**, www.pbair.com. **Phuket Air**, www.phuketairlines.com. **AirAsia**, www.airasia.com, **Orient Air**, www.onetwo-go.com. **Nok Air**, www.nokair.co.th.

Mit der Bahn: Die *State Railway of Thailand* (SRT) betreibt das sicherste, wenn auch nicht gerade schnellste Verkehrsmittel. Das Streckennetz umfasst Verbindungen nach Chiang Mai im Norden, nach Nong Kai und Ubo Ratchathani im Nordosten, nach Aranya Prathet an der kambodschanischen Grenze im Osten, nach Pattaya und in Orte weiter im Südosten, nach Nam Tok im Westen und über Hat Yai zur malaysischen Grenze im Süden, von der die Weiterfahrt bis Kuala Lumpur und Singapur möglich ist. Der *Eastern & Oriental*-Luxuszug verkehrt auf der rund 2000 km langen Strecke Bangkok – Singapur und ermöglicht ausgiebige Besichtigungen durch längere Zwischenhalte.

Die Schnell- und Expresszüge haben eine 1., 2. und 3. Klasse. Letztere ist immer voll belegt. Die Waggons der 2. Klasse sind teilweise klimatisiert, Schlafwagen haben einen Ventilator oder AC. Reservierungen sind, besonders für Nachtfahrten, unbedingt nötig.

Komfortabel sind Nachtexpresszüge mit Schlafwagen, die abends in Bangkok abfahren und am nächsten Morgen an der Endstation – Chiang Mai, Nong Khai, Ubon oder Surath Thani – ankommen. Von Surat Thani fahren Züge weiter südwärts: mittags Ankunft in Hat Yai (Weiterfahrt durch Malaysia bis Singapur möglich). Nacht- und Expresszüge verfügen im Allgemeinen über einen Speisewagen; hier werden thailändische Kost und einige westliche Gerichte serviert. Verkäufer kommen durch die Gänge und bieten alkoholfreie Getränke sowie Bier, thailändischen Whiskey und verschiedene Snacks an. Englischsprachige Bücher und Zeitungen gibt es in der Hualampong Station zu kaufen. Wer nachts reist, sollte ein Moskitospray mitnehmen.

Die SRT wirbt für Wochenend- und Feiertagsausflüge nach Ayutthya, Kanchanaburi und zur Brücke am Kwai, nach Cha-am, Hua Hin und Pattaya, zum Khau Yai National Park und nach Samui Island.

Ein englischsprachiger Informationsservice in der Hualampong Station in der Rama IV Road und die Geschäftsstelle der TAT in der Rajdamnoen Nok Avenue erteilen nähere Auskünfte. Anmeldungen sind allerdings nur persönlich frühestens zwanzig Tage vor Reisedatum möglich. Das Anmeldebüro befindet sich in der Hualampong Station und ist an Werktagen von 8.30 bis 18 Uhr, am Wochenende und an Feiertagen von 8.30-12 Uhr geöffnet.

Mit dem Stadtbus: Das exzellent ausgebaute Streckennetz von Bangkok besteht aus einer verwirrenden Anzahl von Buslinien. Da an englischsprachiger Beschriftung gespart wird, eignet sich ihre Benutzung eher für Ortskundige und Entdeckungsfreudige. Die nicht klimatisierten roten oder weißblauen Busse kosten unabhängig von der Entfernung 5 Baht, die kleinen grünen 3,50 Baht. Der Fahrpreis der weißen oder blauen klimatisierten Busse richtet sich nach der Entfernung, das gilt auch für die orangen Busse. Rote klimatisierte Mini-Busse (25 Baht) verkürzen die Zeit im Stau durch Videofilme.

Mit der Hochbahn (BTS): Der notorische Verkehrsstau Bangkoks lässt sich in einigen Stadtteilen mit der modernen Hochbahn (Sky Train) umgehen. Gegenwärtig verkehren zwei Linien. Die Sukhumvit Line führt von Mo Chit (Nähe Chatuchak Wochenendmarkt bzw. Northern Busterminal) nach On Nut (Nähe Sukhumvit Soi 77), die Silom Line vom National Stadium zur Taksin-Brücke an der Sathorn Road, wo Anschluss an das Expressboot besteht. Sie können an der Siam Station von einer auf die andere Linie wechseln. Die Tickets kosten je nach Entfernung zwischen 10 und 40 Baht. Pläne und Informationen über Angebote für Vielfahrer gibt es an den Schaltern der jeweiligen Stationen (s. auch www.bts.co.th).

Mit der U-Bahn: Bisher wurde nur eine U-Bahnstrecke von etwa 20 km ausgebaut. Sie verbindet den Hauptbahnhof mit der im Norden liegenden Station Bang Sue. Tickets kosten zwischen 14 und 36 Baht. An den Stationen Silom, Sukhumvit und Morchit kann man in den Skytrain umsteigen.

Boote: Viele der Touristenattraktionen sind auf den Wasserstraßen von Bangkok erreichbar. Neben den regelmäßig verkehrenden Booten auf dem Chao-Phraya-Fluss können am Tah-Tien-Kai auch große und kleine Boote gemietet werden.

Expressboote (*ruea duan*) sind von

6-18 Uhr auf dem Chao Phraya unterwegs. Der Fahrpreis liegt zwischen 3 und 7 Baht – billig angesichts der Tatsache, dass man mit ihnen sehr bequem sein Ziel erreicht. Die Boote halten an zahlreichen Anlegestellen – auch am Hotel Oriental, am Royal Orchid Sheraton, am Hauptpostamt, Tah Chang, Tah Prachan, Tah Rachawong und Tah Sapan Krung Thon.

Mit dem Taxi: Taxis findet man überall. Sie sind komfortabel, klimatisiert und mit Taxiuhren ausgestattet. Ansonsten muss der Fahrpreis vor dem Einsteigen ausgehandelt werden. Im Stadtgebiet gilt ein Fahrpreis von 35 Baht aufwärts, je nach Verkehrssituation (Stau!) und Entfernung errechnet sich der weitere Fahrpreis. Die Mautgebühr für die Tollway wird vom Fahrgast übernommen.

Mit Tuk-Tuks: Abenteuerlustige können Bangkok auf eine ganz andere Art entdecken – auf dem *tuk tuk*, einem offenen dreirädrigen Taxi. Allerdings sind die Dreiradtaxis oft teurer als normale, mit Taxameter ausgestattete Taxis und ihre Fahrer allzu geschäftstüchtig. Im Zentrum von Bangkok liegt der Fahrpreis zwischen 50 und 150 Baht.

Viele Taxifahrer sprechen kein Englisch – sicherheitshalber eine Visitenkarte vom Hotel mitnehmen. Mit dem Gebrauch von Stadtplänen sind die meisten Taxifahrer nicht vertraut, es hilft deshalb oft gar nichts, das Fahrziel auf dem Stadtplan anzuzeigen.

Songthaews / Sammeltaxis: Sie verkehren zwischen den kleinen Zentren im Landesinneren, den Bezirksstädten und Dörfern Thailands. Die *songthaews* genannten Sammeltaxis – für die Beförderung von Fahrgästen umgebaute Lastwagen – sind billig. Man findet sie in der Nähe von Busbahnhöfen und Märkten.

Autos und Motorräder kann man in Bangkok, in den Touristenzentren und in den meisten Provinzstädten mieten. Die größten **Autovermieter** mit Niederlassungen im ganzen Land sind Budget (www.budget.com, Tel. in BKK: 02 203 0225), Avis (BKK-Tel. 02 251 2011) und Hertz (BKK Airport 02 266 4362). Die Preise für einen Mietwagen liegen je nach Fahrzeug zwischen 1400 und 5000 Baht pro Tag. Man kann mit dem Wagen auch einen Fahrer engagieren, was sich besonders in Bangkok und für weitere Strecken empfiehlt.

Mit Überlandbussen: Sie verbinden Bangkok mit den Provinzen des ganzen Landes, werden öffentlich und privat, mit und ohne Klimatisierung betrieben. Die Fahrt mit diesen Bussen ist relativ billig. Sie verkehren täglich. Klimatisierte AC-Busse sind komfortabler, schneller (vor allem die Nachtbusse) und halten unterwegs seltener. Am bequemsten (und teuersten) sind die VIP-Busse für Langstrecken.

Die Überlandbusse gehen in Bangkok an drei Bahnhöfen ab: Das **Northern & Northeastern Bus Terminal** (Morchit) ist Ausgangspunkt für Busse mit Ziel Norden und Nordosten des Landes: Kamphaeng Phet 2 Road, 1,5 km vom Chatuchak Market (nach Norden: Tel. 02 537 80 55, Zentral-Thailand: Tel. 02 936 1972, Nordosten: Tel. 02 936 2841-8). Das **Eastern Terminal** (Ekamai), gegenüber Soi 65 in der Sukhumvit Road, bedient den Südosten – Pattaya, Rayong, Ko Samet (Aircon-Busse: Tel. 02 391 2504, Busse ohne Aircon: Tel. 02 391 8097); das **Southern Terminal** (Sai Tai Mai) befindet sich in der Nakorn Chaisi Road in Thonburi, über dem Fluss; von hier gehen die Busse nach Hua Hin, Chumpon, Surat Thani/Ko Samui, Songkhla/Hat Yai, Phuket, Nakon Pathom und Kanchanaburi ab (Aircon-Busse: Tel. 02 435 1199, Busse ohne Aircon: Tel. 02 434 5557-8).

Auskünfte über Fahrten in klimatisierten Bussen und Fahrpreise erteilen die Geschäftsstelle der TAT unter der Telefonnummer 02 282 1143/7 und die Tourist Assistance (Tel. 02 223 2126).

Zu beachten ist, dass die Straßen Thailands tagsüber sehr belebt sind, Busfahrer zu riskanten Überholmanövern neigen und es häufig zu Unfällen kommen kann. Auch hier gilt, dass man von Fremden keine Getränke oder Snacks annehmen sollte: Es ist schon passiert, dass unter Drogen gesetzte Fahrgäste ausgeraubt wurden.

PRAKTISCHE HINWEISE

Banken / Geld / Kreditkarten

Die thailändischen Banken arbeiten schnell und zuverlässig und sind mit modernsten Kommunikationsmitteln ausgestattet. Sie sind Mo bis Fr 8.30 bis 15.30 Uhr geöffnet.

Einen Geldschwarzmarkt gibt es in Thailand nicht. Euros (US-Dollar sind bekannter) können wie fast alle ausländischen Währungen problemlos bei Banken, in großen Hotels (schlechter Kurs!) und in Wechselstuben in Baht eingetauscht werden (siehe auch „Währung", S. 240).

Die Wechselstuben sind häufig bis 20 Uhr geöffnet, in Touristengebieten auch länger.

Die meisten Banken sind auf internationalen Geldverkehr eingestellt. Nahezu jede Bankfiliale verfügt über einen Geldautomaten (ATM), an dem mit gängigen **Kreditkarten**, meist auch mit **EC/Maestro-Karte** (aber nicht mit der neuen V-Pay-Girocard) Geld abgehoben werden kann, zu sehr günstigem Kurs, allerdings werden Bearbeitungsgebühren berechnet (ca. 3 % der Auszahlungssumme). Die thailändische Bank nimmt ebenfalls Gebühren: etwa 5 US$ pro Abbuchung. Falls der Automat streiken sollte: Oft ist auch Barauszahlung (*cash advance*) am Schalter möglich.

Wollen Sie Geld von Ihrer Heimatbank überweisen lassen, sollten Sie als Adressaten am besten die Zentrale einer thailändischen Bank angeben.

Die internationalen **Kreditkarten** von Visa, American Express, Master Card und Diners Club sind in vielen Restaurants und Geschäften in Bangkok und den großen Touristenzentren willkommen. Lassen Sie die Karte beim Bezahlen nicht aus den Augen und hinterlegen Sie sie nie als „Sicherheit": Missbrauch (auch Kopieren) ist nicht selten. Es soll auch schon vorgekommen sein, dass mit einer im Hotelsafe deponierten Kreditkarte von Unbefugten Einkäufe getätigt wurden. Einige Geschäfte und Restaurants versuchen, bei der Bezahlung mit Kreditkarte eine Gebühr zu erheben; solch einen Fall sofort der entsprechenden Kartenvertretung melden. Darauf achten, dass der zu zahlende **Betrag in Baht** ausgewiesen wird, nicht etwa in Euro, denn sonst wird es viel teurer!

Mit den unten genannten Karten kann an den meisten ATM-Geldautomaten landesweit Bargeld abgehoben werden: **Visa** und **Master Card** (Bank of America Building, 2/2 Wireless Rd, Tel. 02 251 6333; Thai Farmers Bank, 400 Paholyothin Rd, Tel. 02 273 1199); **American Express** (SP Bldg., Paholyothin Rd, Tel. 02 273 0033, Mo-Fr 8.30-17.30 Uhr); **Diners Club** (11th Fl., Dusit Thani Bldg., 946 Rama IV Rd, Tel. 02 238 3660).

Bei **Kartenverlust**: Tel. 02 233 5644.

Buchhandlungen / Landkarten

Viele Buchhandlungen in Bangkok sind gut sortiert und führen reichlich englischsprachige Literatur.

Asia Books führt *Nelles*-Landkarten (u. a. Thailand und Nachbarländer), *Nelles*-Stadtpläne (u. a. Bangkok) und *Nelles*-Reiseführer (u. a. Thailand, Myanmar, Kambodscha, Malaysia, Vietnam, Indonesien, Bali) und unterhält Filialen in Bangkok (u. a. Time Square 201, 2nd Floor, Soi 12-14, Sukhumvit Rd.), Phuket, Krabi, Pattaya, Ko Samui, Hua Hin und Chiangmai, www.asiabooks.com.

Weitere Buchhandlungen im Kapitel Bangkok.

Einkaufen

Thailand ist eines der bedeutendsten Handelszentren Südostasiens. Das Angebot an einheimischen und Importwaren zu günstigen Preisen ist erstaunlich; allerdings sind auch viele illegale Produktfälschungen darunter. In Bangkok gibt es viele große Einkaufszentren, die westliche Waren zum Festpreis offerieren und unzählige Modeboutiquen, die Kleidung bester Qualität, Maßanzüge (auch aus Seide), elegante Accessoires, Leder etc. führen. Auch Brillen vom Optiker, Zahnersatz und Schönheits-Operationen sind in Bangkok preiswert zu haben.

Eine der günstigsten Kleidereinkaufslocations ist der **Pratunam Market** in der Ratchaprarop Road/ Ecke Petchaburi Rd., unweit des Hotels Indra – eine Ansammlung von mehr als 200 Textil-Groß- und -Einzelhändlern und -Exporteuren; hier gibt es auch Größen für Touristen. In der Nähe liegen die **Platinum Fashion Mall** und **Pantip Plaza**, bekannt für Computer und Elektronik.

In **Pahurat** (Bezirk Phra Nakhon), dominiert von indischen Händlern, kauft man Stoffe, Modeschmuck und echten Schmuck sowie modische indische Accessoires.

In **Chinatown** gibt es einfach alles zu kaufen, die Preise muss man allerdings aushandeln. Ein breites Angebot bietet der **Sampeng Market**.

Eine weitere günstige Einkaufsgegend ist **Banglampoo**, wo sich das touristische Angebot vor allem in der **Khao San Road** konzentriert.

Thailändische Kunstgegenstände und Thai-Kunsthandwerk, Thai-Seide, Konfektion und Baumwolle, Edelsteine und Schmuck, Lack- und Töpferwaren, Keramik, Niello-Arbeiten und Kupferartikel werden in der **Rajdamri Road** sowie in den meisten Einkaufszentren und Hotels angeboten.

Bangkok ist zwar eines der wichtigsten Handelszentren der Welt für **Edelsteine**, aber wer kein Edelsteinexperte ist, läuft Gefahr, betrogen zu werden (mehr zu diesem Thema unter www.police.go.th/touristpolice).

Zahlen Sie beim Einkaufen niemals den zuerst genannten Preis. **Handeln** ist nicht nur üblich, sondern wird sogar erwartet. Eine Ausnahme sind Kaufhäuser, Supermärkte und Geschäfte, in denen die Waren mit festen Preisen ausgezeichnet sind.

Etikette

Auch wenn Thailand als „westliches" Land erscheint, sind die meisten Thais – insbesondere die ältere Generation – konservativ, sehr religiös und abergläubisch. Nachstehend einige Thai-Sitten und -Gebräuche, die zu beachten sind – vor allem, wenn ältere Menschen und höhergestellte Persönlichkeiten anwesend sind.

Thais geben sich bei der Begrüßung nicht die Hand. Der traditionelle Gruß ist vielmehr der *wai* – dabei hält man die gefalteten Hände in Brusthöhe und neigt den Kopf, bis die Nasenspitze die Zeigefinger berührt. Bei höhergestellten Personen, z. B. Mönchen oder älteren Menschen, werden die Hände bis zur Stirn bzw. darüber hinaus angehoben, und die Verneigung wird tiefer. Kinder werden nicht mit einem *wai* gegrüßt, auch wenn sie dem Besucher mit dem traditionellen Gruß Respekt zollen. Hier ist ein schlichtes Zurückwinken angemessen.

Thais sprechen sich in der Regel mit dem Vornamen an. Sie stellen das Wort *khun* (Herr, Frau, Fräulein) vor den Namen, um ihre Ehrerbietung zum Ausdruck zu bringen.

Buddhastatuen werden sehr verehrt; berühren Sie daher niemals den Kopf eines Buddha. Als Frau dürfen Sie einen Buddha gar nicht anfassen – außer im Rahmen eines Rituals.

Frauen sollten es vermeiden, buddhistischen Mönchen zu nahe zu kommen. Wenn Sie Almosen geben wollen, lassen Sie dies Männer für Sie tun.

Bei den Thais gilt der Kopf als heiligstes Körperteil. Jemanden am Kopf anzufassen oder zu tätscheln ist eine schwere Beleidigung, falls man nicht sehr gut befreundet ist; Erwachsene dürfen auch nicht den Kopf eines kleinen Kindes streicheln. Sollten Sie mit Kindern reisen, wird es jedoch des Öfteren passieren, dass Thais den Kleinen über den Kopf streichen, sie hochheben und an ihnen schnuppern. Die Konvention des Kopftabus wird nicht mehr ganz so ernst genommen, doch sollte man vor allem in abgelegenen Gegenden ohne viel Tourismus keine Experimente in dieser Hinsicht wagen.

Die Füße gelten als minderwertigste Stelle des Körpers. Es ist unhöflich, mit dem Fuß auf andere zu zeigen. Damit man seine Füße nicht Buddha oder einen Mönch präsentiert (was in keinem Fall passieren sollte), sitzt man immer kniend mit zurückgeschlagenen Beinen. Die Füße anstelle der Hände zum Öffnen und Schließen von Türen etc. zu verwenden gilt als ungezogen.

Thais gehen im Haus stets barfuß. Wenn Sie Thais besuchen, ziehen Sie Ihre Schuhe aus, bevor Sie hineingehen. Dasselbe gilt für das Allerheiligste in Tempeln.

Export von Kunstgegenständen und Antiquitäten

Die Ausfuhr von Buddhastatuen ist, obwohl diese überall angeboten werden, eigentlich verboten, sofern sie nicht der Verehrung durch Buddhisten, dem Kulturaustausch oder Studienzwecken dienen.

Für die Ausfuhr von antiken Buddhas und Antiquitäten muss eine Genehmigung vom Department of Fine Arts eingeholt werden (s. S. 239).

Geschäftszeiten

Behörden und staatliche Unternehmen sind von Montag bis Freitag von 8.30-16.30 Uhr geöffnet. Die meisten Privatfirmen arbeiten fünf Tage pro Woche, in der Regel von 8.30-17 Uhr. Märkte, Geschäfte und Kaufhäuser sind an allen Tagen geöffnet.

Majestätsbeleidigung

Das **Königshaus** genießt besonderen Respekt; von abfälligen oder kritischen Bemerkungen oder Verunstaltungen von Abbildungen des Königs (auch auf Briefmarken) oder Mitgliedern des Königshauses ist dringend abzuraten: Majestätsbeleidigung wird in Thailand sehr hart – u. U. härter als Totschlag – bestraft. Auch Ausländer sind deshalb schon verurteilt worden.

Netzspannung

Die Netzspannung beträgt 220 V / 50 Hz. Es werden unterschiedliche Stecker und Steckdosen verwendet, die europäischen Sicherheitsnormen oft nicht entsprechen, mit 220 Volt belastet werden, aber eigentlich nur 110 Volt vertragen, meist nicht geerdet und deshalb unfallträchtig sind.

Ein Steckdosenadapter ist in manchen Gegenden noch nötig.

Ersatzbatterien für Kameras etc. sind in allen gängigen Größen erhältlich.

Notruf

Touristenpolizei, Tel. 1155
Polizei, Tel. 191
Tourist Assistance Center, Tel. 02 282 8129, 02 281 5051
Ambulanz, Tel. 02 252 2171/5
Feuerwehr, Tel. 199, 02 246 0199

Post

Das Hauptpostamt (GPO) in der Charoen Krung Road in Bangkok und die Postämter im ganzen Land arbeiten schnell und zuverlässig. Sie sind Mo bis Fr 8.30 bis 16.30 Uhr, Sa von 8.30 bis 12 Uhr geöffnet (Telegramme im GPO rund um die Uhr). Post benötigt nach Europa 5-7Tage, in die USA eine Woche oder mehr. Luftpostbriefe (bis zu 20 Gramm) kosten 24 Baht, Postkarten 15 Baht.

Pakete oder wichtige Unterlagen können auf dem Luftweg innerhalb weniger Tage (z. B. mit EMS) verschickt werden. Wer länger auf seine Fracht warten kann und sparen will, wählt den Seeweg. Hier sind die Pakete etwa drei Monate unterwegs. Viele Geschäfte bieten beim Kauf größerer Gegenstände an, den Versand zu organisieren.

Sicherheit

Wegen **Unruhen** wird von Reisen in die **muslimischen Südprovinzen** Narathiwat, Yala, Pattani und Songkhla abgeraten. Auch von Reisen in die Grenzregion zu Kambodscha, insbesondere nach **Preah Vihear** und Umgebung und zu den anderen Tempelanlagen in diesem Bereich wird abgeraten. **Demonstrationen** (z.B. in Bangkok) sind unbedingt zu meiden. Allgemein besteht eine erhöhte Gefahr terroristischer Attentate. Siehe **www.auswaertiges-amt.de**.

Als unsicher für Wanderer, die allein unterwegs sind, gelten die **Grenzgebiete zu Burma und Kambodscha** und der **äußerste Norden** Thailands.

Wertsachen und größere Bargeldbeträge sollte man im Zimmersafe oder im Hotelsafe aufbewahren. Reiseschecks sind nach wie vor das sicherste Zahlungsmittel. Allerdings ist Falschgeld in Umlauf, deshalb nur bei autorisierten Wechselstuben oder Banken wechseln. **Kreditkarten-Betrug** kommt öfter vor (siehe Stichwort „Geld").

Taxi- und Tuk-Tuk-Fahrer betätigen sich manchmal als **Schlepper**, z. B. für **Juwelierläden**, wo wertloser Schmuck Ahnungslosen als echte Edelsteine angedreht wird – es ist unmöglich, mit bloßem Auge einen falschen von einem echten Rubin zu unterscheiden!

In den Vergnügungsvierteln führt die Polizei häufig Ausweiskontrollen durch (immer Passkopie mit Kopie der Visumseite, mitführen). Für Jugendliche unter 18 Jahren ist ab 22 Uhr Sperrstunde, auch in Kinos. Personen unter 20 Jahren dürfen Bars, Diskos und Massagesalons nicht betreten.

Geschlechtsverkehr mit Personen unter 18 Jahren ist strafbar.

Nehmen Sie von Fremden in Bussen oder Zügen kein Essen, keine Getränke oder Süßigkeiten an. Sie könnten ein Schlafmittel oder Drogen enthalten.

Mietwagen- und insbesondere Mietmotorradfahrer sollten große Vorsicht walten lassen: Zum einen herrscht in Thailand **Linksverkehr**; zum anderen ist das Verhalten mancher Verkehrsteilnehmer schlicht unberechenbar.

Bei der Ausreise das Gepäck akribisch kontrollieren, damit man nicht zum unfreiwilligen Drogenkurier wird, und keinesfalls Päckchen von Fremden oder flüchtigen Bekannten mitnehmen!

Drogenbesitz (auch von Marihuana, Ecstasy und anderen Amphetaminen) und besonders **Drogenhandel** wird extrem hart bestraft und die Todesstrafe (per Giftspritze) auch bei Ausländern vollstreckt.

Majestätsbeleidigung (siehe oben) und **Oben-ohne-Baden** sind verboten.

Bei einer Verhaftung sofort die **Botschaft** verständigen! Diese kann auch einen seriösen Anwalt vermitteln.

Telefon, Fax, Internet

Telefon: Die Ortsvorwahl ist fester Bestandteil einer Telefonnummer und wird deshalb auch innerorts stets mitgewählt.

Die internationale **Vorwahl** für Thailand lautet 0066. Telefongespräche aus Thailand in andere Länder (Vorwahl für Deutschland: 00149) können problemlos von Hotels, Postämtern, privaten Telcom-Büros und den gelben Telefonzellen (Auslands-Telefonkarte nötig) geführt werden.

Öffentliche Telefonzellen sind weit verbreitet; grüne Telefonzellen dienen für Ortsgespräche und Ferngespräche innerhalb Thailands (mit Telefonkarte).

Am Bangkoker Flughafen gibt es Kreditkartentelefone. Falls Sie Ihr Handy mitnehmen wollen, informieren Sie sich bei Ihrem Anbieter zuhause über die Möglichkeit und Verbindungskosten des „Roaming"; um teure Überraschungen zu vermeiden, sollten Sie sich auch gleich nach den Gebühren erkundigen! Zudem sollten Sie klären, ob sie eine andere SIM-Karte einsetzen können.

Denn wer sein Handy dabei hat und nicht darauf angewiesen ist, seine deutsche Nummer zu nutzen, kann sich in Thailand eine günstige **Prepaidkarte** mit einer thailändischen Nummer besorgen. Mit den Vorwahlen 001 plus Ländervorwahl (beste, aber teuerste Verbindung) oder 007 bzw 008 (etwa 10-15 Baht/Min.) kann man günstig ins Ausland telefonieren. Von Europa aus sind Gespräche nach Thailand auf Prepaidhandys dank einiger Vorwahlnummern sehr günstig (Deutschland z.B. 010012 für ca. 3 Cent/Min.).

Telefonauskunft: Lokale Telefonauskunft Tel. 13; übriges Inland Tel. 101; Ausland Tel. 100; Zeitansage (auf Band) Tel. 181; Wettervorhersage Tel. 02 258 2056.

Fax: Viele Hotels sind mit Fax ausgerüstet. Shops in den Touristenzentren bieten Fax-Service billiger an.

E-Mail / Internet: Vereinzelt gibt es noch in Touristenzentren Internet-Cafés, teils mit Netphone und Skype. Manche bieten eine Stunde Surfen für 20 Baht an. Ansonsten nutzen die meisten Touristen ihr Handy und gehen über das i.d.R. kostenlose WLAN ins Netz.

Touristeninformation

Die Tourismusbehörde von Thailand – **Tourism Authority of Thailand (TAT)** – erteilt umfassende touristische Auskünfte. Hier sind Prospekte über Sehenswürdigkeiten, Feste und Kultur, Karten, Stadtpläne, Unterkunftsverzeichnisse etc. erhältlich. Vorsicht: Es gibt Betrüger, die Neuankömmlinge stattdessen zu „T.A.T." locken.

Thailändisches Fremdenverkehrsbüro (TAT), Bethmannstr. 58, 60311 Frankfurt, Tel. 069/138 1390, Fax 138 13950, tatfra@t-online.de, www.tourismthailand.org, www.thailandtourismus.de. Die Hauptgeschäftsstelle der **TAT** befindet sich in **Bangkok** in der Ratchadamnoen Rd 4, Tel. 02 2829773-8; sie ist an Wochentagen während der Geschäftszeiten der Behörden geöffnet.

Uhrzeit

Die in Thailand geltende Uhrzeit ist MEZ plus 6 Stunden. Der europäischen Sommerzeit ist sie um 5 Stunden voraus.

Zeitungen

In Thailand gibt es zwei sehr gute englischsprachige Tageszeitungen – *Bangkok Post* und *Nation* – zum Preis von 20 Baht.

Das monatlich erscheinende *Metro-Magazin* informiert über aktuelle Veranstaltungen in Bangkok.

Internationale Tageszeitungen sind in den gut sortierten Buchläden der Luxushotels erhältlich.

ADRESSEN

Thailändische Vertretungen in Deutschland:

Königlich-Thailändische Botschaft, Mo-Fr 9-12.30 Uhr, Lepsiusstr. 64-66, 12163 **Berlin**, Tel. 030/7948 10, Fax 7948 251, www.thaiembassy.de

Generalkonsulat, Kennedyallee 109, 60596 **Frankfurt**, Tel. 069/6986 8205, Fax 6986 8228, www.thaigeneralkonsulat.de.

Rüttenscheiderstr. 199, 45131 **Essen**, Mo-Fr 9-12, Mo, Mi und Fr 14-16 Uhr, Tel. 0201/9597 9334, Fax 9597 9445, www.thai-konsulat-nrw.de.

Friedrichstr. 27, 01067 **Dresden**, Mo-Fr 9-12 Uhr, Tel. 0351/4812 4916, Fax 0351/4819 6706, www.thaikonsulat-dresden.de.

Honorarkonsulate: An der Alster 85, 20099 **Hamburg**, 9-12 Uhr, Tel. 040/2483 9118, Fax 2483 9206, www.thaikonsulathamburg.de

Prinzenstr. 13, 80639 **München**, Tel. 089/168 9788, Fax 1307 1381, www.thaikonsulatmuenchen.de.

Pforzheimerstr. 381, 70499 **Stuttgart** (Weilimdorf), Mo, Mi, Fr. 9-15 Uhr, Tel. 0711/226 4844, Fax 226 4856, www.thaikonsulat.de.

in Österreich:

Königlich-Thailändische Botschaft, Konsularabteilung, Mo-Fr 9-12 Uhr, Cottagegasse 48, 1180 Wien, Tel. 01/478 3335, Fax 478 2907.

Honorarkonsulate: Riedgasse 44, 6850 Dornbirn, Tel. 05572/256 146.

Koch-Sternfeld-Gasse 7, 5020 Salzburg, 9-11.30 Uhr, Tel. 0662/840 0200, Fax 840 0201, www.thaiconsulate-salzburg.at.

in der Schweiz:

Königlich-Thailändische Botschaft, Kirchstr. 56, 3097 Bern-Liebefeld, Tel. 031/970 3428, Fax 031/970 3037.

Generalkonsulat: Aeschenvorstadt 71, 4010 Basel, Tel. 061/206 4565, Fax 061/206 4546, www.thaikonsulate.ch.

Honorarkonsulate: Rue de la Serviette, 1202 Genf, Mo-Do 9.15-11.45 Uhr, Tel 022/311 0723. Löwenstr. 42, 8001 Zürich, Tel. 043/344 7000, Fax 043/344 7001, www.thai-consulate.ch

Diplomatische Vertretungen in Thailand

Deutsche Botschaft, Mo-Fr 8-11-30 Uhr, 9 Sathorn Tai Rd., Bangkok 10120, Tel. 02 287 9000, Fax 02 287 6232, www.bangkok.diplo.de, Notfallnummer: Tel. (0066) 081 845 6224. **Generalkonsulate**: Honorarkonsul Nordthailand Chiang Mai, 199/163 Moo 3, Baan Nai Fun 2, Kan Klong Chonpratan Rd., Tel./Fax 053 838 735. Honorarkonsul Südthailand Phuket, 100/425 Moo 3, Chalermprakit R. 9 Rd., Bypass Road North, Tel. 076 610 407, Fax 610 408 www.deutscheskonsulatphuket.com.

Österreichische Botschaft, 14 Soi Nantha, Sathorn Tai Rd., Bangkok, Tel. 02 105 6710, Fax 02 401 6161, www.bmeia.gv.at/botschaft/bangkok. **Konsulate**: 15 Moo1, Huey Kaew Rd., Chiang Mai, Tel. 053 863 144. 504/526 Moo 10, Soi 17, 2nd Road, Pattaya, Tel. 038 713 613, Fax 038 713 614. Virathongyok Rd., M. 4, Wichit District, Phuket, Tel. 076 248 334-6, Fax 076 248 337.

Schweizerische Botschaft, 35 Witthayu (Wireless) Rd., Bangkok, Tel. 02 674 6900, Fax 02 674 6902, www.eda.admin.ch/bangkok, im Notfall: Tel. 01 822 49 21. **Honorarkonsulat** Phra Pokklao Rd., Chiang Mai, Tel. 053 225 000.

Laos, Mo-Fr. 8.30-12 Uhr, 502/1-3 Soi Ramkhamhaeng 39, Bangkok, Tel. 02 539 6342, Fax 02 539 3827, www.bkklaoembassy.com. **Konsulat**, 19/1-3 Pothisan Rd., Khon Kaen, Tel. 043 303 402, Fax 303 404.

Kambodscha, Pratcha Udith Rd. 518, Bangkok, Tel. 02 957 5851.

Malaysia, 35 Sathorn Tai Rd., Bangkok, Tel. 02 679 2190-9, Fax 02 679 2208.

Myanmar, 132 Sathon Nua Rd., Bangkok, Tel. 02 233 7250, Fax 02 366 898, www.myanmarembassybkk.com. **Honorarkonsulat**: 9-11 Uhr, 9/4 Hassadisawee Rd., Chiang Mai.

Vietnam, 83/1 Witthayu Rd., Bangkok, Tel. 02 251 5838-8, www.vietnamembassy-thailand.org.

GLOSSAR

ao .... Bucht
ban .... Haus, Dorf
bang .... ein Ort / Platz am Wasser
buri .... Suffix mit der Bedeutung „Stadt"
chedi spitz zulaufendes buddhist. Bauwerk (Stupa), kann

Reliquien enthalten

chiang … Stadt (in Nordthailand)

doi … Berg (in Nordthailand)

hat … Strand

khao … Hügel oder Berg

klong … Kanal

ko … Insel

mae nam … Fluss

muang … Stadt oder Großstadt

nakhon … Stadt oder Großstadt

nam … Wasser

nam tok … Wasserfall

phra … Buddhastatue, auch buddhistischer Mönch

prang … dem *chedi* ähnlich, jedoch größer, Khmer-Stil

sala … seitlich offener, überdachter Treffpunkt oder Rastplatz

sanam … Versammlungs-, Paradeplatz

soi … kleine Straße, Gasse

songthaeo … überdachter Pickup für den Transport von Fahrgästen

suan … Garten, Park

talad … Markt

tha rua … Anlegestelle für Boote

thaleh … Meer, Ozean

tham … Höhle

tuk tuk … motorisierte dreirädrige Rikscha

viharn … das größte Gebäude in einem Tempelkomplex

wat buddhistischer Thai-Tempel

SPRACHFÜHRER

Thai ist eine tonale Sprache, die über fünf verschiedene Tonhöhen verfügt. Es ist daher unmöglich, die korrekte Aussprache in lateinischer Schrift ohne Hilfszeichen wiederzugeben.

Guten Tag / Auf Wiedersehen … *sawasdee*

Danke … *khap khun*

Entschuldigung … *khoo thoot*

Das macht nichts … *mai pen rai*

Ja … *chai*

Nein … *mai chai*

Ich (Mann) … *pom*

Ich (Frau) … *di-chan*

Sie … *khun*

Eins … *nüng*

Zwei … *song*

Drei … *saam*

Vier … *sih*

Fünf … *hah*

Sechs … *hok*

Sieben … *jed*

Acht … *paed*

Neun … *kao*

Zehn … *sib*

Elf … *sib ed*

Zwölf … *sib song*

Zwanzig … *yih sib*

Einundzwanzig … *yih sib ed*

Dreißig … *saam sib*

Vierzig … *sih sib*

Fünfzig … *hah sib*

Sechzig … *hok sib*

Siebzig … *jed sib*

Achtzig … *paed sib*

Neunzig … *gao sib*

Hundert … *nüng roy*

Tausend … *nüng pan*

Zehntausend … *nüng muen*

Hunderttausend … *nüng saen*

Montag … *wan chan*

Dienstag … *wan ang-kan*

Mittwoch … *wan pud*

Donnerstag … *wan prue-had*

Freitag … *wan suk*

Sonnabend … *wan sao*

Sonntag … *wan ah-tid*

Gehen Sie nach, zu … *pai*

Kommen Sie … *maa*

Flughafen … *sanam-bin*

Hotel … *rong-raem*

Krankenhaus … *rong-pa-ya-bahn*

Landstraße, Straße … *tanon*

Kleine Straße, Gasse … *soi*

Restaurant … *ran-ah-haan*

Bahnhof … *satanie rod-fai*

Polizeistation … *satanie tam-ruad*

Einkaufen gehen … *pai sü khong*

Mit dem Boot fahren … *pai tang rüa*

Wieviel … *tao rai*

Wie lautet der Name … *chü ah-rai*

Langsam! … *chaa chaa noi!*

Haltestelle, Halt … *yud*

Kurve … *lieo*

Links / rechts … *saai / khwaa*

Geradeaus … *trong pai*

Einkaufen

Wieviel .... *tao rai*
Wieviel kostet das?...... *an nie tao rai?*
Zu teuer .... *paeng pai*
Können Sie einen günstigeren
Preis machen? .... *lod dai mai*
Farbe .... *sii*
Größer.......................... *yai kwa*
Kleiner.......................... *lek kwa*
Dieses hier...................... *an nie*

Essen / Lebensmittel

Schwein .... *muh*
Rind .... *nüa*
Huhn .... *gai*
Ente .... *ped*
Fisch............................. *plah*
Schrimps .... *gung*
Krabben .... *buh*
Ei.................................. *khai*
Gekochter Reis.................. *khao*
Gebratener Reis.............. *khao pad*
Klebriger Reis .... *khao nieo*
Reisnudeln .... *kuay tieo*
Gelbe Nudeln................. *ba mee*
Wasser............................ *nam*
Eiswasser .... *nam yen*
Eis......................... *nam khäng*
Chinesischer Tee .... *chaa chjin*
Schwarzer Kaffee........... *kafae dam*
Heißer Tee .... *cha dam roon*
Eiskaffee.................... *kafae yen*
Eistee......................... *cha yen*
Eistee mit Zitrone ...... *cha yen manao*
Bier............................... *bia*
Essstäbchen .... *ta-kiab*
Teller .... *jaan*
Banane .... *gluay*
Ananas .... *sapparod*
Orange .... *som*
Mango .... *ma-muang*
Papaya .... *malakao*
Wassermelone............ *taeng moh*
Schmeckt gut................. *aroj dii*
Die Rechnung bitte!........ *keb satang*

AUTOREN

Andrea Peiker („Elefanten", „Wellness", „Trekking", „Tauchen", „Höhepunkte"; Koautorin von „Südthailand" und „Bangkok")

Helmut Köllner (Beschreibungen der Haupttempel)

Wayne Burns (Koautor von „Bangkok", „Zentralthailand", „Lan Na Thai", „Isan" ,und „Südthailand")

Robert Halliday („Thailändische Küche")

John Hoskin (Koautor von „Geschichte")

Priyarat Lovisuth (Koautorin von „Bangkok")

Acharawadi Muangsanit („Farbenfrohe Feste")

Hardy Stockmann („Ethnien")

ÜBERSETZUNG

S. Braun, A. Meimeth, B. Müller, P. Trautwein, S. Tzschaschel

Foto: Dmitryp (Dreamstime)

Thailand

Hotelverzeichnis

HOTELVERZEICHNIS

Die Hotelpreiskategorien bedeuten:

$$$ über 2000 Baht
$$ 1000-2000 Baht
$ bis 1000 Baht.

In Bangkok gibt es alle Arten von Unterkünften – vom Luxushotel bis zur billigsten Pension. Die First-Class-Hotels verfügen über geschmackvoll ausgestattete Zimmer, einen hervorragenden 24-h-Service, mehrere Restaurants, Swimmingpool, Fitness- und Businesscenter etc. In vielen größeren Städten und Touristenorten Thailands gibt es heute Luxus-Hotels und Resorts, ordentliche Unterkünfte der mittleren Kategorie findet man fast überall.
Am unteren Ende der Skala stehen billige Gästehäuser, die in Bangkok in großer Zahl in der Khao San Road (in der Nähe von Sanam Luang) zu finden sind. Vergewissern Sie sich, dass der Ventilator bzw. die Klimaanlage auch funktioniert, bevor Sie den Zimmerpreis bezahlen.
Zusätzlich zu den erwähnten Hotels eine Liste von Appartements für Touristen und Familien, die länger in **BANGKOK** bleiben wollen:
Budget Apartments (Preiswerte Ap., Mindestpreis 7000 Baht/Monat):
Flora Mansion, außerhalb gelegen, aber preisgünstig; Sukhumvit Soi 103, Tel. 02 748 8688-96.
PSB Apartment, hat teilweise sehr schönen Ausblick auf den Menam Chao Phraya; 376/3 Soi Wat Rakhang, Tel. 02 412 7823.
RS Court, bei jungen Leuten beliebt; 29 Soi Ekamai Sukhumvit Soi 63, Tel. 02 392 9005.
Street Lodge, wegen der zentralen Lage populär; Sukhumvit Soi 1, Tel. 02 254 3572/3.
TS Court, freundlich und noch relativ zentral; 645/59 Petchburi Rd., zwischen Sois 13 & 15, Tel. 02 252 8386.
Welcome Complex, preisgünstig und in zentraler Lage, nicht mehr, aber auch nicht weniger; 30 Naret Rd., Silom Rd. Tel. 02 237 7920-44.
Serviced Apartments (Appartements mit Service, Mindestpreis 20 000 Baht/Monat):
BU Place, mit vollem 24-Std.-Service, Pool, Garten, Fitnesscenter etc.; 567 Suthiporn Soi 2, Asoke-Dindaeng Rd., Tel. 02 641 7979, www.buplace.com.
Rembrandt Towers, Studios mit Küche, Kühlschrank, Video, TV und allen Hotelannehmlichkeiten (Business-Center, Pool etc.); Sukhumvit Soi 20, Tel. 02 261 5900, Fax 02 261 5958, www.rembrandtbkk.com.
House By The Pond, ruhige Lage und dennoch zentral; 230/3 Sukhumvit Soi 22, Subsoi 2, Tel. 02 259 3543-7, www.housebythepond.com.

3 BANGKOK

Bangkok

$$$ **Dusit Thani**, zentral an der Ecke Silom Rd. gelegen, besticht durch guten Service und gepflegte Inneneinrichtung; 946 Rama IV Rd., Tel. 02 220 9000, www.dusit.com/dusitthani/bangkok.
Grand Hyatt Erawan, zentral am berühmtesten Geisterschrein von Bangkok gelegen, umgeben von Einkaufszentren; 494 Ratchadamri Rd., Tel. 02 254 1234, www.bangkok.grand. hyatt.com.
Oriental, hochberühmtes Traditionshotel mit modernem Hochhausanbau, direkt am Chao-Phraya-Fluss gelegen, gilt als eines der besten Hotels der Welt, exklusivster Service und hoteleigener Fahrzeugpark mit Mercedes-Benz-Limousinen; 48 Oriental Rd., Tel. 02 659 9000, www.mandarinoriental.com.
Rembrandt, relativ neues Hotel mit viel Marmor und gutem Preis-Leistungsverhältnis, vermietet auch schicke „serviced apartments" für längere Aufenthalte; Soi 18, Sukhumvit Rd., Tel. 02 261 7100, www.rembrandtbkk.com.
Sukhothai, wird von vielen exklusiv Reisenden als das schönste Hotel Bangkoks geschätzt, sehr aufwendige Innenarchitektur, hervorragende Restaurants und entsprechender Service, unweit der Deutschen Botschaft gelegen; 13/3 South Sathon Rd., Tel. 02 344 8888, www.sukhothaihotel.com.
Shangri-La, südlich vom Oriental direkt am Fluss gelegenes Nobelhotel mit sehr schönem Garten; 89 Soi Wat Suan Plu, Charoen Krung Rd., Tel. 02 236 7777, www.shangri-la.com/bangkok/shangrila.
Royal Orchid Sheraton, alle Zimmer mit Blick auf den Chao-Phraya-Fluss, an dessen Ufer dieses große Hotel liegt, gegebenenfalls kann man per Boot das Verkehrschaos in der Stadt umschiffen; 2 (Charoen Krung Road Soi 30 (Capt. Bush Lane), Tel. 02 266 0123, www.royalorchidsheraton.com.
Tai-pan, geschmackvolles Hotel mit Pool, Spa, Fitnesscenter; Sukhumvit Soi 23, Tel. 02 260 9888, www.taipanhotel.com.

$$ **The Great Residence**, sehr gutes Preis-Leistungsverhältnis, gut ausgestattete Zimmer mit TV, Kühlschrank und natürlich AC, Pool an der Straße, Internet in der Lobby; 1892/1 Ladkabang (nahe des Flughafens), Tel. 02 326 7206, www.thegreatresidence.com.

Amari Boulevard, gepflegtes Hotel mit Pool; 2 Sukhumvit Soi 5, Tel. 02 255 2930, www.amari.com/boulevard.

Ambassador, kleine Standardzimmern, Pool; Soi 11 Sukhumvit Rd., Tel. 02 254 0444, www.amtel.co.th.

Mandarin, luxuriöse Aufmachung, gut geführt, kleiner Pool; 662 Rama IV Rd., Tel. 02 238 0230, www.mandarin-bkk.com.

Mike's Place, kleines Hotel ohne Pool, aber mit angenehmen, großen Zimmern und gutem Preis-Leistungsverhältnis, direkt neben dem Bumrungrad-Krankenhaus; 45 Sukhumvit Soi 3, Tel. 02 655 5900, www.mikebangkok.com.

Baan Noppawong, kleines ansprechendes Boutique-Hotel in einem restaurierten Holzhaus. 112-114 Soi Damnoen Klang Tai, Tel. 02 224 1047, www.baannoppawong.com.

$ Die Meile der Rucksackreisenden ist die kurze, Tag und Nacht geschäftige **Khao San Road** im Banglamphu-Viertel, nördlich von Sanam Luang und dem Königspalast. Dort reihen sich (neben Restaurants, Reisebüros, Internetshops, Souvenirläden und Schneidereien) zahlreiche preiswerte Gästehäuser und Minihotels eng aneinander. Sofern die Gästehäuser oder Hotels an der Khao San Rd. liegen, ist es meist sehr laut: Musik schallt die ganze Nacht von der Straße. Erst gegen Morgen wird es hier etwas ruhiger, so dass diese Häuser meist von Partygängern ohne große Ansprüche bewohnt werden. In den Nebenstraßen finden sich ruhigere Häuser.

Buddy Lodge, großes neues Hotel in der Travellerstraße, gute Ausstattung mit Safe und Minibar, kein Pool; 265 Kao San Rd., Tel. 02 629 4477, www.buddylodge.com.

Sawasdee Inn, einige Kleinhotels dieser Kette befinden sich im Umkreis der Kao San Road, unter anderem das **Sawasdee Smile Inn** (35 Soi Rongmai, Tel. 02 629 2340), das **Welcome Sawasdee Inn** (5-7 Soi Rongmai, Tel. 02 629 2321) und das **Sawasdee Banglumpoo Inn** (Kao San Rd., Tel. 02 280 1251). Recht kleine, aber in der Regel saubere Zimmer. Mehr Informationen über alle Hotels unter www.sawasdee-hotels.com. (300-900 Baht).

Etwas abseits vom Trubel der Khao San Road, in der parallel verlaufenden Trok Mayom Road, befindet sich in einem hübschen, kleinen Teakhouse **J & Joe's Guesthouse**, Tel. 02 281 2949, und nördlich der Khao San das **Villa Guesthouse** in der Soi 1 Samsen Rd.; beide sind jedoch oft voll. Empfehlenswert ist auch **Chai's Guesthouse** in der nahegelegenen Soi Rambutri, unweit der Nationalgalerie.

Gut mit dem Linienboot (Anlegestelle Tha Thewet) zu erreichen ist die nördlich von Banglamphu gelegene **Shanti Lodge**, hübsch hergerichtete Zimmer, mit angeschlossenem Restaurant; 37 Sri Ayutthaya Rd., Tel. 02 281 2497, www.shantilodge.com. Rundherum weitere, vom Niveau her vergleichbare Gästehäuser.

In der Sukhumvit Rd. ist das **Atlanta Hotel** eine gute Adresse, ein legendäres Hotel aus den fünfziger Jahren, dementsprechend ein wenig abgewohnt, jedoch mit Coffeeshop, Pool und einem kleinen Garten; 78 Sukhumvit Soi 2, Tel. 02 252 6069, www.theatlantahotelbangkok.com.

River View Guesthouse, schönes Hotel in Chinatown, mit Blick auf den Chao-Phraya-Fluss, einige Zimmer mit Balkon; 768 Songwad Soi, Panurangsri, Tel. 02 234 5429, www.riverviewbkk.com.

The Canary Residence, Minihotel in einem der vielen neu entstandenen Shophäuser nahe des Flughafens, große Zimmer, alle mit TV und AC, einige mit Balkon und Blick auf den kleinen Essensmarkt, 1888/5 Soi Ladkrabang 46/1 (nahe des Flughafens), Tel. 02 33 91800.

4 ZENTRALTHAILAND

Ayutthaya

$$ **Krungsri River Hotel**, gepflegtes Hotel mit Pool, Fitnessbereich und Bowling, westlich der Brücke am Fluss gelegen; 27/2 Moo 11, Rojchana Rd., Tel. 035 244 333, Fax 035 243 777, www.krungsriiriver.com.

Ayutthaya Grand Hotel, von außen ein großer Betonklotz, innen nette Einrichtung und großer Pool; Restaurant, Cafébar und Fitnesscenter; 55/5 Rojchana Rd., Tel. 035 244 483, Fax 035 244 492, www.ayutthayagrandhotel.com/en/index_en.php.

$ **Bann Kun Pra**, restaurierte alte Thaihäuser am Fluss, einige sehr schöne Zimmer, einige sehr einfach, alle mit Ventilator, auch Schlafsaalbetten, es ist hier zwar nicht sehr ruhig, aber sehr stilecht; 48

Moo 3 U-Thing Rd., Tel. 035 241 978, www.bannkunpra.com.
The Old Palace Resort, nördlich des alten Palastes, nette Einzel- und Doppelbungalows auf einem großen Gelände; 1/35 Mu 5, Tavasukree Rd., Tel. 035 251 774, www.theoldpalaceresort.com.

Phitsanulok

$$$ **Yodia Heritage Boutique Hotel**, geschmackvolle große Zimmer offeriert dieses kleine Boutiquehotel, alle Annehmlichkeiten und kleiner Pool; 89/1 Buddha Bucha Rd., Tel. 055 214 677, www.yodiaheritage.com.

$$ **Thep Nakorn Hotel**, sechsstöckiges Hotel mit angenehmen Zimmern, American Breakfast inklusive, Nachtclub; 43/1 Sri Thamtraipinoik Rd., Tel. 055 244 070, Fax 055 244 075.
Pailyn, zentral gelegenes großes Mittelklassehotel mit sauberen Zimmern, einige mit Blick auf den Nan-Fluss, inklusive Frühstück, Restaurant und Disko; 38 Baromtrai Lokkanat, Tel. 055 252 411, Fax 055 225 237, www.pailyngroup.com/phitsanulok/index.php.
Ratchaphruk, gutes Preis-Leistungsverhältnis, Pool vorhanden; 99/9 Phra-Ong Dum, Tel. 055 303 048, Fax 055 212 737.
Golden Grand Hotel, die Zimmer haben schon einmal bessere Zeiten gesehen, aber sie sind sauber, das Hotel liegt nahe der Bahnstation; 66 Thambucha Rd., Tel. 055 210 234, Fax 055 210 887, www.goldengrandhotel.com.
Amarin Lagoon, es gibt ein Fitnesscenter und einen großen Pool in einer schönen Gartenanlage; liegt 8 km außerhalb der Stadt am Highway 12, 52/299 Phra Ong Khaw Rd. Tel. 055 220 999, Fax 055 220 944, www.amarinlagoonhotel.com.

$ **La Paloma Hotel**, einfache aber saubere Zimmer, Pool, südlich des Krankenhauses gelegen; 103/8 Srithammatraipidok, Tel. 055 259 188.
Lithai Guesthouse, das recht große Haus liegt in zentraler Lage und hat ruhige, saubere und gut ausgestattete Zimmer; 73/1-5 Phaya Lithai Rd., Tel. 055 219 626.

Sukhothai

$$ **Orchid Hibiscus Guesthouse**, schöne und geschmackvoll ausgestattete Bungalows rund um eine Gartenlandschaft mit kleinem Pool, Familienbungalows vorhanden; Tel. 084 7142 256, www.orchidhibiscus-guesthouse.com.
Northern Palace Hotel, kleines Haus in ruhiger, etwas abseitiger Lage, 43 Singhawat Rd., Tel. 055 611 193.
Lotus Village, Bungalows mit besonderem Flair und geschmackvoller Einrichtung, im Garten schöne Lotusteiche, schöner Aufenthaltsraum mit Bibliothek, gutes Spa; 170 Rajthanee Rd., Tel. 055 621 484, www.lotus-village.com.

$ **J&J Guesthouse**, kleine gemütliche Anlage zwischen Kanal und Feldern gelegen, gutes Restaurant mit tollem Baguette und selbstgeschnitzten Pommes, Familienbungalows mit Verbindungstür; Kuha Sawan Rd., Tel. 055 620 095.
Phuaroon Resort, Zimmer in Holzbungalows und kleinen Häusern nahe des Busbahnhofes, sauber und einladend, leider ohne Garten, aber alle Zimmer haben Balkone; 81/16 Khuhasuwan Rd., Tel. 055 620 911, www.phuaroonresort.com.
Old City (Suwan) Gh., einfache Zimmer in einem alten Haus und besser ausgestattete im Reihenhaus; 28/7 Moo 3, Jarodvithi Thong Rd., Tel. 055 697 515.

Tak

$$ **Viang Tak Riverside Hotel**, zwei Komplexe, mit Zimmern im Alt- und relativen Neubau, einige mit Flussblick, kleiner Pool, zum Haus gehört ein Nachtclub; 236 Chomphol Rd., Tel. 055 512 507, www.viangtakriverside.com.
Rajaburi Boutique Hotel, das nur auf Thai ausgeschilderte Haus ist im modernen Lanastil eingerichtet, luxuriöse Zimmer mit TV, inkl. Frühstücksbuffet; 307/1 Moo 8, Phaholyothin Rd., Tel. 055 572 111, www.rajaburi.com.

Kamphaeng Phet

$$ **Phet**, alle Zimmer mit TV u. Minibar; bestes Hotel der Stadt, Pool u. Disko; 189 Bumrungrat Rd., Tel. 055 712 810, Fax 055 712 816, www.phethotel.com.

Mae Sot

$$ **Centara Mae Sot Hill**, großes Luxushotel nahe der Berge und etwas abseits der Stadt, Tennis-

anlage und Pool; 100 Asia Rd., Tel. 055 532 601, Fax 055 532 600, www.centarahotelsresorts.com/de/centara/cms.
Pornthep, saubere einfach gestaltete Zimmer, zentrale Lage; 25/4 Soi Sriviang, Tel. 055 532 590.

$ **First**, extravagante Holzschnitzereien an Türen, Wänden und den Möbeln verleihen diesem Hotel Charme; 444 Inthakhiri, Tel. 055 531 233, Fax 055 531 340.

Kanchanaburi

$$$ **Felix River Kwai Resort**, große Resortanlage mit luxuriös ausgestatteten Zimmern, liegt jenseits des Flusses und bietet 2 Pools zum Entspannen und Schwimmen; 9/1 Mu 3, Thamakham, Tel. 034 551 000, www.felixriverkwai.co.th.
Comsaed River Kwai Resort, schöne Zimmer mit Blick auf den Fluss oder den Garten, zudem Familienbungalows, Spa mit Sauna und Massage, ein Pool mit Rutsche und Restaurants runden das Angebot ab; 18/9 Mu 5, Ladya, Tel. 034 631 443-9, Fax 034 589 094, www.comsaed.com.

$$ **Kasem Island Resort**, angenehmes Resort auf der kleinen Insel im Mae Klong Fluss, jeder Bungalow hat eine eigene Veranda mit Blick auf den Fluss, Pool, schnelle Anbindung an das Stadtzentrum; 44-48 Chaichumphol Road, Tel. 081 499 4941, Fax 034 510 665, www.kasemisland.com.
River Kwai Hotel, Mittelklassehotel im Zentrum der Stadt, mit Pool und teils sehr plüschig eingerichteten Zimmern, oft Sonderaktionen mit Preisnachlässen, abends Disko; 284/15-16 Saeng Chuto Rd., Tel. 034 513 348, Fax 034 511 269, www.riverkwai.co.th.
Ploy River Kwai Guest House, stilsicher modern gestaltete Anlage mit schönen Zimmern und einer angenehmen Atmosphäre, jedes Zimmer hat seinen eigenen kleinen Garten mit einer Open-Air-Dusche (blickdicht gebaut); 79/2 Mae Nam Kwai Rd., Tel. 034 514 437, www.ploygh.com.

$ **Jolly Frog Backpacker's**, beliebte Traveller-Unterkunft mit einfachsten Zimmern, aber auch mit AC und etwas mehr Komfort, Gartenanlage mit Hängematte und Badesteg in den Fluss, es gibt Fahrräder zur Ausleihe und es werden Touren organisiert; 28 Soi China, Mae Nam Kwai Rd., Tel. 034 514 579.
Sugar Cane Guesthouse, saubere und beliebte Anlage direkt am Fluss, gutes Restaurant und Sonnenterrasse; 22 Soi Pakistan, Mae Nam Kwae Rd., Tel. 034 624 520.

Lopburi

$$ **Lopburi Inn Resort**, etwa 8 km außerhalb gelegene Anlage mit soliden Häusern in einer großen Gartenanlage, beliebt bei Reisegruppen und Selbstfahrern; 114 Paholyothin Rd., Tel. 036 420 777.

$ **Asia**, liegt zentral gegenüber dem Palast an der Straße, hier kann es wegen des Verkehrs lauter werden, die Zimmer sind groß und günstig, aber auch schon sehr verwohnt; 1/7-8 Surasak Rd., Tel. 036 427 419.
Nett Hotel, beliebt und von Gästen gelobt, günstig, etwas abseits der Straße und daher sehr ruhig, zentrale Lage; 17/1-2 Ratchadamnoen Rd., Tel. 036 411 738.

Nakhon Pathom

$$ **Whale**, größtes Hotel am Ort, ansprechende Zimmer und abends Disko; etwa 1 km westlich der Pagode gelegen, 151/79 Ratwithi Rd., Tel. 034 253 855, Fax 034 253 864, www.whale.co.th.

$ **Mitr Phaisal Hotel**, nahe des Bahnhofes gelegenes einfaches Haus, leider etwas hellhörig; Phaya Phan Rd., Tel. 034 242 422.

Phetchaburi

$$ **The Royal Diamond Hotel**, älteres aber beliebtes Hotel am Highway, TV und Minibar, Aufzug; 555 Petchkasem Rd., Tel. 032 411 061, www.royaldiamondhotel.com.

$ **Sun Hotel**, empfehlenswertes Hotel mit großen Zimmern, TV und AC, kein Aufzug, inkl. Frühstück; 3/33 Soi Phetkasem 1 (gegenüber der Schienenbahn), Tel. 032 400 000, www.sunhotelthailand.com.
White Monkey Gh., einfache Zimmer ohne Bad, etwas Bessere mit Bad, TV und AC; 78/7 Khlong Krachaeng Rd., Tel. 092 840 1633.

AM GOLF VON THAILAND

Cha-Am

$$$ **Regent Chalet**, tolle Anlage mit geschmackvoll gestalteten Bungalows und großem Pool; 8 km außerhalb, 849/21 Petchkasem Rd., Tel. 032 451 240, www.regent-chaam.com.
Bann Pantai Resort, an der Strandstraße in zentraler Lage, kleine luxuriöse Zimmer, großer Pool; 247/58 Ruamchit Rd., Tel. 032 433 171, www.bann-pantai.com.

$$ **Cha Am Villa Beach**, Zimmer mit Pool- oder Meerblick; 241/2 Ruamchit Rd., Tel. 032 471 597, www.chaamvillahotel.com.

$ **Cha Am Villa Sun**, vorwiegend auf thailändische Gäste eingestellt, zentral gelegen, recht günstig, Gäste können den Pool des Cha Am Villa Beach nutzen; Ruamchit Rd., Tel. 032 471 382.

Hua Hin

$$$ **Hua Hin Marriott Resort & Spa**, luxuriöses Strandresort, nur 10 Min. zu Fuß am Meer entlang bis Hua Hin, Spa-Angebote und eigene kleine Strandlagune; 107/1 Phetkasem Beach Rd., Tel. 032 511 881, Fax 032 512 422, www.marriott.com.
Hotel Sofitel Centara Grand Resort & Villa, schönes Kolonialstilhotel mit Flair; 1 Damnoen Kasem Rd., Tel. 032 512 021, Fax 032 511 014, www.sofitel.com.
Dusit Resort & Polo Club, große Pool-Landschaft in erstklassigen Anlage, Luxuszimmer und viele Freizeitangebote wie Tennis, Reiten und Golf; 8 km von Hua Hin, 1239 Petchkasem Rd., Tel 032 52009, www.dusit.com.
Anantara Resort & Spa, schöne Anlage mit 20 Häusern in einem tropischen Garten, schöner Pool, bei starker Brandung ist der Strand überspült; 5 km von Hua Hin (kostenpfl. Shuttle), 43/1 Phetkasem Beach Rd., Tel. 032 520 250-6, Fax 032 520 259, www.anantara.com.
Evason Hideaway & Six Senses Spa, weitläufiger Komplex in Parklandschaft, geschmackvolle Zimmer und Poolvillas am Meer, großer Pool mit Strandblick, gute Restaurants, exzell. Spa; 30 km von Hua Hin, Paknampran Beach, Tel. 032 618 200, Fax 032 618 201, www.sixsenses.com/hideaway-huahin.

$$ **Hua Hin Paradise**, kleines Gästehaus im Boutiquestil, die 13 Zimmer liegen etwa 200 m vom Meer entfernt; 45/8-9 Dechanuchit Rd., Tel. 032 530 114.
Sirin Hotel, Kleinhotel, Pool im Innenbereich, saubere Zimmer; 6/3 Damnoen Kasem Rd., Tel. 032 511 150, Fax 032 513 571, www.sirinhuahin.com.

$ **Cha Ba Chalet**, Minihotel in Bahnhofsnähe mit gutem Preis-Leistungsverhältnis, große Zimmer, meist mit viel Licht, AC und TV, inklusive Frühstück; 1/18 Sasong Rd., Tel. 032-512181, www.chabachalet.com.

Prachuab Khiri Khan

$ **Sun Beach Gh.**, in einem gelben Haus nahe am Meer gibt es ansprechende Zimmer rund um einen Pool; 160 Chaitale Rd., Tel. 032 604 770, www.sunbeach-guesthouse.com.
Suksant Hotel, einfaches Hotel im Thaistil, schöner Meerblick; 11 Susuek Rd., Tel. 032 611 145.

5 SÜDTHAILAND

SÜDLICHE GOLFKÜSTE

Chumphon

$$ **A-Te Chumphon Hotel**, schönes Haus in zentraler Lage mit ansprechenden Zimmer der gehobenen Klasse, großer Pool im Innenhof; 36 Tha Tapao Rd., Tel. 077 503 222.

$-$$ **Clean Wave Resort**, einladendes Strandresort am Hat Thung Wua Laen, breites Angebot vom einfachen Bungalow bis zur Suite; Tel. 077 560 151, www.cleanwaveresort.com.

Ranong

$$ **The B Ranong**, große farbenfrohe gut ausgestattete Zimmer bietet dieses moderne Hotel mitten im Zentrum, kleiner Pool auf dem Dach; 292/2 Ruang Rat Rd., Tel. 077 823 111, www.thebranong.com.
Le Sarin Chalet, geschmackvoll ausgestattete Zimmer in dunklem Holz mit einem Hauch von Luxusg gutes Preis-Leistungsverhältnis; 306 Ruang Rat Rd., Tel. 077 825 725, www.lesarinchalet.com.

$ **Rattanasin Hotel**, direkt an der Hauptstraße liegt dieses einfache Hotel mit großen Zimmern, ohne Luxus, aber mit dem Charme alter Travellertage; 226 Ruan Rat Rd., Tel. 077 811 242.
Laem Son National Park Bungalows, National Park Division, 36/6 Mu 4 Muangkluang, Tel. 077 824 224, Fax 077 828 072, Buchungen im Netz unter www.dnp.go.th.

Surat Thani

$$$ **Diamond Plaza Hotel**, Business-Hotel. Einladender Pool und Fitnesscenter, etwa 1,5 km außerhalb des Zentrums; 83/27 Sri Wichai Rd., Tel. 077 205 333.

$ **Wang Tai**, Hotel etwas außerhalb, gutes Preis-Leistungsverhältnis, saubere Zimmer, Pool und Restaurant; Talat Mai Rd., Tel. 077 283 020/39, Fax 077 281 007.
Siam Thani, großer Hotelkomplex im Zentrum der Stadt mit Schwimmbad und Restaurant; 1/144 Surat Phun Phin Rd., Tel. 077 273 081, Fax 077 282 169, www.siamthanihotel.com.

Ko Tao

$$$ **View Point Resort**, im balinesischen Stil gestaltete Anlage auf einem Hügel mit herrlichem Blick auf's Meer, Ruhe und Abgeschiedenheit sind garantiert; Chalok Baan Kao, Tel. 077 456 444, www.kohtaoviewpoint.com.

$$ **Royal Resort**, sehr schöne Bungalows in Gartenlandschaft, teils mit Badewanne auf dem eigenen Balkon, gutes Restaurant, schöner Blick aufs Meer, wenngleich etwas im Hinterland gelegen; Mae Haad Beach, Tel. 077 456 156.
Sensi Paradise Beach Resort, bietet z. T. große Familienbungalows und Villen, schöner Blick vom Restaurant aufs Meer, am südlichen Ende des Strands (hier beginnen die Felsen); Mae Haad Beach, Tel. 077 456 244, Fax 077 456 245, www.sensiparadiseresort.com.
Nang Yuan Island Resort, auf der gleichnamigen Ko Tao vorgelagerten Insel, rund um die Insel sind kleine unterschiedlich komfortabel ausgestattete Bungalows mit einem Steg verbunden, Tauchbasis der Easy Divers, je teuerer der Bungalow, desto weiter ist der Gast vom täglichen Besucherstrom weg; Tel./Fax 077 456 088, www.nangyuan.com.

$ **Bow Thong Resort**, einfache Holzbungalows im Garten, daneben geräumige Stein-Holzbungalows – einige mit Blick aufs Meer, einfaches bis gehobenes Ambiente; Sairee Beach, Tel. 077 456 351.

Ko Samui

$$$ **Aloha**, gepflegte Anlage am Strand mit großem Pool (inklusive Poolbar), es gibt Bungalows und Zimmer im Hotel; Lamai Beach, Tel. 077 424 014, Fax 077 424 419, www.alohasamui.com.
Chaweng Buri Resort, sehr schöne Anlage in tropischem Garten mit Sauna, Spa und Pool; Chaweng Beach, Tel. 077 300 695, Fax 077 230 348, www.chawengburi.com.
The Imperial Boat House Beach Resort, am Hang gelegenes Luxusresort mit Blick über die Chaweng Bucht, riesiger Pool, gutes Spa und Restaurants, Chaweng Beach, Tel. 077 425 041, Fax 077 425 460, www.imperialhotels.com/imperial-boathouse.
Tamarind Springs, Anlage für Wellness-Freunde, auch Tagesanwendungen möglich; auf einem Hügel zwischen Chaweng und Lamai, Tel. 08 0569 6654, www.tamarindretreat.com.
The Thong Sai Bay, einziges Resort am schönen Thong Sai Strand, Luxus; Tel. 077 245 480, Fax: 077 425 462, www.tongsaibay.co.th.
Montien House, Reihenbungalows und Einzelbungalows, geschmackvoll eingerichtet und gepflegt, Massagen direkt am Meer, Pool; Chaweng Beach, Tel. 077 300 505, www.montienhouse.com.

$$ **Bill Resort**, saubere mit Rattanmöbeln ausgestattete Bungalows, Restaurant direkt am Strand; Lamai Beach, Tel. 077 424 403, Fax 077 424 286, www.billresortsamui.com.

$ **Shangrila Bungalows**, Stein- und Holzbungalows in guter Lage; Mae Nam Beach, Tel. 077 425 189.
Lolita Bungalows, beliebte Anlage mit relativ eng stehenden Steinbungalows, in zweiter Reihe auch Holzbungalows mit Ventilator und etwas günstiger; Mae Nam, Tel. 077 425 134, www.lolitakohsamui.com.
Sunrise Bungalow, Holz- und Steinbungalows diverser Kategorien; Lamai Beach, Tel. 077 424 433, www.sunrisebungalow.com.
Colibri Gh., recht gute und günstige Zimmer nahe

des Strands, etwas teurer mit Balkon; Soi Colibri, Chaweng Beach, Tel. 077 230 574.

Ko Phangan

$$$ **Green Papaya Resort**, schöne, gut ausgestattete Holzbungalows mit Veranda in einem tropischen Garten mit Pool, auch Familienbungalows; Salad Beach, Tel. 077 374230, Fax 077 349278, www.greenpapayaresort.com.

Panviman Resort, geschmackvolle Luxusanlage am Hang, Pool mit Meerblick; Thong Nai Pan Noi Beach, Tel. 077 445 101, Fax 077 445100, www.panviman.com.

Milky Bay Resort, Bungalows im Bambushain, kleiner Pool und Open-Air-Gym, gutes Restaurant; Ban Tai Beach, Tel. 077 238566, Fax 077 377726, www.milkybaythailand.com.

$$ **Utopia Resort**, Bungalows mit teils fantastischem Ausblick auf die Bucht von Chaloklum, schöner Pool, kein direkter Strandzugang; Chaloklum, Tel. 077 377 034, http://phanganutopia.com.

Ananda Yoga Resort, einfache und bessere Bungalows, kleiner Pool, Yogakurse; Hin Kong Beach, Tel. 0813 976280, www.anandaresort.com.

Nakhon Si Thammarat

$$ **English Cottage**, am Thalad Park, individuelle Zimmer; Tel. 075 311 455, www.cottage888.com.

$ **@24 Boutique Hotel**, Boutiquestil zu fairen Preisen in zentraler Lage; 19/25 Soi 24/1 Pattanakarn Khoo Kwang, Tel. 075 340 910.

Songkhla

$$$ **BP Samila Beach Hotel & Spa**, Luxushotel direkt am Strand, ein paar Euro mehr für ein Zimmer mit Meerblick lohnen; 8 Ratchdamnoen Rd., Tel. 074 440 222, Fax 074 440 442.

$$ **Queen Hotel**, etwas älteres Haus mit immer noch guten Zimmern, in der Suite gibt es dank zweier Fenster viel Licht, auch die anderen Räume sind ansprechend hell, zentrale Lage direkt am Nachtmarkt, manchmal hört man Karaoke-Musik; 20 Traibur Rd., Tel. 074 311 138.

$ **Songkhla Guesthouse**, altes Holzhaus mit einfachen Zimmern, einige besonders günstig, da nur mit Gemeinschaftsbad, mehr Luxus gibt es im Neubau direkt gegenüber, hier Zimmer mit TV und AC; 15/30-39 Rongmuan Rd., Tel. 085 895 1573.

Hat Yai

$$$ **Regency**, mitten in der Stadt gelegenes, 33 Stockwerke hohes Haus, schöne Zimmer mit meist guter Aussicht; 23 Prachathipat Rd., Tel. 074 353 333, Fax 074 234 102, www.theregency-hatyai.com.

Lee Garden Plaza, hoher Hotelkomplex (33 Stockwerke), mit Pool und Fitnesscenter mitten im Einkaufsviertel, aus einigen Zimmern dieses schönen Hotels eröffnet sich ein toller Blick auf die Stadt, freundlicher Service.; 29 Prachathipat Rd., Tel. 074 261 111, Fax 074 353 555, www.leeplaza.com.

$$ **Sakura Grand View**, sauberes Hotel, WLAN für Laptopnutzer, Karaokebar, preiswerter ist das Schwesterhotel gegenüber; 186 Niphat Uthit 3 Rd., Tel. 074 355 700, Fax 074 355 722.

$ **Ladda Gh.**, Budget-Guesthouse nahe des Bahnhofes, AC oder Ventilator; 13-15 Thammanoon Vithi Rd., Tel. 074 220 233.

PHUKET

$$$ **Amanpuri Resort**, exklusive Anlage an schönem Strandabschnitt, Luxus pur, Spa und alle Annehmlichkeiten, Hallenbad und hübscher Pool im Freien; Pansea Beach, Tel. 076 324 333, Fax 076 324 100, www.amanresorts.com/amanpuri.

Hilton Phuket Arcadia Resort & Spa, exklusive Anlage mit drei Pools, Spa und Fitnessbereich, geschmackvoll ausgestattete Zimmer; Karon Beach, Tel. 076 396 433, Fax 076 396 136, www.phuketarcadia.hilton.com.

Club Andaman Beach Resort, Bungalows in Gartenanlage und Zimmer im Hotelkomplex, am Nordende des Strandes, daher ruhig, zwei Pools im Lagunenstil; Patong Beach, Tel. 076 340 530, Fax 076 340 527, www.clubandaman.com.

Mövenpick Resort & Spa, angenehme Anlage mit komfortablen Villen und Bungalows, großer geschwungener Pool, Spa und Spielzone für Kinder; Karon Beach, Tel. 076 396 139, Fax 076 396 144, www.moevenpick-hotels.com.

Dusit Laguna, große Anlage mit Pool und Spielplatz für die Kleinen, gehobenes Ferienniveau; Bang Tao Beach, Tel. 076 362 300, Fax 076 362 301, www.lagunaphuket.com.
Holiday Inn, großer Swimmingpool, Spa und Fitnesscenter, daneben Restaurants. Kids Club und kleiner Pool; Patong Beach, Tel. 076 370 200, Fax 076 349 900, www.phuket.holiday-inn.com.
Le Meridien, Tennis, Spa, zwei als Lagunen angelegte Pools und zehn Restaurants, schöne Zimmer mit viel Holz; Relax Bay, Tel. 076 370 100, Fax 076 340 479, www.lemeridien.com.
Le Royal Phuket Yachtclub, luxuriöse Anlage mit tollem Blick über die Bucht von allen Zimmern; Nai Harn Beach, Tel. 076 830 200, Fax 076 380 280, www.theroyalphuketyachtclub.com.
JW Marriott Phuket Resort & Spa, schön gestaltete Zimmer, zehn Restaurants und zwei Pools, Fitnesscenter und Tauchausflüge; Mai Khao Beach, Tel. 076 338 000, Fax 076 348 348, www.marriott.com.
Amari Coral Beach Resort, alle im modernen Thaistil eingerichteten Zimmer mit Balkon und Blick aufs Meer; Tel. 076 010 614, Fax 067 340 115, www.amari.com/coralbeach.
Kata Thani Phuket Beach Resort, schöne Zimmer, Poollandschaft und Lotusteich, teils mit eigenen Badewannen auf dem Balkon und Blick auf's Meer; Kata Noi Beach, Tel. 076 381 124-7, Fax 076 330 426, www.katathani.com.
Patong Merlin Hotel, mit 400 Zimmern liegt diese Anlage zentral am Patong Beach, Poollandschaft mit Poolbar; Tel. 076 349 888, Fax 076 349 885, www.merlinphuket.com/patong.
Indigo Pearl, moderne Anlage, die wie ein Dorf gebaut ist, Tennisplätze, Spa, Pools, Restaurant und diverse luxuriöse Unterkünfte; Nai Yang BeachTel. 076 327 006, Fax 076 327 338-9, www.indigo-pearl.com.

ⓈⓈ **Pearl**, Mittelklassehotel mit Schwimmbad, Sauna und recht guten Zimmern in Phuket Town; Montri Rd., Tel. 076 211 044, Fax 076 212 911, www.pearlhotel.co.th.
Phuket Merlin, gutes Hotel in Phuket Town, sauber und gut ausgestattete Zimmer, zudem zwei weitere Hotels am Strand: u.a. am Patong Beach; 158/1 Yawaraj Rd., Tel. 076 212 866, www.merlin-phuket.com.
Thavorn Palm Beach, geschmackvolle Zimmer in Hotelkomplex, Poollandschaft und Kinderpool mit Wasserrutsche; Karon Beach, Tel. 076 396 090-3, Fax 076 396 555, www.thavornpalmbeach.com.
Shanti Lodge, rustikale Anlage mit viel Holz und sehr eigenem Stil, mit Sauna und offenen Badezimmern, Schlafsaal vorhanden, Familienzimmer; Chalong Beach, Tel. 076 280 233, www.shantilodge.com.

Ⓢ **Thalang Gh.**, das alte chinesische Geschäftshaus wurde erfolgreich zu einem schönen Gästehaus umgebaut und bietet 12 Zimmer, einige ohne Fenster, andere punkten hingegen sogar mit einem eigenen Balkon; 37 Thalang Rd., Tel. 076 214 225, www.thalangguesthouse.com.

PROVINZ PHANG NGA

Khao Lak

ⓈⓈⓈ **Ocean Breeze Resort**, moderne Anlage mit viel Grün und ansprechenden Zimmern in roten Steinbungalows, großer Pool mit Kinderbecken; Hat Nang Thong, Tel. 076 485 314, www.oceanbreezek-haolak.com.
La Flora, gelungene Anlage mit tropischem Garten direkt am Strand, Pool; Bang Niang Beach, Tel. 076 428 000, Fax 076 428 029, www.lafloraresort.com.
Paradise Resort, am Hügel liegt der Eingang zu diesem Resort, zu den Bungalows gelangt man durch tropischen Urwald auf einem Steg bis an den Strand, schöne Bungalows an einem besonders schönen Strandabschnitt; Nang Thong Beach, Tel. 076 429 100, Fax 076 429 129, www.khaolakparadise.com.
Anandah Beach Resort, große weitläufige Anlage direkt am Strand unter Bäumen, Pool; Ko Kho Khao, Tel. 081 913 2112, www.anandahbeach-resort.com.

ⓈⓈ **Khao Lak Green Beach Resort**, einfache Holzbungalows am Strand, Travelleratmosphäre; Nang Thong Beach, Tel. 076 485 845.
Cousin Resort, Schwimmbad mit Jacuzzi, Reihenhausbungalows und Zimmer in Haus, von einigen Zimmern Blick aufs Meer; Bang Niang Beach, Tel. 076 486 681, www.cousinresort.com.
Nang Thong Bay Resort, einfache Bungalows und geräumige Zimmer im Appartementhaus, Pool; die Anlage liegt direkt am Nang Thong Strand, Tel. 076 485 088, Fax 076 485 090.

PROVINZ KRABI

Krabi

$$ **Krabi River Hotel**, schönes Hotel, einige Zimmer mit Balkon und Flussblick, Dachterrasse mit toller Aussicht für alle, Garten; 73/1 Konkha Rd., Tel. 057 612 321.
Green House Hotel, 44 große, gut ausgestattete Zimmer; 35 Maharat Rd., Tel. 075 622 960, www.greenhousehotel.com.

$ **A Mansion**, Kleinhotel in zentraler Lage mit ansprechenden Zimmern, mit und ohne AC, Familienzimmer mit Doppel- und Einzelbett; 12/6 Chao Fa Rd., Tel. 075 630 511.

Ao Nang

$$$ **Rayavadee Premium Resort**, Villas und Luxus-Bungalows, sehr teuer; am Phra Nang Beach, Tel. 075 620 740, Fax 075 620 630, www.rayavadee.com.
Princeville Resort & Spa, schöne Zimmer, tolle Poollandschaft, direkt am Strand; Tel. 075 637 971, Fax 075 637 357, www.aonangprinceville.com.
Krabi Resort, ältere Anlage (einst Pionier und somit ältester Platz am Ort), unterhält auch Bungalows auf der 8 km entfernten Insel Ko Boda; 323 Moo 2, Tel. 075 637 030, Fax 075 637 051, www.krabiresort.net.

$$ **Amorn Mansion**, ein kleines Hotel mit 21 sauberen Zimmern, AC-Zimmer und günstigere mit Ventilator; 310 Mu 2, Tel. 075 637 695.

Ko Phi Phi

$$$ **Phi Phi Island Village Beach Resort & Spa**, einziges Hotel in der ruhigen Lo-Bakao-Bucht, hier kann man prima schwimmen, neben schönen Zimmern bietet das Hotel einen Pool mit Meerblick, Tennis und Jakuzzi, Tauchkurse; Tel. 076 815 014, Fax 076 214 918, www.ppisland.com.
Phi Phi Island Cabana Hotel, große alteingesessene Hotelanlage, riesiger Pool, schöne Zimmer, viele mit Meerblick; Baan Laen Trong, Tel. 075 611 496, Fax 075 612 196, www.phiphi-cabana.com.

$$ **Phi Phi The Beach Resort**, Anlage mit viel Komfort, schöne Bungalows, toller Pool; Long Beach, Tel. 075 618 268, www.phiphithebeach.com.
Paradise Resort, eignet sich wegen der großen Bungalows besonders für Familien, viele Schatten spendende Bäume am Strand; Long Beach, Tel. 081 968 3982, Fax 076 601 318, www.paradiseresort.co.th.
Relax Beach Resort, Travelleratmosphäre mit besonderem Flair, daher etwas teurer, tolles Setting, schöne Bungalows, Reservierung erforderlich; Bak Nam Beach, Tel. 085 911 8169, https://phiphirelax-resort.com.
K House, nettes kleines Gästehaus im Dorf, recht günstig, Gratisabholung vom Hafen; Tel. 075 601 048.

Ko Lanta

$$ - $$$ **Anda Lanta Resort**, nette Stein- und Holzbungalows unter Palmen, naturnah mit viel Grün, zudem Zimmer im Haupthaus, Pool, Restaurant direkt am Meer, Kajakverleih; an der Ao-Klong-Jaak-Strandbucht, Tel. 075 665 018, Fax 075 665 020, www.andalanta.com.

$$ Zahlreiche Bungalowanlagen am Klong Dao Beach im Nordwesten, z. B.:
Holiday Villa, große gepflegte Bungalows mit AC, Swimmingpool; Tel. 075 684 370-2, Fax 075 684 375, www.holidayvillalanta.com.
Lanta Villa, weißgetünchte Steinbungalows rund um den großen Pool, geflieste Zimmer, etwas karge Möblierung, aber für den Preis ok.; Tel. 075 684 129, www.lantavillaresort.com.
Weiter südlich gibt es schöne Bungalows in der Anlage **Dreamteam Bungalows**, Deluxe-Bungalows, Standard-Reihenbungalows und doppelstöckige Familienhäuser. Pool; Klong Nin Beach, Tel. 075 662 552, Fax: 075 662 555, http://dreamteam-beachresort.com.

6 ÖSTLICHE GOLFKÜSTE

Pattaya

$$$ **Royal Cliff Beach Hotel**, sehr großes Luxushotel mit über 1100 Zimmern zwischen Jomtien Beach und Pattaya Stadt, wurde mehrfach ausgezeichnet; 353 Moo 12, Tel. 038 250 421, Fax 038 250 511, www.royalcliff.com.
Amari Ocean Pattaya, Hotelkomplex mit ver-

schiedenen Flügeln, tropische Gartenanlage und schöner Pool; 240 Moo 5, Beach Rd., Tel. 038 418 418, Fax 038 418 410, www.amari.com/ocean-pattaya.

Dusit Thani Resort, großer Hotelkomplex direkt am Meer mit Pool, tropischer Garten. Schlichte gute Zimmer; 240/2 Pattaya Beach Rd., Tel. 038 425 611, Fax 038 428 239, www.dusit.com.

Asia Pattaya, tropischer Garten und eigener Strandabschnitt; 352 Moo 10, Cliff Rd., 12 Pratamnak Rd., Tel. 038 250 401-11, Fax 022 159 005, www.asiahotel.co.th/asia_pattaya.htm.

Pattaya Marriott Resort & Spa, geschmackvoll im modernen Thaistil gestaltete Anlage, alle Annehmlichkeiten; 218 Beach Rd., Tel. 038 412 120, Fax 038 429 926, www.marriott.com.

Golden Beach, gehobene Mittelklasse, großes Schwimmbad; 519/27 Pattaya 2 Rd., Tel. 038 428 891, Fax 038 720 356, www.goldenbeachpattaya.com.

$$ **Diamond Beach**, Mittelklassehotel mit Dachterrasse; 499 Pattaya Beach Rd., Tel. 038 429 885, Fax 038 424 888, www.diamondbeachhotel.com.

Honey Inn, Boutique-Hotel in der Stadt, Pool; 529-2 Soi 10, Tel. 038 413 111, Fax 038 413 123, www.honeyinnpattaya.com.

$ **Sawasdee Sunshine** (Sawasdee Mansion), eines von vier weiteren Hotels der Kette in Pattayas Innenstadt, kleine, aber saubere Zimmer; 502/1 Moo 10, Soi Honey Inn, Tel. 038 425 360, Fax 02 256 0738, http://sawasdee-hotels.com/pattaya/sawasdee_mansion.

Asia Backpackers, beliebte Unterkunft, Schlafsaal und Doppelzimmer; Soi Buakhao, Tel. 038 420 528, www.asia-backpackers.com.

Provinz Chonburi

BANG SAEN: **Bangsaen Resort**, in einem kleinen Garten am Strand gelegen, Zimmer im Haus und in Bungalows, etwas kleine Räume, aber gut ausgestattet, einige Zimmer mit Meerblick, 325 Bangsaen Rd., Tel. 038 383 221.

SI RACHA: Es gibt wenige Unterkünfte in Sri Racha und alle sind sehr einfach. Es ist ratsam vor Ankunft anzurufen. Wohnen kann man im $$ **Grand Bungalow**, 9 Choemchomphon Rd., Tel. 038 311 079.

Si Racha Lodge, 4 Choemchomphon Rd., Tel. 038 311 647.

Si Wichai, einfache und günstige Unterkunft, 38 Choemchomphon Rd. Soi 8, Tel. 038 311 212.

KO SI CHANG: $$ **Rim Talay Resort**, das ansprechende Resort bietet in einem großen Garten unterschiedliche Zimmer, einige sind sehr einfallsreich in alten Booten untergebracht, die zu Bungalows umfunktioniert wurden; Tel. 089 091 6974.

Provinz Rayong

BAN PHE: $$$ **Rayong Resort**, alle Zimmer mit Blick aufs Meer, Pool, Kinderspielplatz, Tennis und Privatstrand; Laem Tarn, Tel. 038 651 000, www.rayongresort.com.

Ko Samet

$$$ **Mooban Talay**, eine der luxuriösesten Anlagen Ko Samets, schöner weißer Sandstrand, Pool mit Meerblick, Liegen am Strand, der selten bevölkert ist; Ao Noina, 8 Mu 4 Banpae, Tel. 081 838 8682, Fax 038 644 251, www.moobantalay.com.

Wong Duan Resort, saubere Bungalows unterschiedlicher Ausstattung; Ao Wong Duan, Tel. 038 644 171, Fax 038 644 170, www.vongdeuan.com.

Samed Villa, saubere, recht kleine gut ausgestattete Zimmer, seit Jahren beliebt, viel Schatten, schweizer Leitung; Ao Phai, Tel. 038 644 094, Fax 038 644 093, www.samedvilla.com.

$$ **Malibu Garden Resort**, etwas abseits des Strandes mit Zimmern unterschiedlicher Ausstattung, auch für Familien geeignet. Pool; Ao Wong Duan, Tel./Fax 038 427 277-8, www.malibu-samet.com.

Saikaew Villa, an schönem Strandabschnitt des Hat Sai Kaeo, Bungalows stehen eng beieinander, aber sehr beliebt; Tel. 038 644 144, Fax 038 644 010, www.saikaew.com.

Tub Tim Resort, die älteren Bungalows in den hinteren Reihen sind aus Holz, die neueren weiter vorne aus Beton, beliebte Anlage von Expats und Thais, das Restaurant befindet sich direkt am Strand; Ao Tub Tim (Ao Phutsa), Tel./Fax 038 644 025, www.tubtimresort.com.

$ **Jep's Bungalows**, seit Jahren populärster Platz am Strand, das gilt sowohl für das Restaurant als auch für die Bungalows, diese haben sehr unter-

schiedliche Ausstattungen und Größe; Ao Hin Khok Beach, Tel: 038 644 112-3.

Naga Bungalows, beliebter Platz bei Travellern, gutes, wenn auch mit TV beschalltes Restaurant; Hat Sai Kaew, Tel. 038 644 035.

Chantaburi

$$$ **Maneechan Resort**, ansprechendes Hotel etwas außerhalb gelegen, Garten, Fitnessclub; 110 Sukhumvit Rd., Tel. 039 343 777, www.maneechan.com.

$$ **Kasemsarn Hotel**, schönes modernes Hotel mit angenehmen Zimmern, sehr gutes Restaurant; 98/1 Benjamarachuthid Rd., Tel. 039 312 340, Fax 039 314 456, www.hotelkasemsarn.com.

New Travel Lodge, eines der besten Hotels der Stadt, saubere recht große Zimmer, großer Pool; 14 Raksak-Chamun Rd., Tel. 038 301 888.

$ **The River Guesthouse**, einfach und spartanisch wohnt man in diesem Haus am Fluss, ein paar Zimmer mit AC; 3/5-8 Sri Chan Rd., Tel. 039 328 211, Fax 039 328 533.

Trat

$ **James Guesthouse**, seit langen etabliertes Privathaus mit fünf einfachsten Zimmern (Gemeinschaftsbad); 45/1 Lak Muang Rd., Tel. 039 530 458.

Pop Guesthouse, profitorientiertes Management, einfache, hellhörige Zimmer, meist mit AC und TV, Internetcafé, Bar, Massage, wer per Bus in Trat ankommt, wird von Taxifahrern meist hierher „verschleppt"; 1/1 Thana Charoen Rd., Tel. 086 374 3003, www.trat-popguesthouse.com.

INSELN DER PROVINZ TRAT

Ko Chang

$$$ **Aiyapura Resort & Spa**, luxuriöses Wellnessresort mit 30 m Pool am Nordzipfel der Insel; Khlong Son Beach, Tel. 039 555 111, Fax 039 555 118, www.aiyapura.com.

White Sands Beach Resort, gepflegte Anlage, Holzbungalows am Strand; Hat Sai Khao, Tel. 086 310 5553, www.whitesandbeachkohchang.com

Koh Chang Lagoon Resort, Zimmer im Bungalow oder im flachen Hotelkomplex in tropischer Gartenanlage; Hat Sai Khao, Tel. 039 551 201, Fax 039 551 203, www.kohchanglagoonresort.com.

Seaview Resort, sehr schöne Gartenanlage mit großem Pool, Holz- und Steinbungalows und Hotelkomplex; Kai Bae Beach, Tel. 039 552 888, Fax 039 552 818, www.seaviewkohchang.com.

$$ **Ban Pu Resort**, hübsche Anlage, am Strand, gutes Restaurant; Tel. 081 863 7314, Fax 039 551 234, www.banpuresort.com.

Paloma Cliff Resort, Anlage mit schönen Bungalows am Hang unter Schweizer Leitung, einige einfachere Bungalows auch am Meer; Hat Sai Khao, Tel. 039 551 119, Fax 039 551 118.

$ **Sang Tawan Resort**, eng bebaut, Bungalows direkt am Strand, der ab hier besonders schön wird, freundliche Leute und oftmals des abends gemeinsames BBQ am Strand; Hat Sai Khao, Tel. 039 511 475, Fax 039 551 558.

Ko Mak

$$$ **Ko Mak Cococape**, besonders atmosphärische und stilsicher gestaltete Anlage mit Bungalows unterschiedlichster Kategorien: es gibt einfachste Bambushütten mit Gemeinschaftsbad, aber auch Luxushäuser mit allem Komfort; Ao Suan Yai Beach, Tel. 081 810 2679, www.kohmakcococape.com.

$$ **Ao Kao Resort**, hierher kommen viele Gäste aus Pattaya, schöne Bungalows mit diversen Ausstattungen von einfach mit Ventilator und Gemeinschaftsbad bis hin zu komfortablen Zimmern; Ao Kao Beach, Tel. 083 152 6564, www.aokaoresort.com.

Ao Pong Resort, eine Hand voll recht günstiger Bungalows an der Ostküste in einer kleinen Bucht, einige mit AC; Ao Pong, Tel. 090 780 7867, www.aopong.com.

$ **TK Hut Beach Resort**, Bungalows mit vielen Naturmaterialien, einige Zimmer mit AC, einige mit Ventilator, die Bungalows stehen schattig unter Bäumen am Sandstrand; Ao Kratueng, Tel. 086 111 4378.

Ko Kut

$$$ **Koh Kood Neverland Resort**, sehr schöne Bungalows weitläufig im tollen Garten, alle ha-

ben AC und TV, nette Bar am Strand; Tel. 081 762 6254, www.neverlandresort.com.

Dusita Resort, Bungalows in einem Palmengarten an einem schönen Strandabschnitt; Ao Ngam Kho, Tel. 081 945 9920, www.dusitakohkood.net.

7 LAN NA THAI – DER NORDEN

Chiang Mai

$$$ **Mandarin Oriental Dhara Dhevi**, in einem riesigen parkähnlichen Areal aus thailändischen Herrschaftshäusern mit Suiten sowie Villen angelegt, im Wat- und Palaststil. Bereits die Lobby hat die Ausdehnung eines Hotels. Mit Pferdekutschen wird man zu seinem Domizil gefahren. Das hochpreisige Luxusresort bietet neben Gourmetlokalen, gigantischem Swimmingpool, Tennisplätzen, Spa, Fitnesscenter und Kochkursen die Inszenierung der Lebenswelt vor hundert Jahren: Lannahütten, in denen handwerkliche Tätigkeiten gezeigt werden, Gemüse- und Gewürzanbau sowie die Kultivierung von Nassreis, den die Gäste hier selbst pflanzen und ernten können. Sankampaeng Road Moo 1 T. Tasala A. Muang, Tel. 053 888 888, Fax 053 888 928, www.mandarinoriental.com.

Chiang Mai Orchid, Zimmer mit großen Fenstern und tollem Ausblick auf Chiang Mai, Fitnesscenter; 100-102 Huay Kaeo Rd., Tel. 053 222 091, Fax 053 221 625, www.chiangmaiorchid.com.

Dusit Princess, Luxushotel nahe des Zentrums und des Nachtmarktes, stilvolle Zimmer, Pool und Fitnesscenter; 112 Chang Klang Rd., Tel. 053 253 900, Fax 053 281 044, www.dusit.com.

$$ **Joy's House**, komfortable Zimmer mit Familienanschluss, Tanz- und Kochkurse, Yoga, Meditation, Massage und ein Dampfbad, nahebei lockt ein gutes Restaurant bei dem Joy auch mitmischt; 114 Mu 9, Sanpeesrue Village, Tel. 053 854 213, www.joyshouse.net.

Lamphu House, 3-stöckiges Hotel mit Zimmern in modernen unverputzten Betonchick, asiatische Akzente setzt das Bambusmobiliar, zentrale Lage, in einer ruhigen Soi, Pool; 1 Soi 9 Phra Paklao Rd., Tel. 053 274 965, www.lamphuhouse.com.

Prince, Mittelklasse Hotel im Zentrum, verschiedene Zimmer mit unterschiedlicher Ausstattung, großer Pool zum Bahnenziehen; 3 Taiwang Rd., Tel. 053 252 025, Fax 053 251 144, www.prince-hotel-chiangmai.com.

Galare Guest House, Familienbetrieb mit über 20-jähriger Erfahrung am Fluss gelegen, geschmackvolle Zimmer in traditionellem Thaihaus; 7 Charoen Prathet Rd., Tel. 053 821 011, Fax 053 279 088, www.galare.com.

$ **Linda Guesthouse**, nahe dem Bahnhof, ruhig gelegen, Zimmer mit Gemeinschaftsdusche wie in alten Tagen; 454/67 Soi Banditpatana, Charoen Muang Rd., Tel. 053 246 915, www.lindaguesthouse.com.

Gap's House, beliebte Unterkunft für Budgetreisende, berühmt für ein gutes vegetarisches Buffet, Restaurant im begrünten Innenhof, Kochkurse; nimmt keine Reservierungen an; 3 Soi 4, Ratchadamnoen, Tel. 053 278 140, www.gaps-house.com.

Lai Thai Guest House, einfache saubere Zimmer in einer zweistöckigen Hotelanlage, in deren Mitte ein Pool zum Relaxen einlädt;111/4-5 Kotchasan Rd., 053 271 725, Fax 053 272 724, www.laithai.com.

Mountain View Guest House, Nähe Chang-Phuak-Tor, einfache Zimmer mit AC oder Ventilator, Dachgarten, toller Innenhof; 105 Siriporn Rd., Tel. 053 212 866, Fax 053 222 635, www.mountain-view-guesthouse.com.

Umgebung von Chiang Mai

$$$ **Krisdadoi Resort**, Bungalows und Chalets in großer Gartenanlage, viele Blumen; Hang Dong-Samoeng Rd., Km 14, Tel. 053 365 231-4, Fax 053 365 235, www.krisdadoi.com.

$$ **Suan Bua Hotel & Resort**, diese schöne Anlage im modernisierten Baustil der Dana liegt am Rand des Doi Suthep Nationalparks, Zimmer im dreistöckigen Hotelkomplex oder in privaten Thaihäusern; Hang Dong-Samoeng Rd., Km 17, Tel. 053 365 270, www.suanbua.com.

Lisu Lodge, vielfach preisgekrönte einfache Unterkunft inmitten eines Lisu-Dorfes; Ban Ton Loong, Res. über Reisebüros und www.facebook.com/lisulodge.

Hmong Hilltribe Lodge, schön gelegenes Resort mit Pool unweit eines Hmong-Dorfes; 111, Mu 4, Mae Rim Distrikt, Tel. 081 993 1416, www.hmonghilltribelodge.com.

Mae Hong Son

$$$ **The Imperial Mae Hong Son Resort**, das Hotel liegt in einem Teakholzwald; Fitnesscenter, Sauna und Pool; 149 Mu 8 Tambon Pang Mu, Tel. 053 684 444, www.imperialhotels.com.

$$ **Baiyok Chalet**, empfehlenswerte Zimmer, Restaurant und Café im Haus; 90 Khunlum Prapat Rd., Tel. 053 613 132, http://baiyokechalet.baiyokehotel.com/?lh=en.
Mountain Inn, geschmackvoll gestaltete Anlage mit modern eingerichteten Zimmern, Pool, schöner Innenhof und zentral gelegen; 112 Khunlum Praphat Rd., Tel. 053 611 802, Fax 053 612 284, www.mhsmountaininn.com.

$ **Friend House**, einfache Zimmer im EG und Bessere in der 2. Etage, Familienzimmer; 20 Pradit Jongkam Rd., Tel. 053 620 119.

Mae Sariang

$$ **River House Hotel**, schön am Fluss gelegenes Teakholzhaus, Zimmer mit kleinem Balkon, gutes Restaurant; 77 Langpanich Rd., Tel./Fax 053 682 323, www.riverhousehotels.com.
River Bank Resort, hier gibt es Zimmer in verschiedenen Preiskategorien, alle sind gut ausgestattet, am günstigsten wohnt es sich im EG, schöner und heller in den oberen Etagen, Fahrräder inkl.; Tel. 053 682 787, www.riverbankresort.net.

$ **The Good View**, saubere recht gut ausgestattete günstige Zimmer am Fluss, etwas hellhörig, AC oder Ventilator; Tel. 053 683 100.

Chiang Rai

$$$ **Dusit Island Resort**, auf einer kleinen Insel am Mae Kok-Fluss gelegen, bietet dieses Fünf-Sterne Hotel neben großen Zimmern auch einen großen Pool, Fitnesscenter, Sauna und Yoga; 1129 Kraisonrasit Rd., Tel. 053 607 999, www.dusit.com.
Wang Come, zentral gelegenes Vier-Sterne Hotel, nahe des Nachtmarktes, mit Restaurant und Karaoke; 869/90 Pemawiphak Rd., Tel. 053 711 800, Fax 053 712 973, www.wangcome.com.
Wiang Inn, großer Hotelkomplex, moderne hell möblierte Zimmer, die Standardräume sind klein, Pool und Karaoke laden zur Entspannung; 893 Phahonyothin Rd., Tel. 053 711 533, Fax 053 711 877, www.wianginn.com.

$$ **Moon & Sun City Hotel**, Stadthotel, die Zimmer nach hinten raus sind recht freundlich, die vorderen recht klein und dunkel; 632 Sighakai Rd., Tel. 053 719 279.

$ **Piya Gh.**, saubere einfache Zimmer mit AC in Doppelbungalows um einen kleinen Pool im Garten, schöne Lage am See neben den Tempeln; 1/1 Soi 3, Chamnam Satit Rd., Tel. 053 611 260.

Chiang Saen

$$$ **Anantara Golden Triangle Resort**, schönes Luxusresort, einige Balkonzimmer mit fantastischen Ausblicken auf den Fluss; 222 Mu 1 Tambon Wieng, Tel. 053 784 084, Fax 053 784 090, www.goldentriangle.anantara.com.
Viang Yonnok, sieben Bungalows liegen direkt am Chiang-Saen-See, viele Naturmaterialien verwendet, geschmackvoll gestaltet, Fahrradverleih, Sauna und Pool, inklusive Frühstück im guten Restaurant; 201 Moo 3, Tel. 053 650 444, www.viangyonok.com.

$$ **Pak Ping Rim Khong**, schöne Zimmer in einem Familienbetrieb, auch wer selber als Familie reist, kommt hier unter; 484 Rimkhong Rd., Tel. 053 650 151.

$ **Chiang Saen Guesthouse**, einfaches, in die Jahre gekommenes Haus mit Bungalows und Reihenhaus, günstig; Hauptstraße Richtung Norden, Tel. 053 650 196.

Mae Salong

$$ **Mae Salong Villa**, nette Anlage mit rustikal eingerichteten Zimmern in Steinbungalows; am östlichen Ende der Stadt, Tel. 053 765 114, Fax 053 765 039.
Mae Salong Flower Hills Resort, gut ausgestattete Bungalows in herrlichem Garten 2 km außerhalb der Stadt, toller Ausblick; 779 Moo 2 Doi Mae Salong, Tel. 053 765 495, Fax 053 765 498, www.maesalongflowerhills.com.

$ **Shin Sane Guest House and Bungalows**, beste billigste Unterkunft in der Stadt, beliebt bei

Travellern, kleine Bungalows im Garten, das Restaurant ist auf deren Geschmack eingestellt, Steinbungalows mit sauberen Zimmern; 119/3 Moo 1, Tel. 053 765 026.
Little Home Guesthouse, Zimmer im Haus in in schönen dahinter liegenden Bungalows, nette Einrichtung, sehr günstig; 31 Moo 1, im Zentrum nahe des Marktes, 053 765 389, www.maesalonglittlehome.com.

Lampang

$$ **Wienglakor Hotel**, modernes Stadthaus mit Businesscenter, geschmackvolle, im nordthailändischen Stil eingerichtete Zimmer; 138/35 Phahonyothin Rd., Tel. 054 316 430, Fax 054 316 427, http://lampangwienglakor.com.
Thip Chang, das Hotel hat angenehme Zimmer mit AC und verfügt über einen Pool; 54/22 Takrawdi Rd., Tel. 089 189 2464 , www.tipchanghotel.com.

$ **Akhamsiri Home**, einladende Zimmer mit Balkon oder Terrasse in einem ruhigen kleinen Guesthouse, schöne Bäder; 54/1 Pamaikhet Rd., Tel. 054 228 791.
Asia Lampang, einfache saubere Zimmer mit AC, inkl. Frühstück, zentral gelegen; 229 Boonyawat Rd., Tel. 054 222 844-6, Fax 054 224 436, www.asialampanghotel.com.

Pai

$$$ **Belle Villa Resort**, etwas außerhalb mitten in den Reisfeldern gelegene, wunderschöne Anlage, kleiner Pool; 113 Moo 6, Huay Poo-Wiang Nua Rd., Tel. 053 698 226-7, Fax 053 698 228, www.bellevillaresort.com/pai.

$$ **Breeze of Pai**, nette Anlage mit Zimmern im Reihenhaus und in Bungalows, davon einige mit AC, günstige Preise, für alle die länger bleiben; Mu 3, Chiasongkram Rd., Tel. 081 998 4597.

$ **Pai Loess Resort**, ansprechende Zimmer in 2-stöckigen Häusern mit Terrasse und Balkon, viel Grün; Gasse südl. der Markthalle, Tel. 098 786 8520.

8 ISAN – DER NORDOSTEN

Nakhon Ratchasima (Khorat)

$$$ **Dusit Princess**, gilt als beste Adresse der Stadt, toller Pool, Tennisplätze vorhanden; 1137 Suranarm Rd., Tel. 044 256 629, Fax 044 256 601, www.dusit.com.

$$ **Sima Thani Hotel**, gehobenes Mittelklassehotel in der Stadt, mit großzügigen Zimmern, Pool, Fitnesscenter und Sauna; 2114 Mittraphap Rd., Amphur Muang, Tel. 044 213 100, Fax 044 213 121, www.simathani.com.
Rachaphruk Grand Hotel, in die Jahre gekommen, aber mit Charme; 311 Mitraphap Rd., Tel. 044 341 222.

Khao Yai Nationalpark

$$ **Khao Yai Garden**, die Zimmer sind etwas dunkel, aber die Anlage punktet mit einem weitläufigen Gelände und einen schönen Pool mit Wasserfall; Tel. 044 365 178, www.khaoyaigardenlodgekm7.com.

$ Im Park gibt es lediglich Unterkunft in Form einfacher Schlafsäle, Reservierung bei der Nationalparkverwaltung in Bangkok, Tel. 02 579 7223, 02 579 5734.

Buriram

$ - $$ **Jintana Resort & Hotel**, angenehme Zimmer in Bungalows oder im Reihenhaus, mal einfach, mal mit viel Luxus, zentral und am Fluss gelegen; 416 Mu 8 Tampoon Isaan, Tel. 044 620 150.

Khon Kaen

$$$ **Glacier Hotel**, die Einrichtung ist kühl wie Eis in Blau-Weiß gehalten, stilvoll; 141 Pracha Samran Rd., Tel. 043 334 999, www.glacier-hotel.com.

$$ **Khon Kaen Hotel**, Zimmer mit unterschiedlich geschmackvoller Ausstattung, vermietet auch monatlich; 43/2 Phimphasut Rd., Tel. 043 333 222, Fax 043 242 458, www.khonkaen-hotel.com.

$ **Saen Samran Hotel**, seit Jahren beliebte Backpacker-Herberge in einem alten Holzhaus bietet ein tolles Ambiente; 55 Klang Muang Rd., Tel. 043 239 611.

Loei

$$ **Loei Village**, Mittelklassehotel mit geräumigen Zimmern; 17/62 Nokkaew Rd. Soi 3, Tel. 042 833 599, www.loeivillages.com.
King Hotel, gutes Hotel mit angemessenen Preisen; 11/9-12 Chumsai Rd., Tel. 042 811 225, Fax 042 811 235.

$ **Sugar Guesthouse**, einfacher Zimmer mit Gemeinschaftsbad, nette Leute; 4/1 Wisuttitep Rd., Soi 2, Tel. 042 812 982, www.sugarguesthouse.blog.com.

Surin

$$ - $$$ **Thong Tarin Hotel**, gutes Hotel am östlichen Ende der Altstadt, das besondere Plus ist der kleine Pool, abends Disko; 60 Sirirat Rd., Tel. 044 514 281-8, Fax 044 511 580, www.thongtarinhotel.com.
Phetkasem, recht großes Mittelklassehotel, gutes Preis-Leistungsverhältnis, Pool; 104 Chitbamrung Rd., Tel. 044 511-274, Fax 044 514 041.

$ **Fortune Hotel**, schöne Zimmer im modernen Ambiente; 111 Lak Muang Rd., Tel. 044 521 151.

Ubon Ratchathani

$$$ **Tohsang City Hotel**, tolle Lobby, schöne Zimmer, abends in der Bar oft Klaviermusik; 251 Palochai Rd., Tel. 045 245 531, Fax 045 244 814, www.tohsang.com.
Laithong Hotel, zentral und nahe des Flughafens gelegen, bietet dieses 5-Sterne-Hotel angenehme Zimmer und einen Pool, des abends feiert man im hauseigenen Nachtclub eBa, oft von Reiseveranstaltern gebucht; 50 Pichit Rangsan Rd., Tel. 045 264 271, Fax: 045 264 270, www.laithong.com.

$$ **Laithong Hotel**, gutes großes Hotel mit Pool auf dem Dach; 50 Pichit Rangsan Rd., Tel. 045 264 271, www.laithong.com.

$ **Tokyo Hotel**, einfache aber ansprechende Zimmer, in zwei Gebäuden; 360 Upparat Rd., Tel. 045 241 739, Fax 045 263 140.

Udon Thani

$$$ **Ban Chiang Hotel**, großes Luxushotel, Pool & Spa; 5 Mukamontri Rd., Tel. 042 327 911-29, Fax 042 223 200, www.banchianghotel.com.
Charoen, nahe des Busbahnhofes, guter Pool; 549 Phosi Rd., Tel. 042 248 155, Fax 042 241 093, www.charoenhoteludon.com.

$$ **Silver Reef Hotel**, freundliches Haus mit bunter Ausstattung und guter Ausstattung; 338/8 Soi Rangsan, Prajak Rd., Tel. 042 344 081.
Udon Star Palace Hotel, Boutiquehotel in zentraler Lage mit ansprechend großen Zimmern; 75/3 Watthana Nuwong, Tel. 042 246 808.

$ **Ruy Suk Mansion**, geleitet von Mr. Joe, der im Westen aufwuchs und weiß, was seine ausländischen Gäste wünschen, günstige nette Zimmer; 249/1 Adunyadet Rd., Tel. 085 756 1818, www.ruysukhotel.net.

Nong Khai

$$$ **Grand Paradise Nong Khai**, bestes Hotel der Stadt, Pool, abends Livemusik, etwas abseits gelegen; 589 Mu 5, Nong Khai Phon Phisai Rd., Tel. 042 420 033, Fax 042 412 026.

$ - $$$ **Phanthawi**, gutes Hotel in zentraler Lage mit diversen Zimmerkategorien, Pool, Spa-Angebote, kostenloser Internetzugang; Tel. 042 411 568, Fax 042 460 850, www.pantawee.com.

Mukdahan

$$ **Mukdahan Grand Hotel**, auf asiatische Reisende ausgelegtes First Class Hotel mit mehr als 200 Zimmern; 78 Songnangsatid Rd., Tel. 042 612 020, Fax 042 612 021, www.mukdahangrandhotel.com.
$ **Huanam Hotel**, günstige, gute Unterkunft, einfach aber sauber, große Zimmer mit und ohne Dusche, Fan oder AC; 36 Samut Sakdarak Rd., Tel. 042 611 137, Fax 042 611 197.

Kantharalak

$$ **Kantharalak Palace**, ideal gelegen für eine ausgiebige Besichtigung des Khmer-Tempel-Komplexes Khao Phra Viharn in Kambodscha; 131 Sinpradit Rd., Tel. 080 729 2298.